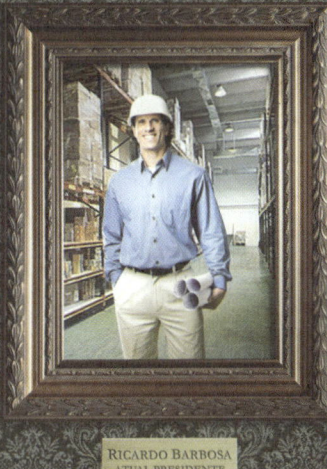

CARLOS BARBOSA
FUNDADOR

PAULO BARBOSA
PRESIDENTE DE 1979 A 1998

RICARDO BARBOSA
ATUAL PRESIDENTE

BNDES. Financiando o crescimento das empresas brasileiras ao longo da história.

O BNDES aposta no crescimento do Brasil e dos brasileiros. É por isso que nós financiamos milhares de projetos de micro, pequenas, médias e grandes empresas. Só no ano de 2007 foram desembolsados R$ 64,9 bilhões para mais de 205 mil operações de crédito, apoiando diversas áreas de desenvolvimento como indústria, infra-estrutura, agropecuária, exportação, comércio e serviços, o que contribui decisivamente para o desenvolvimento do nosso país. O Brasil precisa crescer cada vez mais. E para isso ele pode contar com o BNDES, o banco do desenvolvimento de todos os brasileiros.

Ouvidoria: 0800 702 6307
www.bndes.gov.br

Ministério do
Desenvolvimento, Indústria
e Comércio Exterior

Debates Contemporâneos
Economia Social e do Trabalho

7

ECONOMIA E TRABALHO:
BRASIL E MÉXICO

Campinas
Universidade Estadual de Campinas — Unicamp
Instituto de Economia — IE
Centro de Estudos Sindicais e do Trabalho — CESIT
2009

UNICAMP

Reitor
Fernando Ferreira Costa

Vice-Reitor
Edgar Salvadori de Decca

INSTITUTO DE ECONOMIA

Diretor
Mariano Francisco Laplane

Diretor Associado
Claudio Schuller Maciel

CESIT

Diretor Executivo
Paulo Eduardo de Andrade Baltar

Diretor-adjunto
José Dari Krein

Universidade Estadual de Campinas
Instituto de Economia <www.eco.unicamp.br>

CESIT
Centro de Estudos e de Economia do Trabalho
<www.eco.unicamp.br/cesit>
Caixa Postal 6135   (019) 3521-5720
cesit@eco.unicamp.br
13083-970 — Campinas, São Paulo — Brasil

ABET — 2007-2009

Direção

Presidente da ABET — UNICAMP
José Dari Krein

1º Vice-presidente da ABET — UFPE
Roberto Alves de Lima

2º Vice-presidente da ABET — UFBA
Claudia Sdá Malbouisson

1ª Secretária da ABET — UFA
Rosana Aparecida Ribeiro

2º Secretário — UFCG-PB
Roberto Veras

1º Tesoureiro — UNICAMP
Amilton Moretto

2º Tesoureiro — FUNDACENTRO-RJ
José Marçal Jakson Filho

Conselho Fiscal

Sonia Rocha — IETS
Ivan Targino — UFPB
Élson L. Silva Pires — UNESP

Suplentes Conselho Fiscal

Raquel Rigotto — UFCE
Darcilene Gomes — FUNDAÇÃO JOAQUIM NABUCO
Francisco Alves — UFSCAR

Edição da Revista

Maria Cristina Cacciamali — USP
Wilson Menezes — UFBA

Grupo de Consulta e Apoio

Márcia Leite — UNICAMP
Silvia Araújo — UFPR
José Celso Cardoso — IPEA
Alexandre de Freitas Barbosa — CEBRAP
Francisco Oliveira Filho — DIEESE
Paulo Fontes — CPDOC/FGV

DEBATES CONTEMPORÂNEOS
ECONOMIA SOCIAL E DO TRABALHO
Organizador Eduardo Fagnani

7

ECONOMIA E TRABALHO:
BRASIL E MÉXICO

PAULO EDUARDO ANDRADE BALTAR
JOSÉ DARI KREIN
CARLOS SALAS

coedição
ABET

Dados Internacionais de Catalogação na Publicação (CIP)
(Câmara Brasileira do Livro, SP, Brasil)

Debates contemporâneos, economia social e do trabalho, 7 : economia e trabalho : Brasil e México / organizadores Paulo Eduardo Andrade Baltar, José Dari Krein e Carlos Salas. — São Paulo : LTr, 2009.

Vários autores.

Parcerias : UNICAMP, CESIT, IE — Instituto de Economia.

Bibliografia.

ISBN 978-85-361-1402-6

1. Brasil — Condições econômicas 2. Brasil — Condições sociais 3. Economia do trabalho 4. Economia social 5. Estrutura social 6. México — Condições econômicas 7. México — Condições sociais I. Baltar, Paulo Eduardo Andrade. II. Krein, José Dari. III. Salas, Carlos.

09-07960

CDD-330.981
-330.972

Índices para catálogo sistemático:

1. Brasil : Economia social e do trabalho   330.981
2. México : Economia social e do trabalho   330.972

Produção Gráfica e Editoração Eletrônica: **R. P. TIEZZI**
Projeto de Capa da Coleção: **TRAÇO PUBLICAÇÕES DESIGN — FLÁVIA FÁBIO E FABIANA GRASSANO**
Finalização de capa: **ELIANA C. COSTA**
Imagem da Foto: **IGOR BIER PESSOA/ SAMBA PHOTO**
Impressão: **HR GRÁFICA E EDITORA**

© Todos os direitos reservados

EDITORA LTDA.

Rua Apa, 165 — CEP 01201-904 — Fone (11) 3826-2788 — Fax (11) 3826-9180
São Paulo, SP — Brasil — www.ltr.com.br

LTr 4043.2   Agosto, 2009

Sumário

Apresentação 9

Parte I — Política Econômica e Emprego

1. Impasses do desenvolvimento brasileiro: aspectos estruturais 15
   Ricardo Carneiro

2. Política monetaria, crecimiento económico y empleo en México 60
   Ignacio Perrotini H.; Juan A. Vázquez M. e Blanca L. Avendaño V.

Parte II — Estrutura do Mercado de Trabalho e Evolução das Ocupações

1. Brasil hoje: desenvolvimento e emprego 79
   Cláudio Salm

2. O desenvolvimento econômico e estrutura das ocupações — a situação brasileira entre 2003-2007 82
   Paula Montagner

3. Interacciones sociales y actividades de autoempleo en la Ciudad de México 98
   Marcos Valdivia

Parte III — Determinação dos Salários

1. Os salários na retomada da economia e do mercado de trabalho no Brasil: 2004-2007 119
   Paulo Eduardo Baltar

2. O trabalho assalariado no capitalismo brasileiro atual 130
   Claudio Salvadori Dedecca

3. Empleo y salarios en México, 1995-2007 151
   Carlos Salas

4. Salários mínimos e inflação no México 170
   Luis Quintana Romero y Blanca Garza Acevedo

Parte IV — Regulação do Trabalho

1. Tendências recentes nas relações de trabalho no Brasil 199
José Dari Krein

2. Novos aspectos da regulação do trabalho no Brasil. Qual o papel do Estado? 227
André Gambier Campos

3. Rigidez e flexibilidade nas relações trabalhistas mexicanas 247
Gerardo Fujii

Apresentação

O presente livro é uma coletânea de trabalhos apresentados em workshop realizado em outubro/2008. O livro contempla uma análise comparativa dos dois países que permite observar: as diferenças na estruturação da economia e na forma de inserção no comércio mundial; as orientações semelhantes nas políticas macroeconômicas; os resultados análogos no desempenho da economia, com pouco crescimento do PIB e pequena taxa de investimento; as diferentes estruturações do mercado de trabalho condicionam manifestações distintas do desempenho da economia na taxa de desemprego; os salários médios apresentam similitude, com certa recuperação nos rendimentos do trabalho e uma pequena melhora na distribuição de renda nos anos recentes nos dois países; a flexibilidade do trabalho aumentou apesar de não ter ocorrido uma ampla reforma no sistema de relações de trabalho tanto no México como no Brasil.

O livro está estruturado em 4 partes. Na primeira parte é analisada a evolução recente da economia nos dois países e suas repercussões gerais sobre o mercado de trabalho. A dinâmica das duas economias foi muito afetada por reformas institucionais e pela maneira como foi conduzida a política econômica, com profundas repercussões no mercado e nas relações de trabalho. O primeiro texto é de *Ricardo Carneiro*, que trata dos *impasses do desenvolvimento brasileiro: aspectos estruturais*. O segundo é de autoria de *Ignácio Perrotini, Juan A. Vázquez* e *Blanca L. Avendaño*, que aborda a *política monetária, crecimiento económico y empleo en México*.

A partir dos artigos e do debate realizado no evento é possível perceber, por um lado, que houve uma opção similar nos dois países de incorporar-se ao processo de globalização liberal. Por outro lado, existem substantivas diferenças econômicas entre eles. Por exemplo, chama atenção que o maior coeficiente de comércio exterior do México não quer dizer que este país tenha um grau da abertura muito maior do que economia brasileira. O tamanho do coeficiente indica mais o tipo de comércio exterior neste país, que envolve muita importação de componentes de produtos que são posteriormente exportados. No México é preciso distinguir de um lado as maquiladoras (que importam e exportam muito e apresentam superávit de comércio equivalente a massa de salários de uma força de trabalho desqualificada) e de outro a estrutura produtiva voltada fundamentalmente para o mercado doméstico (que pouco exporta, mas que sofre a concorrência de produtos importados com a abertura, sendo responsável pelo expressivo déficit comercial existente no México). O déficit comercial é parcialmente compensado por um superávit de serviços não financeiros (turismo) e pelas transferências unilaterais dos mexicanos residentes nos Estados Unidos. No Brasil, o saldo comercial apresenta superávit e o déficit de serviços é enorme e as transferências unilaterais são menores. Não obstante, a liberação das importações teve também um impacto expressivo na estruturação da produção, apesar da estrutura industrial brasileira ser mais completa do que a mexicana.

A segunda parte contém uma análise mais detalhada das diferenças da estrutura do mercado de trabalho nos dois países, destacando os efeitos na evolução de suas economias. Os artigos chamam a atenção para as peculiaridades nacionais em relação ao desemprego, ao peso dos pequenos negócios, à composição das ocupações, etc. O primeiro texto é do coordenador da mesa de debate, *Cláudio Salim*, que faz uma breve reflexão sobre *Brasil hoje: desenvolvimento e emprego*. Em seguida, *Paula Montagner* (ENAP) aborda *O desenvolvimento econômico e estrutura das ocupações — a situação brasileira entre 2003-2007*. No próximo texto de *Marcos Valdivia* discorre sobre *interacciones sociales y actividades de autoempleo en la ciudad de México*.

Do ponto de vista da estrutura ocupacional, os dois países apresentam uma forte heterogeneidade. Mas os problemas do mercado de trabalho se manifestam de forma diferenciada. No México a taxa de desemprego é relativamente pequena. O precário sistema de seguridade faz com que as pessoas busquem alternativas de sobrevivência em pequenos empreendimentos ou migrando para os EUA. No Brasil, o problema do desemprego aberto é muito mais acentuado. Outra diferença é que no Brasil, nos anos recentes, manifesta-se uma retomada do crescimento do emprego formal, algo que parece não ter ocorrido no México.

Outra diferença é com relação à estrutura econômica e social, pois no México destaca-se muito mais que no Brasil a agricultura camponesa e o peso maior dos pequenos negócios urbanos. Também houve no México uma diminuição de empregos da indústria tradicional e o crescimento da importância de empregos nas maquiladoras exportadoras. Enquanto no Brasil prevalece uma estrutura produtiva mais diversificada, com presença bem maior da produção de bens de capital e um peso elevado do agronegócio e das indústrias de processamento de recursos naturais.

Na terceira parte, aborda-se a questão do nível e dispersão dos salários. A reflexão contempla diferentes efeitos de distintas inserções dos países na globalização, que afetaram sobremaneira a evolução da distribuição dos rendimentos do trabalho. O primeiro texto é de *Paulo Baltar*, coordenador da presente mesa no workshop, que versa sobre *os salários na retomada da economia e do mercado de trabalho no Brasil entre 2004 e 2007*. O segundo texto é de *Cláudio Dedecca*, que analisa o *trabalho assalariado no capitalismo brasileiro atual*. Em seguida, *Carlos Salas* aborda a situação *empleo y salarios en México*. Finalmente, *Luis Quintana* e *Blanca Garza Acevedo* elaboraram um estudo sobre *salários mínimos e inflação no México*.

Nos dois países, as modificações provocadas pela liberalização da economia na estrutura do emprego, com crescente participação de empresas pequenas e do comércio e prestações de serviços, têm significado a perda de influência da negociação coletiva na determinação das remunerações do trabalho. A contratação coletiva tende a ser fundamental para a defesa dos níveis intermediários de renda dos trabalhadores. Houve pelo menos, especialmente no Brasil, uma recuperação no valor do salário mínimo, que tinha ficado muito baixo, passando a ser referência mínima para as prestações sociais. Nos dois países a melhora recente no desempenho da economia foi acompanhada da reversão da queda no nível da renda do trabalho, notando-se também uma diminuição nas diferenças de rendimento entre os trabalhadores, que, no entanto, ainda são muito grandes nos dois países.

Na última parte, trata-se da regulação do trabalho, analisando as tendências recentes que tendem a ampliar a flexibilização do trabalho nos dois países. O primeiro texto de *José Dari Krein* identifica *as tendências recentes nas relações de trabalho no Brasil*. O segundo texto, escrito por *André Gambier Campos*, aborda *novos aspectos da regulação do trabalho no Brasil: qual o papel do Estado?* Por último, há o texto de *Gerardo Fujii*, analisando *rigidez e flexibilidade nas relações de trabalho mexicanas*.

Os textos, assim como os debates realizados no evento, mostram de uma forma bastante cristalina que, apesar de haver nos dois países uma ampla legislação trabalhista, ocorreu, a partir dos anos 1990, um processo de ampliação da flexibilização das relações de trabalho. São mudanças que foram na perspectiva de fragilizar a regulação pública e social do trabalho e aumentar o poder discricionário do empregador em estabelecer as condições de uso, de remuneração e contratação do trabalho. No Brasil, aconteceram alterações no marco jurídico em simultâneo à desestruturação do mercado de trabalho. Enquanto no caso do México praticamente não aconteceram alterações no marco legal, o que não impediu a acentuação da flexibilização, especialmente nas indústrias maquiladoras e em setores privatizados. Ou seja, as mudanças na forma de operação da economia e na desestruturação do mercado de trabalho foram fatores que contribuíram para ampliar fortemente a flexibilização do trabalho, independentemente das alterações legais.

O evento foi organizado pelo IE/UNICAMP, UNAM, El Colegio de Tlaxcala, ABET e CESIT, contando com o apoio do BNDES, IPEA, FAPESP e FAEPEX. Queremos manifestar o nosso agradecimento pela valiosa contribuição das entidades que se empenharam em viabilizar o evento, pois sem ela não seria possível realizá-lo nem ampliar a divulgação de seus resultados no presente livro.

Paulo E. Andrade Baltar
Diretor do CESIT/IE/UNICAMP — Centro de Estudos Sindicais e de Economia do Trabalho

José Dari Krein
Presidente da ABET — Associação Brasileira de Estudos do Trabalho

PARTE I

POLÍTICA ECONÔMICA E EMPREGO

1

Impasses do Desenvolvimento Brasileiro: Aspectos Estruturais

Ricardo Carneiro[(*)]

Introdução

Para analisar os impasses do desenvolvimento da economia brasileira, na sua dimensão produtiva, este texto se inicia com uma caracterização do regime de baixo crescimento prevalecente nos últimos 25 anos. Em seguida, confronta as duas hipóteses explicativas principais para esse fenômeno: aquela de inspiração ortodoxa, para a qual esse regime decorreria ainda da herança do período desenvolvimentista, e outra, heterodoxa, segundo a qual a crise da dívida externa e seu legado, associado ao perfil das políticas liberais postas em prática após os anos 1990, num contexto da globalização, responderiam pela trajetória da economia brasileira durante o período.

Após a caracterização do baixo dinamismo, e da formulação das hipóteses explicativas, o trabalho procura avançar na comprovação dessas últimas, confrontando o perfil geral de políticas econômicas postas em prática após 1990 com a dinâmica da economia. Sua preocupação central é a de mostrar quais os fatores responsáveis pelo bloqueio do dinamismo, entendido este último como o *catching up* produtivo-tecnológico com os países centrais[(1)].

1. O regime de baixo dinamismo: uma caracterização

Um dos fatos mais marcantes da economia internacional olhada do prisma das economias periféricas é a perda de dinamismo das economias latino-americana e brasileira, no período da globalização, quando se confronta este último período com a era do regime de *Bretton Woods*. Ou seja, cai sensivelmente a taxa de crescimento da América Latina e do Brasil, e se acelera a do crescimento da Ásia em desenvolvimento e em particular a da China. Esses dados desqualificam a ideia de que houve durante o período da globalização uma perda generalizada de dinamismo por parte da periferia (Tabela 1).

(*) Professor titular do IE/UNICAMP.
(1) Em outros ensaios, como, por exemplo, em *Carneiro* (2006) e *Carneiro* (2008), abordam-se questões complementares a esta, analisando-se os bloqueios advindos da inconversibilidade monetária e suas implicações para a estabilidade macroeconômica e o desenvolvimento financeiro.

Tabela 1

	Taxa de crescimento do PIB (% ao ano)			
	1960-1980	1981-2006	1981-1991	1992-2006
Ásia em Desenvolvimento	**5,5**	**8,2**	**7,8**	**8,2**
China	4,9	10,0	9,7	10,0
Hong Kong, China	9,5	5,1	6,0	4,3
Coreia	7,7	6,8	9,1	5,2
Singapura	9,3	6,7	7,1	6,5
Malásia	7,2	6,1	6,2	5,7
Tailândia	7,5	5,9	8,1	4,2
Índia	3,5	5,9	5,0	6,6
Indonésia	6,0	5,1	6,5	3,9
Filipinas	5,4	2,9	1,3	4,2
América Latina	**5,5**	**2,5**	**1,6**	**3,0**
Argentina	3,4	2,1	0,3	2,8
Brasil	7,3	2,5	2,1	3,0
Chile	3,5	4,9	4,1	4,9
Colômbia	5,4	3,3	3,6	3,0
México	6,7	2,3	1,4	2,9
Venezuela, RB	3,9	2,1	1,8	2,0

Fonte: World Bank Group — World Development Indicators

Não se sustenta também o argumento de que o mau desempenho da América Latina e do Brasil deveu-se exclusivamente à crise da dívida. Os dados mostram uma recuperação parcial do crescimento — menos intensa no caso brasileiro — para os anos após a década perdida, mas o patamar destes anos está longe de alcançar aquele prevalecente entre 1960 e 1980. Para o Brasil, a distância é ainda maior.

O exame da trajetória da economia brasileira, para um período mais longo, mostra uma fase de aceleração do crescimento, que vai dos anos 1930 aos anos 1980, coincidente com o período nacional-desenvolvimentista, de progressiva diversificação da estrutura produtiva, por meio da industrialização. A década da crise da dívida, os anos 1980, marca uma forte desaceleração do crescimento, numa economia compelida a transferir recursos reais para o exterior. A superação dessa fase, e a implantação de um regime de crescimento fundado nos mercados desregulados, após 1990, não conduz à retomada do dinamismo senão que a um regime de baixo crescimento.

Gráfico 1

Brasil
(Variação anual do PIB em % ao ano)
1930-2007

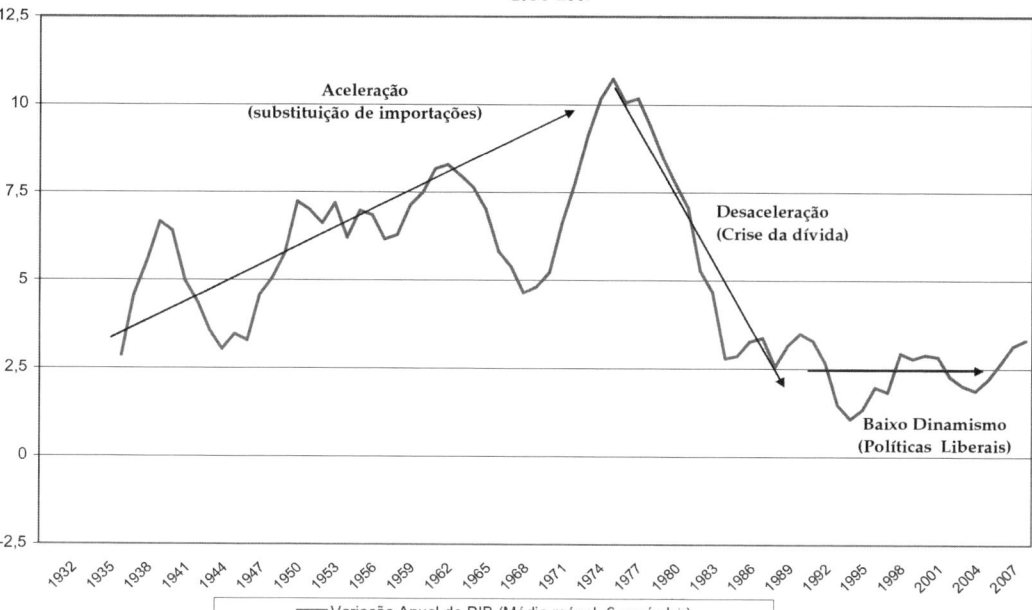

Fonte: FIBGE, Contas Nacionais.

Os dados indicam um padrão de crescimento peculiar, desde o final dos anos 1980, caracterizado por uma maior volatilidade da taxa de crescimento, em torno de uma média reduzida. Esse perfil, com ciclos mais frequentes e acentuados, é típico do crescimento comandado pela demanda — consumo e exportações líquidas — com o investimento ocupando papel subordinado. Na tradição do pensamento crítico latino-americano, como em *Tavares* (1998), e *Cardoso de Melo* (1998), realça-se o papel do investimento descontínuo, aquele que não decorre de respostas ao crescimento prévio da demanda, na sustentação do crescimento e na diferenciação da estrutura produtiva. Assim, por exemplo, após um aumento do investimento como resposta ao crescimento da demanda seguiu-se, em várias oportunidades, como, por exemplo, no Plano de Metas e no II PND, a realização de um bloco de inversões com capacidade de autoalimentação. A demanda prévia tinha, nesses casos, menos importância em razão do caráter descontínuo desses investimentos, decorrente das indivisibilidades e das complementaridades.

No período pós-1980, o comportamento do consumo esteve condicionado por episódicos e intensos aumentos na demanda decorrentes da variação descontínua da renda — como nos programas de estabilização com drástica redução da inflação — em geral, associados também à ampliação do crédito. As exportações líquidas guardaram relação com os ciclos de crescimento internacional com impactos expressivos em preços e quantidades exportadas. O padrão pós-1980 contrasta, portanto, com o modelo de desenvolvimento observado durante a fase de substituição de importações durante a qual a diferenciação da estrutura produtiva e seus encadeamentos constituem a principal força dinâmica do crescimento com o investimento ocupando uma posição dominante.

A caracterização acima lança luzes sobre o desempenho qualitativo da economia brasileira, no período da globalização. Como é sabido, durante o assim denominado período da substituição de importações, o crescimento se fez acompanhar de uma significativa diversificação da estrutura produtiva, notadamente na indústria, num movimento de *catching up* com os países desenvolvidos. Nos anos que compreendem o processo de globalização, este processo é revertido, ou seja, os segmentos mais dinâmicos da indústria brasileira não coincidem, em boa medida, com aqueles dos países desenvolvidos, e com o dos emergentes de melhor performance.

Os dados da Tabela 2 indicam uma grande modificação na estrutura da indústria dos países desenvolvidos, entre os anos de 1993 e 2006: a ampliação significativa da participação da indústria de material de eletrônico e de comunicação, dando suporte ao avanço do setor da tecnologia da informação, e das atividades manufatureiras conexas, fundadas na microeletrônica. Os países em desenvolvimento como um todo acompanham a mudança em direção à preeminência desse setor e, também, diferenciam a sua indústria em outras direções, que implica incorporar segmentos mais avançados do ponto de vista tecnológico, como é o caso de máquinas e aparelhos elétricos e outro material de transporte.

A trajetória da economia brasileira é algo distinta, pois, apesar de acompanhar essas duas últimas tendências, não foi capaz de incorporar de maneira significativa o setor emblemático da nova onda tecnológica: material eletrônico e de comunicação. Ressalta no caso brasileiro, ao contrário do mundo desenvolvido, e em desenvolvimento, um maior peso das indústrias baseadas em recursos naturais.

2. As interpretações ortodoxas

As explicações de índole ortodoxa para a má performance da economia brasileira referem-se, com maior ênfase, ao período pré-1990 durante o qual esta economia, como as demais latino-americanas, se caracterizou por um modelo de crescimento fundado na substituição de importações. O marco internacional dessas interpretações é o World Development Report de 1991 do Banco Mundial. De acordo com este documento, a estratégia de crescimento com base na proteção à indústria nascente teria levado à redução da concorrência e à distorção de preços relativos, reduzindo o ritmo de crescimento do investimento e do aumento da produtividade dessas economias. O estudo sugere que aqueles países em desenvolvimento que adotaram outra estratégia, como, por exemplo, a liberali-zação e maior exposição às forças do mercado, como mecanismo de alocação de recursos, tiveram maior sucesso. No entanto, o documento se vê em dificuldades para explicar o sucesso asiático fundado em altas doses de intervencionismo.

Tabela 2
Estrutura do Valor Adicionado da Indústria de Transformação (%)

Estrutura do VTI Industrial por Grupos de Países						
	Desenvolvidas		em Desenvolvimento		Brasil	
	1993	2006	1993	2006	1993	2006
15. produtos alimentícios e bebidas	11,0	8,2	15,8	11,9	12,9	15,5
16. produtos do fumo	0,6	0,4	2,6	3,0	1,3	0,5
17. produtos têxteis	2,4	1,1	6,2	4,6	4	2,5
18. vestuário e acessórios	2,5	0,8	3,6	2,6	3,1	1,5
19. artefatos de couro e calçados	0,7	0,3	1,8	1,3	1,7	0,8
20. produtos de madeira	2,4	1,9	2,0	1,1	3,9	3,4
21. celulose, papel e produtos de papel	3,7	2,6	2,4	2,2	2,6	2,9
22. edição, impressão e reprodução de gravações	6,1	4,2	2,7	1,7	2,3	1,7
23. coque, refino de petróleo, combustíveis nucleares e álcool	2,8	2,3	7,5	5,9	12,0	11,3
24. produtos químicos	10,0	8,9	10,4	9,7	10,4	9,8
25. artigos de borracha e plástico	3,3	2,6	3,9	3,7	4,1	3,5
26. produtos de minerais não metálicos	3,9	2,8	5,5	4,1	4,9	4,5
27. metalurgia básica	5,6	3,9	5,7	7,5	4,1	4,3
28. produtos de metal — exceto máquinas e equipamentos	7,1	5,4	4,8	3,6	7,6	6,3
29. máquinas e equipamentos	8,0	7,5	4,9	5,6	4,6	5,7
30. máquinas para escritório e equipamentos de informática	2,6	3,7	1,1	1,0	1,3	,,,
31. máquinas, aparelhos e materiais elétricos	6,4	3,8	2,5	6,9	2,8	4,8
32. material eletrônico e de aparelhos e equipamentos de comunicações	3,1	25,0	5,4	11,0	3,5	3,1
33. equipamentos de instrumentação médico-hospitalares e outros	2,8	2,6	1,1	0,8	2,3	,,,
34. montagem de veículos automotores, reboques e carrocerias	7,6	7,2	5,0	3,9	3,8	4,7
35. outros equipamentos de transporte	2,9	2,3	2,1	5,5	4,5	11,0
36. móveis e indústrias diversas	4,7	2,9	3,0	2,3	2,5	2,2

Fonte: UNIDO.

No Brasil, os diagnósticos dessa vertente interpretativa foram desenvolvidos por autores como *Franco* (1998) e *Bacha e Bonelli* (2005). De acordo com *Franco* (1998), o fraco desempenho da economia brasileira a partir dos anos 1980 coroa um período mais amplo de perda de dinamismo, em curso desde os anos 1960, e é visto como resultante do esgotamento do processo de substituição de importações, e da continuidade de políticas econômicas incompatíveis com o novo paradigma de desenvolvimento, centrado no *outsourcing* das grandes empresas. Para ele, a maior extroversão do crescimento, característica principal do padrão globalizado, com coeficientes importados e exportados substancialmente mais elevados, seria inconciliável com economias com elevado grau de proteção.

Segundo *Franco* (1998), o obstáculo constituído pelo protecionismo, que ganha mais destaque nos anos 1980, por conta da globalização, já vinha se manifestando anteriormente, pois a substituição de importações ao fundar-se na proteção teria implicado a supressão da concorrência e comportamentos *rent seeking* das empresas, eliminando assim a concorrência, mecanismo básico de indução do investimento e do crescimento da produtividade. Uma objeção genérica a esse tipo de raciocínio refere-se à relação postulada, de estreita causalidade, entre protecionismo, concorrência e crescimento da produtividade. O primeiro não pode ser pensado exclusiva, nem principalmente, como proteção comercial, mas, sobretudo, como barreiras à entrada a novos produtores. Assim, no padrão de política econômica prevalecente durante a ISI, barreiras à entrada expressivas só existiram nos poucos setores vedados ao capital estrangeiro. A excepcional participação do IDE nessas economias, e em particular na brasileira, atesta o caráter pouco relevante das barreiras à entrada.

Admitindo como verdade que o aumento da produtividade decorre da cadeia de causação que tem no crescimento do produto, e do investimento, seus elos anteriores, pode-se postular que a forte desaceleração do crescimento desses últimos, observada no início dos anos 1980, foi o fator desencadeador da baixa performance da primeira. Dito de outra maneira, o choque negativo promovido pela ruptura do financiamento externo e a permanente transferência de recursos reais ao exterior estaria na origem — com todo o quadro de restrição e incerteza que trouxe — da desaceleração do crescimento e da sua volatilidade, ocasionando uma redução do investimento e consequentemente do crescimento da produtividade.

O argumento anterior pode se constituir numa contestação às ideias do autor, na medida em que as mesmas se restrinjam a explicar à perda de desempenho da economia brasileira a partir dos anos 1980, com o esgotamento do modelo de substituição de importações e o surgimento de um novo paradigma internacional, a globalização. Todavia, em várias passagens do seu texto *Franco* (1998) ensaia uma crítica mais geral a este padrão de crescimento. De acordo com ele, a ISI seria um processo de crescimento comandado pela demanda e, mais precisamente, pelo investimento público. A ele deveria ser contraposto outro modelo, fundado nas transformações do lado da oferta e mais exatamente na concorrência e na inovação tecnológica.

A interpretação carece de sentido, pois, ao contrário do que postula o autor, a ISI esteve largamente fundada num processo radical de inovação por meio da diversificação da estrutura produtiva, com incorporação de novos setores à matriz industrial. Aliás, dada a ausência de um núcleo endógeno de geração de tecnologia, essa é a principal forma de incorporação de inovações tecnológicas em países periféricos. Para estes, a fronteira tecnológica estabelece-se a partir dos países desenvolvidos e o processo de inovação assume a forma atualização (*catching up*).

A interpretação de *Bacha e Bonelli* (2005) vai na mesma direção, mas com algumas nuances. Também se pergunta das razões da forte desaceleração da economia brasileira, após os anos 1980, e se veem raízes longínquas e recentes para tal. Segundo os autores, esta perda de dinamismo se deveu ao tipo de resposta da política econômica, aos dois grandes choques de relações de troca sofridos pela economia brasileira: o do início dos anos 1950 — queda dos preços do café — e o de meados dos anos 1970 — aumento dos preços do petróleo. A alternativa seguida, pelo Plano de Metas e pelo II PND, respectivamente, foi a diversificação da economia, isto é, da indústria, por meio do aprofundamento da substituição de importações. Para eles, a resposta correta teria sido ampliar a *exportabilidade* da economia, ou seja, elevar o seu coeficiente exportado a partir das vantagens comparativas existentes, o que teria implicado especializar a estrutura produtiva, ao invés de diversificá-la.

Este tipo de interpretação, fundado numa concepção estática das vantagens comparativas, dá margem a vários tipos de objeção. Desde logo, ignora o fundamento teórico, de inspiração smithiana, da relação entre tamanho do mercado e divisão do trabalho. Uma economia do porte da brasileira, certamente admite um grau de diversificação da estrutura produtiva mais elevado, por conta de seu tamanho. Dado esse ponto de partida, não se pode tampouco ignorar a conexão kaldoriana, da construção das vantagens comparativas dinâmicas, fundadas na existência de economias de escala. Isto significa que se podem criticar alguns caminhos particulares, ou experiências históricas concretas do modelo de substituição de importações, cujo resultado foi uma excessiva diversificação da estrutura produtiva. Todavia, as críticas genéricas a este caminho foram amplamente contestadas pelas teorias do desenvolvimento econômico, mormente por suas interpretações clássicas. Ademais, como já vimos, o desempenho da economia brasileira no período 1930-1980 é uma evidência incontestável do sucesso dessa estratégia de desenvolvimento devido ao seu dinamismo.

Analisando a experiência brasileira, os autores sugerem que as principais consequências da estratégia perseguida, foram redução do potencial de crescimento de longo prazo da economia brasileira, por duas razões essenciais: o encarecimento do investimento, devido aos aumentos dos preços relativos dos bens de capital, e a redução da produtividade do capital decorrente da redução da relação produto/capital marginal. Ambas, se somariam para diminuir o crescimento do produto: a primeira, em razão da redução do acréscimo do estoque de capital para dada taxa de poupança, a segunda, como decorrência do decréscimo da quantidade de produto para dados acréscimos do estoque de capital.

A argumentação de *Bacha e Bonelli* (2005), portanto, não diverge da de *Franco* (1998), no que tange à queda de produtividade, apenas dá ênfase ao declínio da produtividade do capital, que teria como razão última a não incorporação de progresso técnico também resultante da falta de estímulos propiciada pela concorrência. Em adição, os autores postulam que este problema seria ainda mais grave no caso do setor produtor de bens de capital. Ou seja, nesse segmento, a ineficiência resultante da sua implantação, com elevados níveis de proteção, seria de tal ordem que teria conduzido a uma mudança de preços relativos, ante os bens de consumo, ocasionando o encarecimento do investimento. Em termos dinâmicos, o desenvolvimento do setor de bens de capital ineficiente, em substituição, na margem, ao eficiente setor produtor de bens de consumo, produziu tanto o encarecimento do investimento como a queda da produtividade do capital.

A análise relativa aos fatos empíricos da tese, por eles postulada, está também sujeita a vários reparos. No que tange à queda da produtividade do capital, ou redução da relação produto-capital, como eles próprios reconhecem, não se pode tomar o Brasil como caso particular. Vale dizer, essa é uma tendência generalizada no mundo capitalista de então e provavelmente reflete a maior lentidão do progresso técnico, de um padrão tecnológico oriundo da II Revolução Industrial, em vias de exaustão após meados dos anos 1970.

Duas outras constatações dos autores, quanto aos anos 1980, merecem consideração. A primeira delas refere-se à percepção de que a redução da taxa de crescimento do PIB, antecede a queda da taxa de investimento. Como salientado acima, é muito provável que a ruptura do financiamento externo tenha posto em xeque o modelo de crescimento, centrado no uso da poupança externa associado à diferenciação da estrutura produtiva. Nesse contexto, o dinamismo oriundo do lado da oferta perde intensidade, passando o crescimento a ser determinado pelo comportamento da demanda. Não é por outra razão que se amplia, conforme constatado pelos autores, e consideravelmente, o grau de ociosidade desejada na indústria, uma estratégia dos empresários para fazer frente a ciclos de crescimento mais voláteis.

Além das críticas gerais e específicas à ortodoxia, quanto a sua interpretação da perda de dinamismo do crescimento, durante a fase do modelo de substituição de importações, cabe também assinalar a sua impropriedade para explicar a continuidade do baixo dinamismo no período seguinte, pós-1990, marcado pela remoção dos vários obstáculos, apontados pelos autores, como cruciais na sua explicação.

Assim, por exemplo, como se vê no Gráfico 2, a proteção à indústria se reduz contínua e significativamente, ampliando de maneira muito expressiva o coeficiente importado do setor. Dando suporte aos fatos históricos analisados pelos autores, há dois momentos importantes nos quais as tarifas são ampliadas: a segunda metade dos anos 1950 e, novamente, em meados dos anos 1970. Contudo, percebe-se de modo inequívoco que o patamar de proteção declina progressivamente a partir do final dos anos 1980, permanecendo em níveis baixos após meados dos anos 1990.

Gráfico 2

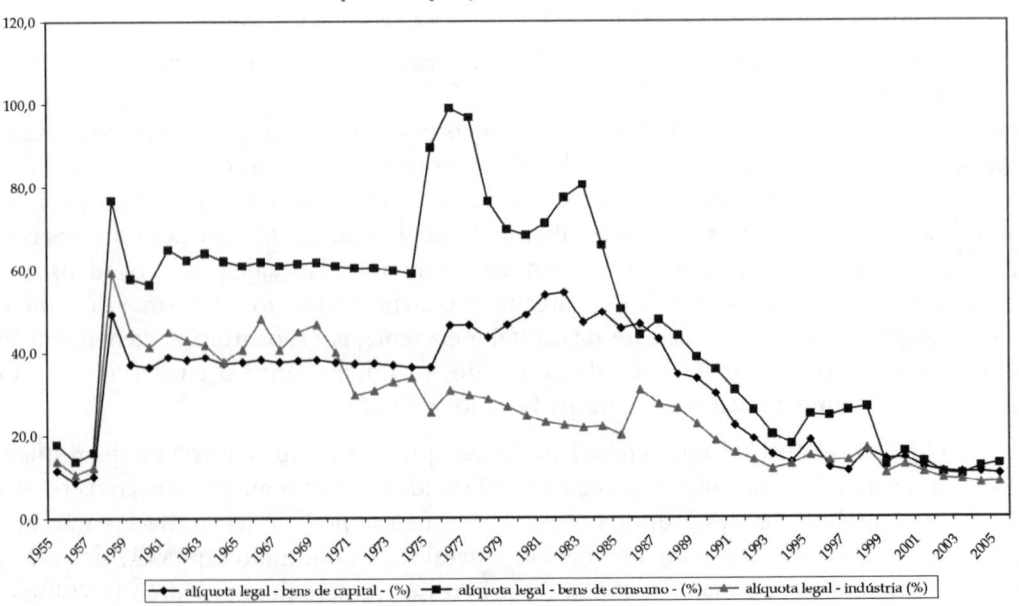

Fonte: Ministério da Fazenda, *apud* IPEADATA.

Como consequência da redução da proteção tarifária e da ampliação do coeficiente de penetração das importações, não mais se verifica o encarecimento do investimento, e sim o seu barateamento (Gráfico 3). Esses dados mostram que este encarecimento é um fenômeno característico dos anos 1980, marcado por vários fatos negativos, no contexto da crise da dívida externa, tais como: a desaceleração do crescimento, com implicações na escala de produção das indústrias de bens de capital local, e as maxidesvalorizações da moeda nacional que encarecem o componente importado do investimento. Desde o final dessa década, em consonância como processo de abertura, percebe-se um declínio substancial dos preços relativos dos bens de capital. Desde então, estes mostram uma oscilação cíclica muito influenciada pela posição da taxa de câmbio do real como reflexo da substancial ampliação do coeficiente importado.

Gráfico 3

Fonte: FIBGE, Contas Nacionais.

As respostas dadas a essas mudanças são distintas: *Franco* (1998), por ter escrito quase dez anos antes, num período de auge cíclico sugeriu, equivocadamente, a superação do problema; *Bacha* e *Bonelli* (2005) explicam sua persistência pela sucessão de choques externos ocorridos nos anos 1990. A ser verdade esta última tese, ela deveria ter atingido indistintamente os vários países emergentes, o que está longe de ser verdade, como se pode constatar pelos dados da Tabela 1. É necessário, portanto, explorar outros caminhos para explicar a persistência de nossa perda de dinamismo, em outro contexto internacional e com um novo modelo de crescimento.

3. Uma hipótese alternativa

Ficou sugerida acima a incapacidade da interpretação ortodoxa em explicar o declínio do dinamismo econômico brasileiro, mormente após os anos 1990, marcado pela supressão das restrições por ela apontada como cruciais, com destaque para o protecionismo característico da substituição de importações. Para avançar numa hipótese alternativa sobre o padrão de baixo dinamismo econômico, vigente no Brasil após os anos 1980, é necessário considerar, brevemente, os condicionantes interpostos ao desenvolvimento pelo novo contexto internacional, marcado pela globalização e, também, pelos determinantes domésticos, seja a herança dos anos 1980, seja o novo perfil de política econômica de inspiração liberal, posto em prática nos anos 1990.

Assim, para entender o desempenho da economia brasileira após 1990, é necessário, inicialmente, considerar os novos obstáculos engendrados pela ordem internacional. De um lado, a livre mobilidade, muda o perfil dos capitais direcionados à periferia e estabelece fortes condicionantes à configuração da política macroeconômica, tornando-a refém da administração da inserção externa. De outro, o novo padrão de concorrência intercapitalista modifica a natureza do investimento direto e dificulta as possibilidades de aprofundamento da industrialização nos países periféricos.

Alguns aspectos decisivos, no plano doméstico, se associam à nova fase do desenvolvimento capitalista, para estabelecer importantes condicionantes ao desempenho da economia brasileira. Esses fatores internos são: a herança da crise da dívida[2] e a hegemonia das políticas liberais. A primeira, traduzida como uma financeirização precoce dos grandes grupos econômicos nacionais e o enfraquecimento do Estado, deu margem à implementação de políticas econômicas de corte liberal, de grande radicalidade.

3.1. Os condicionantes oriundos da globalização[3]

A busca de ativos financeiros para compor os portfólios dos agentes econômicos dos países desenvolvidos — *money chasing yield* na acepção minskyana — constitui a principal força por trás da globalização e marca também a sua especificidade, ante outros períodos históricos. Como salientado por *Obtsfeld* e *Taylor* (2004), de maneira distinta da época do padrão-ouro, na globalização, crescem, principalmente, os fluxos brutos de capitais entre países e não os fluxos líquidos. Mais ainda, o caráter multidirecional desses fluxos predomina sobre o unidirecional, marcando assim a sua especificidade, qual seja, a diversificação de portfólios em escala global.

Da perspectiva da periferia, a globalização financeira traz significativas implicações. No plano das vantagens potenciais se destaca o acesso a fluxos de capitais de maior magnitude, ou seja, o acesso ampliado à poupança externa. No entanto, essa nova poupança externa tem caráter mais volátil do que no passado. A própria natureza dessa poupança financeira, pautada pela busca de diversificação de ativos e riscos, define o seu caráter e indica como sua motivação principal a busca da valorização desses ativos, sem conexão imediata com o financiamento do investimento.

---

(2) Uma análise da economia brasileira nos anos 1980 e a discussão da herança deste período pode ser encontrada em *Belluzzo* e *Almeida* (2002) e *Carneiro* (2002).
(3) Não é objetivo deste item discutir exaustivamente o novo contexto internacional marcado pela globalização e seus condicionantes sobre o desempenho dos países periféricos. Para uma discussão mais detalhada do assunto, ver *Carneiro* (2007).

No debate contemporâneo sobre as relações entre absorção de poupança externa e desenvolvimento, a literatura tanto internacional quanto nacional enfatiza a desconexão entre os mesmos, como, por exemplo, em *Prasad, Rajan & Subramanian* (2007) e *Pereira e Nakano* (2003). Mais ainda, o que se enfatiza é não só a desconexão como também o fato de os países em desenvolvimento, cujo dinamismo foi o mais intenso, apresentarem como característica comum a exportação de capitais via superávits recorrentes nas suas contas de transações correntes.

Desta forma, essas economias têm de lidar com fluxos de capitais ampliados e mais voláteis direcionados para o mercado de ativos, sem conexão imediata como o investimento instrumental. E, no caso dos países periféricos, ao contrário dos países desenvolvidos, os mercados cambiais, financeiros e de capitais para os quais esses investimentos se dirigem, são mais estreitos, o que cria uma situação de maior instabilidade macroeconômica em razão dos seus ciclos acentuados.

A globalização também possui uma vertente secundária, a produtiva, que se desenvolve a partir do estabelecimento de um novo padrão de concorrência. Como sugerido por uma vasta literatura[4], o essencial nesse caso é a nova governança das empresas com base na maximização do valor acionário. Este implica tanto a busca da maximização dos lucros quanto da distribuição dos dividendos. Para realizar esses objetivos os controladores buscam, dentre outra coisas, especializar as atividades das empresas no *core business* como forma de ampliar o controle sobre as mesmas. Essa especialização permite também uma melhor identificação dos fluxos de caixa reforçando a liquidez do valor acionário. A não adaptação a esse padrão de governança, como, por exemplo, a retenção de lucros, sujeita as empresas a aquisições hostis, facilitadas pela liquidez que adquirem os ativos empresariais

O desempenho insuficiente, medido pela não obtenção de retornos considerados como normais, implica o *outsourcing*, como mecanismo de fracionamento das atividades mais rentáveis, e a constituição de regimes de subcontratação. Recorre-se também, em muitos casos, a operações de Fusões e Aquisições, como forma de ampliar a rentabilidade com base em ganhos patrimoniais.

A especialização no *core business* é também reforçada por características do processo produtivo. Em setores nos quais o progresso técnico é mais rápido, aprofunda-se o regime de subcontratação (*outsourcing*), com a formação de uma rígida hierarquia de taxas de lucros. A principal forma de expansão das empresas, nesse caso, é por meio de investimento em nova capacidade produtiva (*greenfield*). Nos segmentos de menor intensidade de progresso técnico, a hierarquia da taxa de lucros se faz pelo aumento do poder de mercado, ou seja, pela centralização de capitais. A principal via de expansão das empresas, nesses casos, é por meio do investimento patrimonial isto é, Fusões e Aquisições.

Essas modificações na governança das empresas, nos países centrais, têm implicações sobre a natureza e as formas do IDE e a divisão internacional do trabalho. A prevalência das Fusões e Aquisições, traduzem-se por uma concentração do IDE nos países centrais. Ademais, quando nessa forma o IDE dirige-se aos países periféricos, assume o caráter *resource based e market seeking* na classificação de *Dunning* (1998), sem impactos significativos na

---

(4) Ver por exemplo o número especial da revista *Economy and Society* (v. 29, Issue 1 february 2000), dedicado ao assunto.

diferenciação da estrutura produtiva, no progresso tecnológico e, na maioria dos casos, nas exportações.

Por outro lado, nas formas mais avançadas, associadas ao *global sourcing* das empresas — *efficiency seeking e strategic asset seeking* —, concentra-se na forma *greenfield*. Esta tem como determinante principal a busca de fatores de produção baratos — trabalho e recursos naturais — e apesar de conectar as atividades locais às cadeias globais de produção e aos mercados dinâmicos, essas formas de IDE não implicam necessariamente mudanças significativas nas cadeias produtivas. Configuram-se, na maioria dos casos, como uma atividade *maquiladora*. De acordo com a UNCTAD (2003), o acesso às formas mais avançadas do IDE, combinado com o adensamento de cadeias produtivas e dinamismo tecnológico local constitui a exceção e não a regra nos países periféricos e esteve restrita a alguns países asiáticos.

3.2. Repensando o desenvolvimento

Diante do advento da globalização, a problemática do desenvolvimento dos países periféricos muda consideravelmente. Em princípio, torna-se mais difícil a tarefa de superação do subdesenvolvimento. No regime de *Bretton Woods*, caracterizado por uma menor liberalização na esfera financeira, as tarefas do desenvolvimento estavam contidas em dois grandes objetivos: superar o atraso produtivo-tecnológico e reduzir a heterogeneidade social. No novo contexto da globalização, há, desde logo, uma ampliação dos graus de dificuldade para a consecução dessas tarefas. Ademais, há que se acrescentar outro grande desafio, próprio de um regime internacional fundado na livre mobilidade de capitais, qual seja, o da superação da inconversibilidade monetária. Neste ensaio, como já alertado na Introdução, trataremos apenas do primeiro aspecto.

3.2.1. O atraso produtivo-tecnológico

No âmbito da economia política latino-americana e, mais precisamente, na escola da CEPAL, segundo a interpretação clássica de *Prebisch* (1998), o atraso produtivo-tecnológico está associado à especialização produtiva que elaboram produtos, que têm baixa elasticidade renda da demanda e pequeno dinamismo tecnológico. Ele esteve também associado a ausência de autonomia tecnológica pela ausência de um setor produtor de bens de capital desenvolvido, como, por exemplo, em *Furtado* (1998). Olhada de outro ângulo, como na escola de Campinas, a questão da industrialização, enquanto condição necessária para a superação do subdesenvolvimento, é vista como um processo de constituição de forças produtivas capitalistas e, portanto, como a diferenciação da estrutura produtivo-industrial na direção da incorporação dos setores produtores de meios de produção.

Em quaisquer dessas vertentes interpretativas, o ponto essencial é a imperiosidade da diversificação da estrutura produtiva como caminho para o desenvolvimento. Diversificação, nos termos smithianos, tem um significado particular, qual seja, o da ampliação da divisão do trabalho e, portanto, de incremento de produtividade. Mas isso não poderia também ser conseguido por meio do aprofundamento da divisão do trabalho em economias especializadas? A negação do caminho da especialização, como forma de conseguir esses ganhos de produtividade, tem várias razões: a especialização em bens primários destinados ao comércio internacional implicaria um crescimento dos mercados e, portanto, da demanda menores do que aqueles associados à diversificação; a velocidade do progresso técnico seria muito maior na indústria do que na agricultura. Em resumo, a interação entre dinamismo dos mercados e ganhos de produtividade (divisão do trabalho) seria maior em economias diversificadas.

O caminho para a diversificação, a partir de economias com origem colonial e que se inserem no mundo capitalista pela exportação de produtos primários, teria obstáculos de diversas naturezas: a magnitude de capital dos novos empreendimentos; o acesso a tecnologia; as escalas de produção vis a vis o tamanho dos mercados domésticos. Decorreria daí a necessidade da intervenção do Estado, neste processo de diversificação e industrialização, por meio de políticas de desenvolvimento.

Nos processos de desenvolvimento com base na diferenciação da estrutura produtiva, coube ao Estado várias tarefas, como, por exemplo, assegurar proteção à indústria nascente, bem como a mobilização de recursos para financiar a sua expansão. Por sua vez, foi tarefa do Estado assegurar, por meio de empresas públicas, a oferta de insumos de uso generalizado cujo fornecimento estava fora do alcance do capital privado — pela escala do empreendimento — e do interesse do capital multinacional — pelo seu risco.

Como já foi apontado no início desse texto, a crise dos anos 1980 deu ensejo, sobretudo na América Latina, à crítica ao modelo crescimento com base na diversificação da estrutura produtiva ou, como se convencionou chamar, por substituição de importações, dando origem a novas estratégias de desenvolvimento centradas na liberalização e consequentemente na especialização. Por outro lado, a globalização, tal qual apontado anteriormente, também modificou as relações centro-periferia e, portanto, os condicionantes gerais do processo de desenvolvimento. A partir desses novos marcos cabe indagar como os países periféricos enfrentaram a questão do atraso produtivo-tecnológico, quais as suas estratégias e o seu grau de êxito.

A resposta a esta questão implica considerar as estratégias de inserção dos países periféricos na globalização ou a sua relação privilegiada com uma das vertentes dessa última, a financeira ou a produtiva. Essas relações predominantes, por sua vez, têm que buscar explicação necessariamente na herança do processo de desenvolvimento pregresso, principalmente no legado da crise da dívida. Ou seja, a globalização e suas duas vertentes, com a hegemonia da dimensão financeira, constitui um processo único; as formas de articulação dos países da periferia dependem do seu ponto de partida e do perfil de suas políticas.

Ao discutir o assunto, o *mainstream*, por meio dos trabalhos de *Dooley et al.* (2003), sugere a existência de um duplo padrão de inserção periférica: o *trade account* e o *capital account*. No primeiro, do qual participaram os países da Ásia em desenvolvimento, a articulação se deu preferencialmente pelos fluxos de comércio e IDE (*greenfield*). No segundo, característico dos países da América Latina, a integração ocorreu principalmente por meio dos fluxos de capitais, incluindo o IDE de natureza patrimonial (Fusões e Aquisições). Ao primeiro padrão estaria associado um regime de câmbio fixo ou semifixo e, ao segundo, o de câmbio flutuante. A tipologia, embora pertinente, realça exclusivamente as características associadas às articulações externas com pouca ênfase nos aspectos domésticos.

Em adição à tipologia anterior pode se lançar mão do trabalho de *Palma* (2004), para quem a distinção essencial entre as formas de integração, olhadas da ótica produtiva, seria entre **produtividade** e **posicionamento**. Os países da Ásia em desenvolvimento realizaram ambas as mudanças, vale dizer, ampliaram a produtividade em setores tradicionais e lograram mudar o posicionamento da sua estrutura produtiva, no sentido de aproximá-la dos países centrais (*catching up*). Já os países latino-americanos, com poucas exceções, apenas realizaram o primeiro movimento.

No âmbito desse paradigma, trabalhos como o da UNCTAD (2003) e *Akyuz* (2005) sugerem critérios adicionais para o desempenho dos países periféricos a partir de indicadores como grau de industrialização; presença de setores intensivos em tecnologia; adensamento de cadeias produtivas e relevância da pauta de exportações de manufaturados. Os países que cumpriram todos esses critérios, ao longo dos últimos vinte e cinco anos, são considerados de industrialização madura e englobam os NICs asiáticos: Coreia, Taiwan, Singapura e Hong Kong. Em seguida, temos os países industrializados cuja diferença com os anteriores é um avanço menos significativo do adensamento das cadeias produtivas, são eles: China, Tailândia e Malásia. Nos países denominados de enclave, essa última característica teve bem menos importância, como no caso de México e Filipinas. Por fim, teríamos os países atrasados, Brasil, Argentina e Chile, nos quais os indicadores ou regrediram ou pouco avançaram durante o período considerado.

Há, por fim, outro aspecto relativo ao desenvolvimento dos países da periferia, no novo contexto da globalização e que diz respeito à estratégia de desenvolvimento perseguida. Uma parte da literatura que trata da questão, como, por exemplo, *Rodrik* (2004), enfatiza o *export-led growth* e o papel decisivo da taxa de câmbio competitiva. Esta estratégia se caracterizaria por um tipo de crescimento no qual a demanda externa, ou os mercados adicionais daí advindos, teriam um papel crucial.

O ganho de mercados adicionais pelas exportações líquidas, associado à redução da redução da restrição de divisas, parece ter sido um ingrediente crucial das estratégias exitosas. Contudo, isso é mais verdadeiro para países pequenos e de alto grau de abertura. Mesmo neles, como mostram *Akyuz et al.* (2001), foi necessário ir realizando, com o passar do tempo, o *up grade* das exportações e da estrutura produtiva.

Para países de maior dimensão e menor grau de abertura, a estratégia foi necessariamente complementada pela ampliação do mercado interno. Ou seja, taxa de câmbio competitiva significa uma redução do potencial de crescimento dos mercados internos que não é inicialmente compensada pelos mercados externos. Isto requer necessariamente o desenho de políticas de ampliação do mercado interno tais como, diversificação da estrutura produtiva, ampliação da infraestrutura e melhora da distribuição da renda. Exceto pelo último aspecto o caso da China representa um exemplo de sucesso dessa estratégia.

3.3. O caso brasileiro

A trajetória pouco dinâmica da economia brasileira, embora não se diferencie do caso mais geral, latino-americano, possui particularidades a serem exploradas. Certamente, a particularidade brasileira não reside na herança da crise da dívida, pois esta é comum a todos os países da região. Todavia, como já assinalado, é esta herança que ao se expressar no enfraquecimento substancial do Estado abre caminho para a radicalidade dos experimentos liberais. Assim, o perfil de políticas econômicas posto em prática na América Latina tem características que o elegem como um condicionante crucial ao desempenho econômica dos diversos países.

É possível caracterizar a política econômica vigente na região, desde o início dos anos 1990, a partir de três grandes vetores: a política de abertura comercial, compreendendo além dessa última a desregulação do IDE e privatizações cuja justificativa era a ampliação da concorrência e consequente aumento da produtividade; a política de abertura financeira, cujo objetivo no que tange aos fluxos de capitais era ampliar o acesso à poupança externa, e no âmbito das instituições, alargar presença de bancos estrangeiros e, por meio desta, acirrar a concorrência, reduzir os custos de financiamento e ampliar seus prazos. No plano macroeconômico a estabilidade monetária, entendida como estabilidade de preços, era o principal compromisso da política. Por fim, no âmbito social a preocupação central era suprimir a pobreza por meio de políticas focalizadas, em substituição ao objetivo da redução das desigualdades por meio de políticas universais.

A hipótese geral para o caso brasileiro não se diferencia daquela para o caso latino-americano e associa o baixo dinamismo à incapacidade das políticas de corte liberal em equacionar as questões-chave do desenvolvimento, tal qual definidas na Introdução, ou seja, a superação do atraso produtivo-tecnológico, da inconversibilidade monetária e a heterogeneidade social. Mas é plausível pensar hipóteses particulares para a economia brasileira associadas a cada um desses planos. No âmbito produtivo tecnológico, cuja discussão constitui o objetivo deste texto, é possível associar o baixo dinamismo a três fatores cruciais: à pequena diferenciação da estrutura produtiva, à internacionalização assimétrica e à insuficiente ampliação da infraestrutura.

3.3.1. A especialização regressiva

O primeiro aspecto a destacar nesse plano é o da baixa diferenciação da estrutura produtiva, mormente na indústria. Sob o impacto das políticas de abertura postas em prática ao longo dos anos 1990 e também de vários episódios de apreciação da moeda local houve, no dizer de *Coutinho* (1997), uma especialização regressiva da estrutura produtiva industrial. O exame dos dados dá sustentação à afirmação anterior e está consubstanciado em três processos distintos: a redução da participação da indústria no PIB; a diminuição do adensamento das cadeias produtivas, medido pela relação VTI/VBP; e a ampliação da participação dos setores menos intensivos em tecnologia na estrutura industrial.

A comparação entre os graus de industrialização dos países periféricos e sua evolução confirma o que já havia sido constatado pela UNCTAD (2003) e *Akyuz* (2005): uma diminuição do grau de industrialização nos grandes países da América Latina — exceto o Chile —, com maior intensidade na Argentina e no Brasil. Além de intensidades distintas, o processo tem também uma temporalidade diferente: ele é simultâneo no México e no Brasil, iniciando-se ainda nos anos 1980, e só começa nos anos 1990 na Argentina. Note-se também que é comum a todos esses países um desempenho medíocre da indústria no período analisado, o que contrasta com os asiáticos em desenvolvimento. O Brasil, por exemplo, tem a menor taxa de crescimento da indústria de transformação dentre os países selecionados e para ambos os períodos considerados (Tabela 3).

Tabela 3
Participação da Indústria de Transformação (VTI) no PIB

Países	Valor da Transformação Industrial (% do PIB)					Taxa de crescimento (%)	
	1986	1990	1995	2000	2005	1986-2005	1990-2005
Argentina	27,0	27,0	18,0	18,0	23,0	1,9	3,4
Brasil	34,7	26,5	18,6	17,2	18,4	1,1	2,0
Chile	19,0	20,0	18,0	19,0	18,0	4,7	4,3
China	35,0	33,0	34,0	32,0	33,0	12,1	12,9
Índia	16,0	17,0	18,0	16,0	16,0	6,7	6,2
Indonésia	17,0	21,0	24,0	28,0	28,0	7,3	6,2
Coreia	29,0	27,0	28,0	29,0	28,0	8,3	7,6
Malásia	19,0	24,0	26,0	33,0	31,0	9,5	8,0
México	25,0	21,0	21,0	20,0	18,0	3,3	2,8
Tailândia	24,0	27,0	30,0	34,0	35,0	8,9	7,0

Fonte: World Bank : World Development Indicators.

A consideração do caso asiático serve para dirimir algumas dúvidas sobre o processo latino-americano e brasileiro. Note-se que há na maioria dos primeiros uma associação entre rápido crescimento do produto industrial e ampliação ou manutenção do grau de industrialização. O caso da Coreia chama particular atenção, pelo seu alto nível de renda *per capita*, e por se constituir num país de industrialização madura. Mesmo neste país não há indicações de redução do grau de industrialização, sugerindo que a relação inversa entre nível de renda *per capita* e grau de industrialização, encontrada por *Palma* (2005), ainda não se materializou neste caso.

Ora, se mesmo em países mais desenvolvidos, como é o caso da Coreia, o nível de renda *per capita* ainda não é uma variável central a explicar a trajetória declinante do grau de industrialização, com muito mais razão também não o seria no caso dos países latino-americanos, e particularmente do Brasil, onde a redução do indicador é a mais intensa entre os países selecionados, caindo quase pela metade em vinte anos.

Gráfico 4

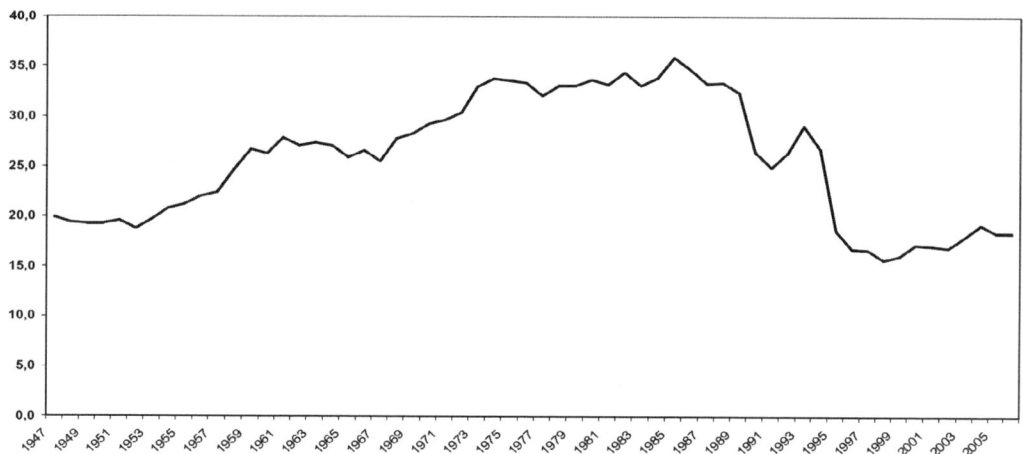

Fonte: IBGE — Contas Nacionais.

A queda do grau de industrialização após 1986, e que vai até 1998, ao contrário do que postula *Nassif* (2008), para quem esta redução estaria circunscrita à segunda metade dos anos 1980, pode ser subdividida em três etapas. Na primeira, entre 1985 e 1991, está claramente associada à estagnação da indústria decorrente da desorganização da produção associada ao processo hiperinflacionário e, ainda, à apreciação da moeda nacional[5]. A breve recuperação a que se assiste, entre 1991 e 1993, deveu-se à forte retomada do crescimento num contexto de taxas menores de inflação. Já nos anos 1994-1998 a perda de importância da indústria está associada ao processo de abertura combinado com forte apreciação da moeda nacional. A recuperação após 1999 se deve a vários fatores, como, a moeda relativamente desvalorizada, entre esta data e 2004, e a aceleração do crescimento após este último ano.

Ao discutir a desindustrialização dos países da América Latina, incluindo o Brasil, *Palma* (2005) sugere que ela traduz uma forma particular de doença holandesa ou de reespecialização da estrutura produtiva. De acordo com esse autor, a desindustrialização, entendida como a perda de importância do setor manufatureiro, no emprego e no PIB, representaria uma evolução natural das economias de maior renda *per capita*. Nessas economias o setor de serviços tende a ganhar maior peso ante a indústria. Da ótica da demanda, isto seria explicado pela maior elasticidade da renda por serviços, ante os bens industriais. Do lado da oferta, a produtividade elevada da indústria permitiria ir liberando mão de obra a ser reabsorvida no setor de serviços.

A doença holandesa representaria, no entanto, uma anomalia, pois significaria uma perda de participação da indústria não associada ao aumento da renda *per capita*. No caso

---

[5] A mudança de preços relativos ocasionada pela flutuação da taxa de câmbio da moeda nacional tem implicações significativas sobre o peso da indústria no PIB. Isto porque os setores produtores de bens comercializáveis tem maior participação na indústria ante aquela no PIB. Logo, uma apreciação diminui a participação da indústria no PIB e a desvalorização a aumenta.

específico dos países avançados, as experiências concretas estiveram associadas à descoberta de uma base importante de recursos naturais — petróleo na Holanda e Noruega — ou uma grande expansão dos serviços não vinculados à produção — turismo na Espanha e Itália. Como consequência, observou-se uma apreciação das moedas desses países e uma maior especialização nesses setores com queda da importância do setor manufatureiro de bens comercializáveis.

As particularidades da América Latina permitiriam caracterizar uma terceira forma de doença holandesa, associada à política econômica posta em prática a partir dos anos 1990. A supressão radical da proteção à indústria — tarifária e não tarifária —, a desregulação do IDE, as privatizações e a recorrente apreciação das moedas locais tiveram como principal consequência a volta de um padrão de especialização produtiva fundada em vantagens comparativas estáticas, ou seja, essas políticas induziram a aderência da estrutura produtiva à dotação de fatores existentes com ênfase nos recursos naturais.

No caso brasileiro, a intensidade da redução do peso da indústria no PIB demanda algumas explicações adicionais. Desde logo, é possível pensar que uma queda dessa magnitude reflita também modificações de outra natureza relativas à reorganização das relações de produção. De fato, houve no Brasil, entre meados dos anos 1980 e a metade dos anos 1990, um processo de terceirização de várias tarefas industriais — manutenção, limpeza, assistência técnica —, que deslocaram valor adicionado da indústria para os serviços. Ademais, após os anos 1990, o próprio setor de serviços moderno, em particular as telecomunicações, se expandiu a taxas significativas.

No entanto, não é razoável admitir que a redução do grau de industrialização, na magnitude na qual foi observada, possa ser explicada por esses fenômenos. Como se pode ver no Gráfico 5, a queda do peso da indústria de transformação no PIB, a qual é acompanhada pela redução simultânea da construção civil, arrasta para baixo a participação conjunta da indústria e serviços industrializados entre 1986 e 1998.

Após 1999, como a participação dos dois segmentos mais importantes — transformação e construção civil — mantém-se inalterada, a recuperação deve-se aos demais segmentos, com destaque para as telecomunicações. Todavia, o dinamismo destes setores — mais a indústria extrativa — está longe de compensar a baixa performance dos primeiros, recuperando as participações do conjunto das atividades do final dos anos 1980 ou da primeira metade dos anos 1990. Em resumo, para além das eventuais mudanças nas relações de produção, ou de dinâmica diferenciada dos subsetores, o baixo crescimento da indústria de transformação, decorrente das políticas econômicas postas em prática após os anos 1990, foi o principal responsável pela desindustrialização precoce.

Gráfico 5

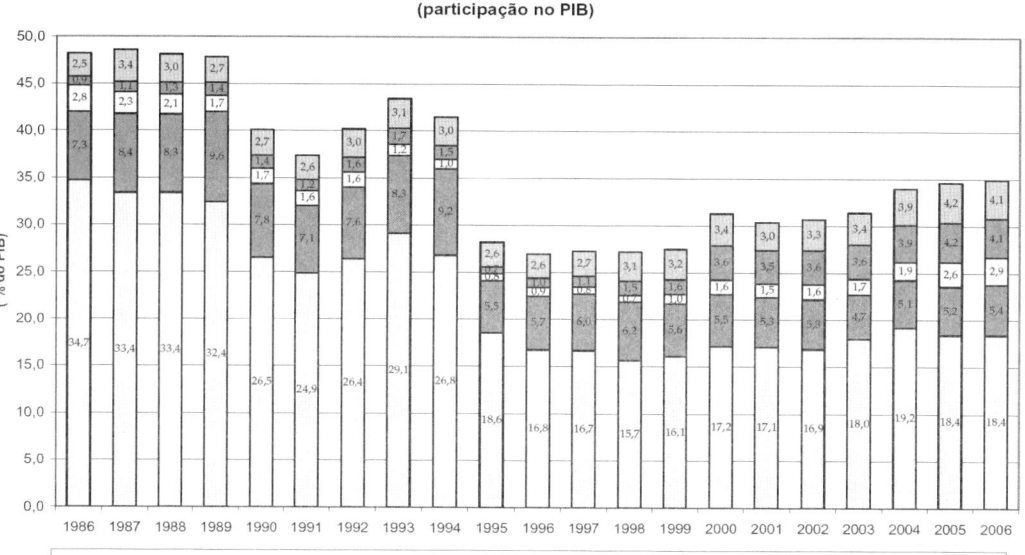

Fonte: IBGE-PIA.

A noção de desindustrialização precoce, associada ao perfil de política econômica, necessita de algumas qualificações para sua melhor caracterização. Numa primeira dimensão, como já mostrado, ela significou uma perda de participação da indústria no PIB para além do que seria explicado por mudanças associadas na estrutura produtiva ou das relações de produção. Essa modificação expressa, portanto, outras mudanças provocadas pela política econômica de corte liberal cujo efeito maior foi uma reespecialização da estrutura produtiva em segmentos intensivos em recursos naturais e uma perda de adensamento das cadeias produtivas.

O Gráfico 6 abaixo evidencia essas transformações. Nos dez anos que vão de 1996 a 2006, o único segmento a ampliar a sua participação no VTI total foi o do intensivo em recursos naturais. Só a ele coube, também, a prerrogativa de adensar as cadeias produtivas, medida pela relação VTI/VBP. Em todos os demais segmentos observou-se o contrário: perda de participação do VTI no total e perda de adensamento de cadeias produtivas. Ou seja, os dados indicam que a desindustrialização no Brasil esteve associada à queda de valor adicionado da indústria por um duplo processo de especialização: o setorial e o das cadeias produtivas.

Gráfico 6

**Evolução da estrutura industrial por Intensidade tecnológica
1996-2006**

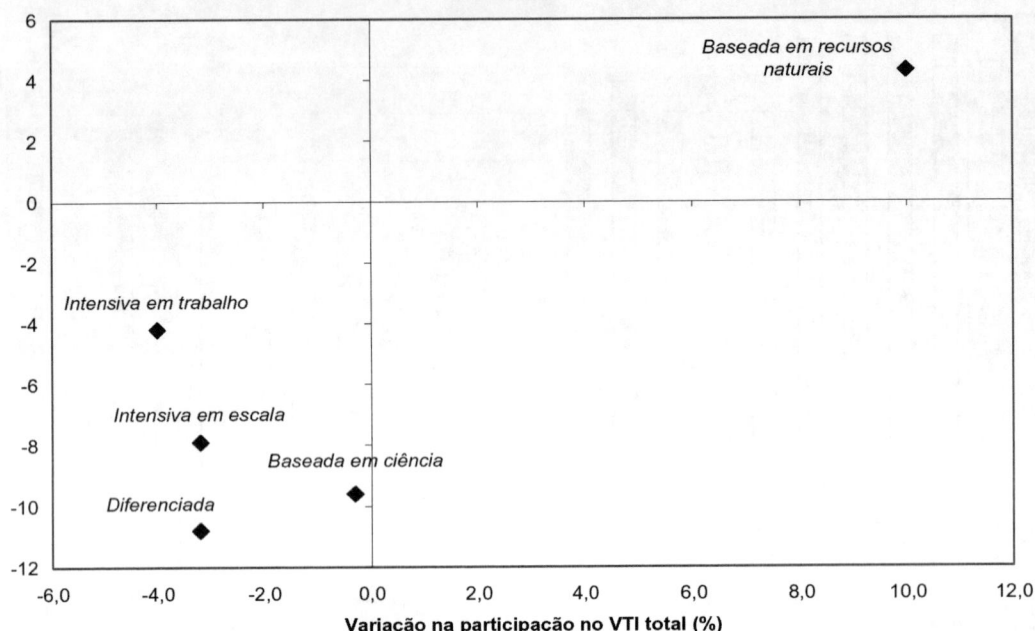

Fonte: IBGE-PIA.

A análise da estrutura setorial da indústria brasileira revela outras dimensões da reespecialização após o período de abertura, associada em vários momentos à apreciação da moeda doméstica. O aspecto mais significativo deste processo é a ampliação do peso da indústria baseada em recursos naturais (Gráfico 7), explicada quase integralmente pelo excepcional crescimento do segmento de Petróleo e, em menor escala, pela indústria extrativa e processadora de minérios. Dados detalhados da Pesquisa Industrial Anual (PIA) mostram que o ganho de participação de cerca de dez pontos percentuais da indústria baseada em recursos naturais esteve concentrado em refino de petróleo e extração de minerais metálicos.

No outro extremo, temos a perda de relevância da indústria intensiva em tecnologia, com padrões setoriais distintos. Na indústria diferenciada, que concentra o núcleo da produção de equipamentos industriais, a perda de importância é significativa e concentra-se em dois segmentos: o de máquinas e equipamentos e o de material eletrônico. O único segmento que mantém o seu peso é o de máquinas e aparelhos elétricos que produz motores mais simples, de uso generalizado. Por sua vez, a preservação da indústria baseada em ciência, que tem um peso pouco expressivo quando comparada aos países desenvolvidos, ou mesmo aos emergentes de maior nível de desenvolvimento, deve-se à estabilidade do conjunto de seus segmentos. O destaque nesse caso é para a indústria farmacêutica e a de equipamento aeronáutico.

Gráfico 7

Evolução da estrutura Industrial (VTI) por intensidade tecnológica

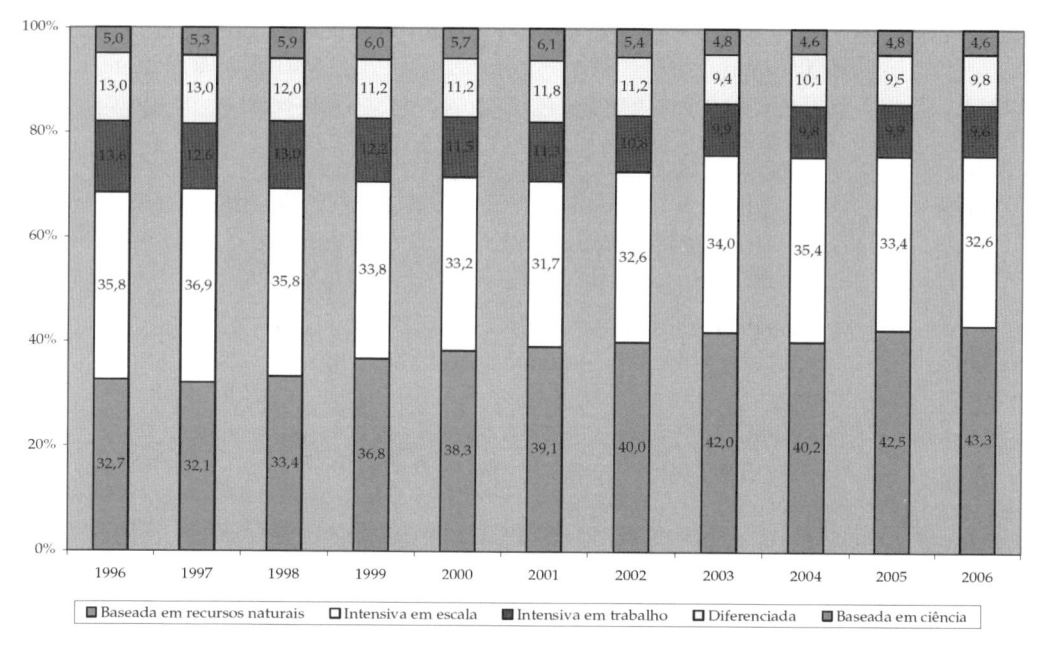

Ano	Baseada em recursos naturais	Intensiva em escala	Intensiva em trabalho	Diferenciada	Baseada em ciência
1996	32,7	35,8	13,6	13,0	5,0
1997	32,1	36,9	12,6	13,0	5,3
1998	33,4	35,8	13,0	12,0	5,9
1999	36,8	33,8	12,2	11,2	6,0
2000	38,3	33,2	11,5	11,2	5,7
2001	39,1	31,7	11,3	11,8	6,1
2002	40,0	32,6	10,8	11,2	5,4
2003	42,0	34,0	9,9	9,4	4,8
2004	40,2	35,4	9,8	10,1	4,6
2005	42,5	33,4	9,7	9,5	4,8
2006	43,3	32,6	9,6	9,8	4,6

Fonte: IBGE-PIA.

Outro segmento no qual a indústria brasileira tem notória especialização é no intensivo em escala, embora a sua importância tenha decaído após a abertura. Uma parcela muito expressiva do setor constitui um prolongamento da indústria baseada em recursos naturais, produtora de *commodities* industriais, como nas indústrias de metalurgia, papel e petroquímica. Desses, apenas a Metalurgia ganha participação ao longo do período analisado. Além desse segmento, tem muita relevância aquele dedicado à produção de material de transporte de vários tipos — automóveis, caminhões, ônibus — e suas partes peças e cuja participação elevou-se ligeiramente nos últimos anos.

Um aspecto imprevisto das modificações sofridas pela estrutura produtiva da indústria diz respeito à perda de relevância do setor intensivo em trabalho e que se deveu, quase integralmente, à regressão da indústria têxtil, de vestuário e de calçados. Para além dos fatores já mencionados, como a rápida redução da proteção combinada com a apreciação cambial do período 1994-1998, a continuidade da perda de sua relevância sugere a presença de fatores estruturais importantes. Dentre eles, a concorrência da indústria chinesa parece ter sido o fator mais significativo.

É possível pensar esse conjunto de modificações da indústria brasileira à luz das modificações introduzidas pela liberalização, mas não só. Sua operação num contexto de tarifas mais reduzidas e eliminação da proteção não tarifária constitui o pano de fundo mais estrutural e conduz a essa reespecialização fundada em vantagens comparativas estáticas. Episódios recorrentes de forte apreciação da moeda local como em 1993-1998 e 2003-2008 também têm a sua importância e, conjuntamente, explicam as mudanças mais gerais de reorientação. A mudança da geografia global e o surgimento de novos atores — como a China — têm o seu peso, mas que deve ser avaliado no contexto apontado anteriormente.

A reespecialização da economia brasileira em setores intensivos em recursos naturais retira dinamismo da indústria e da economia como um todo. A justiticativa mais geral para esta conclusão enfatiza a menor elasticidade de renda da demanda pelos produtos desses setores e também seu menor dinamismo tecnológico. Este é de fato um argumento clássico da teoria do desenvolvimento e foi retomado contemporaneamente por *Rodrik* (2004), para quem o perfil de especialização é crucial para explicar o dinamismo diferenciado. Ou seja, com base em análise de várias experiências, o autor conclui que quanto mais um país periférico busca se aproximar da estrutura industrial dos países centrais, maior o seu dinamismo.

O processo de reespecialização da economia brasileira, que constitui uma das faces da desindustrialização, pode ser também avaliado ao se analisarem as cadeias produtivas. Para o conjunto da indústria, há uma evidente perda de adensamento, medido pela relação VTI/VBP (Gráfico 8). Isso significa que do valor bruto da produção da indústria, uma parcela crescente deveu-se a compras intermediárias, fora da indústria. Isso pode ter se originado de uma reprimarização da estrutura produtiva, ou uma ampliação do coeficiente importado de insumos parte e peças. Como veremos, ambas as mudanças ocorreram.

A primeira modificação pode ser vista na indústria baseada em recursos naturais e, refere-se ao aumento da densidade das cadeias produtivas da atividade petrolífera. Ou seja, amplia-se o peso da indústria petrolífera e com ela o aumento das compras intermediárias na atividade extrativa. A perda de densidade nas cadeias, por sua vez, vai se intensificando à medida que a indústria adquire maior complexidade tecnológica. Ele é moderado no setor intensivo em trabalho, dobra no intensivo em escala, e alcança os maiores valores na indústria diferenciada e na baseada em ciência, certamente em razão da ampliação do coeficiente importado. Um fato significativo é a estabilidade do coeficiente que mede o adensamento, a relação VTI/VBP, no último triênio da série e que ocorre apesar da apreciação da moeda nacional.

Gráfico 8

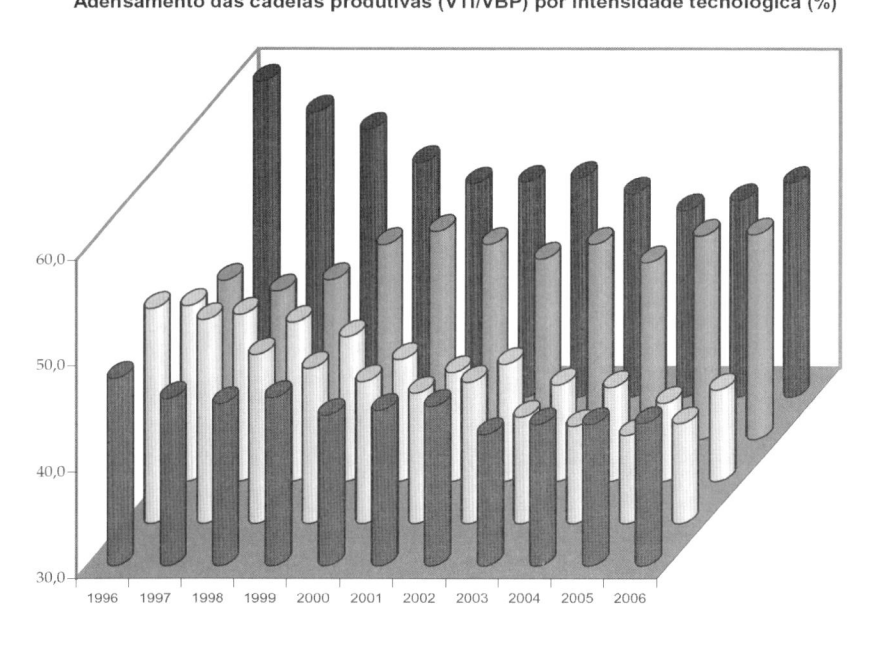

Adensamento das cadeias produtivas (VTI/VBP) por intensidade tecnológica (%)

■ Intensiva em trabalho   ☐ Diferenciada   ☐ Intensiva em escala   ■ Baseada em recursos naturais   ■ Baseada em ciência

Fonte: IBGE- PIA.

A desindustrialização por diminuição de adensamento das cadeias produtivas tem importância crucial para explicar a perda de dinamismo da economia brasileira, na medida em que enfraquece os efeitos multiplicadores do gasto autônomo, ou seja, os aumentos da demanda desencadeados pela ampliação do investimento, exportações líquidas ou déficit público vazam da indústria e deságuam na ampliação da demanda por importações.

A avaliação da inserção externa da indústria brasileira confirma o padrão de especialização já percebido nos dados da estrutura produtiva, mas com algumas nuances importantes. A partir de uma classificação ligeiramente diferente da anterior pode-se analisar em detalhe esta inserção. Os dados agregados relativos à pauta de exportação por intensidade tecnológica mostram uma aparente estabilidade, com alguma flutuação cíclica, do peso das exportações de maior intensidade tecnológica (alta tecnologia + média alta tecnologia) na pauta brasileira. Partindo de cerca de 26% do total no início do período, elas chegam a alcançar 1/3 do total em 2001 e 2002 para regredir para os valores do início da série no último biênio. A modificação mais relevante ocorre no segmento de baixa tecnologia que reduz a sua participação e que tem como contrapartida a ampliação dos produtos não industriais expressando nesse particular a reprimarização da pauta (Gráfico 8).

Gráfico 9

Estrutura das Exportações brasileiras por Intensidade Tecnológica

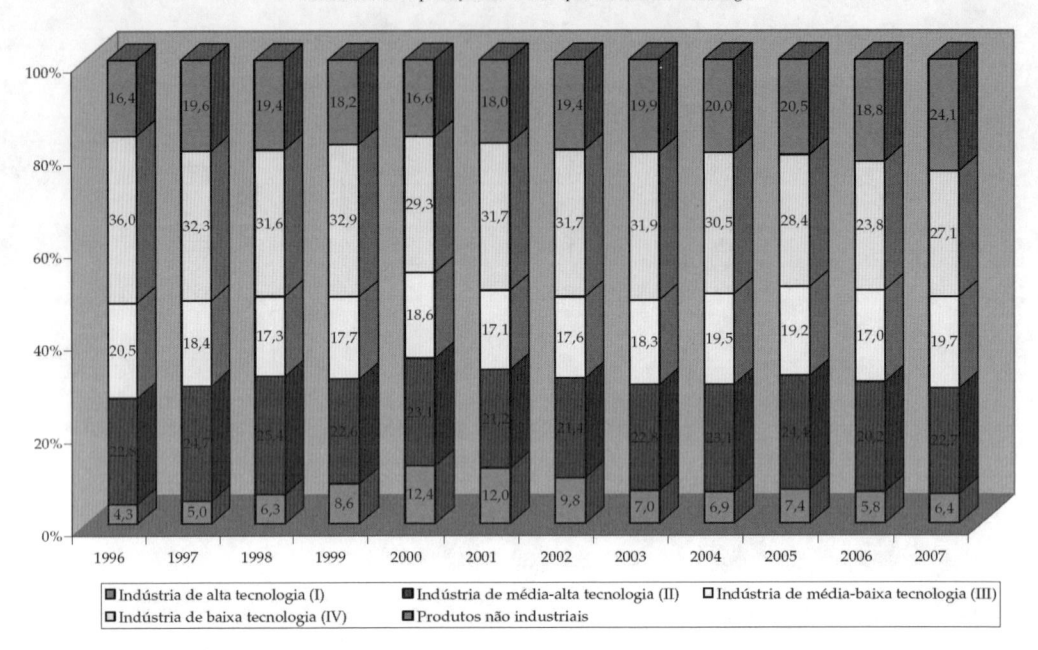

Ano	Ind. alta tec. (I)	Ind. média-alta tec. (II)	Ind. média-baixa tec. (III)	Ind. baixa tec. (IV)	Produtos não industriais
1996	16,4	36,0	20,5	22,8	4,3
1997	19,6	32,3	18,4	24,7	5,0
1998	19,4	31,6	17,3	25,4	6,3
1999	18,2	32,9	17,7	22,6	8,6
2000	16,6	29,3	18,6	23,1	12,4
2001	18,0	31,7	17,1	21,2	12,0
2002	19,4	31,7	17,6	21,4	9,8
2003	19,9	31,9	18,3	22,8	7,0
2004	20,0	30,5	19,5	23,1	6,9
2005	20,5	28,4	19,2	24,4	7,4
2006	18,8	23,8	17,0	20,2	5,8
2007	24,1	27,1	19,7	22,7	6,4

Fonte: IBGE- PIA.

A aparente estabilidade das participações, sobretudo na indústria de maior intensidade tecnológica, esconde, contudo, modificações relevantes. Os segmentos fundados em vantagens comparativas absolutas, localizados nos setores primários e de baixa e média tecnologias, detêm não só a maior parcela das exportações brasileiras, mas a integralidade do saldo comercial (Tabela 4). Isso fica evidente quando se adiciona o saldo do setor de produtos não industriais àqueles de baixa e baixa-média tecnologia. Nesses últimos, o grande destaque é para aqueles segmentos intensivos em recursos naturais como Alimentos e bebidas, Siderurgia e Madeira e Papel e celulose.

No setor de alta-tecnologia o único segmento superavitário é o de material aeronáutico. Exceto por esse último ramo, toda a indústria de alta tecnologia é altamente deficitária e as suas exportações nesses casos se devem, em boa medida, a uma atividade de montagem, com alto coeficiente importado que utiliza o Brasil como plataforma para mercados específicos. Na indústria de média-alta tecnologia, o saldo encontra-se também concentrado em um único segmento: o de veículos. Há outros setores que apesar de deficitários possuem uma inserção exportadora importante, como o de Máquinas e Equipamentos, mecânicos e elétricos. Essa linha de produção e exportação refere-se a máquinas de menor complexidade tecnológica e ocupa importantes nichos de mercados regionais e globais.

Tabela 4

	1996	1997	1998	1999	2000	2001	2002	2003	2004	2005	2006	2007
Saldo Comercial da Indústria por Intensidade Tecnológica												
Total	(5.599)	(6.753)	(6.624)	(1.290)	(765)	2.621	13.119	24.758	33.640	44.708	46.120	40.028
Produtos não industriais	(510)	3.029	3.797	3.264	2.403	4.091	5.119	6.791	8.129	11.473	13.869	18.070
Produtos industriais⁽*⁾	(5.089)	(9.782)	(10.421)	(4.554)	(3.168)	(1.470)	8.000	17.968	25.511	33.235	32.251	21.958
Indústria de alta tecnologia (I)	(8.380)	(9.570)	(8.838)	(7.656)	(7.342)	(6.842)	(4.525)	(5.296)	(7.548)	(8.377)	(11.839)	(15.044)
Aeronáutica e aeroespacial	(61)	(310)	(34)	438	1.840	1.943	1.608	990	1.755	1.745	1.326	1.784
Farmacêutica	(1.522)	(1.672)	(1.825)	(2.080)	(1.979)	(2.132)	(1.888)	(1.781)	(2.093)	(2.281)	(2.718)	(3.764)
Material de escritório e informática	(1.347)	(1.376)	(1.380)	(1.071)	(1.473)	(1.433)	(1.169)	(1.050)	(1.232)	(1.550)	(2.222)	(2.383)
Equipamentos de rádio, TV e comunicação	(3.728)	(4.417)	(3.795)	(3.557)	(4.168)	(3.292)	(1.454)	(1.910)	(3.968)	(3.884)	(5.295)	(6.629)
Instrumentos médicos de ótica e precisão	(1.722)	(1.795)	(1.804)	(1.386)	(1.563)	(1.928)	(1.621)	(1.545)	(2.009)	(2.408)	(2.930)	(4.052)
Indústria de média-alta tecnologia (II)	(9.727)	(11.982)	(12.369)	(9.982)	(8.695)	(10.719)	(6.935)	(3.292)	(2.447)	494	(908)	(10.126)
Máquinas e equipamentos elétricos n. e.	(1.219)	(1.822)	(1.966)	(1.861)	(1.814)	(2.822)	(2.162)	(1.544)	(1.239)	(945)	(907)	(1.266)
Veículos automotores, reboques e semirreboques	(708)	(642)	(534)	295	972	992	2.300	4.126	5.695	7.825	7.836	5.736
Produtos químicos, excl. farmacêuticos	(4.005)	(4.360)	(4.795)	(4.417)	(4.858)	(5.223)	(4.487)	(4.694)	(6.824)	(6.165)	(6.795)	(10.852)
Equipamentos para ferrovia e material de transporte n. e.	(120)	(216)	(209)	(310)	(136)	(103)	(76)	49	(0)	131	(27)	(66)
Máquinas e equipamentos mecânicos n. e.	(3.674)	(4.943)	(4.865)	(3.689)	(2.858)	(3.562)	(2.509)	(1.229)	(78)	(351)	(1.014)	(3.679)
Indústria de média-baixa tecnologia (III)	2.887	1.853	1.350	1.912	1.434	1.725	3.979	6.594	10.182	12.257	12.914	11.950
Construção e reparação naval	171	168	111	(1)	(6)	2	(47)	(107)	1.251	172	5	669
Borracha e produtos plásticos	(327)	(426)	(497)	(294)	(342)	(346)	(297)	(98)	(176)	(220)	(169)	(318)
Produtos de petróleo refinado e outros combustíveis	(1.901)	(2.052)	(1.670)	(1.615)	(2.749)	(1.346)	(569)	200	1	1.227	845	(118)
Outros produtos minerais não metálicos	209	219	250	385	433	393	568	716	989	1.194	1.464	1.414
Produtos metálicos	4.735	3.945	3.156	3.437	4.098	3.022	4.323	5.884	8.118	9.884	10.768	10.303
Indústria de baixa tecnologia (IV)	10.130	9.916	9.436	11.171	11.435	14.365	15.481	19.962	25.324	28.862	32.084	35.178
Produtos manufaturados n. e. e bens reciclados	86	100	123	337	470	514	578	747	1.029	1.049	933	777
Madeira e seus produtos, papel e celulose	1.505	1.610	1.518	2.423	2.759	2.658	2.969	4.233	5.061	5.415	5.836	6.488
Alimentos, bebidas e tabaco	6.472	6.281	6.018	6.456	5.735	8.530	9.225	11.699	15.474	18.677	21.687	24.647
Têxteis, couro e calçados	2.067	1.925	1.778	1.956	2.471	2.663	2.709	3.283	3.759	3.722	3.629	3.266

Fonte: SECEX/MDIC.

O quadro de fraco desempenho da indústria brasileira, após os anos 1990, encontra explicação no perfil de política econômica liberal posto em prática no país após essa década. No bojo dessa política, uma variável crucial à qual se atribuiu um papel associado essencialmente à estabilização de preços foi a taxa de câmbio. Do uso recorrente da taxa de câmbio como instrumento de estabilização, e dos ciclos de liquidez internacional, decorreu um perfil de flutuação cíclica acentuado da taxa de câmbio real bem como episódios recorrentes de forte apreciação.

Uma análise comparativa, com outros países emergentes, da evolução da taxa de câmbio real efetiva da moeda brasileira, mostra um padrão de flutuação só comparável ao de países produtores e exportadores de *commodities* como Argentina e Indonésia. Esse perfil de flutuação cambial mostrado na Tabela 5 segue de perto a classificação de países apresentada anteriormente que destacava o avanço da participação da indústria no PIB e o peso dos manufaturados na pauta de exportações, os quais estão associados a manutenção de taxas reais de câmbio mais estáveis e competitivas.

Tabela 5

Indicadores da Evolução da Taxa Real Efetiva de Câmbio (janeiro de 1994 a dezembro de 2007)				
				(média de 2000 = 100)
	Máximo	Mínimo	Amplitude	Desvio Padrão
Indonésia	166,0	52,1	113,9	25,6
Argentina	107,6	37,3	70,2	24,7
Brasil	**146,7**	**59,4**	**87,3**	**24,0**
México	114,3	53,6	60,6	12,1
Filipinas	132,2	82,0	50,2	12,3
Tailândia	138,6	77,6	60,9	11,7
Coreia	121,8	66,3	55,5	11,6
Malásia	134,2	87,1	47,1	10,8
China	108,8	68,8	39,9	8,6
Taiwan	110,8	78,4	32,4	8,3
Chile	112,1	79,3	32,8	7,8
Singapura	111,3	91,1	20,2	5,7

Fonte: BIS.

Os impactos de apreciações recorrentes da taxa de câmbio real e da sua volatilidade sobre a estrutura industrial foram amplamente discutidos na literatura sobre o desenvolvimento. A principal implicação apontada é a discriminação — por uma relação de preços desfavorável — dos setores produtores de bens comercializáveis, via de regra, aqueles de maior dinamismo tecnológico. Essa discriminação se aplica como consequência ao Investimento Direto Estrangeiro direcionado a esses segmentos, respondendo, portanto, por uma menor diferenciação setorial da indústria. Vejamos portanto como isso se refletiu no perfil de IDE atraído pelo Brasil.

3.3.2. A internacionalização assimétrica

Desde o início dos anos 1990, a economia brasileira e a atividade empresarial passaram por um processo significativo de desregulação cujo efeito maior foi a intensificação da concentração da propriedade e da internacionalização, com implicações decisivas para a dinâmica da nossa economia e, em particular, para o investimento, em razão das novas estratégias empresariais. Entre 1994 e 2006, o número anual de Fusões e Aquisições no país mais do que triplicou com uma presença crescente das operações transfronteiriças. Como parte desse processo, o Investimento Direto Estrangeiro atingiu patamares inusitados. Assim, tanto o IDE como as F&As deram origem a profundas mudanças na estrutura da propriedade das empresas, mas paradoxalmente não deram ensejo a um desempenho expressivo do investimento produtivo (*greenfield*).

No que tange particularmente ao IDE, duas características centrais marcaram esses investimentos, conformando a assim chamada internacionalização assimétrica: uma elevada participação de operações de Fusões e Aquisições, expressão do caráter predominantemente *market seeking e resource based* dessas inversões, e a pouca expressão, até os anos 2000, do investimento estrangeiro originado no país, indicando a pequena relevância da internacionalização da grande empresa brasileira.

A incorporação do Brasil e dos países emergentes à globalização, que ocorre com maior intensidade após os anos 1990, é marcada pela preeminência do IDE como fluxo de capital mais importante, mas com significativas diferenças tanto ante os países centrais como entre eles próprios. Os dados da Tabela 6 mostram um importante aumento de participação dos países emergentes na recepção do fluxo do IDE oriundo do exterior (*inward*) após os anos 1990, abarcando cerca de 1/3 dos fluxos totais. Esses números representam um avanço ante os valores observado nos anos 1980, que além de inferiores eram bastante voláteis. A participação da América Latina é ligeiramente crescente, atingindo um pico no triênio de maior concentração das privatizações entre 1996 e 1998. Já a Ásia em desenvolvimento apresenta seus maiores ganhos de participação no início da década de 1990 e um posterior declínio, mas, apesar disto, a sua parcela ainda é o dobro da América Latina.

O Brasil tem um desempenho singular no IDE, pois ele aumenta desde o início dos anos 1990 e se acelera na sua segunda metade, apesar de não sustentar o patamar obtido durante o auge das privatizações, em 1998. Só o México e em menor escala a Colômbia têm trajetória semelhante na América Latina. Na Ásia, a China também apresenta esse padrão, mas com escala muito superior, entre quatro e cinco vezes maior. Nos demais países, exceto na Índia, onde apesar do baixo patamar o crescimento é expressivo, o IDE ou nunca foi significativo, como na Coreia e Taiwan, pertencentes junto com o Japão ao *first tier*, ou sofreu forte declínio ao longo dos anos 1990, como na Malásia, Tailândia e Singapura. Tudo isso põe em relevo a posição do Brasil e também do México como países de expressiva atratividade ao IDE, mas seguindo de longe a China.

Tabela 6
Distribuição do IDE (*inward*) por regiões e países

	Memo: 1985	1990-1992	1993-1995	1996-1998	1999-2001	2002-2004	2005-2006
	Média dos períodos em %						
Economias em desenvolvimento	26,3	24,9	36,4	34,4	21,5	32,2	31,1
América Latina	12,6	7,3	9,0	12,9	8,6	9,8	7,2
Argentina	1,6	1,7	1,4	1,6	1,1	0,4	0,4
Brasil	2,5	0,8	0,9	3,6	2,5	2,3	1,5
Chile	0,3	0,6	0,9	1,0	0,5	0,7	0,7
Colômbia	1,8	0,3	0,4	0,8	0,2	0,4	0,8
Venezuela	0,2	0,6	0,3	0,8	0,3	0,2	0,1
México	3,4	2,3	3,0	2,2	1,9	3,0	1,8
Ásia em desenvolvimento	9,2	14,2	24,2	18,9	11,0	17,7	16,5
China (+ Hong Kong + Macau)	2,9	5,2	14,8	11,1	7,2	11,6	10,0
Coreia	0,6	0,5	0,3	0,6	0,7	0,8	0,6
Taiwan	0,2	0,7	0,5	0,3	0,4	0,2	0,4
Índia	0,5	0,1	0,4	0,6	0,4	0,8	1,0
Malásia	0,4	2,3	2,0	1,2	0,2	0,5	0,4
Singapura	0,0	2,4	2,9	2,1	1,5	2,0	1,7
Tailândia	0,3	1,3	0,6	0,8	0,5	0,8	0,8

Fonte: UNCTAD, FDI *on-line*.

Uma avaliação da importância do IDE, para as regiões periféricas e para o Brasil, requer necessariamente considerar não só as participações relativas no plano internacional, mas o significado desses fluxos de capitais para as economias receptoras. Dos indicadores disponíveis, aquele que mede o IDE como proporção do PIB parece ser o mais adequado para qualificar a sua importância para as várias economias emergentes. Por este critério se reafirma a importância crescente do IDE para essas economias que aumenta com mais velocidade na América Latina, mas que possui maior peso na Ásia em desenvolvimento (Tabela 7).

No caso do Brasil, quando se compara a sua posição no contexto latino-americano, fica evidente o menor significado do IDE como proporção do PIB — exceto no auge das privatizações em 1996-1998. Isso é ainda mais verdadeiro para comparações com a Ásia em desenvolvimento e não só com relação à China, mas também ante países menores como Malásia, Singapura e Tailândia. Em resumo, o conjunto dos dados mostra que o Brasil é importante como receptor de IDE por conta do tamanho da sua economia, ou seja, em termos absolutos, mas muito menos relevante quando se ponderam esses fluxos pelo PIB.

Tabela 7
Indicador de relevância do IDE (IDE/PIB em %)

Economias em desenvolvimento	1990-92	1993-95	1996-98	1999-01	2002-05
	1,1	1,9	2,8	3,6	2,8
América Latina	1,0	1,5	3,4	4,8	3,3
México	1,2	2,3	3,0	3,4	2,5
Argentina	1,5	1,6	2,7	4,3	2,2
Brasil	0,3	0,4	2,5	5,1	2,6
Chile	2,9	4,1	6,2	8,2	5,8
Colômbia	1,1	1,5	3,8	2,6	4,1
Venezuela	1,8	1,2	5,3	3,3	1,9
Ásia em desenvolvimento	4,5	6,9	8,5	9,2	7,2
China	1,5	3,6	4,1	8,9	7,8
Taiwan	0,6	0,5	0,5	1,3	0,4
Coreia	0,3	0,2	0,8	1,6	0,8
Índia	0,1	0,4	0,7	0,8	0,9
Malásia	7,6	7,1	5,8	3,2	3,2
Singapura	10,3	11,3	11,2	18,7	12,6
Tailândia	2,3	1,2	3,5	3,7	1,3

Fonte: UNCTAD, FDI *on line*.

Um dos canais de articulação das economias periféricas à globalização via IDE é, como já assinalado, o das operações de Fusões e Aquisições. Da perspectiva das economias periféricas essas operações têm tido uma participação relativamente pequena, mas crescente. Outro aspecto relevante refere-se ao aumento mais que proporcional, nos anos 2000, das compras ante as vendas de empresas dessas regiões, expressão da aceleração da internacionalização das empresas locais. Há distinções relevantes entre as duas periferias: no início do período, as vendas eram muito mais importantes, comparativamente às compras, na América Latina, mas esses números praticamente se igualam em meados dos anos 2000, sugerindo uma convergência de padrão (Tabela 8). O Brasil tem nessa dimensão um desempenho singular. As vendas de empresas se elevam consistentemente nos anos 1990 e mantêm-se altas nos anos 2000. A novidade está no aumento das compras ocorrido nestes últimos anos e que não tem paralelo em outros países periféricos. Isso indica, como veremos adiante, uma aceleração da internacionalização das empresas brasileiras após 2000 e a relevância do canal de Fusões e Aquisições.

Tabela 8
Fusões e Aquisições: distribuição regional (% do Total)

	Operação	1990	1995	2000	2005
Economias em desenvolvimento	Compras	4,8%	6,9%	4,2%	10,5%
	Vendas	10,7%	8,6%	6,2%	14,4%
América Latina	Compras	1,1%	2,1%	1,6%	4,3%
	Vendas	7,6%	4,6%	4,0%	6,6%
Argentina	Compras	0,0%	1,1%	0,1%	0,0%
	Vendas	4,2%	1,0%	0,5%	0,1%
Brasil	Compras	-	0,2%	0,0%	2,4%
	Vendas	0,1%	0,9%	2,0%	1,7%
Chile	Compras	-	0,4%	0,0%	0,0%
	Vendas	0,3%	0,4%	0,3%	0,5%
Colômbia	Compras	-	0,0%	0,0%	0,0%
	Vendas	0,2%	0,0%	0,1%	0,4%
Venezuela	Compras	0,1%	0,0%	0,0%	0,0%
	Vendas	0,0%	0,1%	0,2%	0,4%
México	Compras	0,5%	0,1%	0,4%	0,5%
	Vendas	1,5%	0,4%	0,3%	1,7%
Ásia em desenvolvimento	Compras	2,2%	3,5%	1,8%	5,1%
	Vendas	2,6%	3,4%	1,8%	6,4%
Índia	Compras	-	0,0%	0,1%	0,2%
	Vendas	0,0%	0,1%	0,1%	0,5%
China	Compras	0,0%	0,1%	0,0%	0,3%
	Vendas	0,0%	0,2%	0,2%	1,8%
Taiwan	Compras	0,9%	0,1%	0,1%	0,2%
	Vendas	0,0%	0,0%	0,1%	0,1%
Coreia	Compras	0,0%	0,7%	0,1%	0,1%
	Vendas	-	0,1%	0,6%	1,5%
Malásia	Compras	0,1%	0,6%	0,1%	0,2%
	Vendas	0,1%	0,1%	0,0%	0,2%
Filipinas	Compras	-	0,1%	0,0%	0,0%
	Vendas	0,0%	0,6%	0,0%	0,2%
Singapura	Compras	0,3%	0,5%	0,8%	3,1%
	Vendas	0,8%	0,7%	0,1%	0,3%
Tailândia	Compras	0,0%	0,1%	0,0%	0,0%
	Vendas	0,0%	0,1%	0,2%	0,3%

Fonte: UNCTAD, FDI *on line*.

Os dados anteriores suscitam uma reflexão acerca da natureza do IDE direcionado à periferia. A construção de um indicador, relacionando esses fluxos de IDE com as operações de Fusões e Aquisição, permite constatar o maior significado da dimensão patrimonial no Brasil e na América Latina ante a Ásia em desenvolvimento (Tabela 9). O peso das Fusões e Aquisições nos fluxos de IDE para periferia tem um componente cíclico acentuado associado às privatizações ocorridas na América Latina, particularmente no triênio 1996--1998. A partir de então, a relação é declinante, mas o patamar dessa região é muito superior ao da Ásia. Nessa última região, têm muita relevância as Fusões e Aquisições intrarregionais, constituindo uma das dimensões da sua forte integração produtiva e comercial.

No Brasil, o peso das F&As no investimento direto sempre foi elevado e com forte componente cíclico, certamente influenciado pelas privatizações, mas também pela posição da taxa de câmbio. Essa importância das F&As traduz-se numa participação superior à média da região e bem acima de países como o México, no qual o *greenfield* das *maquilaroras* teve grande peso. Uma comparação com a China elucida o padrão brasileiro. No primeiro país, o peso das F&As vai aumentando lentamente como reflexo da transnacionalização da estrutura produtiva, decorrente do próprio IDE. Já no Brasil, ela é elevada desde o início e reflete a desnacionalização da propriedade de empresas locais, tanto públicas quanto privadas.

Tabela 9
Relação IDE (*inward*)/ Fusões e Aquisições (Vendas) em %

	1990-1992	1993-1995	1996-1998	1999-2001	2002-2004	2005-2006
Economias em desenvolvimento	22%	15%	31%	32%	22%	32%
América Latina	47%	31%	52%	42%	29%	39%
Argentina	89%	41%	80%	82%	47%	57%
Brasil	13%	35%	82%	47%	40%	47%
Chile	39%	26%	41%	79%	40%	25%
Colômbia	25%	39%	58%	32%	33%	61%
Venezuela	69%	31%	47%	24%	38%	5%
México	28%	18%	36%	37%	26%	16%
Ásia em desenvolvimento	13%	9%	16%	23%	18%	27%
China + (Hong Kong e Macau)	9%	9%	10%	11%	11%	17%
Coreia	27%	8%	55%	88%	88%	78%
Taiwan	0%	2%	16%	42%	34%	71%
Índia	7%	21%	24%	29%	28%	46%
Singapura	14%	12%	8%	114%	34%	131%
Malásia	2%	4%	7%	6%	3%	11%
Tailândia	10%	6%	30%	38%	11%	25%

Fonte: UNCTAD, FDI *on line*.

Essas características distintas do IDE, entre as regiões, define com precisão o tipo de integração realizado pela economia brasileira e latino-americana na qual teve maior destaque a esfera da propriedade. As implicações para o dinamismo do investimento foram significativas. Em primeiro lugar, porque o volume inicial de investimento instrumental (*greenfield*) é menor nessa configuração, ou seja, o impacto na taxa de investimento doméstica é comparativamente menor. Em segundo lugar, porque as operações de F&As se concentram em setores tradicionais, já existentes nessas economias, contribuindo pouco para a diferenciação da estrutura produtiva e consequentemente para a inserção nas cadeias globais de produção e comércio.

O tipo predominante de IDE — patrimonial x *greenfield* — tem, por sua vez, importância decisiva no desempenho das economias receptoras. Suas implicações iniciais sobre a taxa de investimento e diferenciação da estrutura produtiva já foram apontadas. Mas há também uma associação importante entre o tipo de IDE e o desempenho exportador. Isso porque o *greenfield* implica, na maioria dos casos, acentuar as articulações com cadeias produtivas e mercados globais. A rigor, a vinculação entre IDE e exportações diz respeito também a importância do IDE originado no país (*outward*) que sustenta a internacionalização das empresas locais.

A relação IDE (*inward*)/exportações aumenta no conjunto dos países emergentes até o final dos anos 1990, refletindo o forte ciclo de absorção de IDE, mas cai significativamente após 2002 como resultado da redução do ritmo desse último e da aceleração das exportações (Tabela 10). A comparação da América Latina com a Ásia confirma a presença de dois padrões distintos, pois tanto o patamar quanto o crescimento são muito maiores na primeira região. Novamente, a comparação do Brasil com a China ilustra os dois perfis diferentes: no Brasil o indicador continua se ampliando até 2001 por conta da expansão do IDE sem a contrapartida do aumento das exportações, refletindo a menor orientação exportadora desses investimentos como exaustivamente analisado nos trabalhos de *Hiratuka* (2003) e *Negri* (2003). Mesmo após essa data, a queda do indicador está associada a ampliação das exportações de *commodities*. Na China, o indicador já inicia seu declínio em 1998 em função do desempenho exportador, com destaque para as manufaturas, pois a absorção de IDE mantém-se em alto patamar, como vimos acima.

Tabela 10
Relação IDE (*Inward*)/exportações em %

	1990-92	1993-95	1996-98	1999-01	2002-05
Economias em desenvolvimento	4,7	8,1	11,2	12,3	8,0
América Latina	8,4	12,4	24,0	27,4	15,0
México	9,0	12,8	10,6	12,6	9,6
Argentina	23,8	23,7	30,5	50,2	9,5
Brasil	4,1	5,9	38,3	52,5	18,2
Chile	12,2	19,9	28,9	33,1	18,2
Colômbia	8,1	13,4	34,5	17,3	24,7
Venezuela	6,5	4,4	22,4	14,2	5,7
Ásia em desenvolvimento	4,1	7,4	8,4	8,8	6,4
China	8,2	27,7	25,7	18,2	12,0
Taiwan	1,6	1,3	1,2	3,0	0,8
Coreia	1,2	0,8	2,4	4,8	2,4
Índia	1,0	4,5	8,6	9,1	8,2
Malásia	11,1	9,3	7,0	3,0	3,1
Singapura	7,4	8,3	8,5	13,1	7,3
Tailândia	8,3	3,9	8,2	7,1	2,2

Fonte: UNCTAD, FDI *on line*.

Essa última característica do IDE brasileiro, vale dizer, a sua menor propensão exportadora, suscita a discussão de outra dimensão crucial do IDE, a sua via *outward*. O IDE, como qualquer fluxo de capital, tem uma via de entrada (*inward*) que traduz a absorção de investimentos de empresas estrangeiras e uma via de saída (*outward*) cujo significado é a internacionalização das empresas domésticas. Ao discutirem a importância da internacionalização *Alem* e *Cavalcanti* (2005), destacam três aspectos fundamentais ao processo: a concorrência, a competitividade e o acesso a mercados. No primeiro, a questão fundamental é a mudança do espaço da concorrência que se torna necessariamente global ou pelo menos regional a partir de certo tamanho de empresa. A internacionalização, por sua vez, permite ampliar escala de produção e diluir custos de P&D, bem como ter acesso a novas tecnologias. Por fim, possibilita também superar barreiras comerciais e ampliar as exportações.

A intensidade do processo de internacionalização das empresas de um país — número de empresas e setores envolvidos — traduz o grau de desenvolvimento empresarial do país e sua capacidade de concorrência global. Desse ponto de vista, fica patente mais uma insuficiência da política de desenvolvimento no Brasil pela sua incapacidade de promover a internacionalização da grande empresa brasileira, bem como de dotá-la de escala de produção adequada para concorrer em escala global.

Olhada da perspectiva dos investimentos *outward*, foi significativa a ampliação do IDE originado nos países periféricos no total desses investimentos no âmbito global (Tabela 11). Apesar desse desempenho, o IDE originado de países periféricos ainda é bastante inferior àquele que entra nesses países oriundo dos países centrais. No triênio 2004-2006 o primeiro equivalia a cerca de 1/3 do segundo. A despeito do aumento da participação da América Latina nesse tipo de investimento, comparativamente à Ásia em desenvolvimento, esta última mantém, ao final do período, uma participação que é o dobro da latino-americana. Isso traduz uma internacionalização mais significativa das empresas asiáticas que, aliás, também se inicia mais cedo e reflete o caráter mais dinâmico da inserção global dessa região via comércio e investimento.

Tabela 11
Distribuição do IDE (*outward*) por regiões e países

	1990-1992	1993-1995	1996-1998	1999-2001	2002-2004	2005-2006
Economias em desenvolvimento	8,1%	11,8%	15,3%	16,3%	10,1%	14,1%
América Latina	1,4%	2,4%	2,4%	2,5%	3,1%	4,2%
Argentina	0,2%	0,3%	0,4%	0,4%	0,0%	0,2%
Brasil	0,3%	0,3%	0,2%	0,3%	0,5%	1,3%
Chile	0,1%	0,2%	0,2%	0,2%	0,2%	0,3%
Colômbia	0,0%	0,0%	0,0%	0,1%	0,1%	0,3%
Venezuela	0,1%	0,2%	0,2%	0,2%	0,2%	0,2%
México	0,2%	0,1%	0,2%	0,1%	0,3%	0,6%
Ásia em desenvolvimento	6,2%	8,8%	12,2%	13,2%	6,6%	8,1%
China + (Hong Kong e Macau)	3,2%	5,9%	8,1%	8,4%	3,7%	4,8%
Coreia	0,6%	0,6%	0,7%	0,8%	0,5%	0,5%
Taiwan	1,5%	1,1%	1,0%	1,0%	0,9%	0,7%
Índia	0,0%	0,0%	0,0%	0,0%	0,3%	0,5%
Malásia	0,1%	0,2%	0,5%	0,7%	0,3%	0,4%
Singapura	0,6%	0,6%	1,1%	1,5%	0,6%	0,7%
Tailândia	0,1%	0,1%	0,1%	0,2%	0,1%	0,1%

Fonte: UNCTAD, FDI *on line*.

No caso brasileiro, a internacionalização segue de perto o perfil latino-americano e, embora não seja desprezível, está longe de alcançar um patamar tão expressivo quanto o asiático. É necessário considerar também que, no período após 2002, a apreciação das moedas latino-americanas e brasileira incentivou essa internacionalização em razão do barateamento dos ativos externos em moeda local. O trabalho da CEPAL (2006) reforça esse ponto ao ver motivações particulares para a internacionalização, no caso das empresas brasileiras, como, por exemplo, a busca de proteção contra a instabilidade macroeconômica presente na alta volatilidade da taxa de câmbio e flutuações da demanda agregada. Após 2005 esse movimento é exacerbado no Brasil e na região e certamente esteve associado à valorização das moedas locais.

Os dados do relatório anual sobre IDE da UNCTAD (2007), relativos às multinacionais originárias dos países emergentes, são muito elucidativos a propósito do perfil e intensidade da internacionalização das empresas latino-americanas e brasileiras comparativamente às asiáticas. Ao final de um período de 25 anos de globalização, a presença das empresas da primeira região, entre as originárias de países emergentes, é pouco significativa, pois há apenas doze empresas entre as cem maiores — oito mexicanas, três brasileiras e uma venezuelana. Enquanto no caso mexicano essa presença se dá em setores variados, nos casos brasileiro e venezueleno ela está concentrada no segmento produtor de *commodities*. O contraste com as empresas da Ásia em desenvolvimento é ainda mais acentuado. A presença das primeiras ocorre numa gama de setores muito ampla. Porém, o que é mais relevante é a existência de empresas asiáticas, de grande porte, nos setores intensivos em tecnologia como material eletrônico e computadores.

Há outros indicadores que reforçam o padrão distinto dessa internacionalização empresarial. A relação entre ativos no estrangeiro e ativos totais (Tabela 12), é muito mais elevada no caso das empresas asiáticas comparativamente às latino-americanas e brasileiras. Isso traduz um processo de internacionalização mais efetivo, ou seja, uma multinacionalização dessas empresas operando sob o regime de *global sourcing* com distribuição das cadeias produtivas em vários países e concorrendo em escala global. Como assinalado por *Chang* (2002) esse perfil de internacionalização da empresas asiática foi produto também da política industrial que elegeu como um dos seus objetivos dotar as empresas de escala suficiente para absorver tecnologias de ponta e concorrer na economia global.

Tabela 12

Empresas não financeiras de países em desenvolvimento				
Países	Ativos (US$ milhões)		Ativos Externos/Ativos Totais	Ativos Totais/Total Países em Desenvolvimento
	Externos	Total		
Brasil	17.993	110.420	16,3%	7,7%
China + Hong Kong	179.608	513.358	35,0%	35,6%
China	46.310	312.634	14,8%	21,7%
Hong Kong	133.298	200.724	66,4%	13,9%
Egito	1.892	3.107	60,9%	0,2%
Índia	6.528	42.137	15,5%	2,9%
Malásia	12.060	107.963	11,2%	7,5%
México	38.316	91.901	41,7%	6,4%
Filipinas	2.145	6.379	33,6%	0,4%
Coreia	52.089	205.984	25,3%	14,3%
Singapura	44.861	77.573	57,8%	5,4%
África do Sul	25.751	54.145	47,6%	3,8%
Taiwan	48.487	151.670	32,0%	10,5%
Tailândia	945	15.837	6,0%	1,1%
Venezuela	8.534	60.305	14,2%	4,2%
Total	439.209	1.440.779	30,5%	100,0%

Fonte: UNCTAD, World Investment Report.

3.3.3. A deterioração da infraestrutura

De acordo com a hipótese formulada anteriormente, uma das razões para o insuficiente dinamismo da economia brasileira reside na deterioração da infraestrutura. Essa última tem importância direta e indireta na formação da taxa de investimento. De um ponto de vista quantitativo, ela já respondeu, nos períodos de crescimento acelerado da economia brasileira, como nos anos 1970, por 1/5 da taxa de investimento, cerca de 5% do PIB, de acordo com os dados de *Bielschwovsky* (2002), apresentados na Tabela 13, tendo se reduzido no início dos anos 2000 para metade desse valor, aproximadamente 2,5% do PIB ou 1/8 da taxa de investimento corrente. As indicações para a década atual são de uma deterioração ainda maior até 2002, com alguma recuperação após essa data, conforme os dados de intenções de investimento coletados por *Rodrigues et al.* (2005) para o setor empresarial, privado e público, e por *Afonso et al.* (2005), para o setor público.

Tabela 13
Taxa de investimentos em infraestrutura 1971/2001 (em % do PIB)

Ano	Total	Energia (eletricidade)	Comunicação	Transporte	Saneamento
1971-1980	5,4	2,1	0,8	2,0	0,5
1981-1989	3,6	1,5	0,4	1,5	0,2
1990-1993	2,4	1,0	0,5	0,8	0,1
1993-1994	1,8	0,7	0,6	0,5	0,0
1995	1,5	0,5	0,5	0,4	0,1
1996	2,1	0,6	0,8	0,5	0,2
1997	2,4	0,7	0,8	0,6	0,3
1998	3,2	0,9	1,2	0,8	0,4
1999	2,7	0,8	1,2	0,6	0,2
2000	2,6	0,7	1,1	0,6	0,2

Fonte: Bielschwovsky (2002).

A infraestrutura é responsável também pela indução do investimento nos demais setores da economia por duas razões: a primeira delas é a redução da incerteza ao assegurar a disponibilidade de insumos de uso geral, como energia elétrica ou bens públicos, como estradas. Por sua vez, aumenta a competitividade sistêmica e permite ampliar a lucratividade do investimento ao reduzir custos de produção. Nesse último caso, a ampliação da infraestrutura desempenha papel equivalente ao do progresso técnico em atividades industriais.

O diagnóstico mais comum sobre a insuficiência de investimentos do setor, como, por exemplo, o da ABDIB (2006), advoga que esta decorre da ausência de marcos regulatórios adequados, ou seja, regras claras e estáveis para os investidores privados. Por compreenderem, no mais das vezes, a oferta de bens públicos, muito dos quais produzido sob a forma de monopólios naturais, o setor de infraestrutura necessitaria de marcos regulatórios adequados cuja função essencial seria a de estabelecer as regras de operação do setor privado e suprir a inexistência de concorrência. Seus objetivos seriam o de definir políticas tarifárias, qualidade mínima dos serviços, metas de investimento, afetando, portanto, o padrão de oferta, e a rentabilidade do investimento.

A proposição acima abstrai uma questão crucial relativa à especificidade da infraestrutura e que vai muito além do risco regulatório: o elevado risco econômico implícito na atividade e que ou independe ou subordina o primeiro. Em geral, essa atividade envolve investimentos muito altos nos quais estão presentes fortes indivisibilidades, além de implicarem custos de implantação incertos. Os prazos de amortização são também dilatados comparativamente à atividade industrial.

As características acima terminam por conferir às atividades de infraestrutura um perfil peculiar, no qual ressalta a elevada incerteza quanto à rentabilidade do investimento. É necessário considerar, ademais, que uma parcela expressiva das atividades de infraestrutura não possui, de imediato, desde a sua implantação, a densidade econômica necessária ou a atinge somente no longo prazo. Os projetos novos, em razão das indivisibilidades, e da ociosidade daí decorrente, têm uma taxa de retorno reduzida durante período de tempo significativo. Essas são, aliás, as razões que fazem com que o setor público, cuja ação não se pauta por critérios privados de retorno, tenha um papel essencial no setor.

Tomando por base as considerações anteriores, pode-se concluir que o risco regulatório é um subconjunto do risco econômico, e a relação entre eles depende da atividade específica de infraestrutura e de sua etapa de construção ou operação. Por exemplo, a construção de uma hidroelétrica envolve um nível de risco econômico muito superior ao regulatório. Já a operação de uma instalação existente pelo setor privado realça o risco regulatório. A construção de uma termoelétrica também envolve muito mais riscos regulatórios do que econômicos associados às regras de reajuste de tarifas.

Pode-se sintetizar o que foi dito da seguinte maneira: há setores de atividade nos quais o risco econômico subordina o risco regulatório se prestando aos investimentos públicos. Noutros, a situação é inversa e as regras claras podem permitir o investimento privado. Mesmo neste último caso é necessário atentar para o conflito entre a existência de monopólios naturais e a concorrência. Ou seja, nesses casos, a regulação não tem apenas a tarefa de propiciar segurança para o investimento privado, mas também a de assegurar a transmissão dos ganhos de produtividade aos preços e o nível de investimento adequado. Essa não é uma tarefa trivial conforme documentado pelo estudo da CEPAL (2004), que assinala um elevado contencioso entre as agências regulatórias e os investidores em toda a América Latina.

Utilizando o investimento público como *proxy* dos investimentos em infraestrutura no Brasil, constata-se um quadro dramático. Desde meados dos anos 1970, quando atinge o seu pico, o investimento público, lato senso, vem declinando continuamente no país. Isso ocorre tanto para o investimento da administração pública, quanto para o das empresas estatais, embora este último tenha declinado proporcionalmente mais, como reflexo das privatizações. Ele atinge seu auge nos anos 1970, reduzindo-se com a crise da dívida nos anos 1980, mas ainda se mantendo em patamar elevado. Os anos 1990 marcam uma queda adicional com uma significativa recuperação nos anos 2000. Após essa data é o investimento do SPE quem se recupera primeiro, sendo secundado pelo da Administração pública após 2007, sob o impulso do PAC.

Gráfico 10

Investimento Público (% do PIB)

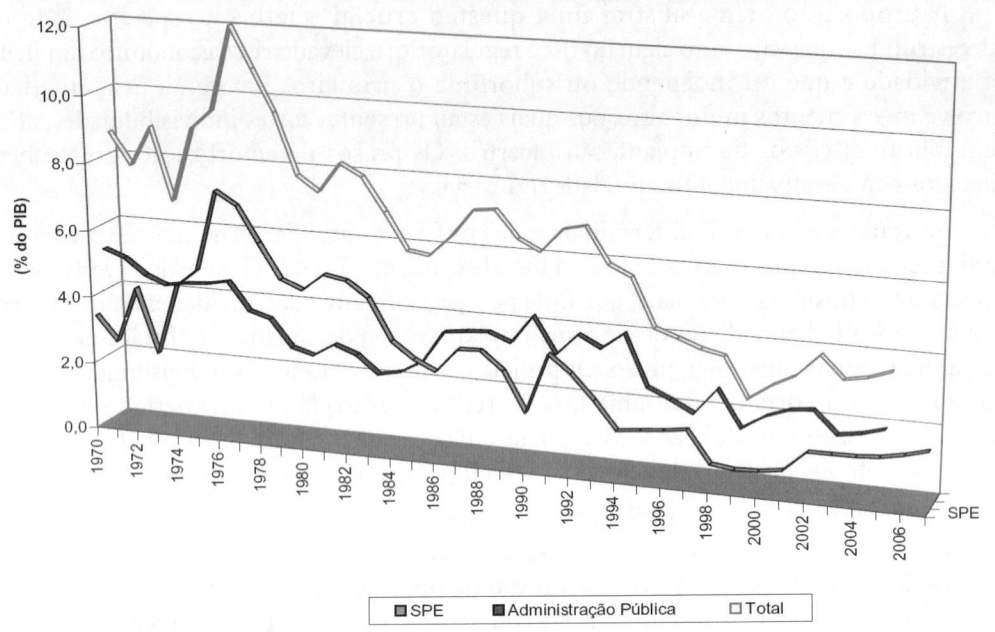

Fonte: Giambiagi (2006).

Uma parcela significativa da queda do investimento público é explicada pela privatização de serviços públicos como Telecomunicações e Energia. Mas, como se pode perceber pelos dados do Gráfico 10, o investimento privado nessa área não substitui a contento o investimento público. Passado o momento inicial, de fortes inversões por compra de ativos, o total do investimento privado cai para um valor inferior a 1% do PIB. Este número está longe de compensar a redução do investimento público da ordem de 4% do PIB entre o início dos anos 1990 e a primeira metade dos anos 2000.

Gráfico 11
Investimento Privado em Infraestrutura

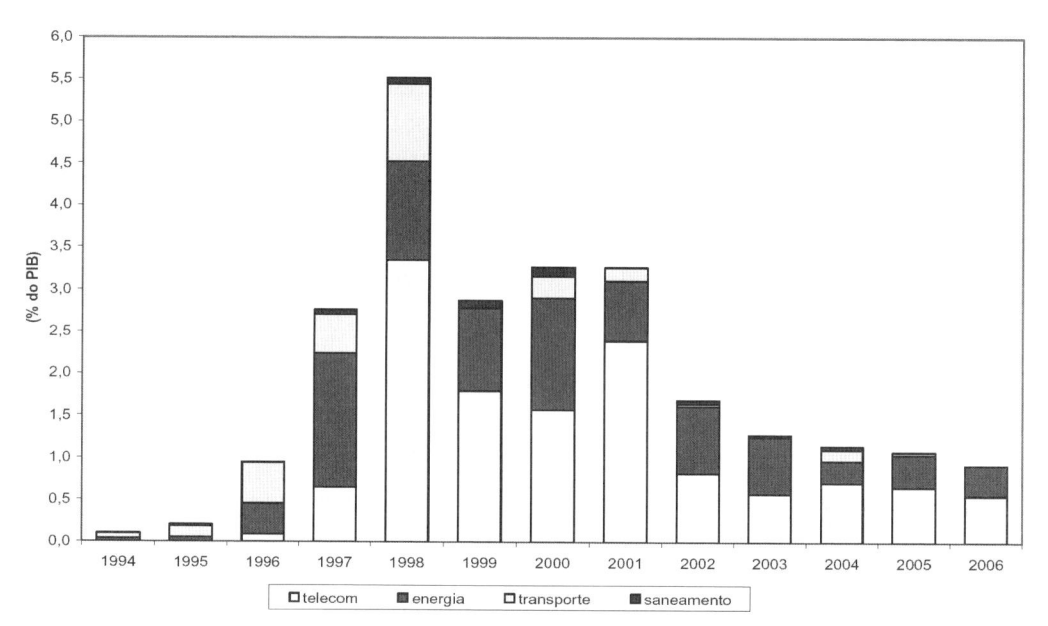

Fonte: Banco Mundial, WDI.

Das quatro atividades infraestruturais mais relevantes, apenas as Comunicações tem a sua taxa de investimento ampliada. Como se sabe, esse foi o setor no qual a privatização foi quase completa, englobando toda a atividade de telecomunicação. Os setores nos quais a participação pública foi em maior ou menor grau preservada, como Energia, Transporte e Saneamento apresentaram pior desempenho. Foi exatamente no setor de Telecomunicações que o setor privado conseguiu sustentar taxas de investimento mais elevadas, compensando a saída do setor público (Gráfico 10). Isso também ocorreu mas, em escala reduzida na área de Energia.

Além das indefinições quanto a divisão de tarefas entre setor público e privado na infraestrutura, pelo menos até meados dos anos 2000, a *rationale* do ajuste fiscal executado após 1998 teve grande responsabilidade na manuteção do baixo patamar do investimento público em infraestrutura. Assim, o ajuste fiscal posto em prática desde o final de 1998 impede os investimentos públicos e em particular das empresas públicas, por duas razões: uma geral, outra específica. A geral refere-se à forma de contabilização do déficit pelo critério "abaixo da linha". Ou seja, o déficit ou a sua variação — e em sentido simétrico, o superávit — é o resultado do excesso de gastos sobre receitas, independentemente da sua natureza, se corrente ou de capital. Para efeitos da contabilidade do déficit "abaixo da linha", tanto faz a natureza do excesso de gastos sobre a receita, bem como a forma de financiá-lo. Isto quer dizer que a restrição ao gasto atinge, indiscriminadamente, o gasto corrente e de capital, sem atentar para o fato crucial de que o segundo gera fluxo de caixa compatível com o seu pagamento[6].

---

(6) O trabalho de *Afonso et al.* (2005) sugere uma contabilização particular do déficit discriminando gastos correntes e gastos com investimento. Esses últimos seriam ordenados segundo a sua taxa de retorno. Apenas os resultados dos

O aspecto específico dessa contabilidade diz respeito ao conceito de necessidades de financiamento do setor público ou à incorporação, nesse conceito, das empresas públicas. Diga-se de antemão que essa incorporação não é prática corriqueira na contabilidade do déficit nos países da OCDE como reconhece o FMI (2004). A limitação da capacidade de endividamento das empresas públicas — pois seu acréscimo seria registrado como déficit — é reconhecidamente o principal obstáculo à ampliação do seu investimento. O critério é tão mais absurdo quando se considera que parte das empresas públicas, pelo menos no Brasil, são empresas de capital aberto, com ações cotadas em Bolsa e com parcela expressiva de acionistas privados.

Diante das questões acima e das evidências de retração substantiva do investimento público, no Brasil, e em países com ajuste fiscal monitorado, o FMI tem relaxado os critérios de contabilização do déficit por dois mecanismos: a exclusão de empresas com boa governança corporativa — como é o caso da Petrobras no Brasil — e também a exclusão de um conjunto de investimentos de comprovada importância econômica, do cálculo do déficit/superávit, por meio do Programa Piloto de Investimento.

Ao proceder dessa maneira, o FMI está apenas reconhecendo o óbvio, ou seja, que estas medidas ampliam, a médio prazo, a solvência do setor público. Isso porque os ativos resultantes dos investimentos gerarão fluxos de caixa que se agregarão às receitas correntes aumentando a capacidade de pagar a dívida. Em função disso, no balanço do ajuste fiscal o FMI (2004) estabelece os pré-requisitos tanto para a exclusão das empresas quanto para o PPI.

Em janeiro de 2007, diante do desempenho pífio da economia durante o primeiro mandato do Presidente Lula, o governo anunciou o Programa de Aceleração do Crescimento (PAC), cujo objetivo era o de elevar o crescimento por meio da ampliação da taxa de investimento, contemplando três estratégias: incentivar o investimento privado; aumentar o investimento público em infraestrutura; remover obstáculos (burocráticos, administrativos, normativos, jurídicos e legislativos) ao crescimento. Dentre as três linhas de ação o grande destaque era para o investimento em infraestrutura, tanto pela sua relevância para a aceleração do crescimento quanto pelo volume de recursos alocados.

As medidas concretas do PAC estão contidas em cinco áreas distintas: Investimento em Infraestrutura, Estímulo ao Crédito e ao Financiamento, Desoneração e Aperfeiçoamento do Sistema Tributário, Melhora do Ambiente de Investimento, Medidas Fiscais de Longo Prazo. Destes, os dois primeiros, além de mais importantes do ponto de vista quantitativo, possuem um efeito mais previsível sobre a economia, os demais têm impacto mais incerto ou diferido no tempo.

Uma forma de apresentar o significado do PAC é comparar os investimentos realizados no setor e subsetores da infraestrutura, no período 2002-2005, com aquele projetado para o período 2007-2010, tal qual realizado por *Torres Filho* e *Puga* (2007). Na Tabela 14, constata-se que as taxas implícitas de crescimento são substancialmente elevadas e de certo modo originais na história econômica brasileira, e só encontram paralelo em momentos

---

investimentos com valor dos retornos inferiores à taxa média da economia seriam passíveis de contabilização como déficit. O valor lançado seria diferença entre o retorno obtido e a taxa média.

peculiares, como, por exemplo, durante o II PND. A consecução das metas não pode ser descartada *a priori*, pois estas traduzem as necessidades de investimento do setor cujo patamar andou bastante deprimido nos últimos 20 anos. O aspecto central nesse caso é avaliar quais serão os agentes responsáveis por esses investimentos e qual a sua capacidade de realizá-los.

Tabela 14
Investimentos do PAC

Setores	Realizado 2002-2005*	PAC 2007-2010**	Crescimento Previsto (%)	
	R$ bilhões	R$ bilhões	Total	Anualizado
Infraestrutura energética				
Petróleo e Gás	99,2	179,0	80,4	12,5
Energia Elétrica (exc. Distrib.)	20,2	78,4	287,5	31,1
* Geração	14,3	65,9	361,7	35,8
* Transmissão	6,00	12,6	109,9	16,0
Infraestrutura social e urbana				
Habitação	33,7	106,3	215,4	25,8
Saneamento	16,3	40,0	145,4	19,7
Infraestrutura logística				
Ferrovias	7,7	7,9	2,6	0,5
Total (82% do PAC)	177,1	411,6	132,4	18,4

* Levantamento realizado pela S AE /BNDES — valores a preços constantes de 2006.
** Valores previstos no PAC.
Fonte: SAE /BNDES e PAC.

Do ponto de vista dos agentes responsáveis pela realização dos investimentos, o PAC traz implícita uma recuperação dos níveis do investimento público embora sem muita precisão quanto a maneira de realizar este objetivo. No total desses investimentos, a participação da administração pública é relativamente pequena — cerca de 13% do total —, ficando o restante a cargo do setor empresarial, público e privado. Mesmo no âmbito da administração pública, está suposto um aumento substancial dos níveis de investimento comparativamente aos valores observados entre 2003 e 2006. Nessa esfera, os recursos adicionais para investimento público no âmbito do PAC adviriam, na sua grande maioria, do Programa Piloto de Investimento, referentes à redução do superávit primário no montante de 0,5% do PIB a cada ano. Por sua vez, não está apontado qual o agente ou fonte de financiamento das inversões restantes e como ele se distribui entre empresas públicas e privadas.

Tabela 15
Investimento em infraestrutura
(Investimentos do PAC: 2007-2010)

	Em R$ bilhões
Logística	58,3
Orçamento Fiscal e da Seguridade	33,0
Estatais Federais e Demais Fontes	25,3
Energia	274,8
Orçamento Fiscal e da Seguridade	-
Estatais Federais e Demais Fontes	274,8
Infraestrutura Social	170,8
Orçamento Fiscal e da Seguridade	34,8
Estatais Federais e Demais Fontes	136,0
Total do PAC	503,9
Orçamento Fiscal e da Seguridade	67,8
Estatais Federais e Demais Fontes	436,1

Fonte: Ministério da Fazenda.

O aspecto de maior indefinição reside no investimento público empresarial, o qual se imagina deverá dar conta da maior parte da outra parcela do investimento de infraestrutura. *Grosso modo*, a participação expressiva do setor público empresarial nesse programa, de cerca de 2/3 dos investimentos, implicaria dobrar o volume das inversões dessas empresas observadas no quadriênio 2002-2005. Esse esforço estaria concentrado na área de energia — Petróleo e Gás e Energia Elétrica — mas teria relevância também na infraestrutura social. O aspecto decisivo nesse caso é que não há mecanismos de financiamento especificados para lograr tal objetivo, pois ele conflita frontalmente com o valor do superávit primário programado. Como já salientado, o endividamento das empresas, para ampliar os investimentos, reduziria o valor do saldo primário, colidindo com as metas fiscais estabelecidas na Lei de Diretrizes Orçamentárias.

As informações existentes confirmam parcialmente a ampliação do investimento público na área de infraestrutura, tanto pelo aumento dos investimentos do SPE quanto da administração pública federal, como se pode ver no Gráfico 12. Como, no período, as metas de saldo primário foram cumpridas, pode-se deduzir que os recursos adicionais para financiar a ampliação do investimento advieram do aumento mais rápido de receitas ante as despesas, ocasionado pela aceleração do crescimento observada no período.

Gráfico 12

Investimento do Setor Público Federal

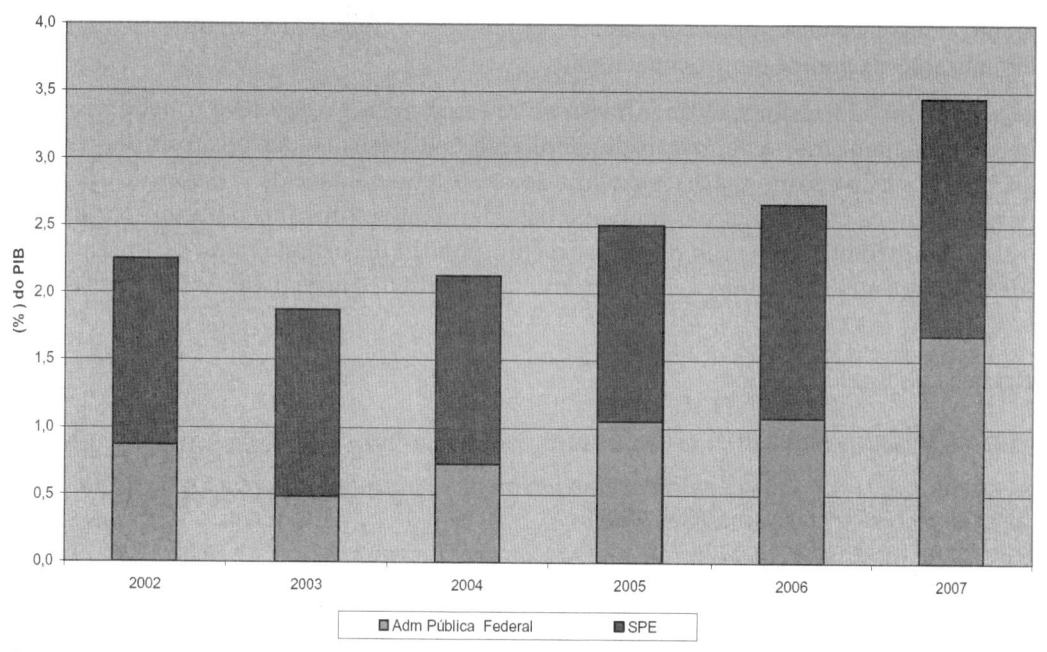

[Bar chart showing (%) do PIB from 2002 to 2007, with Adm Pública Federal and SPE components]

CONCLUSÕES

Ao longo desse texto analisaram-se as razões para o baixo dinamismo da economia brasileira, nos últimos vinte e cinco anos. Procurou-se associar esse baixo desempenho a algumas características estruturais às quais estão vinculados, por sua vez, determinados perfis de política econômica. Como pano de fundo dessas determinações domésticas, um contexto internacional adverso, comparativamente a outros momentos, como o do regime de *Bretton Woods*. Das possibilidades de integração, mais ou menos favoráveis, ao processo de desenvolvimento, terminamos por nos engajar predominantemente por meio daquela de menor impulso ao *catching up*: a via financeira.

Tomada essa forma de integração como pano de fundo, o primeiro fator destacado para a explicação do baixo dinamismo da economia brasileira foi a baixa diferenciação da estrutura produtiva, especialmente o relativo atraso do setor industrial, na incorporação dos setores dinâmicos do novo paradigma tecnológico. Menos encadeamentos e, portanto, efeitos multiplicadores reduzidos, além de baixo *spill over* tecnológico, constituem uma característica crucial do padrão de crescimento da indústria nesse período. Da perspectiva da política econômica, a falha essencial nesse caso foi a política cambial cujo perfil principal foi uma alta volatilidade da taxa real efetiva de câmbio e recorrentes episódios de apreciação da moeda local.

Esta política cambial, associada à ausência de uma política industrial, contribuiu decisivamente para a não incorporação dos setores de maior dinamismo tecnológico e também para a discriminação do Investimento Direto Estrangeiro de maior qualidade, reforçando a tendência da especialização regressiva. O grande peso desses investimentos, realizados por meio de operações de Fusões e Aquisições, implica efeitos dinamizadores de menor monta sobre a economia brasileira pelo seu menor impacto na taxa de investimento, menor orientação exportadora e concentração em setores de menor dinamismo tecnológico. Como outra face desse processo, assistiu-se também a uma pouco significativa internacionalização da grande empresa nacional.

Por fim, a deterioração da infraestrutura econômica e social teve papel decisivo na perda de dinamismo. A limitação da ampliação de externalidades positivas, de redução geral de custos na economia, e de sinalização da sustentabilidade do crescimento de longo prazo foram os efeitos maiores do baixo patamar de investimentos do setor. Na sua raiz esteve a recorrente contenção do investimento público decorrente tanto de uma postura ideológica contra ele quanto de um determinado perfil de ajuste fiscal.

Referências Bibliográficas

ABDIB. *Agenda da Infra-estrutura* (2007-2010). São Paulo, 2006.

AFONSO, J. R. et al. *Fiscal space and public sector investments in infrastructure*: a Brazilian case-study. Ipea, 2005 (Texto Para Discussão, n. 1141).

AKYUZ, Y. Impasses do desenvolvimento. *Novos Estudos CEBRAP*, n. 72, jul. 2005.

AKYUZ, Y.; CHANG, H.; KOZUL-WRIGHT, R. New perspectives on east Asian development. In: AKYUZ, Y. (ed.). *East Asian development*. London: Frank Cass, 2001.

BACHA, E.; BONELLI, R. Uma interpretação das causas da desaceleração econômica do Brasil. In: *Revista de Economia Política*, v. 25, n. 3 (99), p. 163-189, jul./set. 2005.

BELLUZZO, L. G.; ALMEIDA, J. G. *Depois da queda*. Rio de Janeiro: Civilização Brasileira, 2002.

BIELSCHOWSKY, R. (coord.). *Investimento e reformas no Brasil*: indústria e infra-estrutura nos anos 1990. Brasília: Cepal/Ipea, 2002.

CARNEIRO, R. (org.) *A supremacia dos mercados e a política econômica do governo Lula*. São Paulo: Unesp, 2006.

_____. *Desenvolvimento em crise — a economia brasileira no último quarto do século XX*. São Paulo: UNESP/IE-UNICAMP, 2002.

_____. Globalização e inconversibilidade monetária. In: *Revista de Economia Política*, São Paulo, v. 28, n. 4, out. 2008.

_____. Globalização e integração periférica. In: *Texto para discussão*, Campinas: Unicamp-IE, n. 126, p. 1-45, 2007.

CEPAL. *Desarrollo productivo en economías abiertas*. Cap. 4. Santiago, 2004.

CHANG, Ha-Joon. *Rethinking development economics*. London: Antherm, 2002.

COUTINHO, L. A especialização regressiva: um balanço do desempenho industrial pós-estabilização. In: VELLOSO, J. P. R. (org.). *Brasil: desafios de um país em transformação*. Rio de Janeiro: José Olympio, 1997.

DOOLEY, M. P.; FOLKERTS-LANDAU, D.; GARBER, P. *As essay on the revived Bretton Woods system*. Cambridge: National Bureau of Economic Research. NBER Working Paper Series, 9971, 2003.

DUNNING, J. *Globalization, economic restructuring and development*. The 6th Raúl Prebisch Lecture. Genève: UNCTAD, 1998.

FMI. *Public investment and fiscal policy.* Fiscal Affairs Department and the Policy Development and Review Department. International Monetary Fund, mar. 2004. Mimeographed.

FRANCO, Gustavo H. B. A inserção externa e o desenvolvimento. In: *Revista de Economia Política,* v. 18, n. 3, jul./set. 1998.

FURTADO, C. Desarollo e subdesarollo. In: BIELSCHOWSKY, R. *Cinquenta años de pensamiento en la Cepal:* textos selecionados. Cepal: Fondo de Cultura, 1998.

GIAMBIAGI, F. *A política fiscal do governo Lula em perspectiva histórica*: qual o limite para o aumento do gasto público? IPEA. Texto para discussão n. 1169, 2006.

HIRATUKA, C. Padrões de integração comercial das filiais de empresas transnacionais. In: LAPLANE, M.; COUTINHO, L.; HIRATUKA, C. *Internacionalização e desenvolvimento da indústria no Brasil.* São Paulo: Unesp; Campinas: IE, 2003.

MELLO, J. M. Cardoso de. *O capitalismo tardio.* (Contribuição à revisão crítica da formação e do desenvolvimento brasileiro). Campinas: IE/Unicamp, 1998. (Coleção 30 Anos de Economia).

NEGRI, F. de. Empresas estrangeiras na indústria brasileira: características e impactos sobre o comércio exterior. In: LAPLANE, M.; COUTINHO, L.; HIRATUKA, C. *Internacionalização e desenvolvimento da indústria no Brasil.* São Paulo: Unesp; Campinas: IE, 2003.

OBSTFELD, M.; TAYLOR, A. M. *Global capital markets* (Integration, crisis and growth). Cambridge: Cambridge University, 2004.

PALMA, G. Gansos voadores e patos vulneráveis: a diferença da liderança do Japão e dos Estados Unidos, no desenvolvimento do Sudeste Asiático e da América Latina. In: FIORI, J. L. (org.). *O poder americano.* Petrópolis: Vozes, 2004.

_____ . *Quatro fontes de "desindustrialização" e um novo conceito de "doença holandesa".* Conferência de Industrialização, Desindustrialização e Desenvolvimento organizada pela FIESP e IEDI, Centro Cultural da FIESP, 28 ago. 2005.

PEREIRA, L. C. B.; NAKANO, Y. Crescimento econômico com poupança externa? In: *Revista de Economia Política,* v. 23, n. 2, abr./jun. 2003.

PRASAD, E.; RAJAN, R.; SUBRAMANIAN. A "foreign capital and economic growth" NBER. *Discussion Paper* n. 3186, nov. 2007.

RODRIGUES, D.; CARDOSO, C.; CRUZ, N. A volta ao crescimento econômico sinalizado pelos anúncios de investimentos em 2004. In: *Revista do BNDES,* 2005.

TAVARES, M. C. *Acumulação de capital e industrialização no Brasil.* Campinas: IE/Unicamp, 1998. (Coleção 30 anos de Economia)

TORRES FILHO, E.; PUGA, F. P. *Perspectivas do investimento 2007/2010.* Rio de Janeiro: BNDES, 2007.

UNCTAD — *World investment report,* 2007.

_____ . *Trade and development report.* Part two: Capital Accumulation, Economic Growth and Structural Change, 2003.

PREBISCH, R. El desarollo de la América Latina y algunos de sus principales problemas. In: BIELSCHOWSKY, R. *Cincuenta años de pensamiento en la Cepal:* textos selecionados. Cepal: Fondo de Cultura, 1998.

2

Política Monetaria, Crecimiento Económico y Empleo en México

Ignacio Perrotini H.[*]
Juan A. Vázquez M.[**]
Blanca L. Avendaño V.[**]

> *"E quando a voz fatídica*
> *Da santa liberdade*
> *Vier em dias prósperos*
> *Clamar à humanidade,*
> *En tão revivo o México*
> *Da campa surgirá."*
> Machado de Assis (2006:22), Epitáfio do México (fragmento).

I. Introducción

Tornell et al. (2003:1) afirman que "la liberalización comercial aumenta el crecimiento" económico porque disminuye las restricciones financieras y elimina la distorsión de los precios relativos asociada a la intervención del gobierno en la actividad económica. Esta fue la premisa básica sobre la que se erigió el conjunto de políticas que *Williamson* (1990:8) codificó en el concepto Consenso de Washington y que el gobierno mexicano ha aplicado dócilmente desde 1985.

Sin embargo, a pesar de que México ha practicado el canon del *laissez-faire* con particular mística, la economía ha tenido un desempeño más bien mediocre en comparación con el dinamismo económico del modelo de sustitución de importaciones (1940-1980). *Tornell et al.* (2003:3, *passim*) atribuyen este resultado pobre a "la falta de reformas estructurales" (en particular la reforma judicial), a cuellos de botella (*bottlenecks*) en el sector productor de bienes no comerciables y al racionamiento de crédito desde 1995, lo cual —según *Tornell et al.* — ha propiciado el estancamiento del sector productor de bienes no comerciables y la caída de las exportaciones desde 2000. Ciertamente, en México la liberalización económica indujo una reacción asimétrica de los sectores de bienes comerciables y del de no comerciables: la apertura comercial redujo la participación de los bienes no comerciables en el producto interno bruto (PIB) y aumentó la de los bienes comerciables, mientras que la liberalización financiera, al apreciar el tipo de cambio del peso mexicano

---

[*] Profesor Titular de Economía, División de Estudios de Postgrado de la Facultad de Economía, México: UNAM, San Ángel, C.P. 04510. Correo electrónico: iph@servidor.unam.mx.
[**] Profesores Asociados de la Facultad de Economía de la Benemérita Universidad Autónoma de Puebla, México.

con respecto al dólar, aumentó la razón bienes no comerciables/bienes comerciables. Además, también es verdad que la razón crédito/PIB disminuyó de 49% a 18% entre 1994 y 2002. Pero el estancamiento de la producción y del empleo de calidad en México no se explican ni por la reacción sectorial asimétrica *vis-à-vis* la liberalización comercial ni por el racionamiento de crédito observado desde la crisis financiera de 1995, porque ambos son efectos, no causas, de las reformas neoliberales.

El objetivo del presente capítulo es ofrecer una explicación alternativa del estancamiento productivo de la economía mexicana, así como del desequilibrio del mercado de trabajo. La siguiente sección contiene una síntesis de lo que llamamos el Manifiesto Balassa (MB), cuyos postulados constituyen la base del modelo de política económica que posteriormente se denominó Consenso de Washington (WC): el MB ofreció en los años ochenta un diagnóstico de la crisis financiera de 1982 así como un marco de política económica para "retomar el crecimiento económico sostenido" que devinieron la nueva ortodoxia de la política económica en México. La tercera sección presenta algunos hechos estilizados importantes que ilustran la evolución macroeconómica a partir de la reforma liberal: el propósito es contrastar las promesas del MB y del WC con la evidencia empírica. La cuarta sección evalúa el impacto de la política monetaria del Banco de México en la macroeconomía (producto y empleo); la quinta sección propone un marco de política económica alternativo y la sexta concluye.

II. El Manifiesto Balassa y la "Gran Transformación"

Las crisis de la deuda externa de 1982 — que significó también la crisis del modelo de industrialización vía sustitución de importaciones — y del petróleo de 1986, que redujo dramáticamente los ingresos fiscales y de divisas, marcaron el fin de un largo periodo de expansión económica sostenida y el inicio de una etapa prolongada de estanflación (*stagflation*) y caída de la inversión productiva. Estanflación, creciente desempleo, deterioro del salario real y desaceleración de la acumulación de capital fijo caracterizaron la llamada "década perdida" de los años ochenta (véanse Gráficas 1, 3 y 4).

El MB estableció tres causas de la compleja crisis que México y varios países latinoamericanos experimentaron en 1982:

1. Orientación hacia adentro del modelo de desarrollo industrial proteccionista basado en la sustitución de importaciones (*Balassa et al.* 1986:54-61). Asimismo, las políticas de tipo de cambio tenían un carácter anti-exportador (*ibid*.:17-20, 77-83).

2. Ausencia de incentivos propicios para decisiones de ahorro óptimo y de inversión eficiente (*ibid*.: 97-122).

3. Excesiva intervención económica del gobierno, lo cual provocaba un efecto de *crowding out* que aniquilaba el espíritu animal de los capitalistas (*ibid*.:124-152).

La estrategia anti-crisis propuesta por el MB pretendía ofrecer "un marco comprehensivo" de política, generar las condiciones para la reanudación del crecimiento económico sostenido en México (y América Latina) y "mejorar la distribución del ingreso y las condiciones sociales" (*ibid*.:23). La estrategia contenía "tres elementos centrales":

1. Liberalización comercial con el propósito de adoptar un modelo de crecimiento exportador (*ibid*.:154-172).

2. Liberalización financiera para dar incentivos al ahorro y la inversión con base en tasas de interés reales positivas.

3. Desregulación de la economía y reforma del papel del Estado (*a la Friedman* 1962).

La crisis del petróleo de 1986 y la espiral inflacionaria de 1986-1987 indujeron la adopción definitiva de la agenda de reformas auspiciada por el MB. Desde entonces, el gobierno mexicano ha estado convencido de que la agenda del WC es la clave para la estabilidad macroeconómica y la realización de un nuevo crecimiento económico sostenido. En consecuencia, México adoptó desde entonces las diez reformas estructurales de mercado recomendadas por el WC[1] sobre la premisa de que el mantra del libre mercado constituía la condición necesaria y suficiente para la *Gran Transformación* de la economía mexicana.[2]

III. Hechos estilizados

III. 1. Inflación y política monetaria

La pieza esencial de la reforma neoliberal ha sido la política monetaria y fiscal anti-inflacionaria y, por tanto, la estabilidad de precios. La economía mexicana ha experimentado cuatro episodios de desinflación entre 1983 y 2008 (véase Gráfica 1). El primero, durante el segundo trimestre de 1983 y el primer trimestre de 1985, se basó en el modelo de inflación canónico del Fondo Monetario Internacional (IMF, 1987), cuyos instrumentos son la eliminación del déficit fiscal (para abatir la inflación) y el tipo de cambio (para equilibrar la balanza de pagos). Este modelo fue abandonado en 1987 dado que, paradójicamente, sólo produjo hiperinflación (160 % en 1987).

El segundo (cuarto trimestre de 1987-tercer trimestre de 1989) y el tercero (tercer trimestre de 1990-segundo trimestre de 1994) episodios de desinflación fueron el resultado de la utilización del tipo de cambio como ancla nominal de la inflación. En este caso la inflación se determina así:

$$\pi = \sigma \cdot e + (1 - \sigma)\pi_{nt}, 0 < \sigma < 1 \quad (1)$$

donde p es la tasa de inflación, $e = p_t$ es la tasa de devaluación del tipo de cambio y representa también la tasa de inflación de los bienes comerciables, p_{nt} es la tasa de inflación de los bienes no comerciables. Necesariamente, el éxito de la política anti-inflacionaria en este caso implica:

$$\pi_t = e < \pi < \pi_{nt} \quad (2)$$

---

(1) Los diez lineamientos de política económica del llamado WC fueron codificados por *Williamson* (1990). Para una crítica del WC cf. *Câmara Neto* y *Vernengo* (2004), *Kregel* (2008) y *Rodrik* (2004).
(2) *Karl Polanyi* [1944](1957) denomina La Gran Transformación al complejo proceso institucional y social que facilitó la conformación exitosa de la economía de mercado, proceso coronado en el siglo XIX en Europa occidental. Evidentemente, aquí la alusión al concepto de Polanyi *a propos* de la economía mexicana es sólo ironía.

La "estabilidad de precios" entonces requiere $p_t / p_{nt} < 0$, es decir, un deterioro de los precios relativos o términos de intercambio de los bienes comerciables. Por lo tanto, la reducción de la inflación implica la tendencia hacia la sobrevaluación del tipo de cambio y un desequilibrio de la cuenta corriente que, a su vez, requiere flujos de capital para financiar el déficit comercial. Es obvio que la sobrevaluación del tipo de cambio para reducir la inflación necesita la liberalización de la cuenta de capitales y una política monetaria que distorsiona la estructura de las tasas de interés: la diferencia entre la tasa de rendimiento real que obtienen los inversores extranjeros (r_f) y la que reciben los inversores nacionales (r_n) es la magnitud de la apreciación real del tipo de cambio requerida para realizar la meta de inflación:

$$r_f - r_n = i_n - e - i_n + \pi = \pi - e \qquad (3)$$

Esta discrepancia mide también la contribución de la sobrevaluación del tipo de cambio a la consecución de la meta de inflación. En consecuencia, cuando el rezago del tipo de cambio se usa como instrumento de una estrategia de meta de inflación, tal y como se hizo en México durante 1988-1994, necesariamente los resultados son los siguientes:

1. La inflación disminuye *pari passu* con la apreciación del tipo de cambio. Sin embargo, distorsiona los precios relativos en contra de la competitividad de los bienes comerciables.

2. La distorsión de precios relativos altera la composición del producto interno bruto (PIB) de suerte que la participación de los bienes comerciables disminuye y la de los no comerciables aumenta. Esto implica una caída del PIB per capita puesto que el sector de bienes no comerciables se caracteriza por una menor productividad en términos generales.

3. El consumo se orienta hacia los bienes comerciables. La sumatoria del sesgo de la producción hacia no comerciables y del consumo hacia comerciables provoca un efecto agregado negativo en el saldo de la cuenta corriente.

4. El tipo de cambio real se aprecia, lo cual significa una distorsión adicional, la de la tasa de interés. Esta distorsión afecta negativamente a la inversión. Así, la disminución en la inversión productiva afectará más a las empresas productoras de bienes exportables que a las que producen no comerciables.

5. Una asimetría en la rentabilidad de la inversión: los extranjeros que adquieren bonos nacionales obtienen una tasa de retorno real mayor que los inversionistas locales que adquieren los mismos bonos. La discrepancia depende de la sobrevaluación del tipo de cambio.

La crisis financiera de 1994-1995, conocida como Efecto Tequila, fue el resultado directo de esta política monetaria de desinflación basada en la apreciación del tipo de cambio: en 1994 la sobrevaluación del tipo de cambio ascendió a casi 30%, el déficit en cuenta corriente fue 7.8 % del PIB y la inflación aumentó a 35%. En suma, el Banco de México (BM) abandonó el ancla nominal de tipo de cambio y en 1996 inició una transición hacia un régimen de inflación objetivo con un régimen de tipo de cambio flexible.

El cuarto episodio de desinflación ocurrió durante el cuarto trimestre de 1995 y el primer trimestre de 2006; el instrumento de la política monetaria fue la regla de Taylor — aunque el BM la hizo explícita en 2001 al establecer una meta de inflación igual 3+/- 1%, la cual por cierto nunca se ha alcanzado aunque la inflación subyacente actual se aproxima al objetivo:

$$r = y_1 (y - y^*) + y_2 (\pi - \pi^*) = \varepsilon \quad (4)$$

Donde r es la tasa de interés real, y es el producto observado, y^* es el nivel de producto potencial o natural, π es la tasa de inflación observada y π^* el objetivo de inflación y ε representa choques temporales aleatorios.

De acuerdo con el BM, la estabilidad de precios se ha conseguido sin sacrificios de producto ni de empleo. El análisis del BM se basa en el modelo neoclásico de la tasa de desempleo de equilibrio denominado NAIRU según el cual el desempleo de equilibrio, representado por una curva de *Phillips* vertical, no depende de la demanda agregada sino de factores de presión salarial (*wage-push factors*. Cf. *Layard et al.* 1991; *Nickel et al.* 2005).

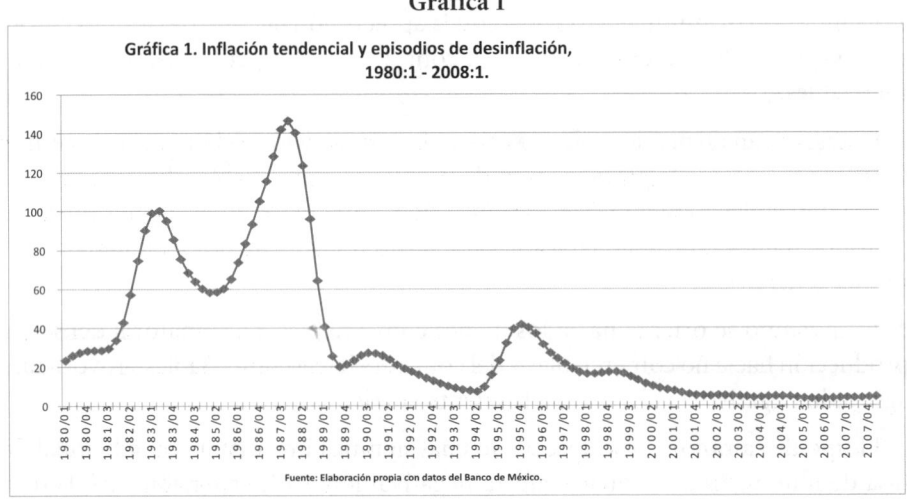

Gráfica 1

Gráfica 1. Inflación tendencial y episodios de desinflación, 1980:1 - 2008:1.

Fuente: Elaboración propia con datos del Banco de México.

III.2. Liberalización comercial

Como consecuencia de la adopción de la agenda del WC, la razón (exportaciones + importaciones)/ PIB se incrementó casi en 100% entre 1986 y 2006 (véase Gráfica 2). Puede afirmarse sin duda que las exportaciones reemplazaron a la sustitución de importaciones como fuerza motriz del crecimiento económico.

En la estrategia del gobierno, la evolución de la economía no depende más del mercado interno sino del comercio internacional. Además, la liberalización comercial ha logrado exitosamente su objetivo de incrementar las exportaciones rápidamente: mientras en 1982-1986 representaban 16.9% del PIB, en 1995-2000 aumentaron a 31% del PIB. Otro aparente éxito es el cambio en la estructura de las exportaciones: las manufacturas incrementaron su participación relativa en el total de las exportaciones de 25.1% en 1982-1986 a 76.8% (*Ruiz-*

Nápoles 2004). Sin embargo, la apertura comercial también ha reforzado la concentración del comercio internacional con los Estados Unidos: el 82% de las exportaciones tiene como destino Estados Unidos, y el 50% de las importaciones provienen de ahí mismo.

Con todo, a pesar del éxito exportador la liberalización comercial no ha logrado dinamizar el mercado de trabajo toda vez que el mercado interno continúa siendo la principal fuente de demanda de fuerza de trabajo: en 1995-2000, *golden age* del NAFTA, las exportaciones generaron sólo el 10.55% del empleo, mientras que el mercado interno aportó el 86% (*Ruiz-Nápoles* 2004:118). En parte, esto se debe a que el modelo exportador no fortaleció las cadenas productivas nacionales ni indujo un efecto de *upgrading* en la base industrial manufacturera local. Asimismo, tampoco ocurrió el efecto *Heckscher-Ohlin* en la distribución del ingreso que en teoría postula el modelo de liberalización comercial.

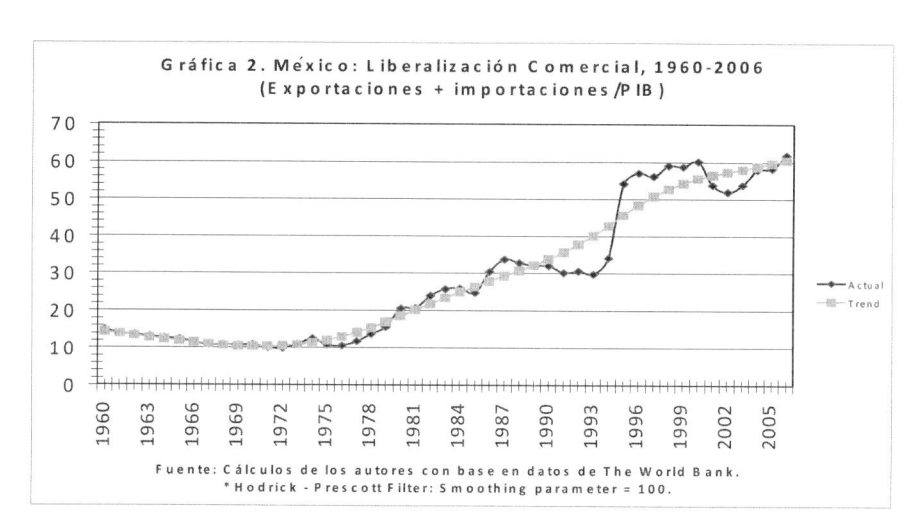

Gráfica 2

Gráfica 2. México: Liberalización Comercial, 1960-2006 (Exportaciones + importaciones/PIB)

Fuente: Cálculos de los autores con base en datos de The World Bank.
*Hodrick-Prescott Filter: Smoothing parameter = 100.

III.3. Crecimiento económico

Las reformas del WC han propiciado un comportamiento mediocre de la economía mexicana: la tasa de crecimiento del PIB durante los dos últimos decenios es apenas 40% de la observada en el periodo correspondiente al modelo de sustitución de importaciones (ver Gráfica 3). Mientras en 1940-1981 el PIB per capita creció 3.2% en promedio anual, durante 1981-2005 creció sólo 0.5% en promedio anual (Ros 2008).

Sin duda la falta de dinamismo de la economía mexicana no se puede atribuir al "sesgo anti-exportador" del pasado ni a la no integración comercial con la economía mundial, como tampoco puede decirse que se debe a que la asignación de los factores productivos no es compatible con las leyes del mercado o que la regulación del estado "sofoca" la eficiencia del mercado.

Existen múltiples hipótesis de porqué se ha desacelerado el crecimiento de la economía mexicana a pesar de las políticas ortodoxas. Particularmente se hallan en boga las tesis ortodoxas de que la causa de ello está en: (i) la rigidez del mercado de trabajo debido al poder de los sindicatos, la legislación laboral proteccionista y otras instituciones "keynesianas" del mercado de trabajo; (ii) la falta de reformas estructurales en energía y el sistema judicial y (iii) que el crecimiento no se ha orientado hacia la equidad social (cf. por ejemplo, *Kuczynski et al.* 2003). *Ros* (2008), por el contrario, sostiene que el auge exportador no se ha traducido en un canal de transmisión de innovación y progreso tecnológico, razón por la cual el dinamismo de las exportaciones no ha sido suficiente para inducir una reasignación de los recursos productivos hacia sectores productivos con rendimientos crecientes.[3] Por el contrario, dado el lento crecimiento de la producción, los recursos productivos se han orientado hacia el subempleo, el empleo informal y las actividades de baja productividad caracterizados por tasas de salarios deprimidas. El bajo crecimiento del producto tiene como contraparte una incapacidad de la economía para generar empleo formal al ritmo en que se expande la oferta de fuerza de trabajo con mayor capital humano, contraviniendo así el principio postulado en la Ley de Okun (correlación entre producto y empleo). Así, dado el lento crecimiento del PIB asociado al patrón de liberalización comercial, la volatilidad macroeconómica describe una trayectoria en forma de *boombust* fruto, en parte, de la mayor vulnerabilidad ante choques exógenos y de la mayor **correlación** del ciclo doméstico con el de la industria norteamericana desde que entró en vigor el NAFTA.

La política monetaria restrictiva orientada exclusivamente a disminuir la inflación, por una parte, y la ausencia de políticas fiscales contracíclicas, por otra, han contribuido a agravar el magro desempeño de la demanda agregada en los años de dominio del fundamentalismo neoliberal.

Gráfica 3

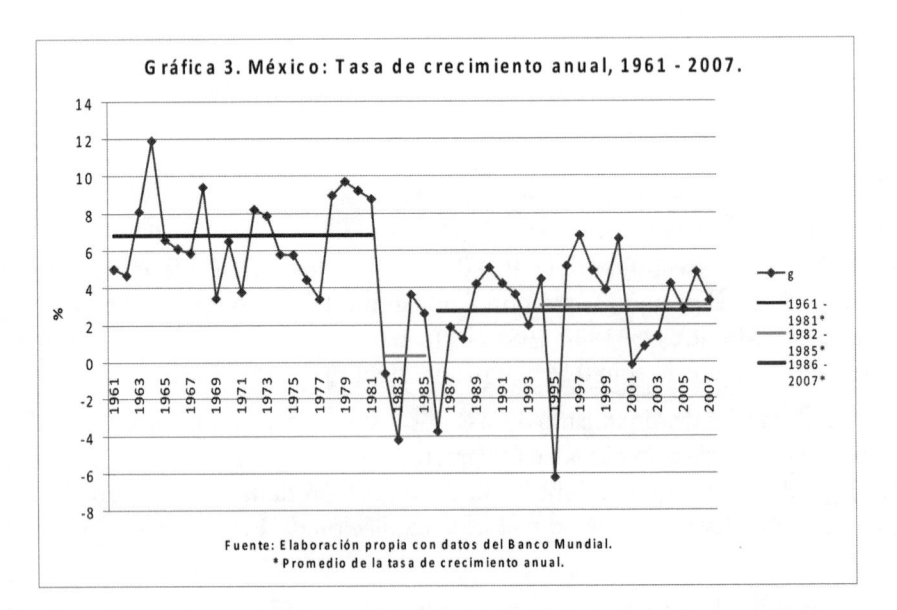

Gráfica 3. México: Tasa de crecimiento anual, 1961 - 2007.

Fuente: Elaboración propia con datos del Banco Mundial.
*Promedio de la tasa de crecimiento anual.

---

(3) El comercio intra-industrial — significativo en la industria maquiladora — incrementó su ponderación relativa en la industria manufacturera entre 1988-1991 y 1996-2000 de 62.5% a 73.4% (*Ros* 2008).

IV. Costos reales de la política monetaria

IV.1. Acumulación de capital

Un determinante fundamental del crecimiento económico es la formación bruta de capital. Ésta se ha desacelerado desde que se adoptaron la agenda del WC y la política monetaria de inflación objetivo (véase Gráfica 4). Es lógico que la acumulación de capital se deprima si la tasa de interés se utiliza para abatir la inflación en un marco de política monetaria restrictiva: el promedio del coeficiente de inversión en 1960-1981 fue 26.8%, en 1982-1985 18.9%, en 1986-2007 20.4% y 21.4% entre 1994 y 2007.

Gráfica 4

Gráfica 4. México: Coeficiente de Inversión, 1960 - 2007.

Fuente: Elaboración propia con datos del Banco Mundial.
* Promedio del coeficiente de inversión.

El siguiente modelo estima la importancia relativa de la formación bruta de capital y de las exportaciones como determinantes del crecimiento económico:

$$g_t = \alpha_0 + \alpha_1 gk_t + \alpha_2 gx_t + \alpha_3 g_{t-1} + u_t \qquad (5)$$

Donde g_t es la tasa de crecimiento anual del PIB, gk_t es la tasa de crecimiento anual de la inversión, gx_t es la tasa de crecimiento anual de las exportaciones, α_i son los parámetros a estimar y u_t es el error de estimación. La Tabla 1 reporta los resultados obtenidos mediante Mínimos Cuadrados Ordinarios (MCO) para el periodo 1962-2007 y los subperiodos 1962-1981, 1986-2007 y 1994-2007. La tasa de crecimiento de la inversión es estadísticamente significativa en la explicación del crecimiento del PIB. Por otro lado, las exportaciones no son estadísticamente significativas para ninguna de las cuatro regresiones llevadas a cabo.

Tabla 1
Estimaciones realizadas con series anuales del Banco Mundial.
Estadísticos t entre paréntesis.

Variable	Variable dependiente: g_t			
	1962 - 2007	1962 - 1981	1986 - 2007	1994 - 2007
Constante	1.21**	4.57*	1.00	1.25
	(2.40)	(5.71)	(1.67)	(1.84)
gk_t	0.24*	0.25*	0.23*	0.23*
	(12.14)	(8.01)	(9.45)	(9.91)
gx_t	0.06	0.07	0.03	0.02
	(1.83)	(1.97)	(0.81)	(0.52)
g_{t-1}	0.32*	-0.05	0.18	0.20
	(4.68)	(-0.44)	(1.93)	(1.94)
R^2 ajustada	0.79	0.78	0.82	0.88
Estadístico F	59.11	24.08	33.16	30.27
Prob. JB	0.53	0.27	0.87	0.67
Prob. LM Test	0.11	0.54	0.85	0.46
Prob. ARCH Test	0.62	0.89	0.34	0.85

* Estadísticamente significativo al 1%.
** Estadísticamente significativo al 5%.
Las pruebas LM y ARCH se llevaron a cabo utilizando un rezago.

¿Por qué las exportaciones no han propiciado una aceleración del crecimiento económico? A partir de la liberalización comercial la industria maquiladora de exportación incrementó su importancia relativa de 28% a 55% respecto de las exportaciones totales entre 1986 y 2007. Por otro lado, la participación de las exportaciones de manufacturas cayó sustancialmente a partir de 1986, se recuperó en 1993, y se ha estancado desde 1997 (las exportaciones petroleras representan el menor porcentaje, véase Gráfica 5). Estos resultados no son paradójicos: la política monetaria restrictiva inhibe la acumulación de capital debido a que las (altas) tasas de interés inducen una conducta de preferencia por inversiones menos intensivas en capital fijo.

Gráfica 5

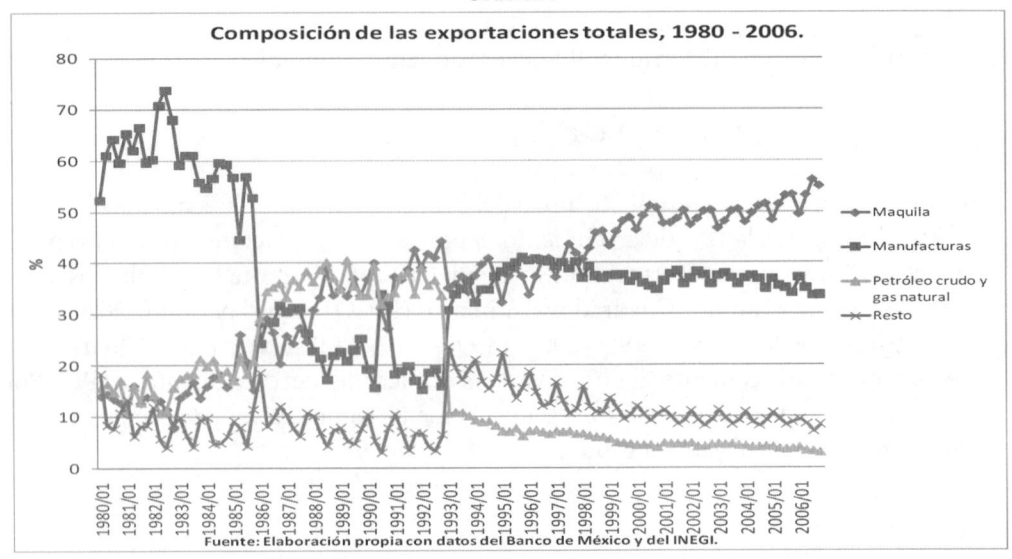

Composición de las exportaciones totales, 1980 - 2006.
Fuente: Elaboración propia con datos del Banco de México y del INEGI.

IV.2. Tasa de interés, crecimiento y desempleo

Siguiendo a *Cecchetti* y *Rich* (1999), con el siguiente modelo VAR estimamos la reacción de la variación anual de la tasa de interés nominal, la tasa de crecimiento económico anual y la variación porcentual anual de la tasa de desempleo ante una disminución igual a 1% en la meta de inflación:

$$X_t = A_0 + A_1 X_t + A_2 X_{t-1} + A_3 X_{t-2} + A_4 X_{t-3} + A_5 X_{t-4} + U_t \qquad (6)$$

donde X_{t-i} (i=0,...4) es un vector columna conformado por la variación anual de la tasa de inflación, la variación anual de la tasa de interés nominal[4], la tasa de crecimiento anual de la economía y la variación porcentual anual de la tasa de desempleo; A_j (j = 0,...5) son las matrices de los coeficientes a estimar y U_t es un vector de choques exógenos.[5] A fin de estimar el modelo mediante Mínimos Cuadrados Ordinarios (MCO), normalizamos la ecuación (6):

$$X_t = A_1^{-1} (A_0 + A_2 X_{t-1} + A_3 X_{t-2} + A_4 X_{t-3} + A_5 X_{t-4}) + A_1^{-1} U_t \qquad (7)$$

$$X_t = C_0 + C_1 X_{t-1} + C_2 X_{t-2} + C_3 X_{t-3} + C_4 X_{t-4} + C_5 X_{t-5} + A_1^{-1} U_t \qquad (7')$$

Sea $A_1^{-1} U_t = w_t$, obteniendo el valor esperado de $w_t w_t$ (el vector de errores normalizados por su transpuesta) obtenemos la matriz de Var-Cov de los errores normalizados. Mediante la descomposición de Cholesky podemos obtener los multiplicadores de impacto contemporáneo de una variable respecto de las siguientes, asimismo podemos obtener las funciones de impulso-respuesta que muestran el comportamiento de las variables del sistema VAR ante un choque exógeno de una de ellas. En nuestro caso nos interesa saber cómo responden la variación anual de la tasa de inflación, la variación anual de la tasa de interés nominal, la tasa de crecimiento anual del PIB y la variación porcentual anual de la tasa de desempleo.[6]

La Gráfica 6 muestra la respuesta de las variables de nuestro sistema VAR ante una disminución de 1% en la variación anual de la tasa de inflación objetivo[7], es decir que el valor de 1% en el primer trimestre para la variación anual de la tasa de inflación indica la diferencia entre la variación actual y la nueva variación objetivo, la cual es menor en 1%.

---

(4) La tasa de interés está medida como la tasa de CETES a 28 días.
(5) En particular A1 se establece como una matriz triangular con unos en la diagonal y los coeficientes de impacto contemporáneo debajo, lo cual quiere decir que se supone que las variables sólo son afectadas de forma simultánea por las variables anteriores siguiendo el orden del vector Xt; por ejemplo, en el momento t la variación anual de la tasa de inflación no es afectada por los cambios en el momento t de las variables restantes.
(6) Es importante aclarar que se trata de la variación porcentual en la tasa de desempleo y no de la variación del nivel de desempleo.
(7) El modelo VAR se estimó utilizando series trimestrales para el periodo 1988-2007. En aras de la brevedad omitimos los resultados de la estimación los cuales están disponibles previa solicitud.

Gráfica 6

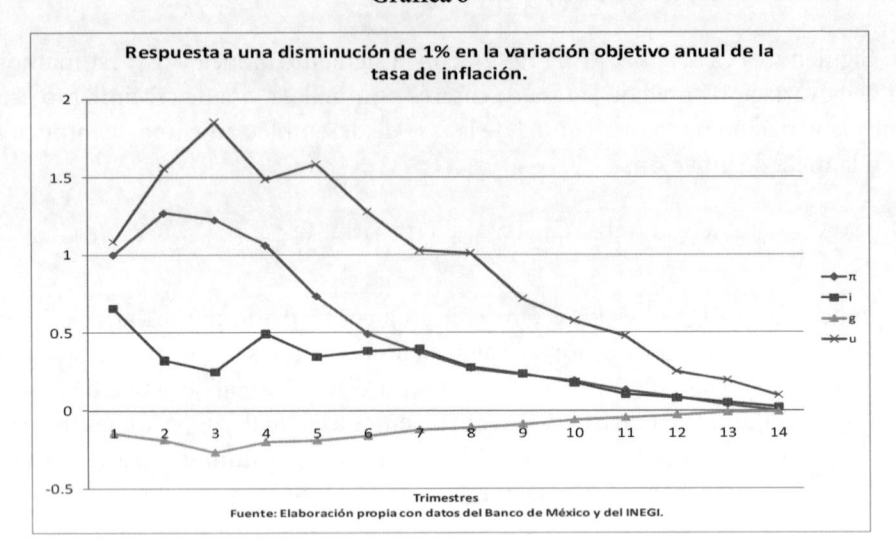

Respuesta a una disminución de 1% en la variación objetivo anual de la tasa de inflación.

Trimestres
Fuente: Elaboración propia con datos del Banco de México y del INEGI.

Los resultados muestran que a fin de disminuir en 1% la variación anual del objetivo de inflación anual, las autoridades monetarias deben aumentar la tasa de interés nominal, con lo cual la tasa de interés real aumenta. Esto conlleva además una disminución de la tasa de crecimiento de la economía y un aumento de la variación porcentual anual de la tasa de desempleo. A continuación estimamos las tasas de sacrificio (en términos de crecimiento y desempleo) de la disminución permanente en la variación de la inflación a través de la sumatoria desde $t = 1$ hasta $t = n$ de las respuestas de ambas variables hasta el n-ésimo periodo. Consideramos 14 trimestres como periodo de referencia, que es el tiempo que la economía tarda en reducir la variación anual de la inflación en 1%. Los resultados se muestran en la Tabla 2 y en las Gráficas 7 y 8. Como puede observarse, el efecto de la estabilización permanente de la inflación medida como una caída en 1% en la variación anual de la tasa de inflación conlleva una pérdida acumulada de 1.62% de crecimiento económico a lo largo de 14 trimestres, y un aumento acumulado de 13.2% en la tasa de variación de la tasa de desempleo. Podemos inferir que el incremento de la tasa de interés real aunado a caída del empleo mayor que la del producto explica la redistribución del ingreso en contra de los salarios exhibida a partir de la introducción del WC.

Tabla 2

	Tasa de sacrificio	
Trimestres	Crecimiento	Desempleo
1	-0.15	1.08
2	-0.33	2.64
3	-0.60	4.49
4	-0.80	5.98
5	-0.99	7.57
6	-1.15	8.84
7	-1.28	9.87
8	-1.38	10.88
9	-1.47	11.60
10	-1.53	12.18
11	-1.58	12.66
12	-1.60	12.91
13	-1.62	13.10
14	-1.62	13.20

Gráficas 7 y 8

Tasa de sacrificio en términos de crecimiento económico.

Trimestres
Fuente: Elaboración propia con datos del Banco de México y del INEGI.

Tasa de sacrificio en términos de desempleo.

Trimestres
Fuente: Elaboración propia con datos del Banco de México y del INEGI.

IV.3. Endogeneidad de la tasa de desempleo

La hipótesis de endogeneidad de la tasa natural de crecimiento postula que la tasa natural de crecimiento económico es la que mantiene constante la tasa de desempleo (*Thirlwall* 2000; *Perrotini y Tlatelpa* 2003). Para calcularla estimamos la siguiente ecuación:

$$g_t = \lambda_0 + \lambda_1 u_t + e_t \quad (8)$$

donde u_t es la variación porcentual anual de la tasa de desempleo, λ_0 es la tasa de crecimiento natural, λ_1 es la elasticidad del producto con respecto al desempleo y e_t es un término de error. A fin de corroborar la endogeneidad de la tasa natural de crecimiento *Thirlwall* (2003) propone la estimación de:

$$g_t = \phi_0 + \phi_1 D_t + \phi_2 u_t + \mu_t \quad (9)$$

donde D_t es una variable dummy con valor de uno cuando la tasa de crecimiento efectiva es mayor que la natural y cero en otros casos. Si la variable ficticia es significativa, entonces la tasa natural de crecimiento en periodos de auge es $f_0 + f_1$, mientras que en periodos "normales" es solo f_0. Los resultados de las estimaciones de las ecuaciones (4) y (5) por medio de MCO se presentan en la tabla 3.

Tabla 3
Estimaciones realizadas con series trimestrales del INEGI.

Variable	g_t (1988 - 2007)	
Constante	3.54*	1.90*
	(14.48)	(6.92)
D_t		3.08*
		(7.93)
u_t	-0.09*	-0.07*
	(-9.67)	(-9.06)

Estadísticos t entre paréntesis.
* Estadísticamente significativo al 1%.

Los resultados de la estimación confirman la hipótesis de la endogeneidad de la tasa de crecimiento natural. Así, mientras que en periodos normales la tasa de crecimiento natural estimada es 3.54%, en periodos de auge aumenta a 4.98%. Dada la endogeneidad de la tasa de crecimiento del PIB con respecto a la demanda, es lógico esperar que el ritmo de expansión económica se deprima cuando la tasa de interés se incrementa para reducir la demanda agregada con el propósito de alcanzar el objetivo de inflación. La tasa de crecimiento promedio del PIB entre 1986 y 2007 fue 2.8%; no es extraño que el régimen de política monetaria de inflación objetivo haya tenido un impacto en el empleo.

V. Hacia un Marco de Política Económica Alternativo

La política monetaria anti-inflacionaria de ancla nominal de tipo de cambio produjo volatilidad de la actividad económica, fragilidad financiera y crisis recesiva. La adopción de un régimen de tipo de cambio flexible después de la crisis de 1994 simplemente adaptó el tipo de cambio a las necesidades de la liberalización financiera y del objetivo de inflación, dada la volatilidad de los flujos de capital. El crecimiento y el empleo no fueron considerados como objetivos del nuevo marco de política monetaria del BM. De igual manera, la flotación del tipo de cambio excluye la posibilidad de utilizar al tipo de cambio real como instrumento de política para alcanzar objetivos de equilibrio de balanza de pagos, de empleo y expansión productiva.

Diversos estudios empíricos sobre el funcionamiento de la regla de Taylor han encontrado que los bancos centrales de los países no industrializados reaccionan ante las fluctuaciones del tipo de cambio (*Mohanty* y *Klau* 2004; *Mántey* 2005; *Galindo* y *Ros* 2005). Esto significa al menos tres cosas: (i) la hipótesis de paridad de tasas de interés no controla al tipo de cambio, por lo tanto éste desempeña un rol importante en la política de estabilidad de precios; (ii) existe una alta correlación entre las fluctuaciones del tipo de cambio y la inflación y (iii) en consecuencia, el BM realiza intervenciones esterilizadas en los mercados cambiarios induciendo deliberadamente la apreciación de la moneda nacional con la finalidad de alcanzar el objetivo de inflación. El objetivo de inflación obliga al BM a aplicar una política monetaria asimétrica con respecto al tipo de cambio, impidiendo la devaluación y permitiendo la sobrevaluación del peso mexicano. El uso anti-inflacionario del tipo de cambio significa que las políticas macroeconómicas no tienen como prioridad ni la expansión del producto ni el empleo porque se considera que el mercado de trabajo automáticamente tiende hacia la tasa NAIRU.

La Tabla 4 muestra que el tipo de cambio del peso mexicano tiende a apreciarse sistemáticamente.

Table 4. Desviación Porcentual del Tipo de Cambio con Respecto al Equilibrio

Periodo	Promedio
1980 - 2006	-24.5%
1980 - 1987	-10.2%
1988 - 1994	-27.1%
1995 - 2006	-32.3%

Fuente: Cálculos con base en datos del Banco de México.

En el actual marco de política monetaria que tiene como único objetivo la estabilidad de precios, esta tendencia a la apreciación del peso provoca que su participación relativa en la regla monetaria sea positiva y tienda a aumentar en condiciones normales del ciclo económico. Formalmente se puede expresar reformulando la ecuación (4):

$$\sigma r + (1 - \sigma)\frac{1}{e_t} = \alpha + \gamma_1 \beta_y + \gamma_2 \beta_\pi \qquad (4a)$$

donde e_t es el tipo de cambio, a es la tasa de interés de equilibrio de largo plazo, $g_1 b_y$ es la brecha de producto y $g_2 b_p$ es la brecha de inflación. Los resultados de la estimación de la ecuación (4a) se muestran en la Gráfica 9: la participación relativa del tipo de cambio es nula en condiciones de extrema volatilidad (como en 1995 y 2001, años de choques exógenos y crisis), pero tiende a aumentar cuando la economía opera en condiciones "normales".

Gráfica 9

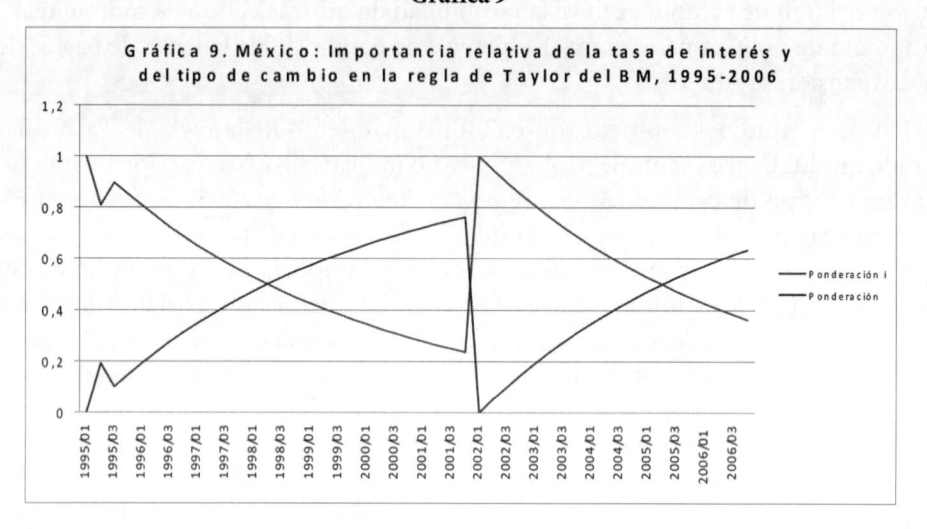

Gráfica 9. México: Importancia relativa de la tasa de interés y del tipo de cambio en la regla de Taylor del BM, 1995-2006

La volatilidad del tipo de cambio en un régimen de liberalización financiera constituye la razón más importante por la cual el BM debe controlar el tipo de cambio real, lo cual invalida el argumento ortodoxo de la trinidad imposible que niega la posibilidad de una política monetaria activa y el control efectivo del tipo de cambio con liberalización de capitales (*Frenkel,* 2006). Como afirma *Frenkel* (2006:586), "en un régimen macroeconómico de tipo de cambio real estable y competitivo, la política monetaria no puede enfocarse exclusivamente en la inflación. La política monetaria tiene que enfocarse simultáneamente en el tipo de cambio real, el control de la inflación y en el nivel de actividad". Por tanto, si el BM adoptara una política pragmática con respecto al tipo de cambio y a los flujos de capital, podría tener una política monetaria independiente y, en suma, un marco de política con múltiples objetivos — principalmente, metas de empleo, de producto y balanza de pagos — sería viable.

VI. Conclusión

En una economía como la mexicana donde: (i) la inflación es inelástica con respecto a las tasas de interés debido a que las variables de distribución y las políticas de precio markup de las empresas son exógenas; (ii) el dinero es endógeno y no neutral; (iii) la competencia imperfecta determina los mercados; (iv) la inflación y la inestabilidad de la balanza de pagos están en función de la dependencia tecnológica externa; (v) el coeficiente del efecto de traspaso (pass-through) de las fluctuaciones del tipo de cambio al nivel de precios es alto; (vi) la dinámica del tipo de cambio está muy influenciada por la volatilidad de los mercados financieros internacionales; (vii) las trampas de pobreza y de desempleo son altas, el BM sólo puede alcanzar su objetivo de inflación si y sólo si las tasas de interés reales son altas, el tipo de cambio se aprecia, la inversión y la productividad declinan, el desempleo aumenta, la elasticidad ingreso de la demanda de importaciones aumenta, la actividad productiva se estanca y la distribución del ingreso y la sociedad se hacen más desiguales.

La implicación de política del análisis anterior conduce a sugerir la adopción de un marco institucional de política económica más flexible con múltiples instrumentos y objetivos.

Referencias

ANGUIANO, M. G. Mántey de. *Inflation targeting and exchange rate risk in emerging economies subject to structural inflation.* México: UNAM, photocopy, 2005.

ASSIS, J. M. Machado. *Obra completa.* 11. reimpressão da 1. ed., 2006. v. 3.

BALASSA, B., BUENO, G. M.; KUCZYNSKI, P. P.; SIMONSEN, M. H. *Toward renewed economic growth in Latin America.* Washington: Institute for International Economics, 1986.

CÂMARA NETO, A. F.; VERNENGO, M. Fiscal policy and the Washington consensus: a post keynesian perspective. *Working Paper* n. 2004-09, University of Utah, Department of Economics.

CECCHETTI, S.; RICH, R. Structural estimates of the US sacrifice ratio. *Staff Reports,* n. 71, Federal Reserve Bank of New York, 1999.

FRENKEL, R. An alternative to inflation targeting in Latin America: macroeconomic policies focused on employment. *Journal of Post Keynesian Economics,* Verano, v. 28, n. 4, p. 573-591, 2006.

FRIEDMAN, M. *Capitalism and freedom.* Chicago: The University of Chicago, 1962.

GALINDO, L. M.; ROS, J. *Alternatives to inflation targeting:* central bank policy for employment creation, poverty reduction and sustainable growth. PERI, Universidad de Massachusetts Amherst, trabajo preparado para la Amherst/CEDES Conference on Inflation targeting, Buenos Aires, may. 2005. p. 13-14.

IMF. Theoretical aspects of the design of fund-supported adjustment programs. *IMF Occasional Paper* 55. Washington: International Monetary Fund, 1987.

KREGEL, J. The discrete charm of the Washington Consensus. *Working Paper* n. 523, The Jerome Levy Institute, april 2008.

KUCZYNSKI, P. P.; WILLIAMSON, J. *After the Washington consensus:* restarting growth and reform in Latin America. Washington: Institute for International Economics, 2003.

LAYARD, R.; NICKEL, S.; JACKMAN, R. *Unemployment:* macroeconomic performance and the labour market. Oxford: Oxford University, 1991.

MOHANTY, M. S.; KLAU, M. Monetary policy rules in emerging market economies: issues and evidence. *BIS Working Paper* n. 149, 2004.

NICKEL, S.; NUNZIATA, L.; OCHEL, W. Unemployment in the OECD since the 1960s: what do we know? *Economic Journal* 115: 1-27, 2005.

PERROTINI, I.; TLATELPA, D. Crecimiento endógeno y demanda en las economías de América del Norte. *Momento Económico* n. 128, Instituto de Investigaciones Económicas. México: UNAM, 2003.

POLANYI, K. [1944]. *The great transformation.* Beacon Hill. Boston: Beacon, 1957.

RODRIK, D. Rethinking growth strategies. *WIDER Annual Lecture* 8, United Nations World Institute for Development Economic Research, Helsinki, 2004.

ROS, J. La desaceleración del crecimiento económico en México desde 1982. *El Trimestre Económico*, v. LXXV (3), n. 299, 2008.

RUIZ-NÁPOLES, P. Exports, growth, and employment in Mexico, 1978-2000. *Journal of Post Keynesian Economics*, Otoño, v. 27, n. 1, 2004.

THIRLWALL, A. P. *The nature of economic growth*: an alternative framework for understanding the performance of nations. Cheltenham: Edward Elgar, 2000.

TORNELL, A.; WESTERMANN, F.; MARTÍNEZ, L. Liberalization, growth, and financial crises: lessons from Mexico and the developing world. *Brookings Papers on Economic Activity*, 2. Washington: Brookings Institution, 2003.

WILLIAMSON, J. What Washington means by policy reform. En: WILLIAMSON, John (ed.). *Latin American adjustment:* how much has happened? Washington: Institute of International Economics, 1990.

PARTE II

Estrutura do Mercado de Trabalho e Evolução das Ocupações

BRASIL HOJE: DESENVOLVIMENTO E EMPREGO

Cláudio Salm[*]

A crise financeira internacional que eclodiu a partir do estouro da bolha imobiliária nos EEUU em agosto/setembro de 2008 disseminou-se rapidamente mundo afora levando a uma crise geral de liquidez com drástica redução do crédito internacional (*credit crunch*). Durante algumas semanas, com base em alguns indicadores do nosso bom desempenho macroeconômico, junto com o de outros países emergentes, acreditou-se num "desacoplamento", ou seja, que a crise não iria contagiar de forma intensa o processo de retomada do crescimento que se mostrava promissor a partir de 2004. Tal otimismo, entretanto, durou pouco e já em dezembro de 2008 tivemos uma queda substancial na produção industrial provocando uma forte onda de demissões. Não há, portanto, "desacoplamento" algum e hoje, fevereiro de 2009, também entre nós domina a incerteza, o desconhecimento sobre a intensidade e a duração da crise e a desconfiança dos agentes econômicos a despeito dos esforços governamentais no sentido de recompor a liquidez, o crédito e o dinamismo da demanda agregada.

Sabemos apenas que o impacto foi e será grande e não temos mais ilusões a respeito de uma sustentação autônoma do nosso crescimento. Limitamo-nos, portanto, ao exame das principais questões pré-crise internacional, uma vez que serão determinantes para o futuro qualquer que seja o caminho que adotarmos ou o que nos será imposto daqui para frente.

A grande questão era saber se estávamos no limiar de um autêntico processo de desenvolvimento ou apenas diante de mais um miniciclo de crescimento como tantos outros. Os que acreditavam que *sim* destacavam os pontos mencionados resumidamente no que segue.

A demanda internacional por *commodities* seguiria firme e crescente (pressões inflacionárias à parte), especialmente em grãos e demais alimentos (carnes), minérios e vários combustíveis (petróleo e biocombustíveis). O Brasil possui claras vantagens comparativas em quase todos esses itens e boas perspectivas para desenvolver vantagens comparativas construídas nos demais (petróleo do pré-sal, etanol a partir da celulose, por ex.).

Nossas vantagens se apoiam basicamente em recursos naturais — muita terra, muito sol, muita água, muitas reservas minerais —, e em recursos humanos — muita mão de obra ainda ocupada em atividades de baixa produtividade.

Ou seja, não necessitamos fazer a opção entre culturas para o abastecimento alimentar interno e culturas para exportação. Mais, não há por que incorrer em grandes custos

---

[*] Professor da Universidade Federal do Rio de Janeiro — UFRJ.

ambientais, pois nossa fronteira agrícola prescinde da floresta amazônica e já desenvolvemos suficientemente a tecnologia da agricultura de cerrado. Ou, se se quiser, já infligimos estragos ambientais irreversíveis no cerrado e, infelizmente, parece que continuaremos a fazê-lo.

Embora a nossa pauta de exportações tenha se concentrando mais em *commodities*, ela jamais seria especializada em algumas poucas, e nem alijaria as não *commodities* em que já apresentávamos posições consolidadas, embora a sobrevalorização cambial que havia antes da crise constituísse uma ameaça permanente a nossas exportações manufatureiras.

Apesar de sermos um país de dimensões continentais — países que não podem depender apenas das exportações para se desenvolver —, a pauta que se afigurava possuía fortes ligações a montante, especialmente com a indústria fornecedora de equipamentos e insumos. Essas interconexões que já nos caracterizam, iriam estimular a taxa de investimento, seja nas indústrias de bens de capital e de intermediários, seja na de bens de consumo, dando vigor a um círculo virtuoso e sustentado de crescimento com melhor distribuição de renda (pessoal e regional).

Quanto ao deslocamento de mão de obra para a expansão dos complexos agroindustriais exportadores, não seria problema do ponto de vista quantitativo. Eventuais aumentos do custo do trabalho (salários maiores) eram até bem-vindos, na medida em que precisávamos acelerar o crescimento do mercado interno, inclusive e principalmente no interior, que, aliás, seria naturalmente beneficiado pela via das exportações, como vinha ocorrendo.

Ainda no que se refere ao emprego, o desempenho recente do mercado de trabalho, até a crise, havia desmentido as teses, tão em voga até há pouco, de que não resolveríamos nossos problemas de geração de empregos sem uma profunda reforma trabalhista que viesse a flexibilizar as relações de trabalho e permitisse diferenciar o salário mínimo por regiões.

Basta examinar o ciclo de crescimento recente. Essencialmente, tem sido marcado pela transferência de mão de obra para atividades de maior produtividade e, portanto, mais bem pagas. Seja no complexo agroindustrial exportador, seja nas indústrias interiorizadas, seja na emergência de novos serviços. Naquele período, a vigorosa criação de empregos formais demonstra o que sempre muitos disseram: que a criação de empregos é fundamentalmente função do crescimento econômico. Mas não eram ouvidos por conta do barulho em torno da suposta imperiosidade de se fazerem aquelas mudanças radicais nas leis trabalhistas, sem o que, dizia-se, jamais voltaríamos a gerar novos e melhores postos de trabalho. Claro que esta observação não invalida a necessidade de aperfeiçoar a legislação trabalhista, mas certamente retira-lhe a dramaticidade.

Isso quanto aos aspectos quantitativos da geração de empregos, pois também é verdade que a nova ênfase — inovação para a competitividade — realça a importância da inserção no mercado mundial de produtos de média e alta tecnologia. Melhorar continuamente tal inserção, se não é condição suficiente para o desenvolvimento num país de dimensões continentais como o nosso, certamente é condição necessária, ainda mais se considerarmos que o setor externo sempre foi o nosso calcanhar de Aquiles. Dessa perspectiva, certamente resta muito a ser feito no campo da qualidade da educação básica e da formação profissional.

Deste período recente de crescimento pode-se extrair também outra constatação: a importância do dinamismo da demanda, ideia que já teve seu tempo de *sa vá sans dire*, mas que foi abafada, por um lado, pelo longo período marcado pela hegemonia da ortodoxia neoliberal que agora vai perdendo sua força. Por outro, pela proeminência das políticas de estabilização, que, naturalmente, fizeram com que privilegiássemos o curto prazo, levando as questões estruturais, as questões pertinentes ao desenvolvimento, para um plano secundário.

Com o advento da inflação importada e com as ameaças de uma nova deterioração de nossas contas externas por conta da política monetária (e, logo, cambial) em vigor, não podíamos ainda ter certeza de que a discussão dos velhos como dos novos desafios do desenvolvimento iria retomar a centralidade dos debates, como no passado.

Já os que acreditavam que não estávamos no limiar de um autêntico processo de desenvolvimento consideravam que aquele *boom* exportador não era razão suficiente para crer que nos levaria à superação do subdesenvolvimento, enfatizavam os seguintes problemas.

Os preços de *commodities* sempre apresentaram um comportamento cíclico e não seria diferente desta vez, em que pese a demanda representada pela China, pela Índia e pelos baixos estoques de alimentos. A dinâmica da demanda no comércio mundial ainda iria depender fortemente, embora menos, dos EEUU e da Europa. Esta seguiria, na melhor das hipóteses, em seu passo de tartaruga e os EEUU, mesmo na ausência de grandes crises, além de protecionistas em vários itens (grãos em geral, etanol), são também fortes competidores nossos em várias outras *commodities* e possuem capacidade tecnológica e inovacional para nos prejudicar. Além disso, existe uma enorme fronteira agrícola mundial ainda a ser explorada pelos capitais internacionais (Rússia, Europa do leste, África). Em resumo, o que ocorreu no passado com a cana, com a borracha ou mesmo com o café poderia se repetir no futuro.

Ademais, temos gargalos de difícil superação a curto e médio prazos que nos tornarão menos competitivos: em infraestrutura (energia e transporte principalmente), em capacitação tecnológica, em qualificação da mão de obra, como já mencionado, além de gargalos institucionais, como baixa segurança jurídica e governabilidade frágil (capacidade de planejamento, corrupção, violência, etc.).

Finalmente, apontavam para o desempenho macroeconômico cuja vulnerabilidade estaria apenas escamoteada pelo crescimento (e arrecadação) em vigor: política de estabilização (anti-inflacionária) demasiado dependente da política monetária (juros elevados), e desequilíbrio fiscal — dívida interna como percentagem do PIB em declínio, em boa medida por conta do crescimento do PIB, mas ainda alta (em torno a 40%). Enfrentar tal vulnerabilidade poderia implicar o sacrifício da desejada elevação dos investimentos públicos, em cortar recursos para as políticas sociais, universais (educação, saúde e previdência) e focalizadas (assistenciais), e em restringir o crédito para os investimentos privados, que vinham aumentando em decorrência da abundante liquidez internacional. Tudo isso redundaria em abortar o crescimento com óbvios reflexos na geração de empregos.

A crise interrompeu de forma abrupta esse debate que agora parece se colocar em torno da busca, ou não, de alternativas mais ou menos radicais ao caminho anterior. Mas é cedo para arriscar palpites a respeito da nossa maior ou menor ousadia nessa busca.

2

O Desenvolvimento Econômico e Estrutura das Ocupações — A Situação Brasileira entre 2003-2007[*]

Paula Montagner[**]

Sumário

No período recente o Brasil redescobriu a possibilidade de crescer, gerar empregos e distribuir renda. Entre 2003 e 2007, cerca de dez milhões de ocupações foram geradas, 80% das quais eram empregos formais. Alguns setores industriais, a construção civil e parte da agricultura foram importantes segmentos propulsores desse crescimento, invertendo resultados observados nos anos 90. Esse estudo busca mostrar que, além da ampliação do volume de emprego gerado e da retomada do emprego com carteira assinada, as características dos postos de trabalho também mudaram, demandando perfil profissional mais especializado, o que se espelha na escolaridade mais elevada e na maior experiência até mesmo para ocupações mais tradicionais (comércio, atividades de escritório e também no setor industrial). No entanto, a novidade é o crescimento de ocupações que não existiam na estrutura ocupacional anterior, este crescimento aparentemente está associado ao papel que serviços privados e públicos passam a desempenhar no apoio aos setores produtivos. Estas mudanças já levaram à rápida absorção dos profissionais mais qualificados e até a percepção de inexistência de profissionais com o perfil desejado, em várias regiões do país, nos momentos de produção mais intensa.

Este estudo tornou-se possível na medida em que informações sobre ocupações adotaram uma nova classificação de ocupações (Classificação Brasileira de Ocupações — CBO 2002), mais aderente à realidade nacional, na medida em que foi a primeira realizada a partir da descrição das atividades realizadas pelos trabalhadores de todas as profissões, condições de inserção e regiões brasileiras. Como essa classificação (com pequenas variações) foi adotada nas pesquisas domiciliares e nos registros administrativos informados pelas empresas ao Ministério do Trabalho e Emprego, através da Relação Anual de Informações Sociais — RAIS, é possível estudar as características dos postos de trabalho criados e dos trabalhadores empregados nos diferentes setores da economia, a partir de 2002.

(*) A autora agradece a Maria Emilia Piccinini Veras, à equipe de Coordenação de Estatísticas do Ministério do Trabalho e Emprego e a Antonio Ibarra pelo processamento de dados da Rais e da PNAD.
(**) Economista, exercendo o cargo de Diretora de Comunicação e Pesquisa na Escola Nacional de Administração Pública, fundação ligada ao Ministério do Planejamento Orçamento e Gestão do governo federal, pesquisadora cedida da SEADE, fundação ligada à Secretaria de Economia e Planejamento do Governo do Estado de São Paulo. Contatos: paula.montagner@enap.gov.br ou tel — 5561 34457099

O DESENVOLVIMENTO ECONÔMICO E ESTRUTURA DAS OCUPAÇÕES — AS MUDANÇAS NA SITUAÇÃO BRASILEIRA ENTRE 2003-2007 (VERSÃO PARA DEBATE)

O mercado de trabalho no Brasil tem apresentado no período recente um desempenho bastante diverso do que havia sido estudado nos anos 90. Desde 2001 estima-se que o número de ocupações geradas deverá alcançar 15 milhões, expandindo para cerca de 91 milhões o número total de ocupados em 2008. Esse resultado positivo em termos de geração de trabalho decorreu principalmente de uma fase positiva na economia internacional, que tudo indica se esgota a partir de setembro de 2008, e da escolha de novos rumos para o crescimento da economia brasileira.

Se no início desse período predominava a ampliação da produção voltada para a ampliação das exportações — de modo especial as *commodities* primárias — com destaque para minério de ferro, açúcar de cana, carne bovina e de frango, suco de laranja, soja e café. Com a retomada da capacidade de compra da população o consumo das famílias passou a impulsionar o crescimento do Produto Interno Bruto — PIB.

Esta alternância na direção do mercado interno decorreu do efeito combinado de múltiplas políticas, destacando-se a ampliação do crédito interno (estima-se que seu volume atinge 33% do PIB); a gradual ampliação do salário mínimo (50% de variação real entre abril 2003 a março de 2008, atingindo os melhores patamares dos últimos trinta anos), da maior capacidade de negociação salariais das categorias ocupacionais[1], e da ampliação do número de ocupados.

O crescimento da economia durante o período em análise, com exceção de 2004, no entanto, era inferior ao observado em outros países em desenvolvimento econômico e que aproveitavam o momento de fluxo de ampliação de créditos e do comércio além das oportunidades de investimentos estrangeiros. Estes resultados relativamente fracos decorreram de uma política macroeconômica conservadora — que manteve os juros em patamares muito mais elevados que o observado no mercado internacional, que ampliou reservas em moeda estrangeira e que controlou a inflação em patamares bastante restritos, para a experiência nacional das décadas anteriores —, que reduziu as possibilidades de crescimento da demanda interna e para os gastos públicos (apesar do crescimento das receitas). Não se deveria menosprezar, no entanto, a falta de disposição para o realização de investimentos e ampliação de capacidade que decorria da falta de confiança. Com isso a economia expandia-se a taxas médias que giravam em torno de 3% ao ano. O compromisso político com o desenvolvimento econômico, buscando ampliar o crescimento para patamares da ordem de 5%, ao ano, foi materializado no Plano de Aceleração do Crescimento — PAC, que retomava a decisão de realizar investimentos prioritários em infraestrutura por todo o país, para o período 2007-2010. Este programa vem cumprindo um papel de ampliação do horizonte de investimentos para o setor privado, na medida em que sua execução vai sendo monitorada e suas ações se consolidam. O PAC por si mesmo, pelo volume de investimentos, é mais um instrumento que alinha outros investimentos de

---

[1] Segundo os dados do Dieese, pelo menos 80% das categorias vêm conseguindo negociar a recomposição das perdas salariais decorrentes da inflação e as mais organizadas bem obtendo aumentos decorrentes do crescimento de produtividade. (www.dieese.org.br)

empresas, como Petrobras e Vale do Rio Doce, e de outras políticas nas áreas econômica, científica e educacional, reforçando investimentos de empresas nacionais e estrangeiras. Os estudos sugerem que, se executado integralmente como planejado, poderá interromper o continuado alargamento das desigualdades regionais, que persiste há décadas no país (CGEE 2007), melhorando as possibilidades de diminuir as desigualdades de renda e de outras condições de vida da população que vivem na rede de cidades de porte médio.

Os impactos sobre a geração de trabalho e emprego das decisões da política econômica vêm aparecendo e mostrando possibilidades que não eram consideradas possíveis nos anos 90. Entre 2003 e 2008[2] estima-se que cerca de 11 milhões de ocupações serão geradas, mas os aspectos mais valorizados desse crescimento são: a retomada do crescimento do emprego formal, nos setores privado e público, e o aumento do emprego no setor industrial.

80% DAS OCUPAÇÕES GERADAS ENTRE 2003-07 TÊM VÍNCULO FORMAL

A retomada do crescimento do emprego formal, que declinou drasticamente durante os anos 90, levando muitos analistas a aderir à tese de que este tipo de vínculo não tinha mais lugar no sistema produtivo contemporâneo, foi inesperado. Segundo os dados disponíveis, 80% das ocupações geradas no período 2003-2007 têm característica formal (assalariados privados — empresas e famílias — com carteira assinada, empregos públicos).

Em 2007, o segmento com vínculo formalizado já correspondia a 42% do total dos ocupados, quatro pontos percentuais a mais do que o observado em 2001. Para esses trabalhadores, além da proteção social garantida pela contribuição do sistema de seguridade social, destaca-se a capacidade de representação coletiva de base municipal na negociação salarial e não a individual e focal dos anos 90; melhores condições de negociar não apenas salários e participação nos lucros e na produtividade mas também nas decisões sobre medidas preventivas para melhorar condições de saúde e segurança no trabalho, no cumprimento da jornada semanal de 44 horas e de remuneração adicional para horas extras, das férias remuneradas, acesso ao seguro-desemprego em caso de demissão, além do uso do sistema de intermediação e qualificação profissional patrocinada pelo Fundo de Amparo do Trabalhador — FAT.

Para que se tenha uma ideia da importância dessa mudança de direção, basta lembrar que nos anos 90 apenas as ocupações sem vínculo formalizado (entre assalariados do setor privado e público, trabalhadores autônomos e seus familiares que atuavam sem remuneração e empregadores, donos de negócios de pequeno porte) mostravam aumento. Esses segmentos diferentes que muitas vezes são denominados sob o nome comum de

---

(2) Segundo os dados da Pesquisa Nacional por Amostra de Domicílios — PNAD, elaborada pelo IBGE, foram gerados 9,06 milhões de ocupações entre 2003 e 2007, sem incluir a área rural da Região Norte, cujos dados passaram a ser captados a partir de 2004. A este número foram somados os resultados positivos observados pelas informações que os empregadores enviam ao Ministério do Trabalho e Emprego entre janeiro e setembro de 2008, que permitiram estimar a criação de 2 milhões de empregos, entre janeiro e setembro de 2008.

trabalhadores informais, correspondia a 58% do total de ocupados, em 2001, como decorrência do contínuo declínio do emprego formal durante toda a década de 90.

Nesse período, a perda de vínculo formal teve implicações individuais e familiares dramáticas, pela passagem prolongada na situação de desemprego e também em termos de decréscimos nos rendimentos (no final de 2002, o poder de compra destes equivalia a quase a metade do que valeram no período 1996-97). Além da diminuição do salário direto, decorrente das dificuldades de negociação salarial, incluía a perda de outros benefícios monetários indiretos — como os auxílios transporte, alimentação, compras em supermercados, seguro privado de saúde, extensivo aos familiares —, que tinham se tornado usuais nas empresas de grande porte, justamente as que tiveram maiores reduções absolutas em seus quadros (Seade — PCV 2002).

Um outro lado a considerar eram as perdas institucionais, uma vez que a cada ano diminuíam os contribuintes do sistema de seguridade social, em um período em que já se elaboravam estudos sobre os impactos do aumento da esperança de vida e de mudanças demográficas que mostravam a ampliação da população adulta. Desde 2003, além do sucessivo aumento do número de contribuintes em decorrência do aumento do emprego formal, vem gradativamente crescendo a parcela dos ocupados que contribuem individualmente, fazendo que os ocupados com cobertura já ultrapassem 50% do total. Esses resultados mostram que a inflexão de uma tendência, no entanto, permanece o fato de que há um enorme esforço a ser perseguido no sentido de incluir para o sistema cerca da metade dos trabalhadores brasileiros.

A retomada do crescimento do emprego formal foi objeto de debates calorosos, uma vez que leituras mais conservadoras atribuíram inicialmente apenas à fiscalização do trabalho do Ministério do Trabalho a responsabilidade por essa mudança e não a razões econômicas. Além disso, havia desconfiança para com os resultados positivos de geração de emprego reportado pelas bases estatísticas do Ministério do Trabalho e Emprego (em particular o Cadastro Geral de Emprego e Desemprego — CAGED).

Desde 2003, essa base de dados, que funciona como medida indireta de controle do seguro-desemprego, mostrava crescimento do emprego formal fora das áreas metropolitanas, tradicionalmente responsáveis pela geração desse tipo de emprego com vínculo. Pela primeira vez de forma consistente crescia o emprego em atividades associadas à exportação no agronegócio e em outras atividades exportadoras. Como é sabido, as empresas exportadoras necessariamente devem comprovar o cumprimento da legislação nacional, em especial a legislação trabalhista e previdenciária para obter licenças nacionais de exportação, além de ficar expostas à investigação de concorrentes internacionais sobre a exploração de mão de obra, como forma de redução de preços de seus produtos. Esses resultados não apareciam nas pesquisas domiciliares das principais regiões metropolitanas (São Paulo, Rio de Janeiro, Belo Horizonte, Porto Alegre, Recife, Salvador e Distrito Federal), mais conhecidas e acompanhadas mensalmente pelos analistas, mas o crescimento na área rural e nas cidades de porte médio foi inesperado. Foi apenas com a apresentação dos resultados da pesquisa de amostra nacional (PNAD) que os resultados positivos foram confirmados, embora com retardo de mais de doze meses.

Isto ampliou o interesse no papel da fiscalização do trabalho que verifica nas empresas visitadas a situação de formalização dos empregados. Com efeito, o número de fiscais do trabalho no país não atinge 3 mil servidores públicos, que atuam nas áreas com maior presença de atividades econômicas com recursos bastante limitados, em comparação com o número e a dispersão de empresas a visitar. As estatísticas relativas à formalização de postos de trabalho em decorrência de fiscalização não ultrapassaram suas marcas históricas, na medida em que a fiscalização atinge, a cada ano, cerca de 6% do total de empregados com vínculo formal e pouco atuam com empresas que não têm registro (estimadas em mais de dez milhões em todo o país, segundo a ENCIFE-IBGE), exceto em casos de denúncia.

Um outro ator público que deve ser mencionado é o Ministério Público do Trabalho, que ajudou a criar instrumentos legais no sentido de corresponsabilizar as empresas contratantes pela situação trabalhista das empresas subcontratadas. Estabeleceu também procedimentos de negociação de ajuste de conduta para os órgãos públicos, incentivando a retomada de concursos públicos destinados a formalizar a contratação de empregados públicos a partir da verificação do aumento de receitas, tal como já estava previsto na constituição federal e, em geral, estava replicado nas constituições estaduais, buscando eliminar a terceirização nas atividades fins dos órgãos públicos.

Um debate que também foi superado nos últimos anos foi de que não havia aumento do número de ocupados, mas apenas a formalização de ocupados que já trabalhavam sem vínculo formal. Novamente esta hipótese não foi confirmada pelos dados. O acompanhamento dos diferentes segmentos de ocupados que não tinham formalização do vínculo de trabalho mostrou que o aumento do emprego formal não implicava diminuição do número de empregados assalariados sem vínculo ou de trabalhadores autônomos. Houve apenas decréscimo relativo de assalariados sem carteira assinada e trabalhadores autônomos, mas não redução de seus números absolutos. Entre os segmentos típicos da informalidade o que mais declinou, inclusive em números absolutos, foi o de trabalhadores familiares sem remuneração, tal como costuma ocorrer nas frases ascendentes dos ciclos econômicos.

O EMPREGO INDUSTRIAL VOLTOU A CRESCER

Um segundo aspecto igualmente importante é a retomada do crescimento do número de ocupados no setor industrial: Entre 2003 e 2007 foram gerados mais de 2 milhões de postos de trabalho no setor, 620 mil dos quais no complexo metal mecânico (metalurgia, siderurgia, máquinas elétricas e eletrônicas, veículos automotores, peças e outros meios de transportes — inclusive vagos de trem e aviões de passageiros). Esse crescimento foi intenso o suficiente para equiparar-se ao crescimento das atividades comerciais e de reparação, cujo emprego aumentou em 1,993 milhão o seu contingente, embora neste setor de atividade haja maior número de ocupados sem vínculo, do que no setor industrial. Com isto a parcela de ocupados na Indústria voltou a crescer atingindo 14,5% dos ocupados, situação similar à observada há mais de dez anos, e o Comércio atingiu 18% dos ocupados.

No setor de serviços, que responde por 37% das ocupações no Brasil, o crescimento esteve centrado nos serviços destinados a apoiar empresas, neste subsetor de atividade foram gerados 700 mil ocupações (a maioria empregos formais), sendo observado intenso crescimento também nos serviços de informática (169 mil); nos transportes, armazenagem e comunicação (453 mil); nos serviços financeiros (155 mil); nos serviços de aluguéis de máquinas e outros equipamentos (34 mil). Outro segmento dos serviços que mostrou intenso crescimento foi o dos Serviços Sociais Coletivos, com ampliação das atividades na administração pública[3] cerca de 480 mil, segundo a PNAD. Registrou-se ainda a continuidade do crescimento da ocupação nas áreas de saúde e educação, nestas atividades notadamente no ensino médio que é de responsabilidade estadual e no ensino de nível superior privado e público. Esse tipo de resultado observado entre 2003 e 2007 para o conjunto do país, no anos 90 eram constatados exclusivamente na Região Metropolitana de São Paulo, não podendo ser generalizados para o país.

Nos anos 90, o crescimento dos serviços ocorria com predomínio das atividades destinadas a pessoas e famílias, o que levou alguns analistas a pensar em situações pré-industriais e na recomposição de formas de servilismo (ver bibliografia). Embora o crescimento seja expressivo, não supera os dois outros tipos de serviços: serviços domésticos, 529 mil, serviços coletivos e pessoais, 504 mil, atividades de alojamento e alimentação, 436 mil, serviços imobiliários, 87 mil.

Merece destaque ainda o crescimento das atividades na Construção Civil, que a partir de 2007, com os projetos do PAC e do setor privado, vem ampliando a contratação de empregados em atividades de grande porte (terraplanagem, grandes obras viárias, etc.).

O único segmento que mantém decréscimo na participação da estrutura de ocupação é o agrícola, sem que isso afete a produção de alimentos, que aumentou nos últimos anos, em decorrência da mecanização da maior parte das culturas. Destaca-se o aumento de ocupados na cana-de-açúcar e na laranja, pela expansão de área observada, no primeiro caso pela oportunidade de utilização do álcool como energia alternativa ao petróleo e no caso da laranja pela ampliação de seu consumo interno. Vale notar a diminuição da PEA rural na região nordeste observada nos anos mais recentes, envolve a partida de jovens e mulheres para as áreas urbanas sem que isto tenha aparentemente pressionado o desemprego, em decorrência de novas oportunidades de trabalho.

Um outro aspecto que pode ser constatado pelos dados da Relação Anual de Informações Sociais — Rais, elaborada pelo Ministério do Trabalho e Emprego, cujo dado obtido junto a empresa foi: o crescimento do emprego formal privado ocorrendo de modo mais intenso nas empresas de maior porte (mais de 500 empregados), que respondiam por parte importante das exportações e da geração de produtos, e com menor intensidade nas empresas de menor porte.

A alteração nos fatores que comandaram a dinâmica do crescimento econômica e nos setores de atividade e tipos de empresas que geraram ocupações explicam apenas em parte

---

(3) É importante notar que a maior parte desse crescimento ocorreu na esfera municipal, uma vez que no país há 5645 municípios que têm responsabilidade constitucional na operacionalização da política educacional no ensino fundamental, na atenção à saúde básica e assistência social, além de outras políticas locais relacionadas ao transporte e uso do solo.

o desempenho do perfil dos contratados. É fundamental considerar, de um lado, que os postos de trabalho criados envolvem tarefas e equipamentos diversos em relação aos postos destruídos ao longo dos anos 90, pela incorporação de novos e equipamentos e processos, por novas divisões de trabalho entre empresas e setores, alterando assim o conteúdo das ocupações geradas.

No entanto, não se pode deixar de considerar também que o perfil dos ocupados desse período está marcado pela situação adversa enfrentada no mercado de trabalho. Dois elementos são fundamentais: o valor dos rendimentos encontrava-se em seu patamar mais baixo desde 1996-1997 (ver dados do rendimento médio e da massa de salários da PNAD); o desemprego aberto encontrava-se em patamar bastante elevado (13% em 2003) — em especial nas cidades de maior porte e nas regiões metropolitanas —, ao qual se somava o desemprego oculto, notadamente para segmentos mais fragilizados, como mulheres, negros e pardos, jovens e idosos e aqueles com menores credenciais educacionais. Com a retomada da geração de trabalho isso levou a processos seletivos que privilegiavam requisitos educacionais e experiência anterior de trabalho maiores, com implicações para as características da estrutura ocupacional que encontramos nas estatísticas disponíveis.

A ESTRUTURA OCUPACIONAL — NOVA CLASSIFICAÇÃO A PARTIR DE 2000

As classificações ocupacionais utilizadas no Brasil nos anos 80 e 90 estavam defasadas na medida em que, desde sua construção, tratavam de uma reprodução adaptada das classificações internacionais, construídas a partir de um olhar externo ao posto de trabalho.

No final dos anos 90, tendo por base estudos preparatórios, foi adotada uma metodologia de captação das grandes atividades ou macrocompetências das famílias ocupacionais, utilizada no Canadá conhecida por DACUN — Descrição do Currículo. O Ministério do Trabalho e Emprego iniciou um processo de construção de uma nova classificação de ocupações. Nesta metodologia[4], a partir da descrição preliminar, facilitadores treinados na metodologia DACUN buscavam fazer uma descrição inicial das ocupações incluídas em cada família ocupacional e a partir daí localizar entre dez e doze trabalhadores, que fossem reconhecidos por seus pares como experientes e capacitados, para descrever suas atividades rotineiras, os conhecimentos, habilidades e comportamentos necessários. Essa descrição deveria manter a linguagem do trabalhador para esta descrição e combinar o saber de indivíduos vindos de empresas de todas as regiões do país, de diferente porte e considerando situações de vínculo formal e não formalizado.

O resultado da primeira rodada de descrição era validado por um novo conjunto de trabalhadores, por suas representações sindicais de trabalhadores e empregadores, representantes de escolas encarregadas da capacitação desses trabalhadores (pesquisadores do Sistema S, e grupos universitários). Como as ocupações tendem a incorporar mudanças cada vez mais rapidamente, essa metodologia preconiza a atualização dessas rodadas descritivas, a cada cinco anos pelo menos. Sugere, ainda, o aprofundamento dessas descrições, com apoio de profissionais da área pedagógica para estabelecer as competências

---

(4) Ver: <www.cbo.mte.gov.br>.

a serem atualizadas ou desenvolvidas através dos processos de capacitação ou das trilhas de aprendizagem estabelecidas pelos trabalhadores.

Os resultados do projeto CBO 2000 foram consolidados pelo Ministério do Trabalho e Emprego e divulgados no final de 2002, passando a classificação a ser empregada a partir de 2003 nas estatísticas do Ministério do Trabalho.

Como parte das atividades esta classificação foi discutida no âmbito da CONCLA — Comissão Nacional de Classificações, sediada no IBGE, e que tem participação de todos os interessados em utilização de instrumentos de classificação. Os representantes desse grupo que atuavam com pesquisas domiciliares logo constataram a perda de comparabilidade em relação às séries anteriores, mas o mais importante que havia especificidades da estrutura ocupacional que não tinham sido devidamente devidamente contempladas, em especial aquelas atividades que não são objeto de atividade empresarial de maior porte. Exemplos importantes eram os ocupados na agropecuária e nas atividades informais (definidas aqui como empresas com até 5 empregados). Seria possível igualar sua ação de direção e mando à de empregadores que atuam nessas empresa, à daqueles que atuam em empresas de maior porte, seja no setor agrícola (20% dos ocupados) ou nas atividades urbanas? Com lidar com os ocupados que são assim classificados mas produzem apenas para sua subsistência?

Para os pesquisadores envolvidos nesse debate, estes e outros casos deveriam ser objeto de estudos mais aprofundados e o meio de fazê-los seria explicitar a situação criando uma codificação específica que identificasse a situação desses ocupados e que pudesse ser analisada pelo conjunto dos pesquisadores. Com base nesse tipo de situação o IBGE criou a CBO — Domiciliar que passou a ser aplicada nas pesquisas domiciliares, a começar do Censo Demográfico de 2000 e nos anos seguintes às demais pesquisas domiciliares (PNAD, PME).

A estrutura ocupacional nos anos 2000-2007 — Censo e PNAD

Os dados agregados das estruturas ocupacionais obtidas em 2000 através da Amostra do Censo Demográfico e das PNAD, com e sem área rural do Norte, a rigor não podem ser comparadas pelas diferenças de procedimentos de coleta e suas consequências para a atribuição de um código ocupacional. No entanto, a similaridade da estrutura não deixa de ser notável (ver Tabela 2, no anexo).

Na Tabela 2 observa-se que ao responder sobre a situação de trabalho dos moradores do domicílio, o morador entrevistado na Amostra do Censo Demográfico de 2000, respondeu considerando as atividades econômicas envolvidas, daí a predominância de códigos menos específicos. Na tabela observa-se, no entanto, a elevada parcela dos ocupados que atuavam nos serviços privados e no comércio, seguidos das ocupações agrícolas e nas atividades da indústria, construção civil e transporte. De todo modo, fica clara a menor participação de ocupações de mando ou que envolvem conhecimentos técnicos, de nível médio ou superior. A restrição etária mostra a elevada parcela de jovens atuando em situações mais frágeis, o que leva a uma distorção dos resultados, que diminui com a utilização de um conceito mais restrito de população em idade ativa (*Dedecca*, 2007).

A análise dos dados da PNAD dos períodos 2003 a 2007 (que não computam os ocupados da área rural dos Estados da Região Norte, pois não eram coletados), ou 2004 a 2007 (que incluem os ocupados dessa região) mostram similaridades em relação aos grupos de ocupações:

• mostram o declínio no número de ocupados nas atividades agrícolas;

• algum crescimento de profissionais com nível superior e técnico;

• e nas ocupações da área industrial, construção civil e logística (transporte, armazenamento, comunicação), notadamente no período 2004 a 2007.

Se o período considerado for 2003 a 2007, a intensidade do aumento dos ocupados nos serviços administrativos e outros profissionais dos serviços com menos escolaridade mostram-se maiores. Estes resultados são coerentes de certa forma com o enfoque mais direcionado para a produção de bens e serviços para consumo interno no período mais recente (ver Tabela 3).

Segundo a PNAD, em 2007, os ocupados com cargos que envolvem direção representam cerca de 5% dos ocupados, os que têm ocupações especializadas em decorrência de conhecimentos adquiridos no ensino técnico ou superior envolvem juntos 14% dos ocupados. Os serviços administrativos, que tendem as ser transversais e mais qualificados ocupam outros 9%.

As atividades agrícolas ocupam 18% da mão de obra e tendem absorver as pessoas com menor escolaridade, tal como ocorre com a construção civil, que somada aos transportes e produção de bens responde por 24% dos ocupados. As atividades comerciais e de serviços privados absorvem 30% dos ocupados, formando o maior agregado de trabalhadores. Estes três grupos tendem a englobar as ocupações com maior rotatividade e que tendem a depender mais da política do salário mínimo como forma de ampliar seus ganhos.

No período 2003-2007, os subgrupos ocupacionais com maiores aumentos, em termos absolutos, foram:

• No grupo dos dirigentes, os gerentes (tanto operacionais quanto de apoio);

• No grupo dos profissionais das ciências os profissionais da educação (professores de 5ª a 8ª série, nível médio, professores de ciências e biologia, professores de ensino técnico e superior); os profissionais da informática, os que exercem atividades artísticas (pintura e escultura) e os que atuam na área jurídica como advogados;

• No nível técnico o destaque foi para os que atuam na enfermagem; nos esportivos; na administração; nas vendas; como agentes de saúde e meio ambiente; na petroquímica; programação e operação de informática; eletrônica; eletrotécnica;

• Nas atividades administrativas, metade do crescimento envolveu a contratação de escriturários em geral (profissionais que atuam na administração pública e nos serviços privados); a outra metade mostra destaque para almoxarifes e armazenistas; caixas (exceto bancos), operadores de telemarketing, telefonistas e estenógrafos.

• Nos serviços em geral, cresceram as ocupações que envolvem vendedores; conservadores de edifícios; profissionais do embelezamento; cuidadores de idosos; cozinheiros;

vigilantes, empregados domésticos; garçons, enfim profissionais cuja atividade está associada ao aumento de renda das famílias;

• Na construção civil, cresce o número de supervisores de obras; ajudantes e trabalhadores em alvenaria, pintores e revestidores de interiores; soldadores e serralheiros;

• Na produção, deslocamento e manutenção de bens as ocupações com maior crescimento refletem ocupações tradicionais na costura, condutores e operadores polivalentes, operadores de veículos de carga, operadores de veículos de transporte coletivo e particular, moleiros, magarefes e afins (carnes); refrigeração industrial e mecânicos de automotores e de manutenção elétrica industrial.

As indicações de compatibilidade da Rais 2004-2006 — onde cresce a formalização

Quando os dados da PNAD são comparados com os da RAIS, salta aos olhos que as ocupações com maior crescimento tendem a ser as mesmas, com algumas diferenças relativas ao grau que essas ocupações têm de assalariamento. Os escriturários e os professores são largamente assalariados, o que mostra grandes semelhanças nos dados observados de tamanho do grupo ocupacional e de sua variação no tempo. Outros grupos como advogados e vendedores tem elevada participação de profissionais que atuam de forma autônoma ou sem vínculo formalizado, o que leva à observação de resultados quantitativos menores na RAIS, mas, na maioria dos casos, na mesma direção de crescimento do número de empregados com vínculo formal.

Alguns poucos resultados mostram maior crescimento na RAIS em relação à PNAD, o mais signficativo decorre da captação de dirigentes no nível público, em que a informação do empregador é muito mais elevada do que a obtida na PNAD, o que pode estar associado a amostra ou dificuldades de obter a informação junto ao indivíduos por motivos relativamente óbvios; outro exemplo interessante é o crescimento dos operadores de marketing e vendedores, que antes tinham maior informalidade e que no período recente vêm experimentando crescente formalização.

A comparação dos estoques de ocupados e empregados por grandes grupos mostra que são os ocupados dos grupos 400 e 900 os que mostram maior sobreposição, 89,9% e 81%, enquanto o grupo 200 atingia 70%, pelo elevado percentual de informalidade entre os que se declaram engenheiros, advogados, dentistas e artistas.

Chama a atenção o fato que os ocupados técnicos de nível médio (300) e os da indústria de transformação (800) apresentaram sobreposição de apenas 60%, e de 48% no grupo 700 (aparecem os profissionais das indústrias moveleira, têxtil, de alimentos) possivelmente indicando que muitos trabalham sem o vínculo formal. Para o primeiro grupo chamou atenção, nos dados da RAIS a crescente proporção de profissionais que apresentavam escolaridade de nível superior.

Como esperado o percentual mais baixo de sobreposição está na agricultura, em que apenas 10% têm vínculo formalizado.

Os resultados encontrados e os aspectos educacionais

A estrutura educacional dos ocupados vem mostrando crescimento desde os anos 90, no período recente, no entanto, não apenas aqueles com as credenciais da escolaridade mais elevada obtiveram empregos. No caso do setor agrícola e da construção, em que se continua a constatar que a maior parte dos ocupados não atingiu o nível fundamental, as necessidades de produzir para a exportação e de atender a requisitos de contratação com vínculo nas obras públicas, têm ampliado a possibilidade de homens com baixa escolaridade terem um emprego, mesmo que sazonal.

Em decorrência do elevado desemprego, os critérios seletivos tenderam a ampliar o papel da educação formal, exceto onde a experiência tendia a prevalecer como uma compensação. De todo modo, mesmo nos dados da Rais, que são cadastrais e, por isso mesmo, nem sempre atualizados, o aumento do emprego com nível médio foi constatado como majoritário entre os que obtiveram emprego formal no período recente.

Nos casos em que o quesito educacional foi menos valorizado que o da experiência, não faltam casos para mostrar que as empresas incentivaram seus funcionários a voltar a estudar e obter os créditos educacionais. Vale chamar a atenção para o fato de que o número médio de anos de escolaridade dos ocupados cresce continuamente e já atinge 8 anos de escolaridade em média, sendo quase dois anos maior entre os empregados com vínculo formal.

O crescimento do emprego para pessoas com 40 anos ou mais

Entre os resultados inesperados do crescimento da ocupação no período recente está o aumento do número de empregados com mais de 40 anos. Nos anos 90 esse grupo foi o que apresentou maior decréscimo e havia baixa expectativa para sua reinserção com vínculo formal. Entre 2003 e 2006, a Rais mostrou que o aumento do emprego esteve praticamente dividido entre os ocupados com 25 a 39 anos (2,46 milhões) e as pessoas com 40 anos ou mais (2,32 milhões). Esse resultado é importante, pois diminuiu o desemprego de homens adultos substancialmente e aumentou a expectativa de trabalho entre eles em um período de contínuo aumento da esperança de vida e de expectativa de aumento do número de anos de trabalho para todos.

Tradicionalmente esses grupos obtinham empregos na administração pública e nos serviços educacionais, no entanto, no período recente eles foram incluídos nas ocupações da saúde, agricultura (pequenos produtores rurais), na construção civil, na indústria e nos transportes.

No período em análise, houve crescimento substancial no seguinte conjunto de ocupações — dirigentes operações construção civil; gerentes administrativos e comerciais, mas também gerentes em unidades de saúde, profissionais de metrologia e das ciências biológicas; agentes comunitários e agentes de saúde e meio ambiente. Estas últimas ocupações relativamente novas e associadas às políticas de saúde, saneamento e assistência social colocadas em prática em todos os níveis de governo.

Entre as ocupações tradicionais destacam-se professores de ensino superior, médio e profissionalizante, orientadores pedagógicos; administradores, contadores e secretárias, auditores fiscais e supervisores na construção civil.

Para aqueles com menor escolaridade, aumenta a ocupação como motoristas, fiscais, cobradores, garçons, serviços de conservação de edifícios e vias públicas, trabalhadores na operação de máquinas e montagem de estruturas, costureiras.

Onde há lugar para jovens com até 24 até mesmo no emprego formal

Entre os jovens é conhecida a dificuldade para conseguir uma ocupação, em geral pela falta de experiência que tende a não ser substituída pelas credenciais educacionais. Nos anos 90 houve elevação das dificuldades de acesso ao trabalho para esse segmento, mas no período recente a Rais indicou aumento de mais de 830 mil empregos formais entre os jovens (ocupados com até 24 anos), com indicação de que estes tendem a ter mais de 20 anos. Destaca-se sua maior participação no comércio, na indústria de transformação e nos serviços prestados a empresas.

As ocupações que mais crescem entre os jovens são os serviços técnicos ligados à operação de informática (como analistas computacionais e administradores de rede), à eletrônica, ao controle de produção, que envolvem uso de novas tecnologias. Destacando-se também ocupações como mecatrônica, biotecnologia, geologia, cartografia, agrimensura e telemarketing.

Já outras atividades mais tradicionais, como vendas especializadas, enfermagem, professores de nível médio para o ensino fundamental, serventuários da justiça, tendem a se confundir com as usuais portas de entrada dos jovens no mercado de trabalho, mais usuais para os jovens que conseguiram concluir ensino superior em áreas de humanas (letras, pedagogias, etc.).

Na indústria eles atuam na embalagem e etiquetagem, como alimentadores de linha de produção, montadores de estruturas industriais, mecânicos de manutenção e magarefes e cozinheiros, ocupações que atingem os jovens que concluem o nível médio de ensino, e que podem fazer matérias técnicas em paralelo.

As mulheres ainda afastadas do crescimento do emprego

Diferente do que ocorreu nos anos 90, em que o crescimento da ocupação levou à crescente inclusão de mulheres em ocupações sem vínculo formal, no período recente o mercado de trabalho tendeu a incluir mais homens do que mulheres, em especial no emprego formal: dos 5,6 milhões de empregos gerados entre 2003 e 2006, apenas 2,49 ocuparam mulheres.

No entanto, o crescimento de empregos formais para as mulheres ocorreu em atividades com maior responsabilização, mesmo naquelas mais tradicionais, como a educação e a administração pública. Notou-se ainda seu aumentou como professoras de línguas estrangeiras e de biologia e saúde no ensino superior, bem como na direção de unidades de serviços de saúde, além de ser majoritárias nas áreas de recursos humanos. No comércio, também, além das atividades habituais de vendas, amplia-se seu papel administrativo gerencial, nas atividades de relações públicas (atendimento ao cliente) e no telemarketing.

O que se destacou de novo foi o crescimento da contratação de mulheres na montagem de aeronaves, gerenciamento de áreas de manutenção, técnicas de biotecnologia, museologia e até mesmo como legisladoras, embora sem alcançar as cotas de 30%, ponto de partida da discussão partidária.

Considerações finais

A situação do mercado de trabalho brasileiro certamente apresentou mudança nos últimos oito anos, com a retomada do crescimento do emprego formal em praticamente todos os setores de atividade e o crescimento da indústria de transformação — em especial pelo aumento de atividades na metalmecânica e na produção de bens de capital, além dos segmentos ligados ao consumo de bens não duráveis. Como resultado voltou a crescer a parcela de trabalhadores que contribuem para a seguridade social (50%) e que buscam ampliar suas credenciais na educação formal e profissional, até mesmo para com a continuidade do crescimento do emprego, buscando melhorar sua situação relativa, passando de empregos menos bem remunerados para aqueles mais bem remunerados e com mais capacidade para gerar currículos com experiências de trabalho mais complexas, na necessidade de busca de novo trabalho.

No entanto, esse últimos anos de inflexão das tendências mais graves nos colocam ante uma vasta tarefa de ampliar a qualificação profissional e de garantir melhores condições de trabalho — jornadas, condições de saúde e segurança, novas condições de negociação entre patrões e empregados. A rotatividade nos postos de trabalho ainda é uma realidade de forte dimensão e certamente um dos fatores que levam a perdas salariais aos trabalhadores e perdas de produtividade para as empresas, por não investirem mais em capacitação para não ficar na dependência do trabalhador.

Do ponto de vista da estrutura de ocupações, além da busca da formalização dos vínculos, fica claro que as oportunidades de novos empregos em estratos mais graduados da pirâmide ocupacional podem ser conseguidas se houver continuidade do crescimento econômico voltado para o mercado interno e para a diminuição das desigualdades regionais que persistem muito elevadas.

Para os que estudam o tema não significa dizer nada de novo, o mais curioso é poder dizê-lo pensando nisto como um problema que pode ter consequências se a política governamental articular necessidades e oportunidades das três esferas governamentais.

Do ponto de vista da capacitação também há todo um longo processo para passar da construção de capacidades individuais para o desenvolvimento de capacidades institucionais e individuais, tornando possível a utilização dos conhecimentos adquiridos e sua utilização criativa.

Denominações	Ocupados sem área rural do norte		Variações		Distribuição		Ocupados com área rural do norte	
	2003	2007	rel. 07/03	Absoluta	2.003	2.007	número absoluto em 2007	distribuição
Total	79.967.386	89.042.519	11,3	9.075.133	100,0	100,0	90.786.019	100,0
A - Agricultura, Pecuária, Silvicultura e Exploração Florestal	16.062.562	15.110.268	-5,9	952.294	20,1	17,0	16.207.224	17,9
B - Pesca	342.964	351.004	2,3	8.040	0,4	0,4	371.656	0,4
C - Indústrias Extrativas	312.295	368.603	18,0	56.308	0,4	0,4	378.502	0,4
D - Indústrias de Transformação	10.872.304	12.932.064	18,9	2.059.760	13,6	14,5	13.105.094	14,4
15 Fabricação de Produtos Alimentícios e Bebidas	1.627.486	2.014.768	23,8	387.282	2,0	2,3	2.105.967	2,3
17 Fabricação de Produtos Têxteis	738.351	824.320	11,6	85.969	0,9	0,9	826.445	0,9
18 Confecção de Artigos do vestuário e acessórios	1.515.156	1.792.527	18,3	277.371	1,9	2,0	1.797.200	2,0
19 Preparação de Couros e Fabricação de Artefatos de Couro, Artigos de Viagem	782.179	894.556	14,4	112.377	1,0	1,0	899.841	1,0
27 Metalurgica Básica	296.188	361.732	22,1	65.544	0,4	0,4	364.666	0,4
28 Fabricação de Produtos de Metal - Exceto Máquinas e Equipamentos	727.744	960.269	32,0	232.525	0,9	1,1	974.563	1,1
29 Fabricação de Máquinas e Equipamentos	570.516	711.954	24,8	141.438	0,7	0,8	717.656	0,8
30 Fabricação de Máquinas para Escritório e Equipamentos de Informática	33.919	43.340	27,8	9.421	0,0	0,0	43.340	0,0
31 Fabricação de Máquinas, Aparelhos e Materiais Elétricos	126.036	135.625	7,6	9.589	0,2	0,2	136.026	0,1
32 Fabricação de Material Eletrônico e de Aparelhos e Equipamentos de Comicações	91.450	143.803	57,2	52.353	0,1	0,2	144.356	0,2
33 Fabricação de Equipamentos de Precisão, Equipamentos para Automoção Industrial	116.094	121.685	4,8	5.591	0,1	0,1	121.685	0,1
34 Fabricação e Montagem de Veículos Automotores, Reboques e Carrocerias	419.658	518.275	23,5	98.617	0,5	0,6	518.275	0,6
35 Fabricação de Outros Equipamentos de Transporte	91.592	115.613	26,2	24.021	0,1	0,1	117.400	0,1
E - Produção e distribuição de eletricidade, gás e água	332.223	359.706	8,3	27.483	0,4	0,4	362.680	0,4
F - Construção	5.218.223	6.041.221	15,8	822.998	6,5	6,8	6.107.026	6,7
G - Comércio; Reparação de veículos automotores	14.211.188	16.204.678	14,0	1.993.490	17,8	18,2	16.308.908	18,0
Serviços	28.895.153	33.151.195	14,7	4.256.042	36,1	37,2	33.368.495	36,8
I - Transporte, Armazenagem e comunicação	3.257.658	3.710.261	13,9	452.603	4,1	4,2	3.742.057	4,1
J - Intermediação Financeira	1.025.218	1.180.263	15,1	155.045	1,3	1,3	1.181.371	1,3
K - Atividades Imobiliárias, Aluguéis e Serviços Prestados Ás Empresas	4.493.216	5.585.847	22,1	992.631	5,6	6,2	5.499.274	6,1
L - Administração Pública, Defesa e Seguridade Social	3.986.615	4.465.987	12,0	479.372	5,0	5,0	4.504.168,0	5,0
M - Educação	4.345.989	4.984.383	14,7	638.394	5,4	5,6	5.052.256	5,6
N - Saúde e Serviços Sociais	2.816.488	3.320.885	17,9	504.397	3,5	3,7	3.327.126	3,7
O - Outros Serviços Coletivos, Sociais e Pessoais	2.816.488	3.320.885	17,9	504.397	3,5	3,7	3.327.126	3,7
P - Serviços Domésticos	6.149.525	6.679.272	8,6	529.747	7,7	7,5	6.731.705	7,4
Q - Organismos Internacionais e Outras Instituições Extraterritoriais	3.956	3.412	-13,8	544	0,0	0,0	3.412	0,0
Atividades mal espacificadas	198.420	199.073	0,3	653	0,2	0,2	209.429	0,2

Estrutura Ocupacional - Censo Demográfico - Brasil 2000		
	PIA - Ampla	PIA - Restrita
Total (excluídos militares)	**100,0**	**100,0**
Membros superiores do poder público, dirigentes, de organizações de interesse público e de empresas, gerentes	4,3	5,3
Profissionais das ciência e das artes	6,0	8,8
Técnicos de nivel médio	7,8	7,3
Trabalhadores de serviços administrativos	8,2	8,3
Trabalhadores dos serviços, vendedores do comércio em lojas e mercados	28,7	31,6
Trabalhadores agropecuários, florestais, caça e pesca	17,8	19,0
Trabalhadores da produção de bens e serviços industriais	19,1	16,4
Trabalhadores da produção de bens e serviços industriais	3,1	2,3
Trabalhadores de reparação e manutenção	2,3	1,8
indefinidos	0,0	0,0
sem informação	1,5	0,0

Fonte: Censo demográfico.
Agradecimento: *Dedecca* pela cessão dos dados processados.

ESTRUTURA OCUPACIONAL - PNAD - BRASIL - 2003 E 2007				
	Ocupados sem área rural do norte		Ocupados com área rural do norte	
	2003	2007	2004	2007
Total (excluidos militares)	100,00	100,00	100,00	100,00
Membros superiores do poder público, dirigentes de organizações de interesse público e de empresas, gerentes	5,03	5,04	4,85	4,97
Profissionais das ciência e das artes	6,25	7	6,08	6,89
Técnicos de nivel médio	7,16	7,73	7,1	7,64
Trabalhadores de serviços administrativos	8,1	8,74	8,2	8,6
Trabalhadores dos serviços, vendedores do comércio em lojas e mercados	29,79	30,41	29,81	30,08
Trabalhadores agropecuários, florestais, caça e pesca	20,56	17,42	20,98	18,31
Trabalhadores da produção de bens e serviços industriais	23,06	23,61	22,92	23,47
Trabalhadores da produção de bens e serviços industriais	0,05	0,04	0,07	0,04
Trabalhadores de reparação e manutenção				
indefinidos				
sem informação	0,05	0,04	0,07	0,04

Fonte: IBGE — PNAD.

3

Interacciones Sociales y Actividades de Autoempleo en la Ciudad de México[(*)]

Marcos Valdivia[(**)]

1. Introducción

El autoempleo en la ciudad de México es un caso interesante para estudiar procesos de contagio social. Las cifras de autoempleo en la ciudad de México son mucho más elevadas que las registradas en países desarrollados[(1)], pero éstas están fuertemente asociadas a actividades informales y pobreza. Diversas hipótesis se han formulado para explicar el fenómeno laboral del autoempleo en países como México o Brasil. Por una parte, existe un grupo de teorías tradicionales que responden a un enfoque de mercados laborales segmentados, o que reconocen la presencia de desempleo disfrazado en las actividades de autoempleo en las economías subdesarrolladas. En contraste, existe otro enfoque que subraya la importancia de reconocer que existe una fuerte movilidad entre las actividades de autoempleo y los otros sectores del mercado laboral asalariado. Estos posicionamientos sugieren que la discusión central en el autoempleo es que las decisiones de salida— entrada no están sólo determinadas por mercados laborales externos ("mecanismo de formación de precios"), sino también por mercados laborales internos donde el contexto social y las instituciones juegan un papel decisivo. Sin embargo, poco se ha discutido en relación a si mecanismos de contagio operan en la dinámica de las actividades de autoempleo de los países en desarrollo. Este estudio contribuye a subsanar esta ausencia al analizar si mecanismos de contagio, que operan en vecindarios, influyen en las actividades de autoempleo en la ciudad de México.

1.1. Redes y mercados laborales internos

La literatura económica convencional ha reconocido en años recientes que las redes sociales son importantes para entender el empleo y la desigualdad salarial. Ejemplos de esta literatura se encuentran en *Topa* (2001) quien analiza los efectos de las redes sociales a

---

(*) Este ensayo es una versión reducida en español de un artículo en inglés publicado por la revista de Investigación Económica de la UNAM (abril-junio, 2009).
(**) Lugar de trabajo: CRIM-UNAM, Av. Universidad s/n Cto. 2º Col. Chamilpa, C.P. 62210 Cuernavaca, Morelos, México. marcosv@correo.crim.unam.mx, valdmarcos@gmail.com.
(1) La tasa de autoempleo en la ciudad de México fue de 20% en el año 2000.

través de distancias físicas para determinar el nivel de empleo, en *Arrow* y *Borzekowski* (2004), quienes estudian el papel de las redes interpersonales para explicar la desigualdad salarial, y en *Calvo* and *Armengol* (2004), quienes enfatizan en cómo las estructuras de redes afectan la dinámica de obtención de empleo e incrementan la desigualdad salarial.

La "influencia social" puede ser una variable importante cuando se estudian los determinantes de entrada/salida al sector de autoempleo en países como Brasil y México. Las actividades de autoempleo en estos países pueden estar fuertemente influenciadas por canales institucionales formales e informales (*De Soto* 1989; *Galli* and *Kucera* 2003). Las "redes" que influencia el crecimiento de las actividades de autoempleo muy bien podrían estar representando fuerzas locales (presión de grupo en el vecindario, líderes de vendedores ambulantes, etc.), y también programas o acciones del gobierno que promueven tales actividades.[2] Sin embargo, no conocemos estudio alguno que haya explorado la idea de que las actividades de autoempleo en países como Brasil o México pudieran están sujetas a mecanismos de contagio social.

2. El patrón espacial de las actividades de autoempleo en la Ciudad de México

Primero es importante mostrar algunos hechos empíricos para justificar una hipótesis de contagio social. En este sentido, la existencia de aglomeraciones espaciales en las actividades de autoempleo se constituyen como los hechos estilizados que justifican la idea de que las actividades de autoempleo pueden estar sujetas a contagio a través de redes. El propósito de esta sección es proveer tales hechos estilizados espaciales a través de considerar el caso de la ciudad de México. Esta sección usa la medición de autocorrelación espacial entre un conjunto de observaciones regionales (por ejemplo, municipios) para estudiar empíricamente las aglomeraciones territoriales que desarrollan las actividades de autoempleo. La autocorrelación espacial es una medida del grado de dependencia entre unidades espaciales y la información asociada a ellas, y es frecuentemente relacionada con la primera ley de geografía que establece que "todo está relacionado con todo lo demás, pero sobre todo con aquellas cosas que están más cercanas" (*Tobler*, 1970). La literatura de estadística espacial ha desarrollado indicadores de autocorrelación espacial, y esta investigación considera en especial una de estas estadísticas, el índice de *Moran* y su versión local.[3]

2.1. Autocorrelación especial de la tasa de autoempleo en la Ciudad de México

Las actividades de autoempleo se incrementaron durante los noventa en la Ciudad de México.[4] La tasa de autoempleo se incremento de 15.7 por ciento en 1990 a 19.6 por ciento para el año 2000.[5]

---

(2) Por ejemplo, el expresidente de México, *Vicente Fox* (2000-2006), promovió las actividades de autoempleo (llamados coloquialmente como "changarros") entre los pobres y la clase media baja.
(3) Ver apéndice para detalles técnicos.
(4) En esta investigación sólo se considera una parte de la ciudad de México, la que corresponde al Distrito Federal y que constituye la capital del país.
(5) La tasa de autoempleo es definida como el porcentaje de personas autoempleadas (que trabajan solas sin empleados) respecto a la población económicamente activa (fuerza laboral). Esta última es definida como la población mayor de 12 años que trabaja o está buscando trabajo durante la semana previa a la entrevista.

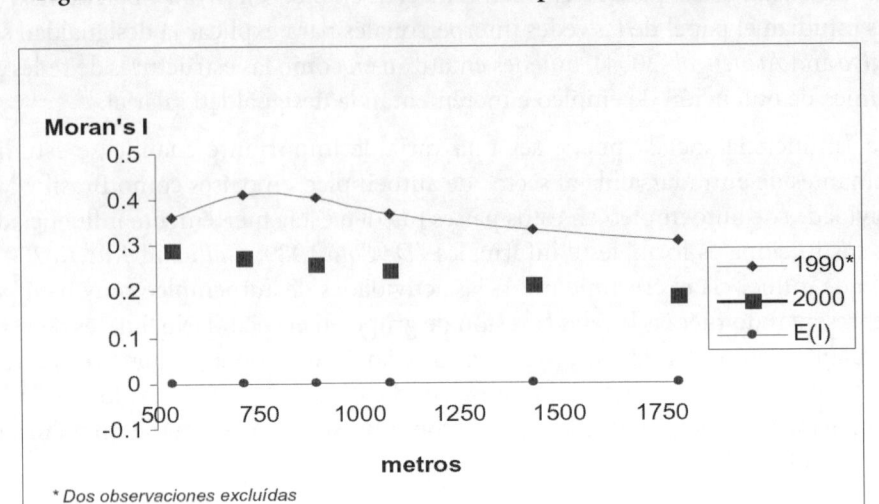

Figura 1. Índice de Moran de la tasa de autoempleo en la Ciudad de México

[Figure: Correlogram showing Moran's I values across distance bands (500–1750 metros) for 1990*, 2000, and E(I). 1990 values range ~0.32–0.42; 2000 values range ~0.19–0.29; E(I) near 0.]

Dos observaciones excluidas

La Gráfica 1 muestra el correlograma del índice de Moran para la tasa de autoempleo en la ciudad de México en 1990 y 2000 respectivamente a nivel de AGEB (área geoestadística básica equivalente al *census tract*), el Moran es calculado usando diferentes bandas de distancia que están indicadas en el eje de las x´s. Autocorrelación espacial positiva y estadísticamente significativa está presente en ambos años y en cualquiera de las distancias consideradas.[6] La autocorrelación espacial es menor en 2000 que en 1990, situación que contrasta con el incremento de la tasa de autoempleo durante el periodo analizado. Una explicación de esto puede deberse a que la área de aglomeración se convirtió en más homogénea para el 2000, en el sentido de que las disparidades espaciales locales en el autoempleo disminuyeron durante el periodo. Sin embargo, esto no puede ser inferido a partir del índice de Moran ya que es una medición global que no refleja los lugares (*spots*) locales de autocorrelación espacial.

Con la finalidad de tener una mejor fotografía sobre los cambios en las aglomeraciones, calculamos los Indicadores Locales de Autocorrelación Espacial (ILAE) a nivel de AGEB (ver el apéndice para detalles técnicos). La Gráfica 2 muestra los mapas ILAE para la ciudad de México para los años 1990 y 2000. Los mapas resaltan en tonos grises las aglomeraciones que son (pseudo) significantes ($p < 0.05$) a través de un método de permutaciones aleatorias. En estos cálculos, se usaron bandas de distancia de 1,500 metros para construir la red de interacción espacial entre los AGEB´s.

---

[6] Todos los índices son pseudo-significantes: $p < 0.01$, la inferencia está basada en 999 permutaciones.

Figura 2. Mapas de autocorrelación especial local de la tasa de autoempleo en la Ciudad de México (1990 mapa de la izquierda y 2000 mapa de la derecha). Se utiliza una banda de distancia de 1.5 para el cálculo de los índices

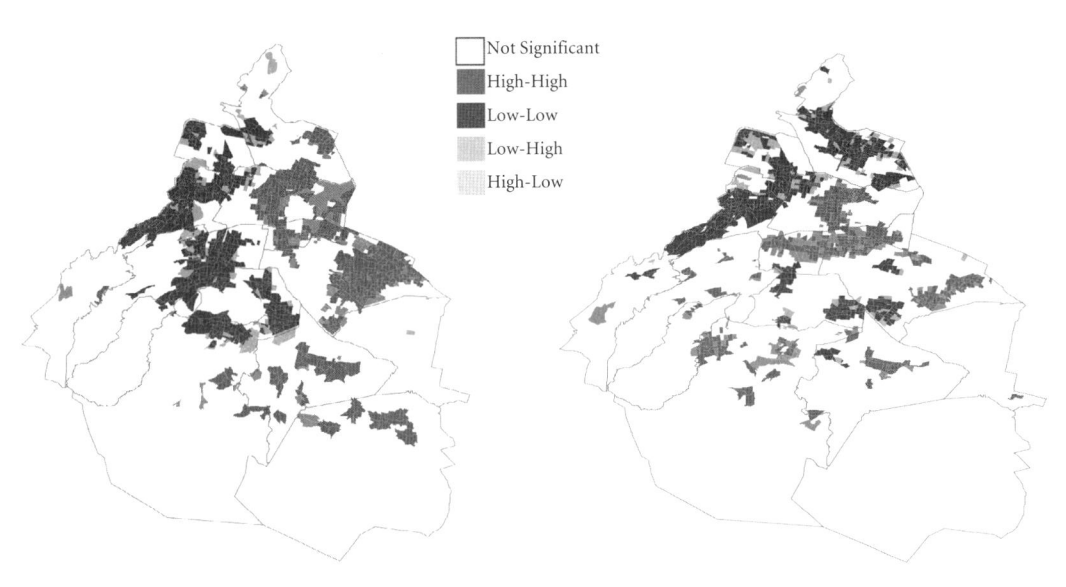

La intensidad del gris en cada AGEB está asociado a un nivel de pseudo significancia *LISA* (p<0.05). Ausencia de gris: no autocorrelación espacial significativa; gris obscuro: localización *Low-Low* de autocorrelación espacial; gris medio: localización *High-High* de autocorrelación espacial; gris claro: localización *Low-High* de autocorrelación espacial; gris tenue, localización *High-Low* de autocorrelación espacial.

Se puede observar en la Figura 2 que la ciudad de México despliega una polarización espacial en la tasa de autoempleo, la cual además se transforma durante los años noventa. En 1990 había una clara división entre el este y oeste de la ciudad que estaba definida por un tipo específico de aglomeración: AGEB´s *High-High* localizados en el oeste de la ciudad (esto es, AGEB´s con una tasa de autoempleo por arriba del promedio de la ciudad que además están rodeados de AGEB´s cuya tasa promedio está también por arriba de la tasa promedio de autoempleo de la ciudad); mientras que los AGEB´s *Low-Low* estaban localizados en la parte este de la ciudad en 1990 (esto es, AGEB´s con una tasa de autoempleo por debajo del promedio de la ciudad que además están rodeados de AGEB´s cuya tasa promedio está también por debajo de la tasa promedio de autoempleo de la ciudad). En 2000, la ciudad no despliega una fuerte división este vs. oeste como en 1990. Una exploración más detallada de los mapas muestra los siguientes cambios locales: a) una fuerte aglomeración *High-High* en el sureste en 1990 que estaba localizada en el área de Iztapalapa poblada por familias trabajadoras, se ve reducida en tamaño para el año 2000; b) una aglomeración de AGEB´s Low-Low en la parte suroeste en 1990 que estaba localizada en una región de clase media, prácticamente desaparece del mapa en el año 2000. Estos cambios por sí mismos pueden explicar gran parte de la reducción en la autocorrelación espacial global. Esto es, mientras la tasa de autoempleo se incrementó casi cinco puntos en toda la ciudad de México, la polarización espacial se vio reducida durante el mismo periodo. Sin embargo, aglomeraciones espaciales permanecieron de manera sobresaliente en ambos años. Una aglomeración de AGEB´s *High-High* localizada en el centro de la ciudad y otra *Low-Low* en el noroeste permanecen como áreas importantes que exhiben autocorrelación espacial local. En particular, la aglomeración *High-High* se expandió hacia el suroeste en 2000 alcanzando zonas de clase media que anteriormente se había caracterizado por tener áreas locales *Low-Low* en 1990. Esto generó la emergencia de una nueva aglomeración de AGEB´s *Low-High* (esto es, AGEB´s con una tasa de autoempleo por debajo del promedio de la ciudad que además están rodeados de AGEB´s cuya tasa promedio está por arriba de la tasa promedio de autoempleo de la ciudad). Esta situación abre la posibilidad para proponer que un posible proceso de difusión pudo haber tenido lugar en esta región.[7]

Como fue indicado anteriormente, en el centro de la ciudad hay una fuerte aglomeración espacial donde las tasas de autoempleo están muy arriba del promedio de la ciudad (AGEB´s *High-High*). Esta área (que coincide en parte con el centro histórico de la ciudad) está caracterizada por la presencia de una fuerte economía informal (vendedores ambulantes) y tiene además una rica tradición de pequeña-mediana actividad empresarial en el sector servicios. A continuación, pondremos atención a esta área.

El área del centro de la ciudad contiene 299 AGEB´s y tiene una población promedio de 3,428 habitantes en cada uno de ellos, mientras que la población económicamente activa es en promedio de 1,504 personas en cada AGEB. La tabla 1 muestra las estadísticas descriptivas del autoempleo en esta región y además son comparadas con las observadas en toda la ciudad de México. Observe que la tasa de autoempleo es muy similar que la registrada en toda ciudad tanto en 1990 como en el año 2000; asimismo, el índice de Moran es muy similar en ambas regiones en 1990.[8] Sin embargo, no que para el año 2000, el indicador global de autocorrelación espacial es mayor en el área del centro que en toda ciudad; es decir, contrario a la tendencia que muestra la ciudad en su conjunto, la autocorrelación espacial global de en el centro de la ciudad permanece constante.

Tabla 1. Autocorrelación espacial global del autoempleo en el área central de la Ciudad de México

	Tasa de autoempleo		Índice de Moran 0.75 km		Índice de Moran 1 km		Índice de Moran 1.5 km	
	Ciudad de México	Centro de la ciudad	Ciudad de México	Centro de la ciudad	Ciudad de México	Centro de la ciudad	Ciudad de México	Centro de la ciudad
1990	15.65	17.28	0.4378	0.417	0.3626	0.3727	0.3685	0.2713
2000	19.56	20.3	0.2786	0.4284	0.2525	0.3816	0.2046	0.2785

Centro de la ciudad: $E(I) = -0.0034$, todos los índices de Moran (I) con pseudo-valores $p < 0.05$.

---

(7) Es una idea común señalar que la crisis que vivió México en 1995 (y en general el pobre desempeño económico del país durante los 90´s) impacto negativamente a la clase media. Al menos la información agregada de esta investigación sugiere que vecindarios de clase media empezaron a mostrar mayores tasas en la actividad de autoempleo en el año 2000. De hecho esta situación soporta la hipótesis de que las actividades de autoempleo responden de manera anticíclica.
(8) Con una banda de distancia de 1.5km., el índice de Moran disminuye en el centro de la ciudad debido a que el área analizada es de mucho menor tamaño.

La Figura 3 muestra los mapas de autocorrelación espacial local para los años 1990 y 2000 usando un criterio distancia para su identificación de 1.4 km. El principal elemento a destacar en ambas figuras es una fuerte división entre una zona de AGEB´s *High-High* y una zona de AGEB´s *Low-Low*. Algunas de las tasas más altas de autoempleo de la ciudad están precisamente en aglomeración de AGEB´s *High-High* del centro de la ciudad. Esto sugiere bajo una hipótesis de contagio social, que la aglomeración en cuestión está experimentando una "retroalimentación positiva" en el crecimiento de la tasa de autoempleo debido a un proceso de contagio entre AGEB´s. Desafortunadamente, el proceso de difusión hacia otras áreas no puede ser percibido en las figuras porque el análisis empíricos está restringido a al centro de la ciudad, pero como puede observarse en los mapas de la Figura 2, la aglomeración de AGEB´s *High-High* se extiende hacia el suroeste en el 2000.

Si bien es cierto que la polarización se observa más fuerte en 1990 que en el año 2000, el área permanece fuertemente dividida aun cuando la tasa de autoempleo creció globalmente en la región analizada.

Figura 3. Mapas de autocorrelación especial local en el centro de la Ciudad de México (1.4 km): 1990 (mapa izquierdo) y 2000 (mapa derecho)

La intensidad del gris en cada AGEB está asociado a un nivel de pseudo significancia *LISA* (p<0.05). Ausencia de gris: no autocorrelación espacial significativa; gris obscuro: localización *Low-Low* de autocorrelación espacial; gris medio: localización *High-High* de autocorrelación espacial; gris claro: localización *Low-High* de autocorrelación espacial; gris tenue, localización *High-Low* de autocorrelación espacial.

En las siguientes secciones, introduciremos un modelo de interacción social que pueda explicar la formación de aglomeraciones espaciales en las actividades de autoempleo como las mostradas en esta sección. El modelo será empíricamente implementado en la sección subsecuente por medio de técnicas de econometría espacial.

3. Un modelo simple de interacción social a nivel de AGEB

En esta sección se presenta un modelo para estudiar las interacciones sociales en las decisiones de entrada-salida del autoempleo. El modelo considera simple "imitación" y es construido considerando las siguientes relaciones: autoempleo en un AGEB i (S_i) es una función de las siguientes variables: a) información local de la tasa de autoempleo de los AGEB´s vecinos (S_j) que están localizados dentro de un radio de distancia (R) del AGEB i, y b) un vector de características propias del AGEB i (X_i):

$$S_i = f(S_{j \neq i: \|j-i\| \leq R}, X_i) \qquad (1)$$

Si retomamos la idea de una "función de reacción espacial", tenemos una interpretación de (1) como una solución de un problema de maximización a nivel de AGEB. Supongamos que cada AGEB tiene la siguiente función objetivo:

$$U(S_i, S_{j \neq i: \|j-i\| \leq R}, X_i) \qquad (2)$$

Por lo tanto, cada AGEB i escoge el nivel de autoempleo que maximice Ecuación (2) tal que $S_i \equiv \partial U / \partial S_i = 0$, y cuya solución es Ecuación (1). Cada AGEB i decide la "mejor respuesta" dadas sus propias características (que definen sus preferencias) y las decisiones de los otros AGEB´s. En este sentido, puede asumirse que cada AGEB es un agente representativo.

A continuación, se trabajará con una especificación lineal de (1). Se considera que la tasa de autoempleo en el AGEB es una variable continua en el rango [0, 1] y que cada AGEB i es un agente económico representativo (de los individuos al interior del AGEB). Interacciones sociales son implementadas por medio del promedio de la tasa de autoempleo que es observado en los AGEB´s vecinos que están dentro de un radio de distancia. El modelo considera "imitación" a través de considerar el promedio de la tasa de autoempleo en el vecindario.

(A) $\qquad S_i^{t+1*} = k + \Gamma X_i^t + \lambda \dfrac{1}{n_i} \sum S_{j \neq i: \|j-i\| \leq R}^t$

if $\qquad 0 \leq S_i^{t+1*} \leq 100, \quad S_i^{t+1} = S_i^{t+1*}$

if $\qquad S_i^{t+1*} < 0, \qquad S_i^{t+1} = 0$

if $\qquad S_i^{t+1*} > 100, \quad S_i^{t+1} = 100$

Donde S es la tasa de autoempleo en el AGEB i, k es una constante, G es un vector de parámetros asociados a las propias características de los AGEB´s i (educación, genero, edad, % de computadoras, etc.) y l es el parámetro asociado al nivel de autoempleo de los AGEBs j´s que son los vecinos de los AGEB´s i. Vecinos n_i son definidos como aquellos AGEB´s j que están localizados dentro de un radio de distancia R a partir de i, esta distancia es tomada a partir del centroide del polígono que representa geográficamente al AGEB. Note que cuando $k=0$ y $G=0$, el nivel de autoempleo depende sólo de las interacciones sociales; en especial, cuando $l=1$, se tiene un caso estricto de "imitación", es decir, cada AGEB replica la tasa promedio de autoempleo de los AGEB´s vecinos.

Ecuación (A) es complementada por un término de error en cada AGEB. Esto implica que cada vez que un AGEB "revise" su nivel autoempleo, un pequeño e aparece tal que cada AGEB i tenga que considerar también otras razones que no están explícitamente consideradas en la ecuación (el error considera los efectos nos observados).[9]

Las ecuaciones en (A) nos permiten introducir dos tipos de heterogeneidad. Primero, la ecuación toma en cuenta las características de los AGEBS (genero, educación, edad, etc.). Segundo, la localización especial específica de cada AGEB (por medio del centroide del polígono) y el *radio* de interacción entre los AGEB´s son las componentes centrales de la red física de interacción, los cuales en la vida real tiene a ser heterogéneos entre los AGEB´s. Los Sistemas de Información Geográfica (SIG´s) proveen información para estudiar empíricamente ecuación (A). En particular, si ecuación (A) es considerada simultáneamente, puede considerarse una implementación econométrica espacial que está basada en un marco paramétrico de modelos espaciales auto-regresivos simultáneos (SAR en ingles). En específico, un modelo espacial rezagado de corte transversal (en inglés, *spatial lag model*) coincide con el modelo (A) (véase *Anselin* 2001; 2002):

$$S = \lambda WS + X\Gamma + u = (1-\lambda W)^{-1} X\Gamma + (1-\lambda W)^{-1} u \quad (3)$$

W es una matriz de pesos (n x n) que formaliza la estructura de la red de interacción y u es un vector de errores aleatorios, S es vector (n x1) de tasas de autoempleo observadas, X es una matriz (n x k) de observaciones de las variables exógenas (es decir, las características de los AGEB´s). Cada elemento de W está estandarizado por renglón tal que $\sum_j w_{ij} = 1$, de tal forma que premultiplicando el vector de observaciones de los AGEB´s vecinos (tasa de autoempleo) por W corresponda a un promedio de los valores vecinos; en otras palabras, Ecuación (3) es una especificación de imitación a semejanza del modelo A (pero sin el subíndice t).[10]

4. Una implementación econométrica espacial: caso del centro de la ciudad de México

En la anterior sección se mencionó que un modelo rezagado espacial (Ecuación 3) podría ser considerado como una implementación econométrica del modelo A; de esta

---

(9) En la literatura econométrica de interacción social, ecuaciones que son similares a (A) pueden ser encontradas en *Topa* (2001) (quien también trabaja al nivel del *census tract*) y en *Glaeser, Sacerdote* y *Scheinkman* (2003), éstos últimos tratan la relación a nivel individual en un análisis de corte transversal y donde la interacción social se refiera a un agregado de un grupo de referencia en vez de un agregado que está dado por distancia física como el caso de la presente investigación.
(10) Note que la ecuación (3), $aSi/aSi = pW$, lo que corresponde a la segunda derivada parcial de la ecuación (1).

manera, equilibrio debe ser asumido cuando se considera esta implementación con información de corte transversal. Al realizar el análisis econométrico, se puso especial atención a las variables exógenas del modelo, esto es a las características propias de los AGEB´s (vector **X** de observables en el modelo A). Se consideró el porcentaje de población por AGEEB que vive en casa propia como proxy de "acervos de capital".[11] De la misma manera, el porcentaje de la población entre 20 y 24 años de edad y entre 60 y 64 años son usados como *proxies* para evaluar la hipótesis de "aversión al riesgo": individuos con menor aversión son más propensos a convertirse en empresarios e individuos con mayor aversión son más propensos a convertirse en trabajadores asalariados (*Parker*, 2004). Con la idea de considerar los factores que por excelencia están asociados a los mercados laborales externos, se consideró el promedio en años de escolaridad de la población mayor de 15 años que vive en el AGEB así como el porcentaje de hogares que cuenta con computadoras; estas dos variables no sólo pueden ser consideradas como *proxies* de "capital humano" sino que además involucran los efectos de demanda y oferta del mercado laboral. Asimismo y con retomando los lineamientos de la literatura que analiza al autoempleo en países como México y Brasil como desempleo disfrazado, se consideró la tasa de "dependencia económica" que mide el número de niños (entre 0 a 14 años) y población adulta mayor (arriba de 65 años) por cada 100 personas que están económicamente activas (gente entre 15 y 64 años) en el AGEB. Finalmente se consideró "el porcentaje de la población que estaba viviendo en la ciudad cinco años atrás" como una variable que indirectamente controlara por algunos de los efectos asociados al sesgo de selección.[12] Es importante recordarle al lector que la información utilizada para la variable de autoempleo corresponde únicamente a los trabajadores por cuenta propia sin empleados. Todas las variables que se mencionaron están complementadas por la variable de interacción social que es la variable espacial rezagada en la Ecuación (3), es decir, la tasa de autoempleo en cada uno de los AGEB´s que son considerados como vecinos (recordamos que la vecindad se define a través de un criterio de distancia R).

Las estadísticas descriptivas de las variables consideradas para el año 2000, están desplegadas en el Cuadro 2. Como indicamos anteriormente, todas las variables excepto "años de escolaridad" y "dependencia económica" representan porcentajes respecto a la población que habita en el AGEB. El Cuadro 2 presenta la media y la desviación estándar de 299 AGEB´s del centro de la ciudad de México. En la tercera y cuarta columna del Cuadro 2, una prueba conjunta skewness/kurtosis para evaluar normalidad (como alternativa a la prueba Jarque-Bera) es también presentada (see *Agostino et al.*, 1990). Es conocido que esta prueba se comporta como una distribución c^2 con dos grados de libertad, y bajo la hipótesis nula de normalidad, el valor esperado de la estadística es dos. Los resultados del Cuadro 2 indican que todas las variables están lejos de tener un comportamiento normal (incluso, persiste este comportamiento aún realizando transformaciones logarítmicas de las variables). Más adelante veremos las implicaciones que esto tiene.

---

(11) El tema central en la teoría convencional del empresario es que los individuos con mayores acervos son más probables en convertirse en autoempleados (*Evans* and *Jonavovic*, 1989).
(12) El ingreso familiar fue excluido del análisis porque no es una característica del AGEB que pueda ser considerada como "exógena" tal como las otras variables en la especificación.

Tabla 2. Estadísticas descriptivas en el área central de la Cd. de México (2000)
(299 observaciones)

	Media	D.Est.	Skewness/Kurtosis prueba de normalidad	
			Chi^2	valor p
Tasa de autoempleo (1990)	16.94	5.85	167.87	0.000
Tasa de autoempleo (2000)	19.72	5.62	33.06	0.000
Años de educación	10.17	1.46	14.75	0.001
Porcentaje de la población entre las edades de 15 y 64	67.15	2.74	309.64	0.000
Porcentaje de la población masculina entre las edades de 15 y 64	46.92	3.91	469.46	0.000
Porcentaje de la población entre las edades de 20 y 24	13.65	3.62	542.05	0.000
Porcentaje de la población entre las edades de 60 y 64	4.87	1.5	21.14	0.000
Porcentaje de la población que vivía en la ciudad en 1995	79.45	8.61	411.29	0.000
Porcentaje de la población que vive en casa propia	50.29	17.09	47.64	0.000
Porcentaje de las viviendas con computadora	22.16	11.75	34.72	0.000
Número de personas económicamente dependientes por cada 100 habitantes	46.21	5.81	171.42	0.000

Fuente: INEGI, SCINCE 2000

Si l=0 en el modelo especial rezagado (Ecuación 3), la implementación econométrica del modelo es reducida simplemente a una estimación por mínimos cuadrados. Sin embargo, en la anterior sección mostramos que el índice de Moran de la tasa de autoempleo en el área estudiada presente autocorrelación espacial estadísticamente significativa, y esto tiene fuertes implicaciones para una estimación por "mínimos cuadrados ordinarios" ya que este método estaría produciendo estimadas sesgadas e inconsistentes.

La Gráfica 4 muestra el correlograma del índice de Moran de la tasa de autoempleo y el índice de Moran de los residuales de la regresión por mínimos cuadrados ordinarios usando diferentes bandas de distancia.

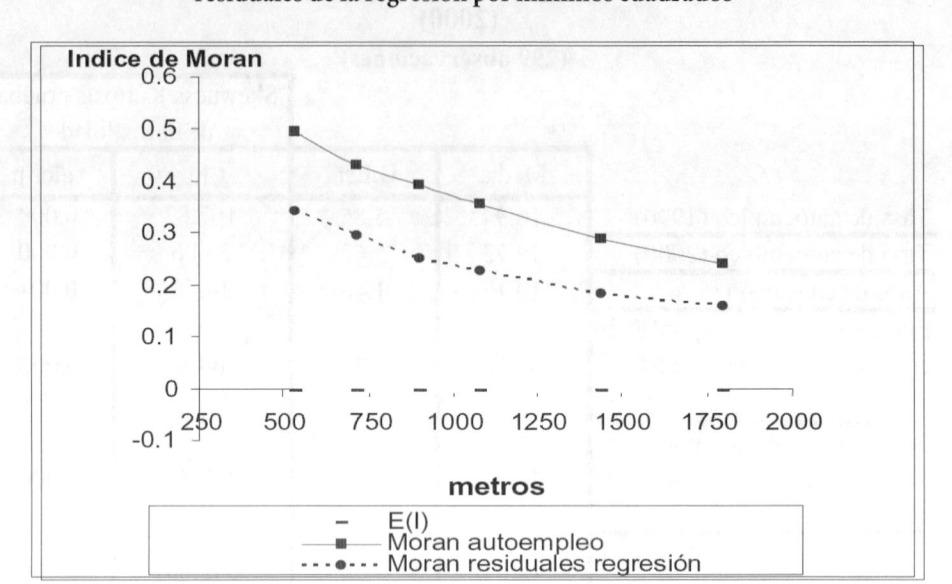

Figura 4. Correlograma del índice de Moran de la tasa de autoempleo y residuales de la regresión por mínimos cuadrados

[Figura: Correlograma mostrando el Índice de Moran en función de los metros (250-2000). Tres series: E(I), Moran autoempleo (con valores decrecientes desde ~0.5 hasta ~0.24), y Moran residuales regresión (con valores decrecientes desde ~0.34 hasta ~0.16).]

Como era esperado, la autocorrelación espacial de los residuales de la regresión (sin la variable espacial rezagada) es estadísticamente significativa. Note que la autocorrelación espacial es una función monotónicamente decreciente con la distancia física. Esta situación por sí misma podría justificar el uso de un modelo espacial rezagado (Ecuación 3) como modelo alternativo; sin embargo, el índice de Moran también es robusto contra problemas de mala especificación del modelo (por ejemplo, no normalidad o heterocedasticidad). De hecho esto es observado en la primera columna del Cuadro 4 donde las pruebas de diagnóstico de la estimación por mínimos cuadrados ordinarios indica ausencia de normalidad en los errores y heterocedasticidad. No normalidad en los errores no es sorpresivo dado que las variables explicativas despliegan fuerte no-normalidad (ver Cuadro 2). Es importante mencionar que la violación de supuesto de normalidad no descalifica la especificación del modelo propuesto cuando existen buenas razones teóricas para pensar que un modelo espacial es el adecuado (*Arbia*, 2006).[13] Sin embargo, el problema de saber si el modelo espacial rezagado es la mejor especificación para incorporar la autocorrelación espacial sigue latente, ya que como es conocido en la literatura de econometría espacial, un modelo de error espacial puede también incorporar apropiadamente la autocorrelación espacial.[14] Este es un punto importante a atender porque el error de la regresión puede incluir variables omitidas que están espacialmente dependientes unas de otras.[15]

---

(13) La presencia de no-normalidad y la heterocedasticidad son frecuentes en este tipo de situaciones espaciales porque son problemas relacionados (*Arbia*, 2006).
(14) El modelo de error especial es: $S = X\tilde{A} = u$ y $u = jWu + e = (I - jW)-1\ u$. Donde e es un vetor de errores $i.i.d$ con $s2$ y, W, S have the same characteristics que la ecuación equation (3).
(15) Cuando se considera un modelo de rezago especial (3), muchas precauciones deben ser tomadas en cuenta porque la autocorrelación espacial puede ser debida a la influencia de los vecinos (i.e. interacción social) pero también a los errores (o variables omitidas) (véase pie p. 14). Incluso, la autocorrelación espacial puede ser debida a ambos efectos (véase Case 1991 para un implementación que "anida" ambos efectos.Varias estrategias metodológicas pueden ser consideradas para analizar este problema potencial de especificación (Case 1991; *Florax*, *Folmer*, and *Rey* 2003; *Anselin* 2001).

Por lo tanto, diferentes problemas de identificación pueden surgir cuando un término espacial (o de interacción social) es considerado, y trabajo econométrico serio debe realizarse para afrontar tal problemática. Para responder a este punto, es importante nuevamente señalar que el modelo espacial rezagado (Ecuación 3) es una implementación del modelo A y por lo tanto no es necesario evaluar cuál modelo econométrico espacial es más apropiado para incorporar la autocorrelación espacial. Nuestras motivaciones son teóricas y no están determinadas por razones empíricas. A pesar de ello y con fines de ilustración, presentamos a continuación las pruebas de multiplicadores de Lagrange que permiten evaluar qué modelo alternativo espacial es mejor, en otras palabras, las pruebas dan elementos para escoger entre un modelo espacial rezagado (LM_{lag}) o un modelo de error espacial (LM_{error}) cuando hay evidencia de autocorrelación espacial (ver *Anselin* 1999).[16] El Cuadro 3 muestra los resultados de estas pruebas de multiplicadores de Lagrange.

Tabla 3. Pruebas de Multiplicadores de Lagrange

Distancia (metros)	ML rezago espacial	ML error espacial	ML rezago espacial robusto	ML error espacial robusto
540	53.86	51.16	8.57	5.87
valor p	0.000	0.000	0.003	0.015
720	88	74.23	15.83	1.87
valor p	0.000	0.000	0.000	0.172
900	97.15	87.01	17.67	7.52
valor p	0.000	0.000	0.000	0.000
1080	101.78	102.97	13.05	14.24
valor p	0.000	0.000	0.000	0.000
1440	102.55	119.11	11.771	28.326
valor p	0.000	0.000	0.001	0.000

Como era de esperarse, todas las pruebas de Lagrange aceptan el modelo alternativo espacial. Para distinguir entre los modelos alternativos espaciales, comúnmente se utiliza una regla simple que sugiere considerar la prueba del multiplicador robusto que tiene el valor del estadístico mayor (y además el más grande valor p); es decir, si $LM_{lag-rob} > LM_{error-rob}$, entonces considere un modelo especial rezagado de lo contrario escoga un modelo de error especial (*Florax et al.* 2003). En general y para los propósitos de este ejercicio, el modelo especial rezagado para estar bien jsutificado como modelo alternativo.

El Cuadro 4 resume los principales resultados de las regresiones. La primera columna del cuadro despliega los resultados por mínimos cuadrados ordinarios (es decir, no considera el término de interacción social) y la segunda columna reporta una estimación con errores robustos; asimismo, en la tercera y cuarta columna, se considera una versión reducida del modelo. Las siguientes columnas reportan la estimación del modelo espacial rezagado por medio de máxima verosimilitud considerando diferentes bandas de distancia (indicadas en el primer renglón del cuadro). También se reporta una estimación con errores robustos para el modelo espacial rezagado, pero sólo se calculan para el caso de la

---

(16) Estas estadísticas tienen ambas una distribución asintótica x^2 con un grado de libertad. En sentido estricto, estas pruebas no son robustas porque dependen de que los errores se distribuyan de manera normal. Sin embargo, se reportan los resultados porque proveen información valiosa para esta investigación; incluso, no es extraño encontrar investigaciones empíricas que usan estas pruebas aún cuando los datos analizados muestran fuerte no-normalidad. (*Mobley et al.*, 2006).

versión reducida del modelo y cuando se considera una banda de distancia de 540 metros. La estimación del modelo espacial está basada en los algoritmos propuestos por *Smirnov* y *Anselin* (2001) y que son implementados en el paquete Geoda 0.9.5-i(beta), y las versiones con errores robustos de los modelos espaciales fueron calculados en STATA usando los procedimientos de *Maurizio Pisati* (2001).[17]

Tabla 4. Resultados del modelo econométrico espacial para el centro de la Ciudad de México (2000)

Variable independiente					Banda de distancia (metros)												
	Mínimos cuadrados ordinarios				540				720			900			1080		
			Modelo reducido				Modelo reducido				Modelo reducido			Modelo reducido			Modelo reducido
		robustos		*robustos*		*robustos*		*robustos*		*robustos*			*robustos*			*robustos*	
Tasa de autoempleo (tasa vecinos)					0.461	0.350	0.497	0.361	0.785	0.698	0.842	0.794	0.711	0.863	0.601	0.608	0.643
error estándar					(0.043)	(0.052)	(0.044)	(0.050)	(0.034)	(0.063)	(0.030)	(0.039)	(0.066)	(0.033)	(0.068)	(0.060)	(0.070)
prueba z					10.721	6.752	11.291	7.170	23.088	11.002	27.999	20.359	10.695	25.950	8.838	10.209	9.165
Constante	-5.238		23.854		-16.830	-13.376	9.914	21.147	-15.895	-18.196	3.057	-19.080	-18.624	2.130	-24.249	-25.215	7.087
error estándar	(12.175)	(15.755)	(5.375)	(7.919)	(10.674)	(13.830)	(4.913)	(6.955)	(10.139)	(13.342)	(4.580)	(10.402)	(13.504)	(4.705)	(10.687)	(14.563)	(5.172)
prueba t/z	-0.430	-0.330	4.438	3.012	-1.577	-0.967	2.018	3.041	-1.568	-1.364	0.667	-1.834	-1.379	0.453	-2.269	-1.731	1.370
Años de educación	-2.212		-1.097		-1.579	-1.689	-0.551	-1.682	-1.550	-1.494	-0.427	-1.462	-1.495	-0.426	-1.450	-1.376	-0.634
error estándar	(0.432)	(0.572)	(0.274)	(0.363)	(0.381)	(0.488)	(0.248)	(0.505)	(0.362)	(0.461)	(0.235)	(0.371)	(0.472)	(0.242)	(0.384)	(0.515)	(0.254)
prueba t/z	-5.122	-3.870	-3.998	-3.024	-4.146	-3.463	-2.223	-3.327	-4.286	-3.240	-1.817	-3.946	-3.169	-1.765	-3.781	-2.671	-2.500
Hombres 15-64	0.412				0.375	0.359			0.329	0.355		0.308	0.327		0.420	0.438	
error estándar	(0.127)	(0.277)			(0.112)	(0.273)			(0.106)	(0.264)		(0.109)	(0.268)		(0.111)	(0.273)	
prueba t/z	3.249	1.490			3.349	1.316			3.104	1.344		2.830	1.223		3.783	1.606	
Población 20-24	0.028				0.034	0.046			0.022	0.018		0.070	0.052		0.003	-0.029	
error estándar	(0.129)	(0.222)			(0.113)	(0.212)			(0.107)	(0.206)		(0.110)	(0.207)		(0.113)	(0.213)	
prueba t/z	0.221	0.130			0.303	0.217			0.206	0.088		0.638	0.250		0.023	-0.138	
Población 60-64	1.037				0.745	0.817			0.666	0.683		0.614	0.686		0.676	0.683	
error estándar	(0.234)	(0.346)			(0.205)	(0.334)			(0.194)	(0.343)		(0.199)	(0.346)		(0.204)	(0.343)	
prueba t/z	4.440	3.000			3.637	2.444			3.427	1.991		3.078	1.983		3.308	1.989	
Población vivía en 1995 en la ciudad	0.126				0.131	0.132			0.076	0.094		0.105	0.108		0.150	0.147	
error estándar	(0.068)	(0.090)			(0.060)	(0.075)			(0.057)	(0.068)		(0.059)	(0.069)		(0.060)	(0.077)	
prueba t/z	1.854	1.400			2.177	1.768			1.334	1.377		1.782	1.565		2.507	1.925	
Casa propia	-0.101		-0.067		-0.066	-0.074	-0.030	-0.050	-0.034	-0.041	-0.004	-0.042	-0.047	0.007	-0.068	-0.064	-0.033
error estándar	(0.019)	(0.026)	(0.018)	(0.033)	(0.017)	(0.024)	(0.016)	(0.029)	(0.016)	(0.023)	(0.015)	(0.017)	(0.023)	(0.016)	(0.017)	(0.024)	(0.016)
prueba t/z	-5.231	-3.820	-3.631	-2.016	-3.828	-3.096	-1.832	-1.729	-2.101	-1.795	-0.279	-2.503	-2.030	0.463	-3.991	-2.702	-2.036
Viviendas con computadoras	0.159				0.162	0.156			0.171	0.167		0.169	0.167		0.140	0.136	
error estándar	(0.042)	(0.069)			(0.037)	(0.060)			(0.035)	(0.057)		(0.036)	(0.058)		(0.037)	(0.063)	
prueba t/z	3.756	2.310			4.368	2.598			4.853	2.938		4.680	2.881		-3.782	2.158	
Población económicamente dependiente	0.318		0.241		0.246	0.263	0.164	0.186	0.192	0.220	0.103	0.209	0.223	0.118	0.264	0.259	0.183
error estándar	(0.081)	(0.105)	(0.075)	(0.122)	(0.071)	(0.091)	(0.066)	(0.088)	(0.068)	(0.088)	(0.062)	(0.070)	(0.088)	(0.064)	(0.071)	(0.092)	(0.065)
prueba t/z	3.912	3.020	3.222	1.971	3.450	2.889	2.486	2.103	2.821	2.502	1.648	2.994	2.527	1.846	3.710	2.806	2.800
R^2	0.35		0.23		0.49	0.47	0.39	0.40	0.54	0.54	0.46	0.51	0.53	0.43	0.49	0.510	0.407
Verosimilitud log	-875.31		-900.54		-844.16	-846.50	-869.42	-864.60	-830.05	-826.02	-854.28	-834.53	-828.87	-857.61	-845.10	-840.39	-868.02
Jarque-Bera (valor)	51.250		334.912														
prob	0.000		0.000														
Breusch-Pagan prueba (valor)	76.610		13.156		53.940		3.438		61.400		0.609	54.020		3.279	77.870		6.404
prob	0.000		0.004		0.000		0.329		0.000		0.894	0.000		0.351	0.000		0.094
Koenker-Basset (valor)	38.960		3.667														
prob	0.000		0.300														
Prueba razón de verosimilitud							62.233		83.770		92.510	81.560			60.510		65.035
prob							0.000		0.000		0.000	0.000			0.000		

Notas: El modelo espacial rezagado fue estimado en GEODA. El modelo con errores robustos fue estimado en STATA.
Números en paréntesis indican los errores estándar, valor t es para la estimación por mínimos cuadrados y valor z es para la estimación del modelo espacial.

---

(17) Debido a que dos programas estadísticos fueron usados en la estimación de los modelos de rezago espacial, la estimación de los coeficientes no es idéntica. Sin embargo, las discrepancias no son significativas para el propósito de este ensayo.

Primeramente, observe en el Cuadro 4 que el modelo espacial rezagado tiene un mejor ajuste que la versión por mínimos cuadrados ordinarios tal como puede verificarse a través de las verosimilitudes log. Pero lo más importante es que el término de interacción espacial es altamente significativo y positivo, y su inclusión en el modelo está afectando el valor de los coeficientes de las otras variables.

El modelo espacial sigue teniendo problemas de heterocedasticidad como es indicado por la prueba Breush-Pagan, pero este resultado no era inesperado dado que la información presente se aleja de un comportamiento normal.[18] Sin embargo, note que la estimación robusta (véase columna etiquetada como "robust") no genera estimaciones que sean sustancialmente diferentes. Más aún, la presencia de heterocedasticidad puede deberse en parte a que algunas de las variables sociodemográficas estén presumiblemente correlacionadas. Para considerar este punto, observe en el Cuadro 4 que las pruebas *Koenker-Basset* y la *Breush-Pagan* no reportan problemas de heterocedasticidad cuando se estima la versión reducida del modelo ya sea en la versión tradicional como en la espacial. Sin embargo, no-normalidad continua estando presente en los modelos ya que la prueba *Koenker-Basset* no depende de un supuesto de normalidad. En este sentido, es importante señalar que no se detectan importantes cambios en la estimación del coeficiente de interacción social a lo largo de los diferentes modelos espaciales estimados (versión larga, versión robusta y la versión reducida); por esta razón, no vemos porqué los resultados deberían cambiar de manera significativa si más sofisticados métodos espaciales que no dependen de un supuesto de normalidad fueran utilizados. Conclusiones similares han sido también señaladas en otras investigaciones que también han trabajado con información espacial con semejantes características a la utilizada en esta investigación (ver *Mobley et al*, 2006).

El resultado principal de este ejercicio econométrico ha sido mostrar que el término de interacción espacial es estadísticamente significativo, pero también es importante señalar algunos de los resultados de los coeficientes de las otras variables del modelo. Contrario a lo que la literatura sobre el "empresario" esperaría (*Evans* and *Jovanovic* 1989), las "restricciones de liquidez" (véase la variable de "casa propia") no tienen efecto o incluso tienen un efecto negativo sobre la tasa de autoempleo. La educación tiene un fuerte efecto significativo y negativo sobre la tasa de autoempleo y las "personas económicamente dependientes" (niños y ancianos) tienen un efecto significativo y positivo. El impacto negativo del coeficiente asociado a la variable de educación es consistente con otros estudios empíricos en México que han usado información individual para analizar las decisiones de entrada-salida del autoempleo.[19]

Otro resultado importante es que la tasa de adultos mayors (60-65 años) es consistentemente positive y estadísticamente significativa; este resultado va acorde con la hipótesis de que condiciones de pobreza y ausencia de seguridad social para la población de edad

---

(18) Heterocedasticidad no es inusual cuando se analiza información espacial debido a la naturaleza irregular de las áreas (o regiones) analizadas (*Arbia*, 2006). Heterocedasticidad puede también indicar que diferentes regímenes espaciales podrían ser considerados en el análisis; sin embargo, desechamos esta opción porque el área analizada es relativamente pequeña (una porción de la ciudad México).

(19) Madrid, *Calderon* (2000), al usar información de panel para México en el periodo 1995-98 (y calculando tasas de riesgo por dejar un sector laboral y entrar a otro), encontró que personas en el empleo formal y con educación superior permanecen menos tiempo en las actividades de autoempleo.

mayor incrementa la tasa de autoempleo. También note que la proporción de la población que vivía en la ciudad de México en 1999 tiende a ser significativa en gran parte de las bandas de distancia; este resultado es relevante porque esta variable controla indirectamente por los efectos de selección.

Hemos sido precavidos en no señalar que se ha identificando el efecto de interacción social por medio de la implementación econométrica espacial propuesta. Fuertes problemas de identificación surgen en los modelos de interacción social, sobre todo cuando se utiliza información de corte transversal para estudiarlos (*Manski*, 1997). Y mucho se tiene que avanzar econométricamente para tener mejores implementaciones de modelos de interacción social como el considerado en este artículo. Sin embargo, creemos que el modelo espacial rezagado es una implementación econométrica interesante (y sencilla) que provee de información relevante para tener una primera aproximación al entendimiento del fenómeno del autoempleo bajo condiciones de contagio.

7. Comentarios finales

Esta investigación contribuye al entendimiento del autoempleo en países en desarrollo como Brasil y México porque postula una hipótesis hasta ahora no considerada en la literatura: las decisiones de entrada-salida de las actividades de autoempleo están también influenciadas por interacciones ajenas al mercado. En particular, este ensayo propone que retornos crecientes motivados por imitación-conformidad están presentes en los individuos cuando éstos se enfrentan decisiones de entrada-salida en el sector de autoempleo.

Un punto adicional es que la presencia de contagio social en las actividades de autoempleo no debe ser sólo restringido a contextos donde la informalidad o la pobreza son comunes (ciudad de México, Sao Paolo), la tesis también tiene que aplicarse a sociedades más avanzadas. Y más investigación tiene que realizarse al respecto.

Finalmente, el hecho de que las interacciones sociales pueden estar presentes en las actividades de autoempleo tiene Fuertes implicaciones para la política económica ya sea para fomentar la actividad empresarial o para combatir "trampas de pobreza". Incluso, el hecho de que nuestros resultados indiquen que las interacciones sociales operan en las decisiones de entrada-salida del autoempleo a través de canales de información local, sugiere la viabilidad de la intervención pública para regular el fenómeno.

7. References

AKERLOF, G. A. Theory of social custom of which unemployment may be the one consequence. *Quarterly Journal of Economics*, 1980. p. 749-775.

ALBIN, P. S. En: *Barriers and bounds to rationality*. Princeton: Princeton University. Duncan K. Foley, 1998.

ALLEN, D. W. Social networks and self-employment. *Journal of Socio-Economics,* 2000.

ANSELIN, L. Spatial econometrics. En: *A companion to theoretical econometrics.* Oxford: Basil Blackwell, B. Baltagi, 2000.

_____. Under the hood. Issues in the specification and interpretation of spatial regression models. *Agricultural Economics* 2002.

_____. *GeoDa 0.9 user's guide*. Spatial Analysis Laboratory. University of Illinois, Urbana-Champaign, IL, 2003.

ARBIA, G. *Spatial econometrics.* Springer 2006.

ARROW, K. J.; BORZEKOWSKI, R. Limited network connections and the distribution of wages. The Federal Reserve Board, Finance and Economics Discussion Series, *Working Paper* n. 2004-41.

BECKER, G. S.; MURPHY, K. M. *Social economics.* Cambridge: Harvard Universit, 2000.

BROCK, W. A.; DURLAUF, S. N. Multinomial choice with social interactions. National Bureau of Economic Research, *Working Paper* n. 288, 2003.

BRUECKNER, J. K. Strategic interaction among governments: an overview of empirical studies. *International Regional Science Review* 2003.

CALDERÓN-MADRID, A. job stability and labor mobility in urban Mexico: A Study Based on Duration Models and Transition Analysis. Inter-American Development Bank, Research Network *Working Paper* n. R-419, 2000.

CASE, A. C. Spatial patterns in household demand. *Econometrica,* 1991.

CALVÓ-ARMENGOL, A.; JACKSON, M. The effects of social networks on employment and inequality. *American Economic Review* 94, 2004. p. 426-454.

CONLEY, T.; TOPA, G. Dynamic properties of local interaction models. Ensayo originalmente presentado en el Santa Fe Institute, en la conferencia de Economy as an Evolving System III, nov. 2001.

D'AGOSTINO, R. B.; BALANGER, A.; R. B. D'AGOSTINO, Jr. A suggestion for using powerful and informative tests of normality. *American Statistician* 44, 1990.

DURLAUF, S. N.; YOUNG, H. P. (eds.). *Social dynamics.* Cambridge: MIT, 2001.

EATWELL, J. Effective demand and disguised unemployment. In: MICHIE, J.; SMITH, J. (eds.). *Employment and economic performance:* jobs, inflation and growth. Grieve Oxford: Oxford University, 1997.

EPSTEIN, J. M. Agent-based computational models and generative social science. *Complexity,* 1999.

EPSTEIN, J. M.; AXTELL, R. *Growing artificial societies.* Cambridge: MIT, 1996.

EVANS, D. S.; JOVANOVIC, B. An estimated model of entrepreneurial choice under liquidity constraints. *Journal of Political Economy* 1989.

FLORAX, J. G. M.; FOLMER, H.; REY, S. J. Specification searches in spatial econometrics: the relevance of hendry's methodology. *Regional Science and Urban Economics* 2003. p. 557-579.

GALLI, R.; KUCERA, D. Informal employment in Latin America: movements over business cycles and the effects of worker rights. International Institute for Labour Studies. *Discussion Paper* n. 145, Geneva, 2002.

GIANNETTI, M.; SIMONOV, A. On the determinants of entrepreneurial activity: individual characteristics, economic environment and social norms. Mimeo, Department of Finance, Stockholm School of Economics, 2003.

GLAESER, E. L.; SCHEINKMAN, J. A. In: DURLAUF, Steven N.; YOUNG, Peyton H. (eds.). *Social dynamics.* Cambridge: MIT, 2001.

GLAESER, E. L.; SACERDOTE, B. I.; SCHEINKMAN, J. A. The social multiplier. *Journal of the European Economic Association*, 2003.

GRANOVETTER, M. The strength of weak ties. *American Journal of Sociology* 78, 1973. p. 1360:1380.

_____ . The economic sociology of firms and entrepreneurs. In: PORTES, Alejandro (ed.). *The Economic Sociology of Immigration*. New York: Russell Sage Foundation, 1995.

HODGSON, G. M.; KNUDSEN, T. The complex evolution of a simple traffic convention: the functions and implications of habit. *Journal of Economic Behavior & Organization*, 2004.

HURST, Erik; LUSARDI, A. Liquidity constraints, household wealth and entrepreneurship. *Journal of Political Economy*, 2004.

IANNI, A.; CORRADI, V. The dynamics of public opinion under majority rules. *Review of Economic Design*, 2002.

INEGI, Scince. 1990 y 2000, disco compacto.

LEE, Jay; WONG, D. W. S. *Statistical analysis with arcview GIS*. New York: John Wiley & Sons, 2001.

LIGHT, I.; ROSENSTEIN, C. Expanding the interaction theory of entrepreneurship. In: PORTES, Alejandro (ed.). *The economic sociology of immigration*. New York: Russell Sage Foundation, 1995.

LUCAS JR. , R. E. On the size distribution of business firms. *Bell Journal of Economics* 1978.

MALONEY, W. F. Informality revisited. *World Development*, 2004. p. 1159-1178.

MANSKI, C. F. Identification of anonymous endogenous interactions. In: ARTHUR, W.; BRIAN, Steven N. Durlauf; LANE, David A. (eds.). *The economy as an evolving complex system II*. 1997.

MCMILLEN, D. P. Spatial autocorrelation or model misspecification? *International Regional Science Review*, 2003.

MOBLEY, L. R. et al. Spatial análisis of elderly access to primary care services. *International Journal of Health Geographics*, 2006, v. 5.

NORTH, D. C. *Institutions, institutional change and economic performance*. Cambridge: Cambridge University, 1990.

PARKER, S. C. *The economics of self-employment & entrepreneurship*. Cambridge: Cambridge University, 2004.

PIORE, M. *Beyond individualism*. Cambridge: Harvard University, 1995.

_____ . ed. *Unemployment and inflation*. White Plains: M.E. Sharpe, 1979.

_____ . *The economic sociology of immigration*. New York: Russell Sage Foundation, 1995.

PORTES, A.; LANDOLT, P. Social capital: promise and pitfalls of its role in development. *Journal of Latin American Studies*. 2000.

ROGERSON, P. *Statistical methods for geography*. London: Sage, 2002.

SALAS, C. Trayectorias laborales entre el empleo, el desempleo y las microunidades en México. *Papeles de Población*, 2003.

SOTO, H. de. *The other path*. New York: Basic Books, 1989.

SEMMLER, W. On the mechanisms of inequality. *Working Paper*, New School University, Department of Economics, NY, 2003.

SNYDER, R. E.; NISBET, R. M. Spatial structure and fluctuations in the contact process and related models. *Bulletin of Mathematical Biology*, 2000.

TOBLER, W. A computer movie simulating urban growth in the Detroit region. *Economic Geography*, 1970.

TOPA, G. Social interactions, local spillovers and unemployment. *Review of Economic Studies*, 2001.

WILENSKY, U. NetLogo. Center for connected Learning and computer-based modeling. Northwestern University, Evanston, IL. <http://ccl.northwestern.edu/netlogo>.

WOODRUFF, Ch. Can any small firm grow up? entrepreneurship and familiy background in México. *Working Paper*, Graduate School of International Relations and Pacific Studies, University of California, San Diego, 1999.

YOUNG, H. P. *Individual strategy and social structure*. Princeton: Princeton Universit, 1998.

8. Apéndice: Índice de Moran e Indicadores de Autocorrelación Espacial Local

El índice de Moran es una medida global de autocorrelación espacial que relaciona la proximidad espacial entre unidades de observación regional. La fórmula es:

$$I = \frac{n \sum_{i}^{n} \sum_{j}^{n} w_{ij}(x_i - \bar{x})(x_j - \bar{x})}{(\sum_{i}^{n} \sum_{j}^{n} w_{ij}) \sum_{i}^{n} (x_i - \bar{x})^2}$$

donde n es el número de observaciones, w_{ij} es una medida de proximidad espacial entre regiones i y j, y x_i es el valor de un atributo de interés para la localización i. En este ensayo, w_{ij} es binaria y es basada en distancias: si un AGEB se encuentra dentro de un radio de distancia R, w_{ij} toma el valor de uno, de lo contrario es cero. Para normalizar la influencia del resto de la regiones, este ensayo utiliza pesos estandarizados por renglón tal que los elementos w_{ij} en cada renglón sumen 1, por lo tanto, $\sum_{i}^{n} \sum_{j}^{n} w_{ij} = n$. El valor de Moran va de -1 para autocorrelación espacial negativa, a + 1 para autocorrelación espacial positiva. Ausencia de autocorrelación espacial es indicada por el valor esperado del índice de Moran, cuya expresión es: $E_I = -\frac{1}{(n-1)}$. Para probar estadísticamente que hay autocorrelación espacial, se necesita rechazar la hipótesis nula de aleatoriedad espacial. Comúnmente, se asume que la distribución muestral del índice de Moran tiene una distribución asintóticamente normal bajo la hipótesis nula de aleatoriedad espacial, aunque no necesariamente debe regir este supuesto. Normalmente se consideran dos supuestos muestrales para el índice de Moran: normalidad y aleatorización. El primero asume que cada región proviene de distribuciones normales que tienen la misma media y varianza en cada región; mientras que en el segundo supuesto (aleatorización), el conjunto de valores es fijo pero la región asociada a cada valor no es fija. Consecuentemente, se asume en este último enfoque de aleatorización que todas las permutaciones posibles de los valores regionales son igualmente probables. En este procedimiento, se realizan n permutaciones, y se construye una distribución experimental con la cual se obtienen pseudo valores p de significancia para evaluar la hipótesis nula de no autocorrelación espacial. Esta prueba de tipo Monte Carlo fue implementada en esta investigación usando el paquete GEODA095i-6 desarrollado por Luc Anselin.

Si nosotros graficamos el promedio ponderado de la variable entre los vecinos de interés contra los valores que toma la variable, se obtiene el diagrama de dispersión de Moran; esto es, graficando $\sum_j w_{ij}(x_j - \bar{x})$ contra $(x_i - \bar{x})$. El diagrama de dispersión exhibe la inestabilidad espacial local; esto es, las desviaciones locales respecto al patrón global de asociación. El diagrama de dispersión genera cuatro cuadrantes entre una observación regional y sus vecinos: a) *High-High* (alto-alto) que significa que una observación regional (i.e. AGEB) con valor por arriba de la media está rodeado por observaciones regionales con valores por arriba de la media; b) *Low-Low* (bajo-bajo) que significa que una observación regional (i.e. AGEB) con valor por debajo de la media está rodeado por observaciones regionales con valores por debajo de la media; c) *High-Low* (alto-bajo) que significa que una observación regional (i.e. AGEB) con valor por arriba de la media está rodeado por observaciones regionales con valores por debajo de la media; y finalmente d) *Low-High* (bajo-alto) que significa que una observación regional (i.e. AGEB) con valor por debajo de la media está rodeado por observaciones regionales con valores por arriba de la media.

Si **z** es el vector de x_i en desviaciones respecto a la media y **W** es la matriz de pesos estandarizada por renglón, entonces el coeficiente de la pendiente de una regresión lineal de **Wz** respecto a **z** es el índice de Moran. Esto último nos lleva a la versión local del índice de Moran:

$$I_i = \frac{(x_i - \bar{x})\sum_j w_{ij}(x_j - \bar{x})}{\sum_i w_{ij}(x_i - \bar{x})^2 / n}$$

La suma de los Moran locales es igual al Moran global ($\sum I_i = I$). Por lo tanto, hay una conexión clara entre el indicador local y el indicador global de autocorrelación espacial. Los indicadores de autocorrelación espacial local (llamadas en inglés LISA) también están sujetas a procedimientos inferenciales. En este sentido, las inestabilidades espaciales que son visualizadas en el diagrama de dispersión del Moran pueden ser evaluadas y aglomeraciones locales que son estadísticamente significativas (*Hot Spots*) pueden ser detectadas aún cuando no haya autocorrelación espacial global. En este ensayo, se calcula el nivel de pseudo-significancia de los Moran locales a través de técnicas de permutación.

PARTE III

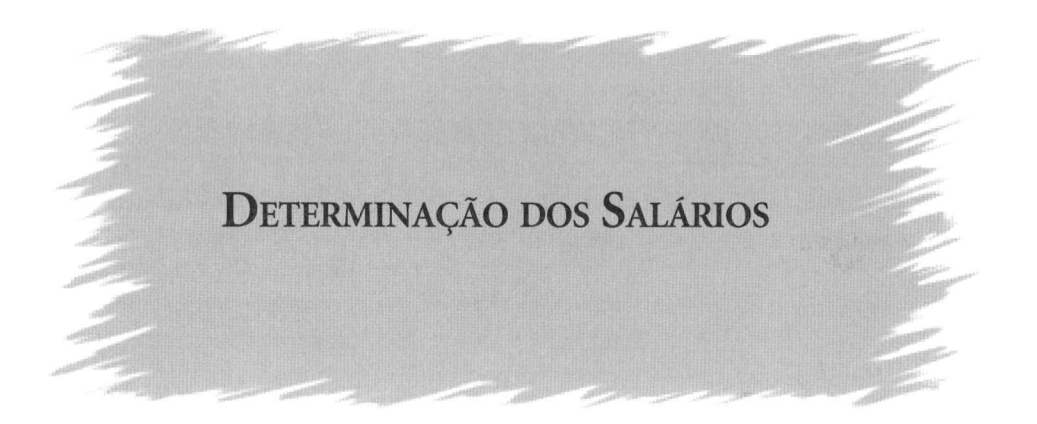

DETERMINAÇÃO DOS SALÁRIOS

Os salários na Retomada da Economia e do Mercado de Trabalho no Brasil: 2004-2007

Paulo Eduardo Baltar[*]

O desempenho da economia mundial desde 2003 criou condições favoráveis a ampliação da atividade econômica no Brasil e a economia do país voltou a crescer desde 2006, como mostram as evoluções do consumo e do investimento nas contas nacionais. O consumo das famílias cresceu quase 4% em 2004 e 2005, acelerando para 4,5% em 2006 e 5,7% em 1007. O investimento respondeu à ampliação do consumo e cresceu 11%, em 2006 e 14% em 2007. O Produto Interno Bruto que tinha crescido 5,4% em 2004, não manteve o ritmo em 2005 (3,2%), mas acelerou em 2006 e 2007, crescendo 4,0% e 5,4%, respectivamente.

O crescimento da economia repercutiu no mercado de trabalho. O número total de pessoas ocupadas com rendimento positivo aumentou 8,1% em 2004-2007 (2,6% ao ano) para uma ampliação do PIB de 13,1% (4,2% ao ano). A renda total e a média por pessoa ocupada que estavam muito baixas, em 2004, aumentaram substancialmente (7,7% e 4,9% ao ano, respectivamente). Desde 1999 a 2003, em todos os anos houve diminuição do poder de compra da renda média das pessoas ocupadas. A desvalorização do real, em 1999, foi acompanhada de aumento da inflação e a política macroeconômica para evitar uma inflação ainda maior, preservando e até aprofundando a abertura comercial e financeira realizada na década de 1990, prejudicou a atividade da economia. Nestas circunstancias de aumento da inflação e de baixa atividade da economia foi expressiva a redução acumulada no poder de compra da renda média das pessoas ocupadas. A inflação, entretanto, diminuiu desde 2003, em paralelo a uma queda no preço do dólar em real, consequência da melhora no balanço de pagamentos com os superávits de comércio, obtidos a partir das elevações dos preços das commodities. E a queda no preço do dólar foi reforçada pela retomada da entrada de capital. O crescimento da economia e a baixa inflação favoreceram o poder de compra da renda média do trabalho e a intensidade do aumento da renda total, comparativamente ao aumento do PIB, indica que houve recuperação da parcela da renda do trabalho na renda nacional total que tinha caído a partir da desvalorização do real em 1999.

A política macroeconômica tem priorizado o controle da inflação e enfatizado a contenção monetária, mantendo em nível muito alto as taxas de juros praticadas no país. A

(*) Professor do IE/UNICAMP e Diretor do Centro de Estudos Sindicais e de Economia do Trabalho — CESIT.

desvalorização do real em 1999, entretanto, provocou um aumento muito grande na dívida pública em relação ao PIB, porque uma parcela muito expressiva desta dívida estava indexada ao dólar, pois a posse desta dívida indexada ao dólar foi oferecida pelo poder público como um dos principais instrumentos de proteção financeira para quem contraiu compromissos de pagamentos em dólar, ao longo da década de 1990. Porém, a viabilidade da administração desta dívida pública que ficou enorme em relação ao PIB, em meio a altas taxas de juros, exigiu que o próprio setor público absorvesse uma parte expressiva do serviço daquela dívida, o que foi logrado mediante substantivo superávit primário do fisco em relação ao PIB. O superávit primário, por sua vez, foi obtido reprimindo o investimento público e aumentando a arrecadação de impostos e contribuições sociais. No bojo deste processo, aumentou a fiscalização da formalização das empresas e de seus contratos de trabalho, criando um quadro em que aumentou substancialmente a eficácia das ações dos órgãos públicos responsáveis pelo cumprimento da legislação trabalhista.

A década de 1990 tinha assistido a enorme aumento da ilegalidade na contratação do trabalho. Isto transpareceu nas intensidades dos aumentos do emprego sem carteira e do trabalho por conta própria, relativamente ao fraco desempenho do emprego com carteira de trabalho. Essa ampliação da ilegalidade na contratação do trabalho refletiu três movimentos simultâneos que ocorreram ao longo da década de 1990: a redução do emprego nas grandes empresas, a tendência à contratação de serviços e produtos fornecidos por empresas menores e a crescente ilegalidade do trabalho nas empresas menores. A crescente ilegalidade do trabalho nas empresas menores foi revertida desde 1999. A redução do peso do emprego sem carteira foi reforçada a partir de 2004, pela volta da geração de empregos nas grandes empresas. Além disso, na retomada do crescimento da economia voltou a ocorrer atendimento da demanda de crédito, apesar do elevado nível das taxas de juros. Este quadro estimulou às formalizações das empresas e dos contratos de trabalho, pois são necessários para o acesso das empresas e das pessoas ao sistema oficial de crédito.

Outra referência importante para o estudo da evolução dos salários em 2004-2007 foi a recuperação do valor do salário mínimo. Entre as datas da Pesquisa Nacional por Amostra de Domicílios de 2004 e 2007 o valor do salário mínimo aumentou 29% ou 8,9% ao ano. Embora em 2006 e 2007 muitas categorias profissionais tiveram reajustes nominais de salário maiores que a inflação, a diferença foi, em sua grande maioria, menores do que dois pontos percentuais, de modo que praticamente nenhuma categoria profissional teve reajuste salarial sequer parecido com o do salário mínimo, o que tem implicações para a distribuição dos salários.

Este artigo pretende examinar a evolução dos salários entre 2004 e 2007, levando em conta a retomada do mercado de trabalho, a crescente formalização dos contratos de trabalho, o aumento do valor do salário mínimo e os reajustes salariais das categorias profissionais acima da inflação que, por sua vez, diminuiu entre 2004 e 2007, favorecendo o impacto dos reajustes sobre o poder de compra dos salários. O artigo é dividido em dois itens. O primeiro assinala o que representa o mercado de trabalho assalariado em termos da absorção da população economicamente ativa registrada pela PNAD. Os dados da PNAD junto com os da Relação Anual de Informações Sociais (RAIS) também permitem destacar algumas características que tem o mercado de trabalho deste país, indicando a elevada frequência com que se desrespeita a legislação trabalhista e a elevada rotatividade do trabalho, mesmo quando aquela legislação é respeitada. O segundo item examina brevemente a evolução dos salários entre 2004 e 2007.

1. O MERCADO DE TRABALHO EM 2004-2007

A PEA no Brasil ainda cresce com relativa intensidade. O ritmo de crescimento da população total é de somente 1,4%, mas a PEA cresceu em 2,1% ao ano em 2004-2007 (Tabela 1). Nos três anos significou a incorporação na atividade econômica de mais seis milhões de pessoas. Cabe averiguar se a retomada do mercado de trabalho com o crescimento da economia foi suficiente para absorver essa ampliação da PEA e melhorar a condição de atividade e a ocupação das pessoas que já participavam da atividade econômica.

O número de desempregados (pessoas sem trabalho na semana anterior à da pesquisa, tendo procurado trabalho no mês anterior) diminuiu ligeiramente, mas em comparação com o total da PEA passou de 8,9% para 8,2%. Todo o aumento da PEA foi absorvido em ocupação decorrente da atividade da economia, mas o número de desempregados continua muito grande.

É notável o contraste entre o expressivo aumento das pessoas que se declaram ocupadas na produção agrícola para o próprio consumo e a redução dos trabalhadores por conta própria na agricultura e dos membros de suas famílias que trabalham sem remuneração. As reduções dos números de trabalhadores por conta própria e sem remuneração sugerem diminuição do peso populacional da pequena produção familiar, mas o aumento dos apenas dedicados à produção para o consumo próprio pode ser uma evidência de que também esteja ocorrendo uma melhor explicitação da produção agrícola de subsistência. A consolidação de importantes esquemas de transferência de renda, como a aposentadoria rural de um salário mínimo para o idoso que trabalhou na agricultura mesmo que nunca tenha contribuído para o INSS, ao lado de programas com benefícios mais modestos, como o Bolsa Família, podem estar permitindo a muitas famílias que vivem da produção agrícola de subsistência não ter que procurar vender uma parte de sua precária produção, sacrificando o consumo próprio, para obter a renda monetária necessária para comprar os produtos que não é capaz de elaborar.

Tabela 1
Ocupação das pessoas ativas em 2004 e 2007

Condição de atividade e posição na ocupação	(mil pessoas) 2004	2007	taxa de crescimento
População ativa	92.860	98.847	2,1
Desempregados	8.264	8.060	(-2,5)
Autoconsumo e autoconstrução	3.487	4.036	5,0
Não remunerados	5.883	5.311	(-9,7)
Trabalho por conta própria	18.575	19.213	1,1
Empregador	3.479	3.411	(-2,0)
Trabalho doméstico s/c	4.800	4.889	0,6
Empregado s/c	15.436	15.697	0,6
Trabalho doméstico c/c	1.672	1.843	3,3
Empregado c/c	25.693	30.189	5,5
Estatutário e militar	5.571	6.198	3,6

Fonte: PNAD, IBGE.

O número de trabalhadores por conta própria em atividades não agrícolas continuou a se ampliar em ritmo intenso. Uma parte deste enorme contingente de trabalhadores por conta própria reflete simples estratégias de sobrevivência dos que já não têm oportunidade de obter um emprego assalariado. Outra parte é formada por trabalhadores assalariados disfarçados de autônomos, numa situação de ilegalidade semelhante a dos empregados sem carteira de trabalho e somente uma terceira parte é constituída de verdadeiros trabalhadores por conta própria que lograram a autonomia para poder manejar um negócio próprio relativamente próspero. É muito difícil estimar a magnitude relativa dessas três parcelas de pessoas que declaram ter um trabalho por conta própria, mas é plausível a hipótese de que a enorme expansão desse contingente de trabalhadores, ao longo da década de 1990 e que apenas diminuiu de ritmo, seja muito mais consequência do aumento do número de adultos sem oportunidades de obter emprego assalariado e também da crescente ilegalidade de muitos empregos assalariados, do que de uma ampliação substancial de oportunidades para os verdadeiros trabalhadores por conta própria.

O número global de trabalhadores por conta própria continuou aumentando entre 2004 e 2007, apesar da queda de 11,7% ocorrida na agricultura, com o trabalho por conta própria crescendo no ritmo anual de 2,7% no conjunto das atividades não agrícolas. As principais atividades não agrícolas que utilizam trabalhadores por conta própria são comércio, reparação, construção civil, indústria de transformação, transporte, serviços pessoais, serviços de alimentação e serviços de apoio à atividade econômica. A pequena ampliação do número de trabalhadores por conta própria em comércio, reparação e serviços de alimentação sugere não ter sido tão intenso em 2004-2007 o aumento do número de pessoas que fazem trabalho por conta própria como estratégia de sobrevivência por não ter oportunidade de obter um emprego assalariado. Já o intenso aumento do número de trabalhadores por conta própria em construção civil, transporte e serviços pessoais sugere ampliação de oportunidades para pequenos negócios, enquanto o crescimento deste tipo de trabalho em indústria de transformação e nos serviços de apoio à atividade econômica apontam para a continuação da ampliação do trabalho assalariado disfarçado.

O mercado de trabalho assalariado abrangeria os desempregados e todos os empregados, inclusive do serviço doméstico prestado às famílias. A não inclusão do emprego assalariado disfarçado de trabalho por conta própria leva a uma subestimação da verdadeira dimensão do mercado de trabalho assalariado. Com esta deficiência, a PNAD indica que o mercado de trabalho absorveu 66,2% da PEA em 2004 e 67,7% em 2007. O tamanho do mercado de trabalho cresceu 2,9% ao ano para um crescimento da PEA de 2,1%. Ou seja, em tão pouco tempo, a retomada do mercado de trabalho não modificou substancialmente o quadro de 1/3 da PEA fora deste mercado. A população ativa fora do mercado de trabalho é basicamente constituída de jovens dedicados à produção agrícola para o consumo próprio ou ao trabalho não remunerado no campo e nas cidades e de adultos dedicados ao trabalho por conta própria, sozinhos ou com a ajuda de familiares e de alguns poucos empregados.

No mercado de trabalho, a taxa de desemprego passou de 13,5% para 12,1%, sendo ainda muito elevada, bastante superior à que exprimiria, pura e simplesmente, o elevado desemprego associado aos constantes deslocamentos de pessoas entre os empregos, decorrentes da elevada rotatividade do trabalho que vigora no país. A enorme dificuldade encontrada pelos jovens para inserção no emprego assalariado confirma a insuficiência dos empregos comparativamente ao número de pessoas que procuram trabalho assalariado.

Além do elevado desemprego, o mercado de trabalho se caracteriza no Brasil por ter uma parcela enorme de empregos no serviço doméstico. No total dos empregos assalariados, a participação do serviço doméstico evoluiu de 12,1% para 11,4%. Foi um crescimento do número de empregados domésticos no ritmo anual de 1,3%, bem mais suave do que o verificado ao longo da década de 1990, quando aumentou o peso do emprego doméstico no mercado de trabalho. Nesta época, em um quadro de pouco crescimento da economia e do mercado de trabalho, a ampliação do emprego doméstico foi parte importante de um processo de crescente participação da mulher adulta na atividade econômica que vem mantendo a intensidade do ritmo de crescimento da PEA. Em tão pouco tempo, as retomadas da economia e do mercado de trabalho modificaram muito pouco este aspecto do mercado de trabalho.

O grau de formalização dos contratos de trabalho continuou aumentando inclusive em um ritmo mais intenso. No total dos empregados, os contratados em conformidade com a Consolidação das Leis do Trabalho e o Estatuto dos Servidores Públicos aumentaram de participação, de 61,9% para 65,0%. Os empregados sem carteira de trabalho, entretanto, continuam pouco mais de 1/3 dos empregados e seu número ainda cresceu a 0,6% ao ano. Já o número de celetistas e estatutários cresceu no ritmo de 5,1% ao ano. Não obstante, o emprego devidamente formalizado representa ainda somente 39% da PEA, embora tenha aumentado em três anos, mais de três pontos percentuais.

A formalização dos contratos de trabalho é importante pelo conjunto de direitos que ajuda a assegurar para os trabalhadores, além de garantir a arrecadação das contribuições sociais de empregados e de empregadores. Porém, a rotatividade do trabalho é muita alta, mesmo nos empregos com contrato de trabalho devidamente formalizado. Salvo no caso dos servidores públicos que têm estabilidade no emprego, os empregadores costumam dispensar a força de trabalho ante qualquer redução de suas atividades, não tendo que justificar perante autoridade pública ou representação sindical, bastando pagar a indenização prevista nas leis do trabalho.

A RAIS-2005 mostra que, deixando de lado os servidores públicos, a simples manutenção do nível de emprego pressupõe a contratação mensal do equivalente a 4,5% do total de empregados. Tais fluxos de dispensa e contratação renovam constantemente o quadro de empregados. Assim, 31% dos que estão em um emprego no início do ano já não estão no mesmo emprego no final do ano. E muitos dos que são contratados ao longo do ano ficam muito pouco tempo no serviço, já que dos desligados em determinado ano, 63% têm menos que um ano no serviço e não mais de 14% têm mais de três anos no serviço. Os poucos que conseguem acumular mais de três anos no serviço, entretanto, passam a ter uma probabilidade muito mais alta de continuar no mesmo emprego, a menos que ocorra uma queda muito grande na atividade da empresa. Boa parte desses empregados que têm elevado tempo de serviço faz parte do comando da empresa, em cargos de chefia e direção.

No entanto, considerando todos os empregados registrados pela RAIS, incluídos os servidores públicos, 32% têm menos de um ano no serviço e somente 53% têm mais de dois anos no serviço. Isso quer dizer que somente 20% da PEA têm emprego formal em estabelecimento há mais de dois anos. Outros 17% têm emprego formal em estabelecimento a menos de dois anos. Os demais empregados são 2% da PEA no serviço doméstico devidamente formalizado e 21% trabalhando para estabelecimentos e no serviço doméstico sem carteira de trabalho.

2. Os salários em 2004-2007

Desde um nível muito baixo atingido em 2004, o salário médio dos empregados aumentou 15,9% entre este ano e 2007, crescendo no ritmo médio de 5,1%. O aumento do valor do salário mínimo foi ainda maior (29% ou 8,9% ao ano) de modo que houve uma sensível alteração na distribuição dos empregados por faixa do salário mínimo de 2007 (Tabela 2). Diminuiu a proporção dos empregados que ganham menos que o salário mínimo de 2007 e aumentou a frequência relativa de empregados em todas as outras faixas de remuneração. Muitos dos que ganharam em 2004 menos do que o equivalente do valor do salário mínimo de 2007 foram remunerados com valor igual ou acima do que o salário mínimo vigente e acompanharam aproximadamente os ganhos verificados com o valor do salário mínimo, continuando em 2007 a ter remuneração igual ou maior que o salário mínimo vigente.

Tabela 2
Distribuição dos empregados por faixa de salário mínimo de 2007

Faixa salário mínimo 2007	2004	2007
menos de 1	40,4	16,4
1 a 2	34,2	52,1
2 a 5	18,9	23,3
5 e mais	6,5	8,2
Total	100,0	100,0

Fonte: PNAD, IBGE.

Para destacar a importância que teve a recuperação do valor do salário mínimo para a evolução dos salários, os empregados foram classificados por tipo de ocupação, ordenados em função do nível dos salários. Foram consideradas ocupações de renda alta as de dirigentes em geral, as profissões de nível superior, os cargos técnicos de nível médio e o pessoal das forças armadas. O conjunto dessas ocupações de renda alta responde pela absorção de pouco mais de 20% do total de empregados (Tabela 3). Já as ocupações de serviço de apoio administrativo, junto com as do trabalho manual não agrícola e as ligadas à compra-venda de mercadorias, foram consideradas ocupações de renda média e abrangem cerca de 44% de todos os empregos. Finalmente, as ocupações de prestação de serviços e do trabalho manual agrícola foram consideradas de renda baixa e respondem por cerca de 35% do total de empregos assalariados.

A retomada da economia e suas repercussões no mercado de trabalho pouco modificaram a distribuição dos empregados por tipo de ocupação. Houve ligeira redução na proporção de empregados das ocupações de renda baixa, devido à diminuição em termos absolutos do emprego nas ocupações de trabalho manual agrícola. Os maiores aumentos de emprego ocorreram nas ocupações de alta renda, os dirigentes em geral, as profissões de nível superior e os cargos técnicos de nível médio, já que houve redução no pessoal das forças armadas.

Tabela 3
Distribuição dos empregados por tipo de ocupação

Tipo de Ocupação	Distribuição empregados		Renda média		Grau de formalização	
	2004	2007	2004	2007	2004	2007
Renda alta	20,8	22,1	1546,19	1701,19	76,8	77,7
Renda média	43,5	43,8	638,28	727,67	68,9	71,6
Renda baixa	35,7	34,1	372,11	452,34	44,8	48,2
Total	100,0	100,0	732,11	848,82	61,9	65,0

Fonte: PNAD, IBGE.

As diferenças de salário médio entre os tipos de ocupação são muito grandes. Em 2004, a média salarial das ocupações de renda alta era 4,2 vezes a das ocupações de renda baixa e 2,4 vezes a das ocupações de renda média. A proporção de contratos formalizados conforme à legislação também varia muito por tipo de ocupação sendo tanto maior quanto maior o nível da renda das ocupações. No entanto, mesmo nas ocupações de renda alta mais de 20% dos empregos não têm contrato formalizado em conformidade com a legislação trabalhista. Esta proporção de empregos sem carteira de trabalho supera 50% nas ocupações de renda baixa.

A recuperação do mercado de trabalho com a retomada do crescimento da economia, a continuação da formalização dos contratos de trabalho e o aumento do valor do salário mínimo diminuíram as diferenças entre tipos de ocupação no grau de formalização dos contratos de trabalho e no salário médio. Quanto ao salário médio, o aumento foi tanto maior quanto menor o nível salarial do tipo de ocupação (Tabela 4). A média dos salários das ocupações de alta renda em relação à das ocupações de renda baixa passou de 4,2 para 3,8 e em relação a das ocupações de renda média passou de 2,4 para 2,3. O aumento do salário médio das ocupações de renda baixa foi quase tão grande como o do salário mínimo.

Tabela 4
Evolução do salário médio por tipo de ocupação 2004 - 2007

	taxa de crescimento do salário médio 2004-2007		
	total	formal	sem cart.
Renda alta	3,2	3,3	2,0
Renda média	4,5	3,8	5,0
Renda baixa	6,7	5,6	6,5

Fonte: PNAD, IBGE.

Nos dois tipos de ocupação em que mais aumentou o grau de formalização dos contratos de trabalho e o salário médio, o aumento do salário médio foi maior para os empregados sem carteira do que para os empregados com contrato formalizado em conformidade com a legislação trabalhista. Em todos os tipos de ocupação, foi forte o impacto do aumento do valor do salário mínimo sobre as remunerações dos empregados com e sem carteira que ganham próximo do mínimo, algo mais ou algo menos. Isto provocou maior efeito nos tipos de ocupação de menor renda e especialmente entre os empregados sem carteira porque para esses empregados são maiores as proporções dos que ganham na proximidade do salário mínimo. É verdade que também aumentou a proporção de empregados ganhando mais que cinco salários mínimos de 2007 e que esses aumentos foram mais expressivos nas ocupações de renda alta e no emprego formalizado mais que entre os empregados sem carteira, mas o efeito desses aspectos das mudanças na distribuição de empregados por faixa de remuneração foi menos importante para a média salarial do que a da redução na frequência de empregados que ganham mais que o valor do salário mínimo de 2007.

Assim, a diminuição na fração de empregados que ganha menos que o valor do salário de 2007 foi de 10,2 pontos percentuais nas ocupações de renda alta, 21,7 pontos percentuais nas ocupações de renda média e 33,9 pontos percentuais nas ocupações de renda baixa

(Tabela 5). Já o aumento da fração de empregados que ganha mais que o dobro do salário mínimo de 2007 foi de 5,7 pontos percentuais nas ocupações de renda alta, 6,5 pontos percentuais nas ocupações de renda média e 3 ponto percentuais nas ocupações de renda baixa.

Tabela 5
Distribuição dos empregados por faixa de salário mínimo de 2007 segundo tipo de ocupação

Faixa salário mínimo 2007	Tipo de ocupação					
	renda alta		randa média		renda baixa	
	2004	2007	2004	2007	2004	2007
menos de 1	14,4	4,2	32,1	10,4	66,0	32,1
1 a 2	25,4	29,2	43,7	58,9	27,7	57,7
2 a 5	36,7	38,6	21,2	26,5	5,8	9,2
5 e mais	23,5	27,3	3,0	4,2	0,5	0,1
Total	100,0	100,0	100,0	100,0	100,0	100,0

Fonte: PNAD, IBGE.

As diferenças de salário são muito grandes no Brasil. Ressalta neste particular o alto peso das ocupações de renda baixa (prestação de serviços e trabalho manual na agricultura), a alta participação do emprego sem carteira e as grandes diferenças de salário médio entre empregados com e sem contrato de trabalho formalizado que são tanto maiores quanto menor a renda e o grau de formalização do tipo de ocupação, além das próprias diferenças de salário médio por tipo de ocupação (Tabela 6).

Tabela 6
Diferença de salário médio entre empregos formais e sem carteira de trabalho e participação do emprego sem carteira por tipo de ocupação

Tipo de Ocupação	Diferença de salário médio formal e sem carteira		Participação do emprego sem carteira	
	2004	2007	2004	2007
Renda alta	1,627	1,699	23,1	22,3
Renda média	1,758	1,695	31,1	28,4
Renda baixa	1,936	1,892	55,2	51,8
Total	2,220	2,139	38,0	35,0

Fonte: PNAD, IBGE.

A retomada do crescimento da economia e a recuperação do mercado de trabalho, com valorização do salário mínimo e formalização dos contratos de trabalho, em apenas três anos, pouco modificou esse quadro de enormes diferenças de salário. As modificações são lentas. Diminuiu o peso das ocupações de renda baixa, a proporção de empregos sem carteira e as diferenças de salário entre empregos com e sem carteira e entre tipos de ocupação, mas em 2007: 34% dos empregados estão em ocupações de renda baixa e pequena frequência de contratos formalizados; a proporção global de empregos sem carteira é de 35%, variando de 52% nas ocupações de renda baixa para 28% nas ocupações de renda média e 22% mas ocupações de renda alta; o salário médio dos empregos formalizados é o dobro do salário médio dos empregos sem carteira, variando de 89% nas ocupações de renda baixa para 70% nas ocupações de renda média e alta.

Apesar dos avanços, em 2007 a proporção de empregados sem carteira ganhando menos que o salário mínimo é de 60,4% nas ocupações de renda baixa e que também tem alto peso de empregos sem carteira, sendo de 35,2% nas ocupações de renda média e de peso intermediário de empregos sem carteira e de 16,7% nas ocupações de renda alta e que também tem pouco peso dos empregos sem carteira. Já a proporção de empregados com carteira que ganha mais do que o equivalente a cinco salários mínimos é de apenas 1,6%, nas ocupações de baixa renda, de 5,2% nas ocupações de renda média e de 31% nas ocupações de renda alta.

O pequeno progresso observado em termos da elevação do nível dos salários, não impede que 68,5% dos empregados ainda ganhem, em 2007, menos que dois salários mínimos e que esta proporção varie de 89,8% nas ocupações de renda baixa para 69,3% nas ocupações de renda média e 34,1% nas ocupações de renda alta.

Conclusão

Num quadro mundial favorável, a economia voltou a crescer no Brasil, repercutindo beneficamente no mercado de trabalho. A PEA continua crescendo fortemente, mas a ampliação do mercado de trabalho foi mais intensa. O desemprego diminuiu devagar e continuou aumentando lentamente a fração de empregos que têm contrato formalizado respeitando a legislação trabalhista. Não obstante, o desemprego ainda supera 10% do mercado de trabalho e os contratos de trabalho que respeitam a lei não passam de 2/3 dos empregos e somente 40% da PEA. A participação do serviço doméstico no mercado de trabalho continua enorme e nos empregos em estabelecimento, mesmo nos que respeitam as leis trabalhistas, é muito alta a rotatividade do trabalho.

Quanto aos salários, foram beneficiados pelo intenso crescimento do emprego, pela formalização dos contratos de trabalho, pelos reajustes das categorias profissionais acima da inflação, pela redução da inflação e pela política de valorização do salário mínimo. Houve, então, uma recuperação do poder de compra dos salários que estava muito baixo por ter diminuído com o aumento da inflação e contenção da atividade econômica, desde a forte desvalorização do real que aconteceu no começo de 1999. As diferenças de salário são enormes, mas a recuperação do poder de compra dos salários ocorreu com diminuição dessas diferenças, favorecido pelo crescimento da economia, pela maior geração de empregos, pela formalização dos contratos de trabalho, pelos melhores reajustes das categorias profissionais, pela redução da inflação e, principalmente, pela valorização do salário mínimo.

Os salários aumentaram mais nas ocupações de menor renda e mais no que se refere ao emprego sem carteira do que nos empregos bem formalizados. A formalização dos contratos também foi mais intensa nas ocupações de menor renda onde é maior a proporção de empregos sem carteira. É justamente nessas ocupações de renda mais baixa e maior fração de empregos sem carteira que têm uma participação desproporcional no mercado de trabalho brasileiro, onde são maiores as diferenças de salário entre os empregos formalizados e não formalizados.

As mudanças foram lentas e em tão poucos anos foi pequena a modificação no quadro geral de absorção da população ativa e de precariedade dos empregos assalariados. Em particular continuam enormes as diferenças de salário. O peso das ocupações de baixa renda (prestação de serviços e trabalho manual agrícola) continua desproporcional, bem como a proporção de empregos sem carteira e as diferenças de salário por tipo de ocupação e entre os contratos formalizados e não formalizados.

As repercussões do crescimento da economia sobre o mercado de trabalho mostraram a importância da defesa de uma política que procure garantir a continuidade deste crescimento. Ao mesmo tempo, a gravidade da situação do país em termos das formas como tem sido absorvida a população ativa em mais de um quarto de século de pouco crescimento da economia põe em evidência a necessidade de o poder público atuar no sentido de fazer com que o crescimento da economia seja acompanhado de uma melhor estruturação do mercado de trabalho. Em particular é fundamental reforçar a fiscalização do cumprimento das leis do trabalho, bem como atuar para compensar a forte resistência patronal ao avanço da organização dos trabalhadores que contribuiria para dar mais eficácia ao esforço de estruturação do mercado de trabalho.

2

O Trabalho Assalariado no Capitalismo Brasileiro Atual⁽*⁾

Claudio Salvadori Dedecca⁽**⁾

Este ensaio aborda a inserção do trabalho assalariado na trajetória do capitalismo brasileiro nas últimas três décadas. Ele tem como foco os efeitos das transformações econômicas sobre o segmento do trabalho assalariado e a distribuição salarial, particularmente após a adoção do Plano Real. Nos últimos 30 anos, o Brasil conheceu contextos econômicos e sociais distintos em cada uma das décadas, que estabeleceram relações diversas entre desempenho econômico e trabalho assalariado.

Na década de 80, a crise econômica com elevada restrição externa se traduziu em desestruturação limitada da base de trabalho assalariado, mas uma deterioração importante dos salários pela espiral inflacionária.

Na década passada, as políticas de abertura externa provocaram um verdadeiro furacão sobre o mercado nacional de trabalho, afetando de forma muito negativa o segmento de trabalho assalariado, seja com a destruição intensa de empregos, seja com a desvalorização dos salários.

Este movimento alimentado pela política de abertura foi contido com a crise cambial de janeiro de 1999, obrigando o país a reinternalizar atividade produtiva, situação que passou a contribuir para a recuperação do mercado nacional de trabalho.

Ao longo da década atual, tem sido dada continuidade ao movimento iniciado em 1999, observando-se um padrão de crescimento que estabelece relações virtuosas em termos de geração de novos postos de trabalho. Contudo, este crescimento tem tido pouca capacidade de provocar a recuperação dos salários reais através da negociação coletiva, estando ela estritamente dependente da política de valorização do salário mínimo adotada pelos governos nacionais desde meados da década de 90.

O ensaio estrutura esta análise a partir de cinco tópicos. O primeiro analisa a transição da tese do fim do trabalho para aquele do custo do trabalho no processo de reestruturação do capitalismo desenvolvido, realizado nestes quase 40 anos. Em seguida, explora a chegada da tese do fim do trabalho na periferia do capitalismo, a partir da experiência brasileira, com adoção das políticas de abertura externa. No terceiro tópico, foca a transição da tese do fim do trabalho para aquela do custo do trabalho na experiência nacional. No quarto,

---

(*) Versão preliminar para discussão. 28 de outubro de 2008.
(**) Professor Titular do Instituto de Economia da Unicamp.

apresenta como a crise da política de abertura externa com âncora cambial, em 1999, obrigou o país a novamente dinamizar a produção para o mercado interno, com consequências positivas para a geração de trabalho assalariado, mas que chancelaram um mercado de trabalho de baixos salários. Explora, em seguida, os determinantes dos salários e a importância da política de salário mínimo para os salários reais. No quinto tópico, aborda o papel ainda ausente das negociações coletivas para a evolução dos salários. Por último, faz algumas observações gerais sobre os desafios para o crescimento e o trabalho assalariado nos próximos anos, considerando as tendências recentes do segmento ocupacional nos últimos anos.

Ainda nesta apresentação, é importante ressaltar que este ensaio foi escrito no ápice da crise internacional, sendo ainda inexistente a possibilidade de qualquer prognóstico mais seguro sobre a intensidade com que ela irá se abater sobre a economia brasileira e quais serão seus efeitos sobre o mercado de trabalho.

É evidente que a economia brasileira não passará imune aos efeitos da crise internacional. Contudo, é razoável considerar que ela tem melhores condições de reduzir os efeitos sobre o desempenho econômico e o mercado de trabalho, comparativamente àquelas conhecidas nas crises dos anos 80 e 90. Estas condições permitem que o Governo utilize as políticas públicas para sustentar o mercado interno, contendo a queda do produto, para os próximos anos, determinada pela desaceleração das economias desenvolvidas. Este ensaio espera que a sociedade brasileira seja exitosa nesta empreitada, garantindo assim a esperança de um futuro melhor para a população que o crescimento trouxe nestes últimos anos.

1. Do fim do trabalho ao baixo custo do trabalho: a reiteração do trabalho assalariado[1]

O fim do ciclo de crescimento do após-guerra colocou em xeque a construção do mercado de trabalho assentado no assalariamento. Dois foram os principais motivos da situação de impasse observada:

O primeiro decorrente do esgotamento de um padrão de industrialização fundado em uma matriz energética de baixíssimo custo, que permitia alta acumulação de capital e a difusão de um padrão de consumo que inclusive podia ser difundido para os países em desenvolvimento. O encarecimento do preço do petróleo e do custo do dinheiro tornou incontornável a reestruturação industrial tanto da base produtiva como do padrão de consumo que viabilizasse a redução do consumo de energia, em suas diferentes formas, tanto nas empresas como nas famílias.

A regulação pública do mercado e das relações de trabalho nos países desenvolvidos ocidentais impedia que esta reorganização produtiva pudesse ser realizada autonomamente pelas empresas, obrigando-as ao estabelecimento da negociação das novas condições produtivas. Ante essa dificuldade, as empresas decidiram por uma reorganização centrada nas mudanças tecnológicas, que lhes permitia contornar a obrigatoriedade da negociação com os trabalhadores. Como parte desta estratégia emergiu a tese do *fim do*

---

(1) Sobre este tema, ver *Dedecca*, 1999.

trabalho, que prometia um mundo produtivo apenas com pequenos e residuais coletivos de trabalhadores assalariados, destinando à maioria deles a situação de desemprego ou a busca de trabalho não dependente.

O outro motivo esteve relacionado a uma crise de representação no mundo do trabalho assalariado no final dos anos 60, mais especificamente com os movimentos de 1968. A construção do trabalho assalariado e a regulação pública consolidada no após-guerra encontrou uma população com um baixo grau de exigência quanto às condições de trabalho. Os 30 anos de guerras, de instabilidade ou crise econômicas faziam que população dos países desenvolvidos buscasse principalmente proteção social que lhe desse segurança de trabalho e garantisse o fim da fome, do frio e do desemprego, expectativas que foram contempladas com o crescimento e política social do após-guerra. Com certeza, a classe operária não conseguiu chegar ao paraíso, mas teve as condições de vida mais favoráveis durante o processo de construção da sociedade capitalista nos países desenvolvidos.

O desenvolvimento econômico e social do após-guerra, genérica e imprecisamente denominado consenso keynesiano, foi colocado em questão pela nova geração que chegava ao mercado de trabalho, fruto da segurança social conquistada no período, reivindicava um mundo diferente daquele que havia conhecido seus pais. Isto é, um mercado de trabalho menos rotineiro e sujo e um sistema de representação menos burocratizado e hierarquizado. A nova geração, fruto da política social, tinha expectativa de uma mobilidade social substantiva e de poder na estrutura de representação dirigida pela geração de seus pais.

Abriram-se, portanto, dois fronts de questionamento sobre o padrão de organização do trabalho consolidado nos também genérica e imprecisamente denominados anos dourados do após-guerra. Um de natureza econômica e outro de natureza política. Um estabelecido no seio do capital e outro emergido no meio dos trabalhadores.

Na segunda metade dos anos 70, a reorganização produtiva privilegiou diretamente a redução da demanda corrente de trabalho, gerando um desemprego tecnológico sob o signo da tese do fim do trabalho. Máquinas produziriam máquinas, ficando em aberto a questão relativa sobre quem consumiria estas máquinas, dado que boa parte da sociedade tenderia a estar na situação de desemprego.

Ao mesmo tempo, o crescimento do desemprego, em um contexto de crise da representação dos trabalhadores, abriu espaço nas negociações coletivas para o estabelecimento de novas regras e normas para regulação do contrato e das relações de trabalho.

Esse movimento tendeu a produzir dois tipos de pressão sobre os governos nacionais, no sentido de modificarem a regulação pública estatal dos mercados e das relações de trabalho nos países desenvolvidos do ocidente. O primeiro tipo tinha origem nas negociações coletivas, que, ao acordarem mudanças nas regras e normas de regulação dos contratos de trabalhos, acabaram por exigir que os Estados tornassem convergentes as normas e regras públicas estatais. Isto é, a ação do Estado visava impedir que pudesse haver contestação legal dos resultados acordados na negociação coletiva. O segundo tipo de pressão nascia do elevado desemprego, que, em um contexto de restrição ao aumento da já elevada carga tributária, induzia os governos ao monitoramento do crescimento dos gastos com seguro-desemprego, levando que os mesmos adotassem medidas de reorganização da política com o objetivo de conter o incremento de seu orçamento.

A reorganização produtiva, a crise de representação no mundo do trabalho e o desemprego abriram caminho para um processo recorrente de reorganização da regulação do contrato e das relações de trabalho, que tendeu a provocar um movimento contínuo de desvalorização do trabalho assalariado independentemente do desempenho econômico (*Kochan et al.*, 1986). Apesar das situações de baixo desemprego observadas em países como a Inglaterra e os Estados Unidos, durante o crescimento econômico da década atual, não se vislumbrou a recuperação dos salários e muito menos melhoras das condições de trabalho (Autor *et al.*, 2006, e *Goldin et al.*, 1992). Ao contrário, a recuperação econômica foi acompanhada de uma deterioração da distribuição de renda, tanto funcional como pessoal, tendo na desvalorização dos salários um determinante importante do processo (*Atkinson*, 2003, e *Machin et al.*, 2007).

Uma dimensão a ser ressalta do movimento de reorganização dos mercados de trabalho dos países desenvolvidos é a reiteração da predominância do trabalho assalariado nas estruturas ocupacionais nacionais. Ao contrário do que se indicava nos anos 70, a perspectiva do fim do trabalho não se estabeleceu. O trabalho assalariado teve sua participação mantida e, em certas economias, aumentada ao longo do período. Segundo dados da OCDE, o trabalho assalariado se situa entre 80% e 90% da ocupação nos países de maior desenvolvimento (OCDE, 2004). Naqueles considerados de desenvolvimento menos intenso, como Portugal e Polônia, a taxa de assalariamento se encontra entre 70% e 80%.

Em termos objetivos, a tese do fim do trabalho, dos anos 70, foi substituída por aquela que versa sobre o custo do trabalho, a partir dos anos 80. A reorganização produtiva se traduziu na reiteração do trabalho assalariado nos países desenvolvidos, só que agora em condições de trabalho e remuneração menos favoráveis.

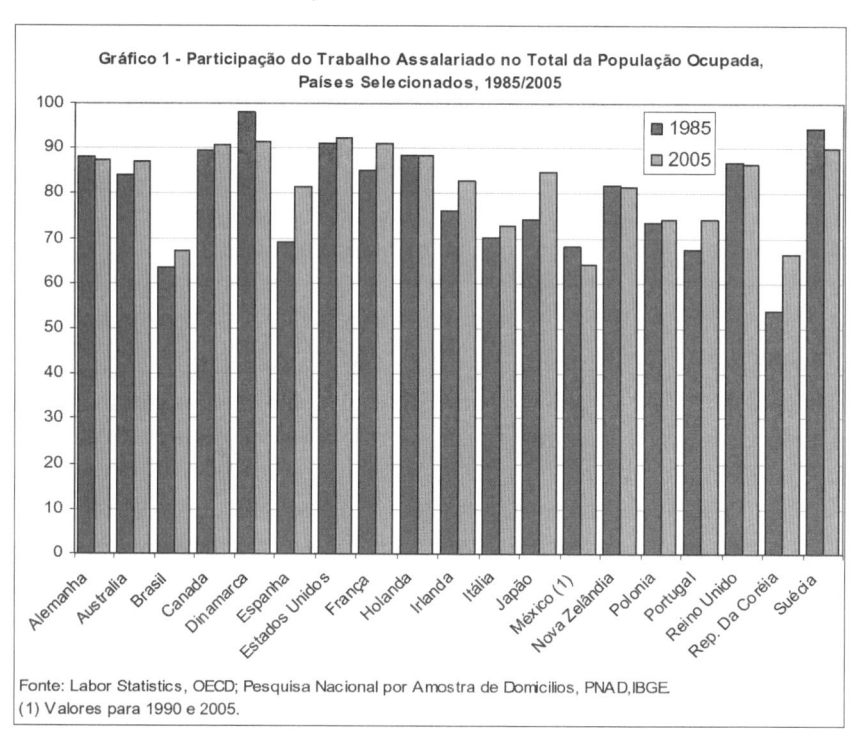

Gráfico 1 - Participação do Trabalho Assalariado no Total da População Ocupada, Países Selecionados, 1985/2005

Fonte: Labor Statistics, OECD; Pesquisa Nacional por Amostra de Domicílios, PNAD, IBGE.
(1) Valores para 1990 e 2005.

2. A TESE DO FIM DO TRABALHO NA PERIFERIA DO CAPITALISMO

O discurso sobre o fim do trabalho, mesmo que tardiamente, alcançou a periferia do capitalismo, movimento aqui analisado a partir da experiência brasileira.

A crise econômica dos anos 80 carregou consigo a primeira crise da sociedade urbana-industrial brasileira, explicitando tanto a destruição violenta de postos de trabalho assalariado como a emergência de um desemprego de dimensão ponderável. A aderência da economia nacional ao movimento de reestruturação produtiva dos países desenvolvidos, durante a década, não ocorreu ao menos por duas razões.

A primeira devido aos amplos constrangimentos da crise de endividamento externo que impedia qualquer veleidade do país proceder a reorganização da base produtiva nacional, devido à quase total falta de divisas que pudessem viabilizar a importação que inevitavelmente a atualização tecnológica provocaria.

A segunda se relacionou com o processo de democratização trilhado pela nação nos anos 80. Os baixos ganhos sociais do crescimento da década de 70 alimentaram a esperança de um desenvolvimento econômico com justiça social, expectativa que dominou o processo de democratização e que se inscreveu fortemente na Constituição Federal aprovada em 1988.

Assim, tanto as condições econômicas como políticas favoreceram a preservação da base produtiva nacional, bem como a expectativa de uma volta ao crescimento com recuperação do mercado de trabalho assalariado. Alimentou esta esperança o fortalecimento do movimento sindical, cuja reconstrução foi parte inerente da democratização brasileira.

Considerando as restrições econômicas e políticas, o país viveu um período de intensa instabilidade do nível de atividade com progressiva exacerbação inflacionária. As consequências deste movimento sobre o mercado de trabalho foi uma corrosão lenta da base de trabalho assalariado, após a recessão do período 1981-83, com uma deterioração ponderável dos salários, apesar da maior presença da negociação coletiva.

A busca pela retomada do crescimento com maior preocupação com a questão social impedia a adoção de políticas que rompessem a perspectiva de desenvolvimento fundado nos mercados internos e com baixa inserção internacional. Esta restrição impediu que o país adotasse outra perspectiva de política econômica, que já se fazia presente em outros países latino-americanos como Chile, México e Argentina.

A legitimidade para a mudança veio com a primeira eleição presidencial realizada depois de quase 30 anos. O presidente eleito, em 1989, conseguiu chancelar um projeto econômico e político fundado na abertura econômica e em reformas estruturais, inclusa a mudança da regulação dos contratos e das relações de trabalho. O projeto apontava ainda a necessidade de superar uma configuração anacrônica de mercado de trabalho, que continuava referenciada no assalariamento protegido pelo Estado e associado ao trabalho industrial.

Chegava ao país, mesmo que de modo tardio, a tese do fim do trabalho. Em 1990, iniciou-se um período de desestruturação do mercado nacional de trabalho que somente foi interrompido com a crise cambial de 1999, quando o Brasil foi obrigado a retomar políticas de incentivo da produção local. E, por decorrência, a internalizar parte do consumo importado, seja devido a ausência de divisas para financiar as importações seja pela taxa de câmbio desvalorizada que passara a inviabilizar parte do consumo corrente de produtos estrangeiros, especialmente daqueles de valor elevado.

A política de estabilização adotada em 1990 esteve assentada em dois pilares básicos: i. aprisionamento de 75% da base monetária; e ii. abertura comercial. O insucesso da iniciativa foi rápido e fundado, ao menos, em dois motivos.

O enxugamento da base monetária foi prontamente revertido, restabelecendo a liquidez monetária. A abertura comercial se mostrou inviável em razão da ausência de fluxos financeiros que pudessem financiar o déficit em conta corrente. No final do primeiro semestre de 1990, a política adotada encontrava-se claramente bloqueada, apesar de ter jogado o país em uma recessão que se mostrava persistente e que provocava desestruturação da base produtiva e do mercado de trabalho.

A situação de crise econômica é amplificada pela crise política com o *impeachment* do Presidente Collor em 1992. O vice-presidente, ao ser empossado como titular, buscou conduzir a construção de uma base política mais ampla, que lhe permitisse conter a crise econômica e o processo inflacionário e que lhe viabilizasse a transição democrática para um novo governante em 1995. O arranjo político constituído permitiu um arejamento das instituições políticas, que contou inclusive com a contribuição das centrais sindicais. Acordos produtivos foram estabelecidos, permitindo conter a recessão sem, contudo, avançar no combate a inflação.

Estes acordos tiveram como referência aquele realizado no setor automobilístico, conhecido como câmara setorial, que restabeleceu alguma proteção à produção nacional, bem como espaço político para mudanças na regulação das relações de trabalho estabelecidas a partir da negociação coletiva. Em 1993 e 1994, acordos coletivos começaram a estabelecer, à revelia da regulação pública estatal, novas regras para gestão dos salários e das horas trabalhadas, introduzindo a participação nos lucros e resultados e a compensação de horas trabalhadas (banco de horas). No ano de 1994, o governo editou duas medidas provisórias que deram amparo legal às regras e normas acertadas em acordos coletivos sobre salários e horas trabalhadas.

Ao mesmo tempo em que o Presidente Itamar Franco soldava uma base política ampla que lhe viabilizasse politicamente e também a própria transição democrática, ele foi elaborando um plano de estabilização centrado em uma âncora cambial, dependente do ingresso de capitais e da abertura econômica. A possibilidade real de eleição do candidato Luis Inácio Lula da Silva, em 1994, permitiu agregar interesses políticos internos e externos ao redor desta solução de política econômica. Ademais, o governo adotava passos firmes em direção a um programa de privatização robusto, que buscava dar sinais às finanças do mundo desenvolvido de que o país estava decidido a ingressar nos novos tempos da economia globalizada. Os ventos favoráveis da economia internacional favoreciam a política de estabilização (Plano Real), que permitiu a redução da taxa anual de inflação de mais de 3000%, em 1993, para algo como 50% em 1995, abrindo ainda a perspectiva de uma taxa de inflação de um dígito para os anos vindouros, algo desconhecido na história republicana brasileira.

O Plano Real explicitou amplamente a tese sobre o fim do trabalho na sociedade brasileira. A globalização e a superação de um mercado de trabalho com referência no trabalho assalariado eram vistas como inevitáveis, cabendo ao país reconhecer os novos tempos e tomar medidas que atenuassem a transição para um novo mercado de trabalho, fundado no trabalho autônomo e no empreendedorismo. Ademais, era preciso que o país passasse a conviver com um modelo de regulação do contrato e das relações de trabalho com uma menor presença do Estado, que permitisse superar a regulação construída durante a fase de industrialização do país e que tinha ainda como referência básica o marco legal estabelecido em 1942, a Consolidação das Leis do Trabalho.

3. Do fim do trabalho ao baixo custo do trabalho, versão Custo Brasil

O discurso da "inempregabilidade" em uma situação de desemprego exacerbado abriu espaço para sustentar uma das dimensões da tese Custo Brasil, que associou a existência de um elevado custo do trabalho a uma regulação pública estatal do contrato e das relações de trabalho disfuncional às novas condições de concorrência em uma economia globalizada. A tese considerava ainda que a evolução desfavorável do emprego formal somente poderia ser superada com uma regulamentação mais flexível dos contratos e das relações de trabalho.

A adoção da tese sobre a flexibilidade do custo da força de trabalho se fez mesmo que os fatos não a comprovassem. Segundo dados do *Bureau of Labor Statistics* dos Estados Unidos para 1998, momento de maior apreciação do Real ante o Dólar, o país apresentava custo salarial hora semelhante aos de outros países com grau equivalente de desenvolvimento. Se considerado o ano de 2005, quando a apreciação do Real era significativamente menor, o custo salarial hora brasileiro era expressivamente inferior.

A questão relevante a ser ressaltada é que a perspectiva de manutenção do Real valorizado para os anos finais da década exigiria, sem dúvida, que a perda de competitividade da economia brasileira fosse compensada por redução dos custos salariais. Portanto, a flexibilidade da regulação do contrato e das relações de trabalho aparecia como uma necessidade de acomodar partes dos efeitos da política econômica, como a valorização cambial.

As pressões para modificar a regulação do contrato e das relações de trabalho foram enormes, tendo havido iniciativas orientadas para ampliar a possibilidade de contratação de força de trabalho em jornada parcial ou por tempo determinado. Também, foi alterada a legislação com o intuito de facilitar a abertura do comércio aos domingos, mudança que possibilitou, desde então, a abertura generalizada e recorrente dos *shopping-centers* e supermercados no antigamente considerado dia santo para descanso. Facilitou-se ainda a regra para a subcontratação de trabalho, movimento que conheceu, inclusive, ampla difusão no próprio Governo Federal. Ao mesmo tempo, as empresas pressionaram os sindicatos para alterações nos contratos coletivos, seja através da redução de cláusulas que eram renovadas anualmente, seja na definição de outras que ampliassem a flexibilidade da remuneração e da jornada de trabalho (*Dedecca*, 2006).

A crise cambial de janeiro de 1999 reabriu a temporada de instabilidade econômica, fazendo que o país recorresse a empréstimos do FMI com o intuito de manter minimamente em dia suas contas externas.

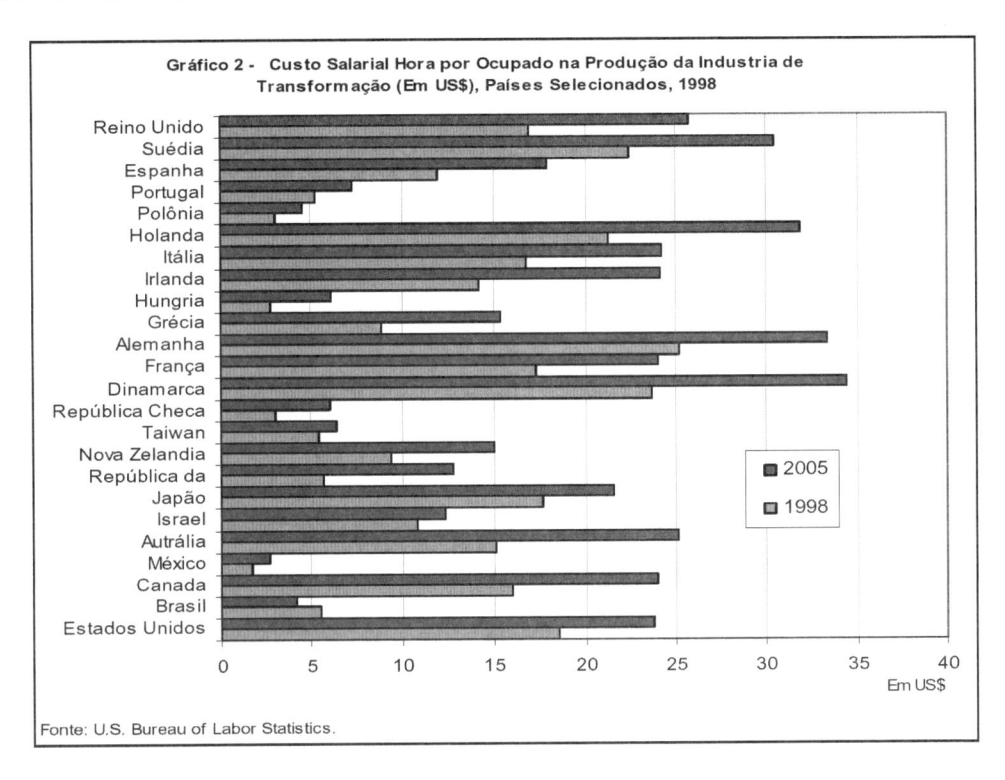

Gráfico 2 - Custo Salarial Hora por Ocupado na Produção da Indústria de Transformação (Em US$), Países Selecionados, 1998

[Gráfico de barras horizontais comparando 2005 e 1998 para os seguintes países: Reino Unido, Suédia, Espanha, Portugal, Polônia, Holanda, Itália, Irlanda, Hungria, Grécia, Alemanha, França, Dinamarca, República Checa, Taiwan, Nova Zelândia, República da, Japão, Israel, Autrália, México, Canada, Brasil, Estados Unidos. Escala de 0 a 40 Em US$.]

Fonte: U.S. Bureau of Labor Statistics.

Em termos objetivos, a crise cambial impôs a necessidade de um ajuste das contas externas, obrigando uma redução do déficit em conta corrente de 33 para 7 bilhões entre 1998 e 2002, com um primeiro superávit de 4 bilhões em 2003. Desde 1999, ampliou-se a austeridade fiscal com a definição de metas de superávit primário. A desvalorização cambial com a política monetária restritiva, ancorada em uma taxa de juros real de ao menos 10% a.a. entre 1999 e 2002, se traduziu em reversão do déficit no balanço de pagamentos em 2001. O contexto de restrição externa e a política fiscal restritiva mantiveram o país em um patamar baixo de crescimento, sendo, entretanto, restabelecida uma recuperação tanto da base produtiva como do mercado formal de trabalho.

Este argumento fica evidente quando se analisa a evolução do Produto Interno Bruto e do emprego formal ao longo das duas últimas décadas (Gráfico 3). Desde 1993, observa-se um crescimento do PIB, contido nos anos de 1998, 1999 e 2003. A trajetória de incremento do produto não foi acompanhada por uma recuperação do emprego formal na década de 90, com exceção dos anos 1994 e 2000. Desde este último ano, tem-se observado a relação positiva entre aumento do produto e do emprego formal, sendo que, até 2006, a elasticidade produto-emprego ficou acima da unidade. Isto é, a recomposição da atividade econômica, por consumir capacidade ociosa e por não ser acompanhada de mudanças nos coeficientes técnicos, teve a capacidade de restabelecer a sincronia entre aumento da atividade e geração de empregos formais.

Se, por um lado, as novas condições de funcionamento da economia com fortes restrições externas permitiram restabelecer a relação positiva entre produto e emprego, dando evidências da inconsistência da tese sobre o fim do trabalho assalariado (ou da inempregabilidade, como denominada no debate nacional), não se observou, por outro, tendência de recuperação dos salários que extrapolasse as baixas remunerações, que tiveram sua evolução determinada pela política de salário mínimo (*Cardoso Jr.*, 2007, e *Dedecca*, 2006).

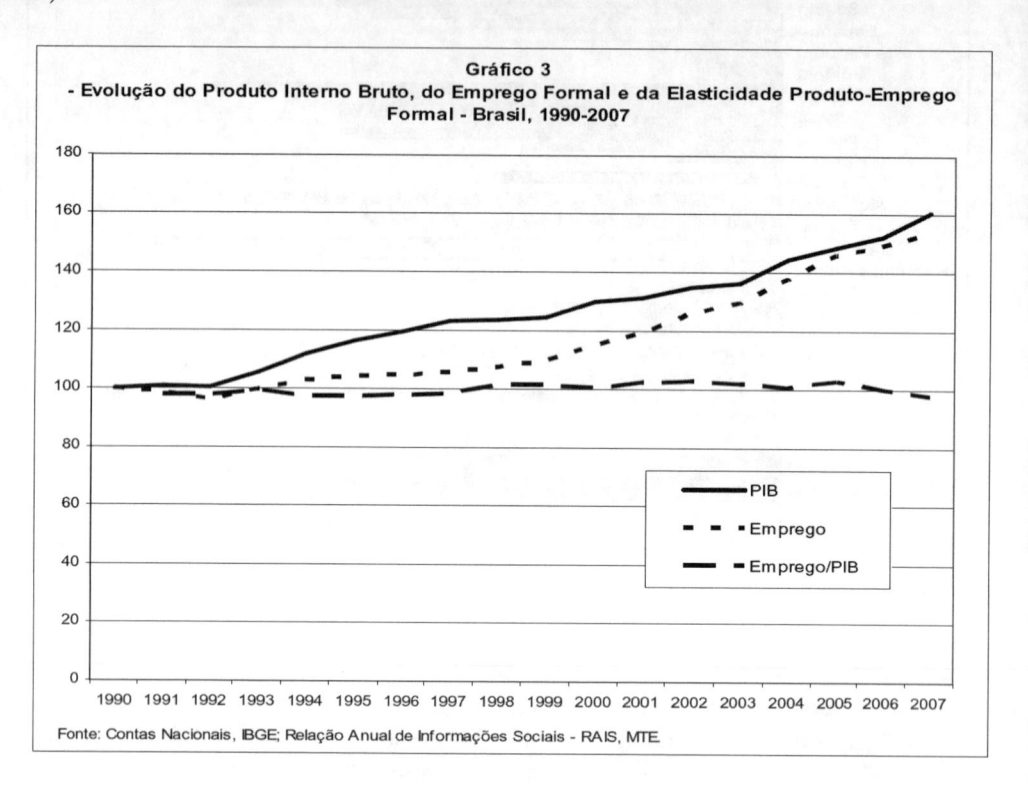

Gráfico 3
- Evolução do Produto Interno Bruto, do Emprego Formal e da Elasticidade Produto-Emprego Formal - Brasil, 1990-2007

Fonte: Contas Nacionais, IBGE; Relação Anual de Informações Sociais - RAIS, MTE.

A contribuição da evolução do produto para o mercado de trabalho torna-se ainda mais evidente quando se analisa o comportamento do segmento informal, associado a não contribuição para a previdência social. Desde 1999, existe uma clara tendência de redução do grau de informalidade tanto para o mercado de trabalho como um todo, como para o segmento do trabalho assalariado. Mesmo que se considere limitada a retração da informalidade, ela aparece como importante se considerada a perspectiva de desestruturação do mercado formal de trabalho que havia sido apontada durante os anos de auge do Plano Real (1995-1997).

Ademais, a redução da informalidade tem ocorrido após mudanças na regulação pública dos contratos e das relações de trabalho que não podem ser consideradas irrelevantes, mas que estiveram longe de superar a Consolidação de Leis do Trabalho, bem como a proteção ao trabalho inscrita na Constituição Federal de 1988. Este movimento evidencia que a regulação pública das relações do contrato e das relações de trabalho não é incompatível com a recuperação do produto e do mercado formal de trabalho, isto é, de ampliação do trabalho assalariado com proteção social.

Não está se querendo aqui afirmar, entretanto, que o país não deve modificar a regulação atual dos contratos e das relações de trabalho. Apenas está se indicando que sua atualização não exige que se desmonte a base de direitos e de proteção ao trabalho sob a justificativa de ampliar a capacidade de geração de emprego. A atual regulação é extensa e necessita ser modificada, sendo que a alteração deveria buscar tanto a melhor produtividade da força de trabalho, como a proteção de seus direitos. A evolução recente do mercado de trabalho indica ser possível concatenar estes dois objetivos.

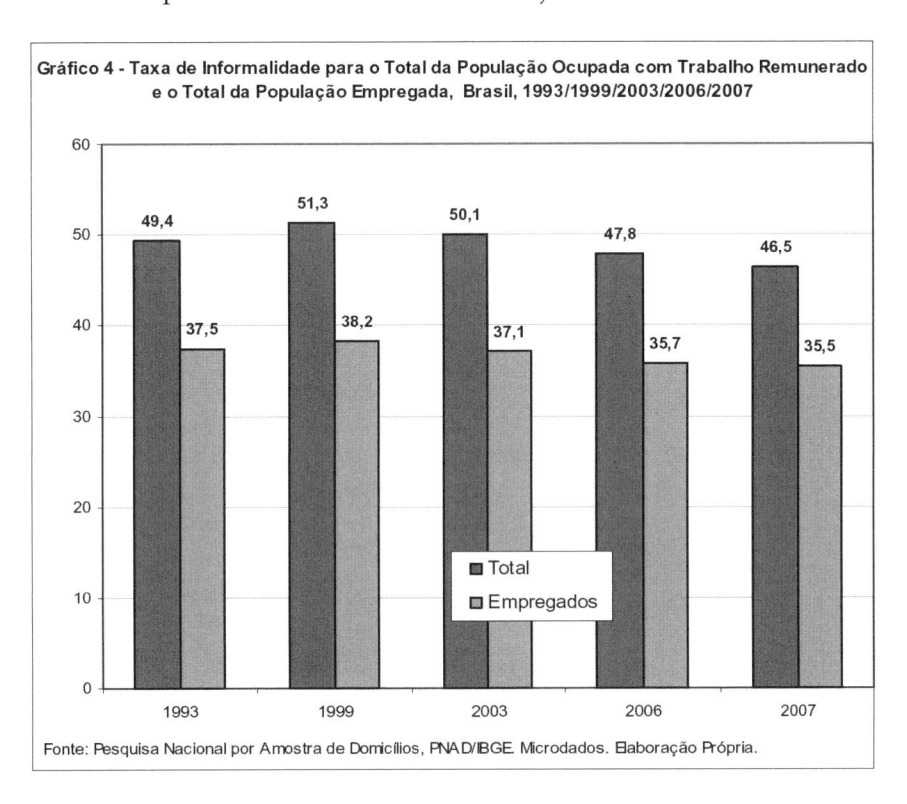

Gráfico 4 - Taxa de Informalidade para o Total da População Ocupada com Trabalho Remunerado e o Total da População Empregada, Brasil, 1993/1999/2003/2006/2007

Ano	Total	Empregados
1993	49,4	37,5
1999	51,3	38,2
2003	50,1	37,1
2006	47,8	35,7
2007	46,5	35,5

Fonte: Pesquisa Nacional por Amostra de Domicílios, PNAD/IBGE. Microdados. Elaboração Própria.

4. A consolidação de uma economia de baixos salários

Deve ser analisado com mais detalhe o resultado apresentado no Gráfico 3, quanto à ocorrência de uma elevada elasticidade produto-emprego, em razão de indicar um baixo potencial do crescimento econômico, ao menos até 2007, capaz de se traduzir em aumento de produtividade que contribua para uma recuperação mais generalizada dos salários.

Mas, antes de debater as implicações desta questão para a dinâmica dos salários na trajetória de crescimento atual, é importante explicitar os principais determinantes dos salários em uma economia capitalista. Estudos clássicos sobre o tema apontam três principais determinantes básicos (*Dunlop*, 1944, *Starr*, 1982):

• **Política de Salário Mínimo** — a intervenção estatal sobre o piso legal do mercado de trabalho tem ampla possibilidade de influenciar o comportamento das remunerações mais baixas, mesmo em um contexto de desemprego ponderável;

- **Negociação Coletiva** — os acordos coletivos de categorias atuam sobre o comportamento dos salários, que têm influência ponderável sobre o conjunto dos rendimentos do trabalho, sendo que eles tendem a ser negativamente pressionados em situação de desemprego elevado. Os acordos coletivos tendem a influenciar particularmente os estratos intermediários da estrutura salarial;

- **Barganha Individual** — algumas pessoas ou conjuntos de pessoas exercem ocupações que podem apresentar escassez em certos momentos de crescimento ou transformação tecnológica e que podem constituir poder de barganha favorável para uma negociação individual de salário ou remuneração variável, sendo que o desemprego elevado tende a reduzir as ocupações com esta vantagem competitiva. A influência da barganha individual tende a ocorrer nos estratos superiores da estrutura salarial.

Segundo a Organização Internacional do Trabalho, a negociação coletiva enquanto expressão de atores e interesses organizados, deve preponderar sobre a determinação da política do salário mínimo e da barganha individual. A OIT entende que o desenvolvimento da sociedade democrática vem indissociável do fortalecimento da organização dos atores e dos interesses, devendo estes ter predominância no processo de formação dos salários por garantirem resultados mais adequados às necessidades das partes e por viabilizarem maior liberdade de negociação.

Mesmo considerando a realidade atual de reiteração da política do salário mínimo tanto em países desenvolvidos como nos em desenvolvimento, é inegável que qualquer movimento mais generalizado de elevação dos salários, que atinja mais amplamente a estrutura ocupacional, depende de uma trajetória sustentada de crescimento com elevação da produtividade e de uma maior presença das negociações coletivas na distribuição do maior e melhor desempenho produtivo (*Belman et al.*, 2004, e *Machin et al.*, 2007). Mesmo teorias com um escopo mais ortodoxo, como a teoria dos contratos, não considera que a barganha individual possa ter papel dominante na formação dos salários, em razão das falhas de mercado e de informação.

Retornando aos resultados sintetizados no Gráfico 3, percebe-se que somente nos últimos 2 anos, isto é, em 2006 e 2007, a elasticidade produto-emprego ficou abaixo da unidade, mesmo assim em um patamar muito próximo a ela. Os dados revelam que o crescimento atual carrega um dilema, considerada a taxa anual de expansão do produto. Ou gera empregos formais com recuperação muito limitada dos salários, ou eleva os salários com possível redução da capacidade de geração de empregos. São claros os indícios que a primeira situação tem se plasmado no mercado de trabalho nacional, havendo uma amplificação do perfil de baixa renda estruturalmente nele prevalecente.

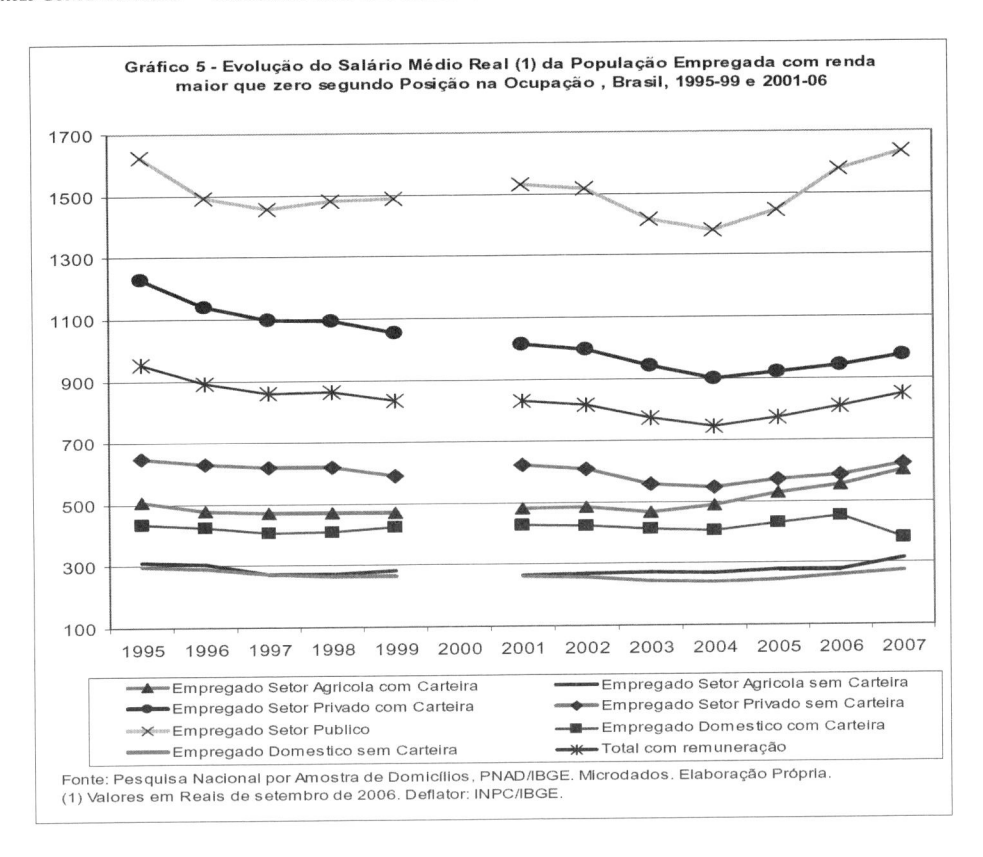

Gráfico 5 - Evolução do Salário Médio Real (1) da População Empregada com renda maior que zero segundo Posição na Ocupação, Brasil, 1995-99 e 2001-06

Fonte: Pesquisa Nacional por Amostra de Domicílios, PNAD/IBGE. Microdados. Elaboração Própria.
(1) Valores em Reais de setembro de 2006. Deflator: INPC/IBGE.

Explorando a evolução do salário médio real, nota-se que nenhum segmento do trabalho assalariado havia conseguido em 2007 retomar o patamar conhecido no início do Plano Real, isto é, em 1995. Apesar da recuperação do salário médio real ocorrida nestes últimos anos para a maioria dos trabalhadores, somente o setor público conheceu um movimento mais expressivo, conseguindo retomar o patamar do início do período. Em termos gerais, pode-se dizer que a tendência de corrosão do salário médio real foi contida nestes últimos anos, tendo sido observada uma pequena recomposição de seu poder de compra, sem que possa ter sido estabelecida qualquer sinalização de uma dinâmica de aumentos salariais sustentados.

Os limites da recomposição do salário real no período 2003-2007, quando passa a ser observada a recuperação de seu poder de compra, ficam adequadamente explicitados quando analisados os ganhos salariais segundo estratos da distribuição. De acordo com a síntese encontrada no Gráfico 6, o salário médio conheceu um incremento real de 2,4% a.a., contra um aumento da ordem de 5,7% a.a. para o salário mínimo. Denota-se, ademais, que os segmentos intermediários da distribuição auferiram ganhos próximos à média e muito inferiores ao observado para o piso legal. Os resultados evidenciam ainda que somente 25% dos assalariados auferiram ganhos iguais ou superiores encontrados para o salário mínimo, sinalizando um movimento claro de aumento de renda principalmente nos estratos mais baixos e com renda próxima ao piso legal (*Soares*, 2002, *Dedecca*, 2006 e *Sabóia*, 2008).

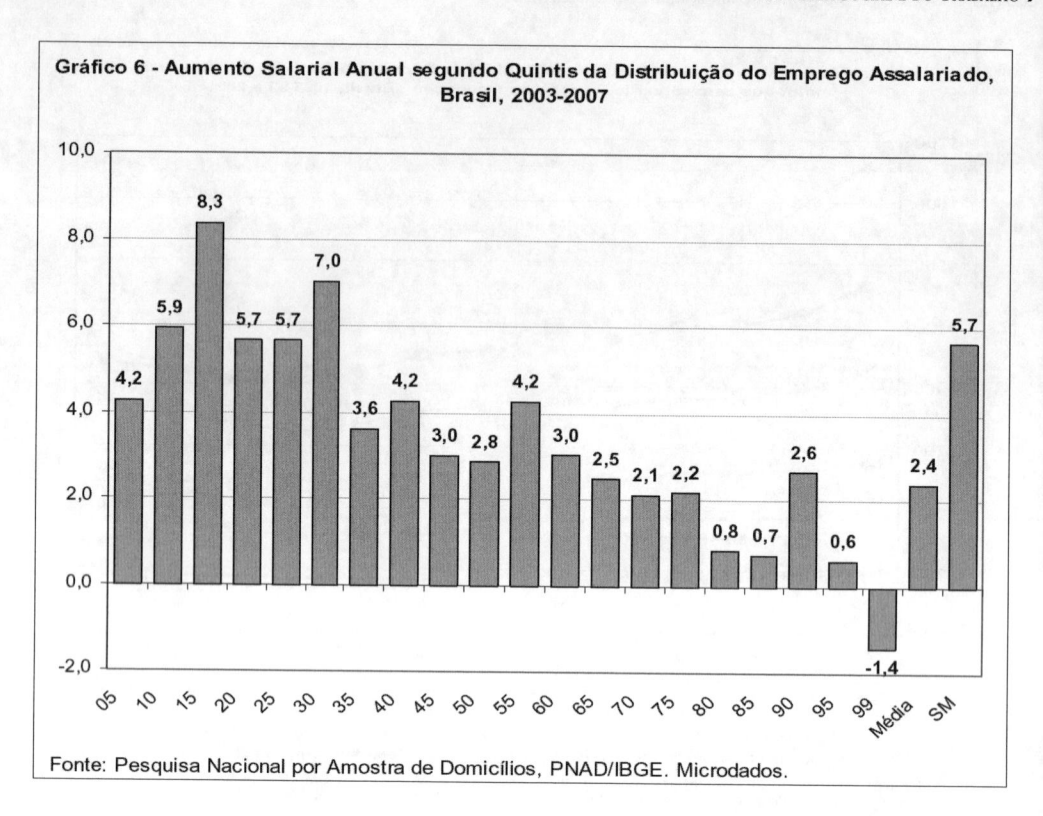

Gráfico 6 - Aumento Salarial Anual segundo Quintis da Distribuição do Emprego Assalariado, Brasil, 2003-2007

Quintil	05	10	15	20	25	30	35	40	45	50	55	60	65	70	75	80	85	90	95	99	Média	SM
Valor	4,2	5,9	8,3	5,7	5,7	7,0	3,6	4,2	3,0	2,8	4,2	3,0	2,5	2,1	2,2	0,8	0,7	2,6	0,6	-1,4	2,4	5,7

Fonte: Pesquisa Nacional por Amostra de Domicílios, PNAD/IBGE. Microdados.

A evolução da renda real dos assalariados no período de 1999 a 2007 pode ser mais bem analisada quando relacionado o salário de cada estrato com o salário mínimo em cada ano, segundo a contribuição para a previdência social. De acordo com o Gráfico 7, ocorreu, ao longo do período analisado, uma clara aproximação da estrutura salarial ao valor do piso legal, independentemente do nível de renda considerado. Observa-se uma clara tendência de progressiva concentração da estrutura salarial ao redor do salário mínimo, que reitera, de um lado, o perfil de baixa renda prevalecente no mercado de trabalho brasileiro e sinaliza, por outro, a ausência de maior influência da negociação coletiva ou individual para os salários reais dos estratos intermediários ou superiores da curva.

É interessante observar que a curva de rendimentos para o segmento assalariado sem contribuição para a previdência social, exclusive os empregados domésticos, apresenta maior aderência à evolução do salário mínimo, mesmo para os estratos com rendimento inferior ao piso legal.

A experiência brasileira recente tem mostrado, portanto, que a política pública parece ser o único determinante relevante para a evolução recente dos salários, independentemente da situação de formalidade ou não do contrato de trabalho. O crescimento econômico não foi ainda suficiente para dinamizar o mercado de trabalho no sentido de restabelecer maior influência da negociação coletiva para o comportamento dos salários reais. Em razão das implicações desta questão para a evolução dos salários, bem como dos demais rendimentos, para a distribuição de renda do trabalho, ela será objeto de análise específica a seguir.

5. Os salários e a negociação coletiva

Como apontado anteriormente, a abordagem clássica sobre a formação dos salários considera duas formas de determinação relacionadas ao processo de barganha: a coletiva e a individual. Também, indica que a primeira forma tende ter maior influência nos estratos intermediários da distribuição, enquanto a segunda tende ter um papel mais relevante para os estratos superiores.

Quanto a barganha individual, os resultados sugerem que ela não tem tido um papel ativo que pudesse permitir ganhos elevados nos estratos superiores, como mostram os resultados apresentados no Gráfico 6. Ademais, a análise da relação dos rendimentos dos estratos com o salário mínimo (Gráfico 7) mostra que a tendência de sua redução, no período 1999-2007, foi mais acentuada para os estratos superiores, onde se esperaria maior efetividade da barganha individual.

Gráfico 7 — Rendimentos em Salário Mínimo segundo Quintis da Distribuição do Emprego Assalariado (1)

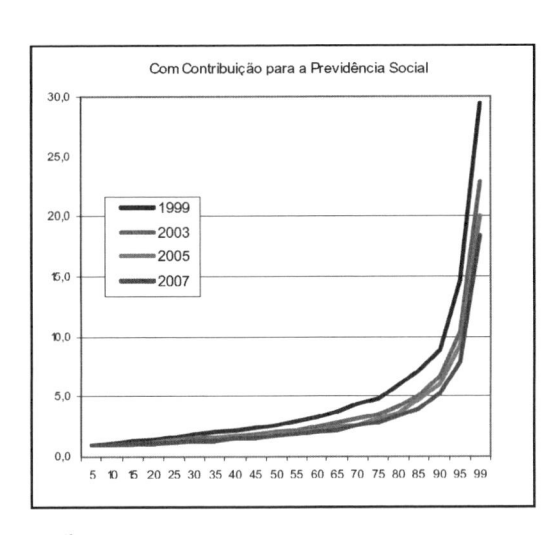

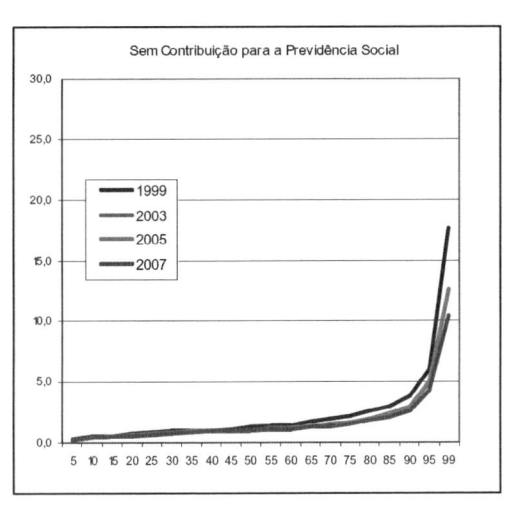

Brasil, 1999-2007
Pesquisa Nacional por Amostra de Domicílios, PNAD/IBGE. Microdados. Elaboração própria.
(1) Exclusive emprego doméstico.

No que diz respeito ao processo de barganha de natureza coletiva, é necessário que seja dada maior atenção, ao menos por dois motivos. O primeiro decorre da possibilidade de a negociação coletiva ter uma influência mais abrangente sobre a estrutura salarial, em razão de seus resultados no Brasil serem difundidos para todos os assalariados, independentemente de serem ou não sindicalizados. O outro se relaciona à importância da negociação coletiva para minimizar o papel do salário mínimo, seja para sustentar, seja para elevar o padrão de remuneração no mercado de trabalho. É fundamental que o salário mínimo proteja a remuneração de base, mas é decisivo que a negociação coletiva cumpra seu papel da conformação de uma estrutura de salários menos desigual e menos concentrada nas baixas remunerações.

Para analisar a contribuição da negociação coletiva para a evolução dos salários serão explorados os resultados da PNAD segundo a condição de sindicalização dos assalariados. De acordo com a pesquisa, a taxa total de sindicalização conheceu um incremento no período 1999-2003, mas teve um decréscimo quando se considera o período posterior. Em 2007, ela se situava em patamar próximo ao encontrado em 1999. Em termos gerais, somente o setor agrícola apresentou uma variação mais relevante da taxa de sindicalização de 10% para 15% no período analisado, apesar de continuar a se situar em um patamar muito baixo.

Quando abordada segundo níveis de renda, observa-se uma tendência de crescimento da taxa de sindicalização para os estratos superiores. Mesmo assim, ela pouco supera 40% no último estrato. Quanto aos primeiros estratos, a taxa de sindicalização apresenta-se muito baixa. É importante lembrar que a informalidade se constitui em uma barreira relevante para a taxa de sindicalização, dada a regulação estatal da negociação coletiva existente no Brasil.

Em termos globais, os dados revelam que o crescimento não tem sido acompanhado por uma maior sindicalização no mercado de trabalho brasileiro, reiterando uma situação estrutural de baixa incidência das instituições de representação para a dinâmica do segmento de trabalho assalariado.

Gráfico 8 - Taxa de Sindicalização segundo Classe de Atividade Econômica Brasil, 1999-2007

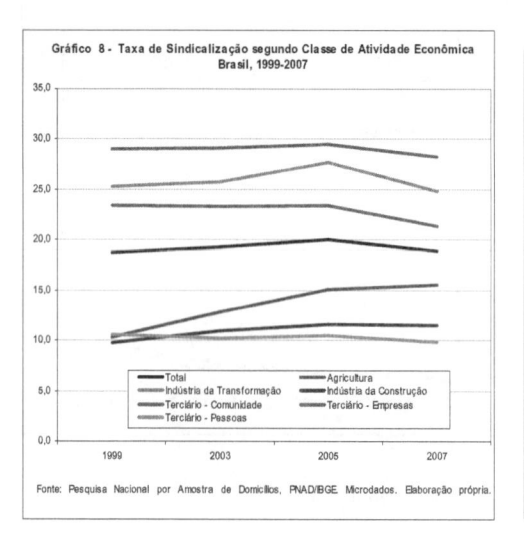

Fonte: Pesquisa Nacional por Amostra de Domicílios, PNAD/IBGE. Microdados. Elaboração própria.

Gráfico 9 - Taxa de Sindicalização segundo Estratos de Renda Brasil, 2007

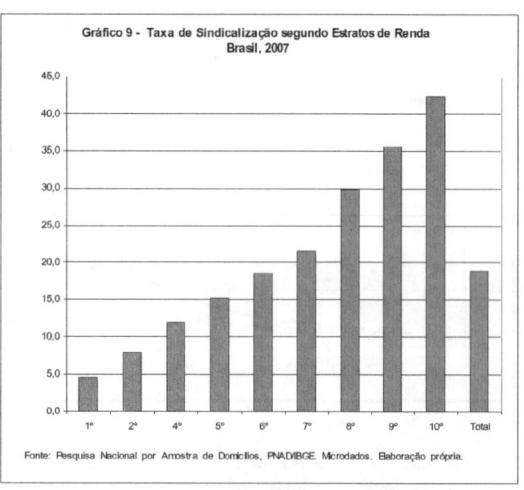

Fonte: Pesquisa Nacional por Amostra de Domicílios, PNAD/IBGE. Microdados. Elaboração própria.

Ademais, os resultados da PNAD sugerem que a geração de postos de trabalho não tem favorecido o emprego assalariado com associação a uma entidade de representação coletiva. Enquanto o emprego com associação cresceu 0,6% a.a., nota-se que aquele sem associação teve um incremento da ordem de 4,2% a.a.

Tabela 1
Número de Empregados segundo Categoria de Emprego e Condição de Associação à Entidade de Representação
Brasil, 1999-2007

	Número de Empregados				Variação Anual (%)		
	1999	2003	2005	2007	1999-2003	2002-2005	2005-2007
Associados	7.957.121,00	9.447.573,00	10.696.363,00	10.824.126,00	4,4	4,2	0,6
Empregado Setor Agrícola com Carteira	243.519,00	304.771,00	380.401,00	397.121,00	5,8	7,7	2,2
Empregado Setor Agrícola sem Carteira	203.709,00	265.815,00	316.540,00	309.766,00	6,9	6,0	-1,1
Empregado Setor Privado com Carteira	5.251.017,00	6.316.600,00	7.175.336,00	7.050.707,00	4,7	4,3	-0,9
Empregado Setor Publico	1.785.207,00	1.933.681,00	2.104.316,00	2.314.503,00	2,0	2,9	4,9
Não Associados	34.610.151,00	39.589.270,00	42.771.217,00	46.421.191,00	3,4	2,6	4,2
Empregado Setor Agrícola com Carteira	1.111.124,00	1.072.147,00	1.179.209,00	1.246.926,00	-0,9	3,2	2,8
Empregado Setor Agrícola sem Carteira	2.795.301,00	2.784.936,00	2.753.660,00	2.587.853,00	-0,1	-0,4	-3,1
Empregado Setor Privado com Carteira	13.582.660,00	16.252.457,00	18.036.174,00	20.799.000,00	4,6	3,5	7,4
Empregado Setor Privado sem Carteira	8.805.551,00	10.180.674,00	11.097.688,00	11.623.716,00	3,7	2,9	2,3
Empregado Setor Publico	2.980.595,00	3.270.689,00	3.253.492,00	3.689.756,00	2,3	-0,2	6,5
Empregado Domestico com Carteira	1.350.020,00	1.653.563,00	1.710.870,00	1.779.040,00	5,2	1,1	2,0
Empregado Domestico sem Carteira	3.984.881,00	4.374.804,00	4.740.124,00	4.694.900,00	2,4	2,7	-0,5
Total	42.571.911,00	49.038.092,00	53.467.580,00	57.245.317,00	3,6	2,9	3,5
Empregado Setor Agrícola com Carteira	1.354.643,00	1.376.918,00	1.559.610,00	1.644.047,00	0,4	4,2	2,7
Empregado Setor Agrícola sem Carteira	3.000.050,00	3.051.613,00	3.070.200,00	2.897.619,00	0,4	0,2	-2,9
Empregado Setor Privado com Carteira	18.834.985,00	22.569.057,00	25.211.510,00	27.849.707,00	4,6	3,8	5,1
Empregado Setor Privado sem Carteira	9.227.906,00	10.707.847,00	11.701.409,00	12.254.026,00	3,8	3,0	2,3
Empregado Setor Publico	4.766.217,00	5.204.370,00	5.357.808,00	6.004.259,00	2,2	1,0	5,9
Empregado Domestico com Carteira	1.377.521,00	1.690.744,00	1.751.314,00	1.813.623,00	5,3	1,2	1,8
Empregado Domestico sem Carteira	4.010.589,00	4.437.543,00	4.815.729,00	4.782.036,00	2,6	2,8	-0,4

Fonte: Pesquisa Nacional por Amostra de Domicílios, PNAD/IBGE. Microdados. Elaboração própria.

Estes dados sugerem que a dinâmica do mercado de trabalho não tem favorecido o emprego com filiação à entidade de representação coletiva, fato que tende a conter seja uma tendência de elevação da taxa de sindicalização, seja a influência das negociações coletivas na evolução do salário real. Mesmo no setor público, onde a associação tende ser mais expressiva, observa-se um crescimento do emprego não filiado superior ao encontrado para o segmento filiado. Por outro lado, constata-se que o segmento com menor discrepância das taxas de crescimento do emprego com e sem filiação é o setor agrícola, onde a taxa de sindicalização é baixa.

Em suma, pode-se dizer que seja da ótica estrutural, seja do ponto de vista da evolução recente da geração de postos de trabalho, a baixa taxa de sindicalização tende a se traduzir em resultados da negociação coletiva com pouca influência sobre o comportamento dos salários reais, tema que será tratado a seguir.

No Gráfico 10 é apresentada a relação entre as variações do salário real e do salário mínimo segundo estratos de renda e condição de associação à entidade de representação. O resultado mostra que os ganhos de salários dos associados ficaram abaixo daqueles obtidos pelos não associados, em boa parte da distribuição de rendimentos. Ademais, verifica-se que os ganhos dos associados foram relativamente mais próximos aos observados para o salário mínimo, tendo sido inclusive inferiores aos obtidos pelo piso legal para os estratos intermediários, onde a importância da negociação coletiva deveria ser maior.

Não existem indícios de que a negociação coletiva venha conseguindo diferenciar os ganhos do salário real daquele do piso legal[2]. Há evidência, portanto, de que a política publica tem pouca possibilidade, ao menos até o presente momento, de ter seu papel substituído pela negociação coletiva.

---

(2) Balanço das negociações coletivas realizado periodicamente pelo Dieese mostra que tem se ampliado a parcela de acordos com recomposições de salários nominais que superam a inflação passada. Contudo, predominam nestes acordos ganhos reais de no máximo 1%. Ver Dieese, 2007.

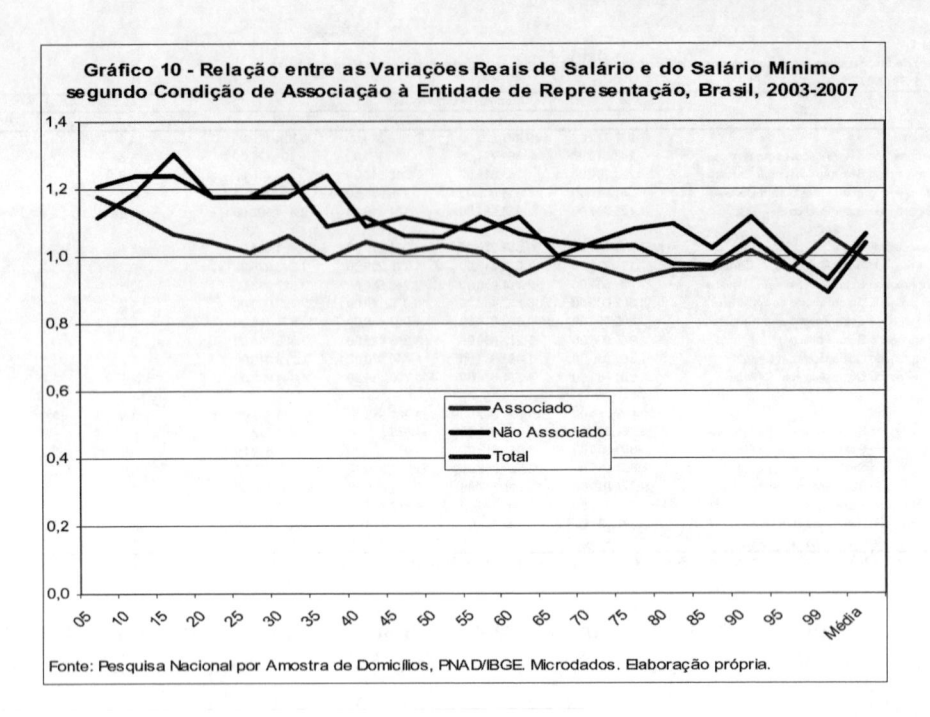

Gráfico 10 - Relação entre as Variações Reais de Salário e do Salário Mínimo segundo Condição de Associação à Entidade de Representação, Brasil, 2003-2007

Fonte: Pesquisa Nacional por Amostra de Domicílios, PNAD/IBGE. Microdados. Elaboração própria.

Os limites da negociação coletiva na determinação do salário real na atual trajetória de crescimento tornam-se ainda mais evidentes quando se analisa o índice de poder de barganha, indicador bastante utilizado para a análise dos salários em países desenvolvidos (*Levy et al.*, 2007). A construção do índice foi realizada segundo duas abordagens: forma de assalariamento e classe de atividade econômica.

Os resultados revelam uma tendência ampla de queda do poder de barganha no período 1999-2007, que tem como única exceção o setor agrícola. Neste se observou uma elevação importante do poder de barganha no segmento de atividade econômica, continuando a manter o indicador mais frágil dentre as categorias salariais ou setores econômicos.

A queda mais pronunciada do indicador foi observada para o terciário para empresas, que constitui no segmento do setor serviços mais estruturado do ponto de vista de empresa capitalista e onde as atividades financeiras têm peso elevado na atividade e na ocupação.

Nos anos recentes, 2005-2007, tem-se observado a estabilidade do poder de barganha nos setores do terciário para empresas e na indústria de transformação, havendo a possibilidade de um crescimento nos próximos anos vir associado à elevação do índice de poder de barganha nestes setores.

O fato mais relevante a ser ressaltado sobre este indicador, entretanto, refere-se à sua pouca efetividade para explicar o comportamento dos salários reais durante estes anos de crescimento. Reafirma-se, mais uma vez, o papel da política pública de salário mínimo na determinação do salário real, sem a qual o comportamento dos salários teria sido desfavorável mesmo para os segmentos filiados a uma entidade de representação coletiva.

**Gráfico 11 - Indicador de Poder de Barganha segundo Forma de Assalariamento (1)
Brasil, 1999-2007**

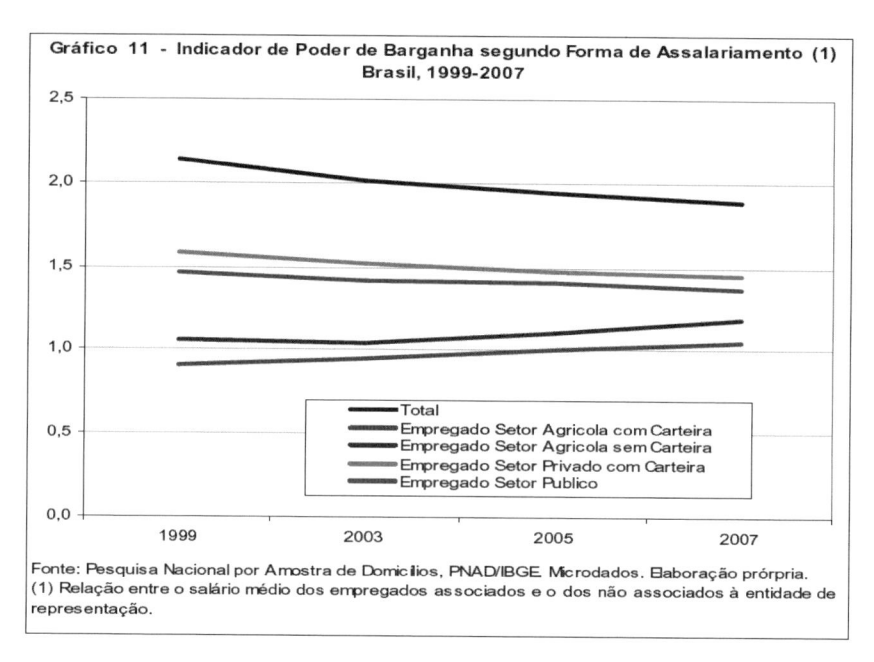

Legenda:
- Total
- Empregado Setor Agrícola com Carteira
- Empregado Setor Agrícola sem Carteira
- Empregado Setor Privado com Carteira
- Empregado Setor Público

Fonte: Pesquisa Nacional por Amostra de Domicílios, PNAD/IBGE. Microdados. Elaboração própria.
(1) Relação entre o salário médio dos empregados associados e o dos não associados à entidade de representação.

**Gráfico 12 - Indicador de Poder de Barganha Classe de Atividade Econômica (1)
Brasil, 1999-2007**

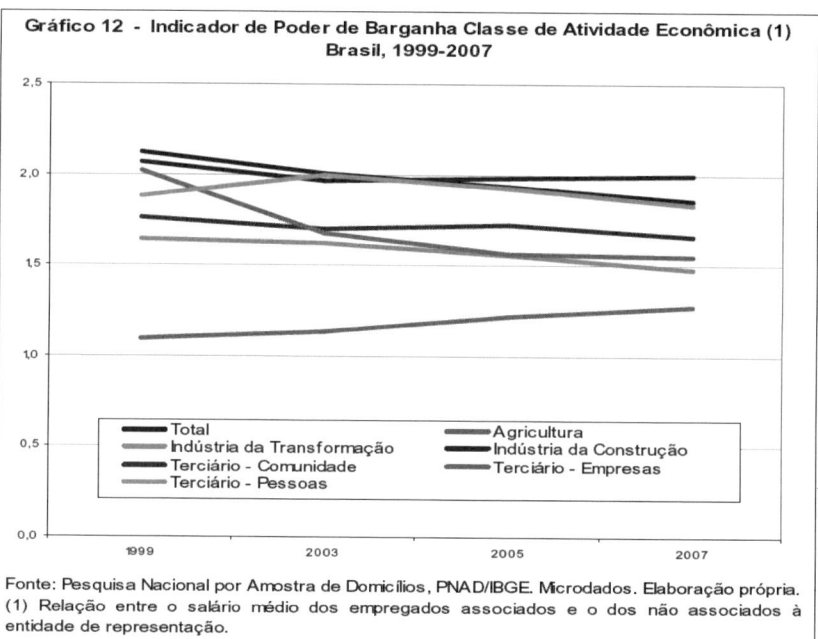

Legenda:
- Total
- Indústria da Transformação
- Terciário - Comunidade
- Terciário - Pessoas
- Agricultura
- Indústria da Construção
- Terciário - Empresas

Fonte: Pesquisa Nacional por Amostra de Domicílios, PNAD/IBGE. Microdados. Elaboração própria.
(1) Relação entre o salário médio dos empregados associados e o dos não associados à entidade de representação.

OBSERVAÇÕES FINAIS

Este ensaio teve o objetivo de explorar o trabalho assalariado na trajetória recente do capitalismo brasileiro.

A partir da crise dos anos 80, o trabalho assalariado tem sido colocado sistematicamente em xeque pela dinâmica econômica nacional. Se as condições políticas da redemocratização e as graves restrições econômicas externas impediram que, naquela década, se processasse uma reestruturação produtiva com desestruturação da base de trabalho assalariado existente, tal processo ganhou amplo curso sob a política de abertura externa adotada pelo país nos anos 90.

Nessa década, processou-se uma destruição intensa do segmento formal de trabalho, sob o signo das teses do fim do trabalho e do alto custo salarial. Mudanças na regulação pública foram realizadas, ampliando o grau de flexibilidade da regulação sobre os salários e a jornada de trabalho.

A crise externa de 1999 mudou o rumo da economia brasileira, que foi obrigada a reintroduzir no espaço nacional um conjunto mais amplo de atividades fundamentais para o mercado interno, movimento que permitiu a retomada do mercado formal de trabalho. Contudo, este movimento foi acompanhado pela tendência de declínio dos salários reais, reafirmando a configuração de baixa remuneração do mercado de trabalho nacional.

Desde 2003, a economia brasileira trilha trajetória de crescimento com efeitos positivos relevantes tanto do ponto de vista do nível de produção como daquele de emprego. A informalidade recua com a reconstituição do trabalho assalariado formal. Neste processo, tem-se observado a recuperação dos salários, particularmente nos estratos inferiores da distribuição.

Este movimento tem sido sustentado pela política de valorização do salário mínimo, sem que a influência da negociação coletiva tenha se feito presente até o momento atual.

A dinâmica do capitalismo brasileiro tem permitido a recuperação do trabalho assalariado em termos de emprego, mas ainda não tem conseguido provocar uma dinamização dos salários que abra perspectiva de superação da estrutura salarial fundada nos baixos salários. Considerando a experiência internacional, esta mudança depende de um papel mais ativo das negociações coletivas, que não se encontra presente na evolução recente do mercado nacional de trabalho.

É possível que a continuidade do crescimento, caso o país consiga sustentá-lo durante o processo de ajuste da economia internacional nos próximos anos, abra espaço para uma maior influência das negociações coletivas sobre a evolução dos salários reais. Contudo, esta possibilidade depende também de uma maior presença dos sindicatos no mercado de trabalho, que permita modificar o baixo patamar de sindicalização atual.

O avanço das negociações coletivas é fundamental tanto para viabilizar uma elevação mais generalizada dos níveis salariais como para reduzir a pressão sobre a política de salário mínimo, que tem sido o instrumento por excelência de defesa e elevação dos baixos salários.

Portanto, a inserção futura do trabalho assalariado no capitalismo brasileiro dependerá de um crescimento com aumento sustentado da produtividade, como apontado anteriormente, mas também da política pública e das negociações coletivas.

REFERÊNCIAS BIBLIOGRÁFICAS

ATKINSON, A. B. Income inequality in OECD countries data and explanations. CESinfo *Working Papers 881*, Munich: CESinfo, 2003.

AUTOR, D. H.; KATZ, L. F.; KEARNEY, M. S. The polarization of the US labor market. *Working Paper* 11986, Cambridge: NBER, 2006.

BAUMAN, R. A substituição de importações no Brasil entre 1995 e 2000. *Revista de Economia Política*, 25(3), 99, São Paulo: REP, 2005.

BECK, U. *Capitalism without work, dissent, winter*. New York: Dissent, 1997.

BELMAN, D.; VOOS, P. B. Changes in union wage effects by industry: a fresh look at the evidence. *Industrial Relation*, 43(3). Malden: Univeristy of California/Blackwell Publishing, july 2004.

CAPPELLI, P. Examining the incidence of downsizing and its effect on establishment performance. *NBER Working Paper*, 7742, Cambridge: NBER, 2000.

CARDOSO JR., J. C. De volta para o futuro? Quão sustentável promete ser a recuperação atual do emprego formal no Brasil? In: CGEE, *Análise dos Resultados da Pesquisa Nacional por Amostra de Domicílios 2005*, Brasília: CGEE, 2006.

CASTRO, A. Barros de. From semi-stagnation to growth in a sino-centric market. *Revista de Economia Política*, 28(1), 109, São Paulo: REP, 2008.

CINTRA, M. A. M. Suave fracasso: a política macroeconômica brasileira entre 1999 e 2005. *Novos Estudos*, 75, São Paulo: Cebrap, nov. 2006.

DEDECCA, C. S. *Racionalização e trabalho no capitalismo avançado*. Campinas: IE/Unicamp, 1999.

_____. Economia, mercado de trabalho e distribuição de renda, 2002-2005. In: CGEE, *Análise dos Resultados da Pesquisa Nacional por Amostra de Domicílios 2005*, Brasília: CGEE, 2006.

_____. Flexibilidade e regulação de um mercado de trabalho precário: a experiência brasileira. Anais do Colóquio Internacional *Novas formas do trabalho e do desemprego:* Brasil, Japão e França — perspectiva comparada. São Paulo: CEBRAP — FAFLCH/USP, 2006.

_____. A redução da desigualdade no Brasil, uma estratégia complexa. In: BARROS, R. P.; FOGUEL, M. N.; ULYSSEA, G. *Desigualdade de renda no Brasil:* uma análise da queda recente, v. 1, Brasília: IPEA, 2007.

DIEESE. *O balanço das negociações dos reajustes salariais em 2007*. São Paulo: Dieese, 2007.

DUNLOP, J. T. *The wage determination under trade unions*. New York: Macmillan Company, 1944.

FEIJÓ, C.; CARVALHO, P. G. M.; RODRIGUES, M. S. Concentração industrial e produtividade do trabalho na indústria de transformação nos anos noventa: evidências empíricas, *Anais do 29º Encontro Nacional de Economia*, Salvador: ANPEC, 2001.

GOLDIN, C.; MARGO, R. The great compression: the wage structure in the United States at Mid-Century. *Quarterly Journal of Economics*, 107, fev. 1992.

GORDON, D. *Fat and mean, the corporation squeeze of working American and the myth of manangerial "downsizing"*. Boston: Marin Kessler Books, 1996.

KOCHAN, T. A.; KATZ, H. C.; MCKERSIE, R. B. *The transformation of American industrial relations*. Ithaca: ILR, 1994.

LEVY, F.; TEMIM, P. Inequality and institution in the 2th century America. *Working Paper* 13106, Cambridge: NBER, 2007.

MACHIN, M.; VAN REENEN, R. Changes in Wage Inequality. Center For Economic Performance. *Special Paper* 18, London: London School of Economics and Political Science, 2007.

OCDE. 2004.

RIFKIN, J. *The end of work:* the decline of the global labor force and the dawn of the post-market era. New York: Putnam Publishing Group, 1995.

SABOIA, J. M. O salário mínimo e seu potencial para a melhoria da distribuição de renda. In: BARROS, R. P.; FOGUEL, M. N.; ULYSSEA, G. *Desigualdade de renda no Brasil*: uma análise da queda recente, Brasília: IPEA, 2008. v. 2.

SALM, C. L.; SILVA, L. C. Eichenberg. Tendências da integração no mercado de trabalho brasileiro. *Revista da Cepal*, v. 39, Santiago: Chile Cepal, 1989.

SOARES, S. O impacto distributivo do salário mínimo: a distribuição individual dos rendimentos do trabalho. *Texto para Discussão n. 873*, Rio de Janeiro: IPEA, 2002.

STARR, G. *La fixation des salaires mínima*. Genebra: OIT, 1982.

3

Empleo y Salarios en México, 1995-2007

Carlos Salas^(*)

Introducción

En agosto de 1982, México entra en una profunda crisis desatada por la caída de los precios del petróleo y el crecimiento de las tasas externas de interés. La magnitud y extensión de la crisis fue tal que llevó a una drástica transformación de la economía mexicana, hasta ese momento, volcada al mercado interno. A partir de 1983 se da un viraje en el modelo nacional de desarrollo en el que "la piedra angular del nuevo paradigma de desarrollo la ofrece la (*Moreno Brid y Ros*, 2004) liberalización del comercio" (*Bulmer-Thomas*, 1997:24). Detrás de los radicales cambios, respecto del modelo anterior de desarrollo conocido como Modelo de Sustitución de Importaciones, se ubican las ideas de que la apertura comercial y la reducción del papel del estado en los asuntos económicos, junto con un estímulo a la inversión extranjera, serían factores que permitirían construir un sector manufacturero fuerte e internacionalmente competitivo. La nueva estrategia, presuponía que un modelo de economía abierta sería capaz de: "incrementar los ingresos del intercambio externo y la inversión extranjera y así proveer al país de nuevas reservas y estabilidad; escalar el sector manufacturero con la transferencia de tecnología proveniente de las corporaciones internacionales que podrían ubicarse en México; y crear nuevos empleos, a través de la atracción de áreas rurales menos eficientes a los centros de manufactura y explícitamente desincentivar la migración por trabajo a EEUU" (*Winn*, 1992).

La experiencia de los últimos veinticinco años muestra profundas transformaciones en diversas áreas de la economía. A pesar de esos cambios, la estrategia de desarrollo por la vía de las exportaciones no ha conseguido sentar las bases para un ritmo de crecimiento sostenido del producto, que induzca aumentos en la generación de empleo decente, lo que incluiría una mejora sustantiva en los ingresos derivados del trabajo.

Las siguientes secciones buscan ubicar la evolución de los ingresos laborales en el contexto de los efectos de un cambio de modelo de desarrollo (volcado al mercado interno) y en la consolidación inestable de otro modelo (volcado al exterior).

En la primera sección se hace un examen de la forma en que aumentó la participación en el trabajo en el período 1995-2007, discutiendo con detalle las características del desempleo

---

(*) El Colegio de Tlaxcala.

abierto y la estructura de la ocupación en ese intervalo temporal. La segunda sección incluye un análisis del comportamiento de los salarios y la distribución del ingreso.

1. Tasas de actividad, desempleo y ocupación — Tasas de actividad

Entre 1995 y 2007, la tasa global de actividad para las personas de 14 años y más, sufrió importantes cambios: Pasó de 36.8 al 41.4 para las mujeres, mientras que descendió de 80.8 a 78.1, en el caso de los hombres. Un examen más detallado (Gráficas 1 y 2) muestran fenómenos a ser destacados. En primer lugar, en el caso de los hombres se tiene la caída en las tasas de participación de los grupos más jóvenes y más viejos.

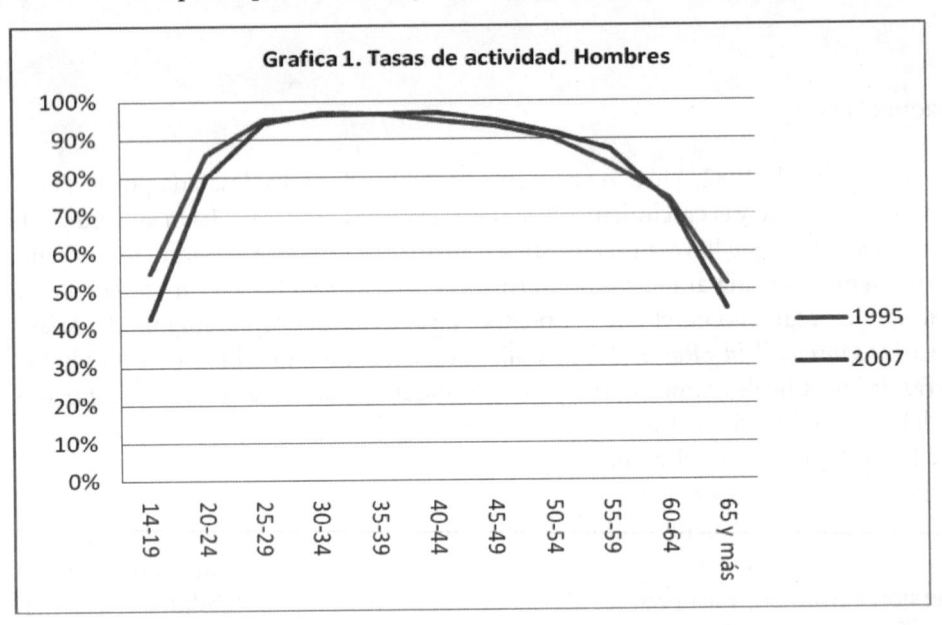

Grafica 1. Tasas de actividad. Hombres

Para el caso de las mujeres, la caída en la tasa sólo es observable en los grupos más jóvenes (menores de 25 años), ya que en todos los otros grupos de edad, hay un crecimiento importante. Esto se refleja en la composición por estado civil de la PEA. Así, para 1995, el 40.6% de las mujeres ocupadas, eran solteras; mientras que el 46.1 eran casadas. En 2007, el porcentaje de solteras había bajado a 35.2%, en tanto la proporción de casadas creció hasta el 50.6%. La mayor participación de las mujeres también se refleja en el aumento del número de perceptores por hogar. De acuerdo con cifras de la Encuesta Nacional de Ingreso y Gasto de los Hogares (ENIGH), la cifra de perceptores por familia pasó de 1.8 a 2.1 entre 1996 y 2006. Lo anterior evidencia una estrategia de los hogares para obtener un mayor ingreso, lo que se traduce en mayor participación en la ocupación.

Gráfica 2. Tasas de actividad. Mujeres

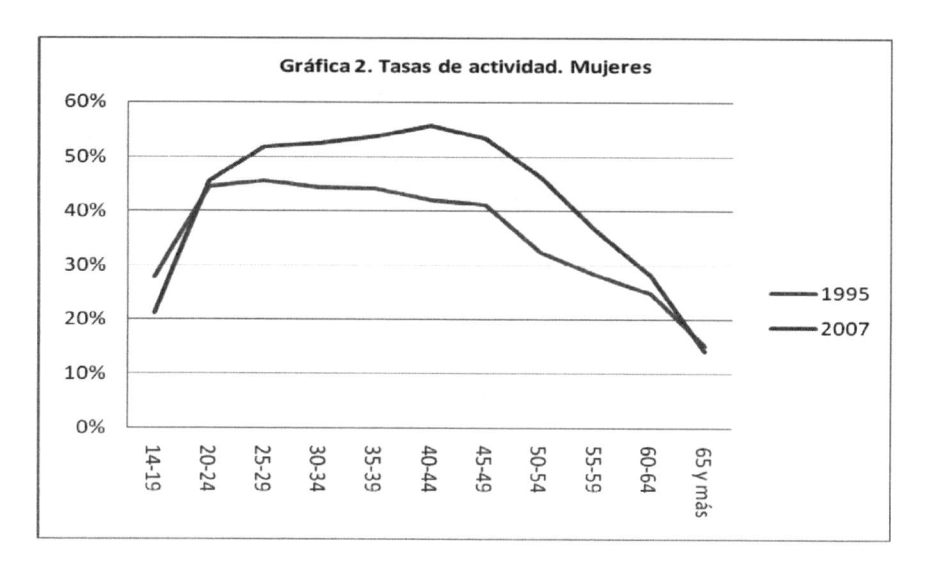

La proporción de trabajo asalariado en el total de puestos de trabajo por grupo de edad sufrió también importantes cambios, aumentando sus niveles relativos tanto para hombres como para mujeres. Entre 1995 y 2007, la tasa total de asalariamiento de hombres pasó del 58% al 66%, mientras que la tasa correspondiente para mujeres creció de 59% a 65%.

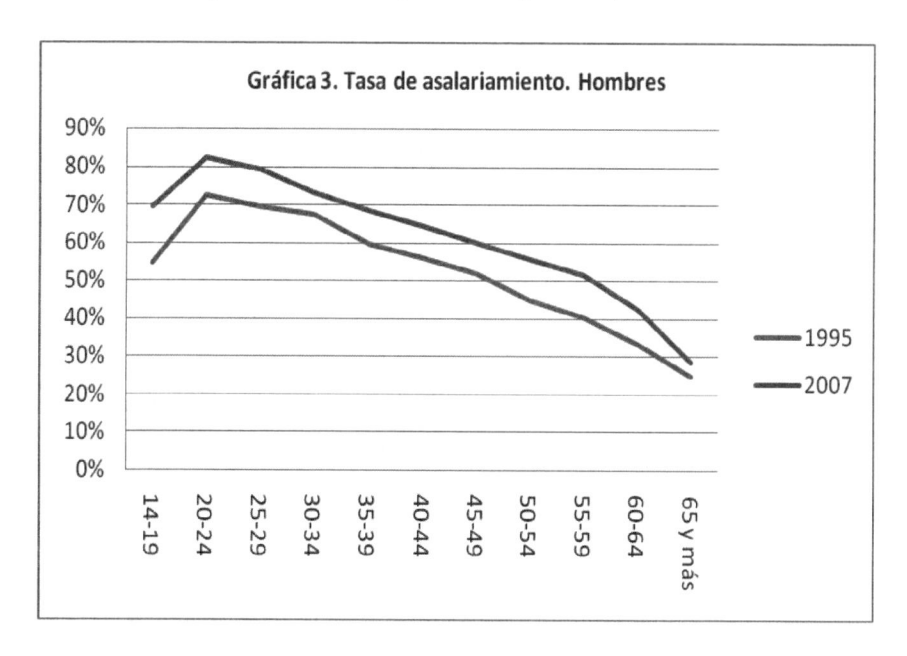

Gráfica 3. Tasa de asalariamiento. Hombres

Gráfica 4. Tasa de asalariamiento. Mujeres

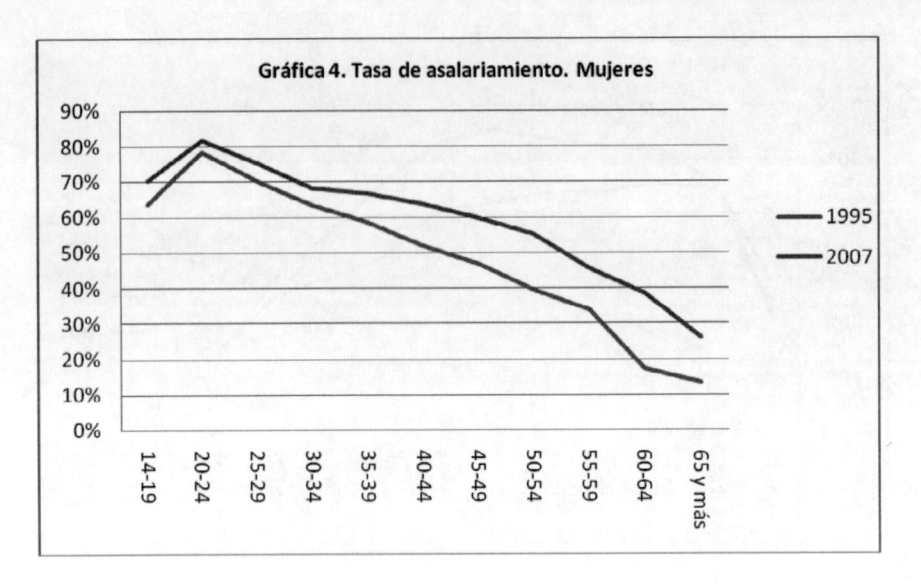

Más de la mitad de los trabajadores asalariados eran menores de treinta años en 2007; en el caso de las mujeres, más de la mitad de los asalariados son menores de treinta y cinco años. La forma de ambas curvas muestra un descenso sistemático de las tasas de asalariamiento, a partir del pico en el grupo de edad 20-24. Esto se explica por un flujo hacia actividades por cuenta propia y por la salida de la fuerza de trabajo que acompaña a los grupos de mayor edad, tal como lo muestran las Gráficas 3 y 4.

Desempleo

Cuando se examina la conducta de la tasa de desempleo abierto resalta su bajo nivel, En términos absolutos y comparativos es reducida. Salvo el año de 1995, donde la tasa alcanzó el 6%, las cifras comparables posteriores al 2000, se mantuvieron en la franja entre el 2 y el 4%. Debido a que la metodología del levantamiento de las encuestas de empleo de donde se derivan estas cifras, sigue los lineamientos internacionales, queda abierta la pregunta: ¿porque son tan bajas las tasas de desempleo en el país? Para responder a esta pregunta se debe comenzar por esbozar los rasgos más distintivos de quienes están en el desempleo abierto. Usando las cifras de la ENOE para el segundo semestre de 2007, se tienen los resultados siguientes: En primer lugar, se trata en su mayoría de personas jóvenes (más del 40% son menores de 25 años y el 58% es menor de 30 años), con escolaridad por encima de la media nacional (el 45% de los desocupados tiene estudios de nivel medio superior y superior). En un gran porcentaje no son jefes de familia (el 72%). Se trata, entonces, de personas con condiciones para llevar a cabo una búsqueda activa de empleo, ya que disponen, en general, de un ingreso familiar que les permite sobrevivir una temporada sin ingresos laborales. La duración promedio del desempleo es menor a cinco semanas, lo que muestra el carácter friccional de una parte importante del desempleo abierto en México.

En la evolución reciente del desempleo hay algunos rasgos a destacar. El primero es el creciente monto del desempleo abierto. Tan sólo entre el segundo trimestre del 2000 y el segundo trimestre del 2004, el monto del desempleo aumentó en un 50% y la duración promedio del desempleo también aumentó. Entre 2005 y 2007, el monto del desempleo creció en otro 50%, mientras que la duración promedio se incrementó levemente. Las cifras muestran también que la cantidad de los ceses y el fin de trabajos temporales están aumentando.

Cuadro 1
Motivos y duración del desempleo, 2007

	1 A 4 SEMANAS	5 A 8 SEMANAS	9 SEMANAS Y MAS	NO ESPECIFICADO
Motivos de desempleo	751,943	274,773	414,774	63,706
Perdió o terminó el empleo anterior	43%	44%	42%	45%
Insatisfacción con el empleo anterior	38%	35%	35%	34%
Cerró su propio negocio	4%	4%	4%	3%
Otros	5%	4%	5%	6%
Sin experiencia laboral	10%	13%	14%	12%

Fuente: Encuesta nacional de ocupación y empleo, 2º Semestre 2007.

El segundo hecho importante es que se ha demostrado cómo una proporción importante de quienes pasan de estar desempleados a estar ocupados, entran al sector de microunidades, es decir, consiguen un empleo en unidades económicas con cinco o menos trabajadores, incluidas aquellas con una sola persona (*Salas*, 2003; INEGI, 2006; *Junco*, 2007).

Al final del siguiente apartado se añaden elementos para dar una explicación de los bajos niveles de desempleo.

La creación de empleo

En el Cuadro 2 aparecen cifras de la ocupación por sector agregado según tamaño de unidad. Estos datos están tomados de la Encuesta Nacional de Empleo (1995) y de la Encuesta Nacional de Ocupación y Empleo (2007) y están compatibilizadas de acuerdo con el límite inferior de 14 años para considerar a una persona como parte de la fuerza de trabajo.

Destacan varios resultados del análisis del cuadro. En primer lugar, resalta la pérdida de puestos de trabajo en la agricultura. En todo el período se perdieron 1,973,233 empleos, los cuales ocurrieron mayoritariamente en unidades agrícolas de 5 y menos trabajadores.

Cuadro 2
Personas ocupadas por sector de actividad, según tamaño de la unidad económica. 1995 y 2007

1995	1 PERSONA	2 A 5 PERSONAS	6 A 10 PERSONAS	11 A 15 PERSONAS	16 A 50 PERSONAS	51 A 100 PERSONAS	101 A 250 PERSONAS	251 Y MÁS PERSONAS	NO ESPECI-FICADO	Total
				Número de empleados						
Agropecuario	1409459	4945763	531303	122131	297624	89871	63316	230956	60229	7750652
Industrial	1136672	2534980	550286	230993	860678	543596	437794	2375989	144137	8815125
Comercio y restaurantes	1818390	3660332	470604	239522	412774	194121	101228	648021	36420	7581412
Servicios información, profesionales y financieros	270043	330671	143410	59802	134008	64389	60091	518035	13704	1594153
Educación, salud, espectáculos y otros	111947	182522	66949	65196	192190	65627	63212	1945149	2141	2694933
Otros servicios	1301043	1075249	121278	49050	60748	28800	21016	86556	15279	2759019
Gobierno y otros organismos	14757	17835	13008	9923	35378	26814	32877	1242828	35384	1428804
Total	6062311	12747352	1896838	776617	1993400	1013218	779534	7047534	307294	32624098

2007	1 PERSONA	2 A 5 PERSONAS	6 A 10 PERSONAS	11 A 15 PERSONAS	16 A 50 PERSONAS	51 A 100 PERSONAS	101 A 250 PERSONAS	251 Y MÁS PERSONAS	NO ESPECI-FICADO	Total
				Número de empleados						
Agropecuario	1486525	3281982	391363	105924	242720	109638	61893	49327	43047	5772419
Industrial	1752527	4037053	888124	328126	1167127	693762	654901	3027802	274642	12824064
Comercio y restaurantes	2630063	4838996	841488	377425	917251	277384	161236	978441	150638	11172922
Servicios información, profesionales y financieros	385482	534825	217481	110628	371474	202726	115228	844889	90040	2872773
Educación, salud, espectáculos y otros	196308	279412	159157	103761	325881	122557	66507	2578799	84328	3916710
Otros servicios	1858984	1617726	189141	59646	138604	42246	12354	40087	28324	3987112
Gobierno y otros organismos	0	0	0	0	504	72	0	2011715	36159	2048450
Total	8309889	14589994	2686754	1085510	3163561	1448385	1072119	9531060	707178	42594450

El empleo agrícola en México aumentó levemente a fines de los años ochenta, llegando a ocupar a 8.1 millones de mexicanos a fines de 1993, apenas antes de que el TLCAN entrara en vigor. Entre los afectados por la baja en el empleo, se encuentran los productores de maíz, como puede observarse en el cuadro 3, adicionalmente a estas pérdidas hay que añadir la pérdida de 142 mil puestos de trabajo en los cultivos de hortalizas y frutas, los cuales han sido el principal producto de exportación agrícola (USDA, 2003).

Este proceso llevo a *Polaski* (2003) a declarar "Por lo tanto, la liberalización del comercio agrícola vinculada al TLCAN es el factor más importante en la pérdida de trabajos agrícolas en México".

Cuadro 3
Productores de maíz (miles de personas) cambio 1991-2000

	Total	Hombres	Mujeres
Autoconsumo	-670	-597	-73
Venta[1]	-343	-309	-34
Total	-1013	-906	-107

1/ Incluye a productores de fríjol.
Tabulaciones especiales del módulo agropecuario de la Encuesta Nacional de Empleo 1991 y 2000, INEGI.

En 1995, la población en actividades agropecuarias representaba el 23% del total de la fuerza de trabajo. Para 2007, esta proporción había bajado hasta alcanzar el 13%. En ese mismo intervalo, la manufactura pasó del 15.5% al 16.4% del total de puestos de trabajo, en tanto el comercio minorista fue del 16. 3% al 17.3% del total de puestos de trabajo.

El segundo hecho importante es que la agricultura, en una desagregación de la economía en 21 sectores económicos, dejó de ser el sector de actividad donde se concentraba el mayor porcentaje de los hombres ocupados. Si en 1995 el 30% de los hombres realizaban su actividad económica en la agricultura, para 2007 está proporción había descendido hasta el 19%. Este proceso tuvo importantes consecuencias en términos de migración laboral y en términos de segregación sectorial por sexo, punto sobre el cual se volverá más adelante. Sin embargo, la transformación del sector agropecuario significó también un cambio profundo en la estructura del trabajo asalariado en el sector: En 1995, el trabajo asalariado representaba el 28.4% de las ocupaciones y para 2007, está proporción se había elevado hasta alcanzar el 35.3%.

Toca el turno de analizar el empleo en actividades no agropecuarias. Destaca del examen de las cifras del Cuadro 2, que al estudiar donde se crearon puestos de trabajo de acuerdo con el tamaño de las unidades económicas, aparece una faceta de precarización: El 41% del total de puestos de trabajo se creó en microunidades (esto es, unidades económicas con hasta 5 trabajadores), pero solo el 34% del total de trabajo asalariado nuevo, se ubica en este tipo de unidades, las cuales se caracterizan por los bajos ingresos, baja productividad y escaso nivel tecnológico.

Ahora se examina la dinámica de la población ocupada, de acuerdo con su posición en el trabajo, esto es, si se trata de patrones, trabajadores asalariados, trabajadores por cuenta propia o trabajadores sin remuneración. La proporción de trabajadores asalariados en el total de ocupados pasó del 67.7% en 1995, para alcanzar el 70% en 2007.

Como ya se señaló, el trabajo asalariado no se distribuye uniformemente entre los diversos grupos de edad. Conforme la gente va envejeciendo, es dimitida o se jubila, de manera que la proporción de trabajadores asalariados por grupo de edad va disminuyendo. Se debe recordar también que entre los jóvenes, la proporción de mujeres asalariadas por grupo de edad, es mayor que la de hombres.

Por otro lado, en las actividades no agropecuarias, los trabajadores por cuenta propia representan otra parte importante de los ocupados: su proporción oscila alrededor del 20%, mientras que el resto de la población ocupada está compuesta por un 5% de patrones y un 5% de trabajadores sin remuneración.

Entre el segundo trimestre del 1995 y el segundo del 2007 se crearon 11,948,585 puestos de trabajo, de los cuales el 74.8% fueron de asalariados, el 6.4% fueron de patrones y el 17.4% fueron de empleos por cuenta propia. Estos resultados serán ahora estudiados en términos de las características de los puestos de trabajo asalariados que se crearon en el período en cuestión.

Como se muestra en el Cuadro 4, la estructura por tipo de contrato se modificó sustantivamente, siendo una parte importante de los nuevos empleos generados entre 1995 y 2007 o de tiempo parcial o con contrato verbal. Asimismo resalta la persistencia un núcleo significativo de trabajadores que no cuentan con contrato escrito. Esto último es también un reflejo de las bajas tasas de sindicalización, que como veremos más adelante, caracterizan el mercado de trabajo mexicano.

Cuadro 4
Estructura por tipo de contrato, 1995, 2000 y 2007

	Permanente	Temporal	Verbal	Total
1995	6805400	1527695	10665996	18999091
2000	10366229	1818223	12094887	24279339
2007	12058356	2557576	13259870	27875802

Cálculos propios a partir de la ENE y ENOE.

Entre 1995 y 2000, fueron creados un total 5 millones 280 mil empleos, asalariados, lo que representa una tasa media anual de crecimiento del 5.0%. Tal resultado contrasta con lo ocurrido entre 2000 y 2007, donde el ritmo de crecimiento cayó hasta el 2.3% anual, lo cual se tradujo en la creación neta de 3 millones 596 mil empleos en este último período.

Ya se ha examinado la conducta del sector agropecuario en cuanto a la creación o pérdida de empleos en el sector. Ahora se pasa a discutir este proceso en sectores específicos, comenzando por la manufactura.

Entre 1995 y 2000, la manufactura crece en 3 millones 458 mil, con una participación significativa de las actividades maquiladoras, las cuales contribuyen con 630 mil nuevos puestos de trabajo. Sin embargo, no hay que olvidar, como algunos han señalado (*Polaski*, 2003; *Gruben*, 2001), que la industria maquiladora crece por el comercio y no por el ALCAN. De hecho, como señala *Polaski* (2003), si bien no es posible saber con exactitud cuántos empleos fueron generados por la industria exportadora no maquiladora, se puede estimar que entre 1994 y 1999, este crecimiento fue de 500,000 empleos. A partir del estancamiento del 2000, la industria en general, y la maquila en particular crecieron muy lentamente. De hecho, en la maquila solo después de 2004 se recuperaron los empleos perdidos, tal como puede verse en el Cuadro 5.

Cuadro 5
Número de Establecimientos y Empleados en la Industria Maquiladora

Año	Establecimientos	Personal ocupado
1975	454	67,241
1980	620	119,546
1985	760	211,968
1990	1789	451,169
1991	2013	434,109
1992	2129	503,689
1993	2143	526,351
1994	2064	562,334
1995	2267	621,930
1996	2553	748,262
1997	2867	903,736
1998	3130	1,014,023
1999	3436	1,143,499
2000	3703	1,291,498
2001	3450	1,201,575
2002	3248	1,081,678
2003	2860	1,062,105
2004	2811	1,111,801
2005	2816	1,166,250
2006	2810	1,202,134

Fuente: INEGI, Banco de información económica y NAFIN, Economía Mexicana en Cifras.

Surgen ahora una importante serie de cuestiones, sobre el tipo de empleo creado en la manufactura en general y la maquila en especial. Los salarios en la maquila son inferiores casi en un 40% a los que se pagan en la gran manufactura (*Salas* y *Zepeda*, 2003a). De hecho, un estudio reciente de *Bendesky et al.* (2004) muestra que la maquila tiene una productividad estancada y niveles tecnológicos medios muy precarios. De ahí se puede inferir que la maquila está inserta en una trampa de baja productividad destrezas reducidas, y que se sustenta en los bajos salarios. De hecho, el mismo Cuadro 6 muestra como disminuyó el número de las empresas maquiladoras a partir del 2000, lo que muestra que varias empresas están saliendo del país hacia otros países con salarios inferiores a los de México.

Las opciones para la mayoría de la población en edad de trabajar se concentran en actividades de comercio y servicios. Estas actividades se localizan en el sector de comercio y servicios y ocupan al 70% de la fuerza de trabajo no agropecuaria, de las cuales el 68% del comercio y el 38% de los servicios están unidades de 5 trabajadores o menos. Tal como se señaló anteriormente, el porcentaje de personas desocupadas que duran en el desempleo un mes o menos, es del 50% y como también se señaló anteriormente, se ha demostrado que una mayoría de quienes consiguen empleo, lo hacen en actividades de muy pequeña escala. Las condiciones de ingreso, productividad y de trabajo en estas unidades son muy precarias, pero representan una oportunidad de ingreso para amplios grupos de la población.

Ahora si es posible responder a la pregunta hecha anteriormente en el texto, relativa a la magnitud reducida de la tasa de desempleo abierto.

El mecanismo es el siguiente: para un importante número de trabajadores, el empleo por cuenta propia o como asalariado en micronegocios es la única alternativa de trabajo, ya que las empresas de mayor tamaño crean una cantidad reducida de puestos de trabajo para los demandantes del mismo. Frente a la alternativa de no conseguir empleo alguno, las personas se insertan en el sector de micronegocios, obteniendo así un ingreso que en general es reducido.

De esta manera el sector de las microunidades actúa como una suerte de esponja que absorbe y retiene a un grupo importante de trabajadores, como se puede observar en la Gráfica 5 que compara el ritmo de crecimiento del producto interno bruto con la proporción de ocupados en actividades de muy pequeña escala en las áreas urbanas de México. En la gráfica es visible la oscilación alrededor del 41% de la fuerza de trabajo urbana, y un rasgo anti-cíclico hasta 2001, a partir de ahí, la proporción de micronegocios crece, a pesar de la recuperación de la economía.

Si se utilizan las cifras de las encuestas nacionales para las actividades no agropecuarias, entre 1995 y 2007 se observa un cambio muy leve en la proporción de trabajadores en microunidades, ya que este número pasa de 50.07% a 49.24. Es de observarse que tal cambio es estadísticamente poco significativo y que además compara dos puntos distintos en el ciclo (ver Gráfica 5).

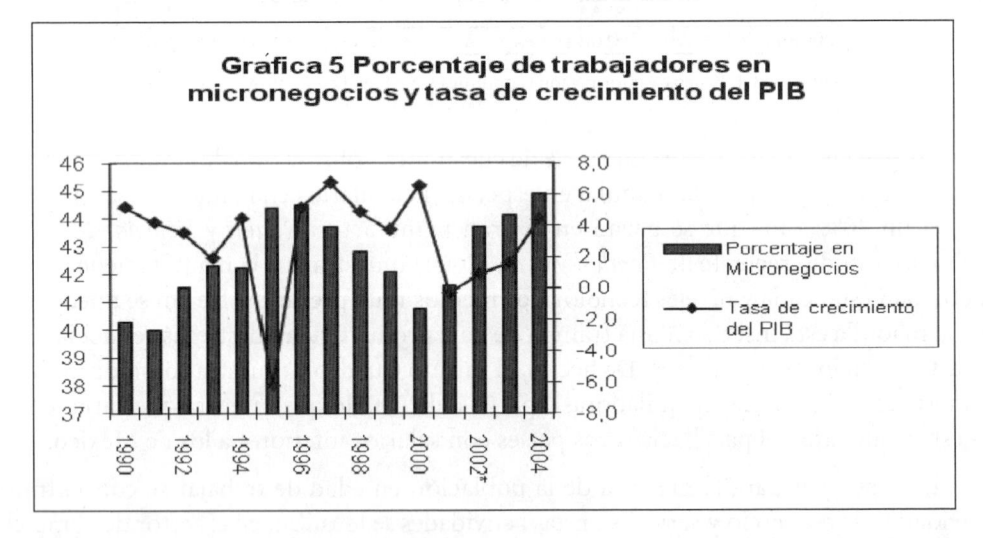

Gráfica 5 Porcentaje de trabajadores en micronegocios y tasa de crecimiento del PIB

Un elemento adicional para explicar el nivel de la tasa de desempleo es la migración a los Estados Unidos, la cual es básicamente ilegal y se estima en aproximadamente 400 mil personas anualmente (*Passel*, 2005). Es importante señalar que después de 1994, el ritmo de la migración se acentúo de manera notable. Así, la migración se ha convertido en un elemento adicional para disminuir la presión que los nuevos entrantes ejercen sobre los puestos de trabajo.

Algunos de estos rasgos, así como la creciente proporción de la fuerza de trabajo que trabaja jornadas o muy reducidas o demasiado extensa en relación a la población ocupada promedio, y el incremento en el porcentaje de trabajadores asalariados que no tienen contrato escrito o no tienen acceso al cuidado médico o a otras prestaciones establecidas por la ley del trabajo vigente (*Salas* y *Zepeda*, 2006) son en su conjunto una visible faceta de la precariedad del trabajo.

2. Tendencias salariales e ingresos por trabajo

Un hecho importante es que, hasta 1976, el salario real creció en forma significativa (*Aguila* y *Bortz*, 2006). A partir de esa fecha, y como resultado de una crisis que solo fue paliada temporalmente, a consecuencia de la exportación de petróleo, aparece una "estrategia" consciente de la reducción de costos dirigida a atajar el problema del crecimiento de las ganancias por la vía dura de la contención salarial y el incremento de la productividad. Esta estrategia se expresa en la caída de la proporción de los sueldos y salarios en el producto.

Ingresos por trabajo

En el período 1995-2007 se pueden distinguir dos sub-períodos de distintos ritmos de crecimiento del salario y los ingresos por trabajo. El primero, de caída, va de 1995 a 1998, y el segundo, que va de 2000 a 2007 y que muestra un crecimiento irregular. La recuperación del ingreso está vinculada al ritmo de crecimiento de la economía mexicana después de la crisis de 1995. La fuerte recuperación observada en 2000, parece ser el resultado de un fenómeno real y un artefacto estadístico. En primer lugar, en 2000 y 2001 hay evidencias de un crecimiento importante en los montos salariales negociados en los convenios de jurisdicción federal. En segundo lugar, hay un cambio importante en el tamaño de la muestra de la Encuesta Trimestral de Empleo, lo que afecta estas cifras. De cualquier manera, las tendencias que marcan otras fuentes, como las Cuentas Nacionales y las cifras de Convenios de Jurisdicción Federal, muestran el mismo tipo de crecimiento.

El Cuadro 6 resume la evolución de los ingresos laborales por hora, de acuerdo con la posición en el trabajo. Ahí destaca la diferencia entre el ingreso de los trabajadores por cuenta propia y de los trabajadores asalariados.

Cuadro 6
Ingresos por trabajo a precios constantes de 2007

	1995-II	2000-II	2004-II	2007-II	Crecimiento porcentual
Ingreso promedio por hora trabajada	9.8	12.2	11.0	11.7	1.6
Patrón	44.71	56.11	40.62	39.62	-1.1
Cuenta Propia	16.05	22.31	18.08	19.15	1.6
Asalariado	18.42	24.66	20.29	23.79	2.4
Destajista	21.16	22.02	18.82	21.44	0.1

Fuente: Encuesta Nacional de Empleo y Encuesta Nacional de Ocupación y Empleo, INEGI.
Tal diferencia expresa la diversidad de productividades y tipo de trabajo desempeñado por asalariados y cuentas propia.

Las tasas de crecimiento de los ingresos de los asalariados y cuentas propia muestran esta misma variación: 2.4 contra 1.6% de crecimiento medio anual.

En lo que respecta a la evolución del salario mínimo, las tendencias son muy diferentes. Antes de examinar dichas tendencias, se debe hacer notar que por ley, el salario mínimo debería ser suficiente para satisfacer las necesidades de una familia promedio. La decisión de contener el crecimiento de los salarios mínimos frente a la inflación, significó una importante pérdida de poder adquisitivo y puede rastrearse a una negociación para preservar el empleo a costa del salario (se volverá sobre este punto más adelante).

Más específicamente, a pesar de que el salario mínimo nominal prácticamente se ha triplicado, en términos reales se ha visto reducido en por lo menos una quinta parte. En la segunda mitad de la década de los años noventa (excepto para 1998), la tasa de crecimiento del salario mínimo real cayó sustancialmente, y en el primer lustro del presente siglo muestra un estancamiento. El ritmo de crecimiento promedio anual del periodo en su conjunto es negativo (La diferencia del salario mínimo con respecto al salario promedio se ha deteriorado entre 1995 y 2007. En 1995 años el salario mínimo representó 43.3% del salario medio, la tendencia desde 1999 ha sido decreciente, de manera tal que hacia 2007 la proporción del salario mínimo respecto al medio está por debajo de una tercera parte (30.8%).

La evolución de los ingresos por trabajo y del salario mínimo tiene como consecuencia que la estructura porcentual por nivel de ingreso, medida en intervalos del salario mínimo haya mejorado para los trabajadores en su conjunto. La proporción de trabajadores cuenta propia que perciben menos de 2 salarios mínimos disminuyó de manera importante. Hacia 2007, el perfil de quienes se ubican en la categoría de 2 salarios mínimos y hasta más de 10 SM, alcanzó el 53%, contra el 23 en 1995.

Esta situación es similar para los trabajadores asalariados. Las categorías hasta 1.5 salarios mínimos perdieron peso de manera importante, de tal manera que la proporción de trabajadores que perciben entre 2 SM y más de 10 SM, pasó de 38.8% hasta 62.1%.

Sin embargo, a pesar de la mejora en la distribución de los ingresos, según salarios mínimos, para 2007 el 49.6% de los trabajadores cuenta propia todavía percibe en el nivel de infrasubsistencia (hasta 2 SM.); en el caso de los asalariados el 32.15% se ubica en esta categoría.

La proporción de trabajadores asalariados que ganan salarios bajos, definidos estos como aquellos con un nivel menor o igual al 50% del salario medio, tendió disminuir a bajar entre 1995 y 2007. No ocurrió lo mismo en el caso del trabajo por cuenta propia. Como se verá más tarde, esto tiene un impacto significativo en los niveles de pobreza.

El Cuadro 7 resume algunos elementos de la estructura del ingreso laboral que serán discutidos con mayor detalle más adelante en esta sección o en las subsecuentes.

Cuadro 7
Ingreso mensual al trabajo (pesos 2007)

	1995	2000	2004	2007
Todos los ocupados	3,570	3,567	3,759	4,092
Cuenta propia	2,898	3,022	2,972	3,401
Empleados en unidades con 5 o menos trabajadores	3,248	2,455	2,865	3,285
Vendedores ambulantes	2,719	2,504	2,915	2,574
Trabajadores de tiempo completo, todo el año	5,194	4,524	5,299	5,912
Ocupados en unidades con 250 y más trabajadores	5,497	4,655	5,295	5,944
Hombres ocupados con educación básica	3,054	3,276	2,901	3,476
Hombres ocupados con educación superior	5,939	4,944	5,421	7,186
Mujeres ocupadas con educación básica	1,753	2,127	2,691	2,358
Ocupados mujeres educación superior	4,492	3,843	4,194	6,034

Datos correspondientes al segundo trimestre de cada año de la ENE y de la ENOE , INEGI.

Destacan las diferencias entre trabajo asalariado y cuenta propia, entre trabajadores con contrato estable y entre hombres y mujeres con distintos niveles de escolaridad.

Adicionalmente hay que señalar que el cuadro 11 presenta las cifras para el ingreso promedio, lo que significa que los potenciales beneficios del crecimiento del ingreso no están distribuidos de manera uniforme entre la población, ya que es bien sabido que la dispersión de ingresos en general y de salarios en particular es relativamente grande (*Salas* y *Zepeda*, 2003a, 73).

Por lo anterior, ahora se pasa a examinar el ingreso laboral por sectores y ocupaciones, regiones geográficas y sexo.

Con excepción de algunos sectores, el ingreso promedio mensual por actividad económica, entre 1995 a 2007, de los trabajadores asalariados ha crecido. Minería (7.21%), electricidad, agua y suministro de gas por ductos al consumidor final (4.08%) y dirección de corporativos y empresas (5.4%) son las actividades económicas que reflejan variaciones positivas mayores, mientras que en otro extremo se ubican el comercio al por mayor (-6.1%) y los servicios profesionales, financieros y de seguros (-1.2%) con las mayores caídas. En relación a los trabajadores cuenta propia esta situación no es muy diferente, excepto para las actividades relacionadas con construcción (2.66%), información en medios masivos (7.64%) que muestran tasas de crecimiento promedio anual positivas relativamente altas.

Restringiendo el análisis a las actividades de la industria manufacturera se tiene que el ingreso promedio mensual real de los trabajadores asalariados de la industria manufacturera mejoró a una tasa promedio de 1.27% cuando se observa en conjunto; lo anterior es el resultado del lento crecimiento del ingreso promedio en muchas de las industrias, con importantes reducciones el sector "otras industrias manufactureras". Los trabajadores cuenta propia en conjunto muestran un decremento en el ritmo de crecimiento de sus ingresos promedio, no obstante, la industria metal básica en particular reporta una tasa de crecimiento atípicamente alta (22%), hecho que hasta ahora no ha sido explicado.

La política gubernamental de contención salarial ha significado importantes diferencias entre el sector público y el privado en lo que se refiere a los ingresos laborales. Así, aunque, entre 2005 y 2007, el promedio de ingresos reales mensuales, ha mejorado tanto para los trabajadores del sector privado como del público, la tasa de crecimiento promedio anual ha sido lenta, menor del 3% en cualquiera de los casos. La diferencia de ingresos entre los trabajadores asalariados de ambos sectores se ha mantenido constante, el ingreso promedio de los asalariados del sector privado representa casi tres quintas partes del de los trabajadores del sector público.

En el ámbito nacional, cuando se examina el promedio de ingreso mensual real por niveles de escolaridad destacan algunos resultados importantes. En primer lugar, entre 1995 y 2007, los ingresos de todos trabajadores por nivel de instrucción de los trabajadores, presentan tasas de crecimiento anual promedio pequeñas y positivas, excepto para el nivel de instrucción superior, el cual tiene una caída; las correspondientes a los cuenta propia sufren ritmos de crecimiento negativos, excepto para el nivel de profesional medio. El caso de los trabajadores con preparatoria completa asalariados y cuenta propia resulta importante porque en ambos casos vieron reducir su ingreso promedio a una tasa promedio anual de 6% y 3.1% respectivamente.

Los ingresos promedio son más altos conforme en nivel de instrucción se incrementa y la diferencia entre asalariados y cuenta propia por nivel de instrucción tiende a incrementarse con el paso del tiempo.

La diferencia salarial de los trabajadores cuenta propia con los asalariados sin instrucción guardaba en 1995 una proporción de tres cuartas partes favoreciendo a los asalariados, esta relación en 2007 se redujo a casi la mitad; en el caso de los trabajadores con primaria incompleta, pasó de 85.5% a 60.6% a favor de los asalariados, sin embargo, la proporción de ingresos de los cuenta propia hasta secundaria completa en 1995 estuvo por encima de los asalariados y para 2007 se redujo hasta tres cuartas partes. De manera similar sucedió con aquellos que tienen preparatoria incompleta, la diferencia en 1995 favorecía a los cuenta propia (117%) y en 2007 cayó a 96.4%. A partir e profesional medio y profesional superior la proporción no varió fuertemente pero se mantuvo en 61% y 77.5% respectivamente, siendo superior el ingreso de los asalariados.

Destaca el que los rendimientos a una mayor educación tienden a disminuir con el paso del tiempo. Este hecho será examinado en otra sección, donde se analizan las diferencias mediante ecuaciones salariales.

Con relación al salario promedio real por tipo de contrato, se tiene que el ingreso promedio real de los trabajadores con contrato de duración limitada y el ingreso de los trabajadores sin contrato creció ligeramente a un ritmo promedio anual de 0.49% y 0.4% respectivamente, mientras que el ingreso de los trabajadores con contrato temporal creció más rápido a una tasa promedio anual de 2%.

La diferencia de ingresos favorece a los trabajadores permanentes, los ingresos de los trabajadores con contrato de duración limitada han mejorado su participación respecto a los primeros al pasar de 64% a 76%, mientras que la relación entre el ingreso de trabajadores con contrato permanente y los que no tienen contrato se ha mantenido constante en alrededor de la mitad, con algunas ligeras variaciones.

Otro corte relevante al examinar el salario es la comparación entre el ingreso del sector formal y el informal. Este último está definido como "todas aquellas actividades económicas en negocios de tipo independiente, personal o familiar que no llevan contabilidad separada de los ingresos y gastos de la actividad, respecto a los del hogares".

El ingresos promedio de los trabajadores informales muestra un incremento promedio anual de 1.2%, en tanto que el correspondiente a los trabajadores formales (0.26%) es más modesto, esta evolución permitió que la diferencia entre ellos se haya reducido; el ingreso de los trabajadores informales representaba en 1995 el 49.1% del de los formales y para 2007 representa el 55%. Comparando el ingreso promedio agropecuario respecto al ingreso de los informales, el agropecuario incrementó su proporción de casi tres cuartas partes (1995) a 67.7% (2007).

Tal vez las diferencias en ingreso más visibles son las que corresponden a las remuneraciones que reciben hombres y mujeres. Respecto del ingreso mensual real por sexo se tiene que, en el caso de los trabajadores asalariados, éste ha crecido a un ritmo de 0.91% para los hombres y 1.44% para las mujeres. En el caso de los trabajadores cuenta propia se registró también un aumento, para las mujeres a un ritmo de 0.93% por año, los hombres cuenta propia incrementaron su ingreso entre 1992 y 2007 a una tasa de 1.9% anual. El comportamiento de los incrementos en el promedio de los ingresos ha permitido, por un lado que, la diferencia de ingreso entre mujeres y hombres asalariados muestre reducciones, la relación pasó de 78% a 83% como proporción del ingreso de las mujeres respecto de los hombres, esta relación en el caso del ingreso promedio de los hombres cuenta propia entre los asalariado también se ha reducido, la proporción pasó para el periodo de estudio de 71 a 81%. Sin embargo, la relación de ingresos entre mujeres y hombres cuenta propia cambió de 66% a 58% y entre mujeres cuenta propia y asalariadas la proporción pasó de 60 a 56%.

No obstante, cuando se examina el ingreso horario real por sexo, la situación se transforma, ya que se observa una ligera tendencia creciente entre 1995 y 2007. En el caso de los ingresos por hora de los trabajadores cuenta propia hacia el final del periodo se registra un incremento en los ingresos por hora para hombres y mujeres, y las diferencias terminan cerrándose.

Distribución del ingreso

La distribución del ingreso en México es particularmente concentrada: en 2006 el veintil más rico obtenía el 53.1 del ingreso total monetario de los hogares, contra el 3.9 del primer veintil. Tal concentración se refleja en los elevados niveles del índice de Gini, mismos que han evolucionado inestablemente, con una tendencia hacia la baja hasta 2005 y un leve aumento en 2006 (Cuadro 8). La mejora en la distribución del ingreso es particularmente visible para el primer veintil.

Cuadro 8
Distribución del Ingreso Monetario Corriente 1994-2006

Participación de los quintiles	1994	1996	1998	2000	2002	2004	2005	2006
20% más rico	60.3	58.4	59.3	58.6	53.9	55.1	55.6	53.1
Cuarto 20%	18.5	19.1	19.1	19.1	21.0	19.6	19.7	21.2
Tercer 20%	11.1	11.7	11.7	11.8	13.2	12.7	12.7	13.2
Segundo 20%	6.9	7.3	7	7.2	8.3	8.3	8.1	8.5
20% más pobre	3.1	3.4	2.9	3.2	3.7	4.2	4	3.9
Coeficiente de Gini para el Ingreso Corriente Monetario Mensual	0.538	0.521	0.534	0.523	0.4789	0.4689	0.4713	0.4731

Fuente: Cortés, Fernando, *La evolución de la desigualdad en el último cuarto de siglo* e INEGI, Encuesta Nacional de Ingreso y Gasto de los Hogares ENIGH 2002 y ENIGH 2005 y 2006.

La distribución del ingreso mejoró entre 1994 y 2007, sobre todo para más el 20 por ciento más pobre de las familias (Cuadro 8). La brecha entre el ingreso de los patrones y los asalariados disminuyó (Cuadro 6) y los salarios aumentaron un poco, lo que explica la mejora en los veintiles intermedios.

La caída en el Gini ha sido acompañada también por una sensible disminución de la pobreza.

Incidencia de la pobreza nacional 1 (porcentaje)

		1994	1996	1998	2000	2004	2006
Hogares							
	Alimentaria	16.1	28.8	26.8	18.5	13.8	10.6
	Capacidades	22.7	36.5	32.9	25.2	19.9	16.1
	Patrimonio	46.8	60.8	55.6	45.7	39.7	35.5
Personas							
	Alimentaria	21.3	37.1	33.9	24.1	17.4	13.8
	Capacidades	29.4	45.3	40.7	31.8	24.7	20.7
	Patrimonio	55.6	69.6	63.9	53.6	47.2	42.6

Fuente: *Coneval*, 2007.
1. La especificación de los umbrales de las líneas de pobreza es el siguiente. Para la línea de pobreza alimentaria el punto de partida es la definición de los bienes nutricionales mínimos necesarios a partir de la cuantificación de la Canasta Básica de Alimentos (CBA). Esta canasta está calculada para el ámbito rural y el urbano, a partir de la estructura de gasto de los hogares del estrato que obtiene los requerimientos mínimos de nutrientes. Por tanto, la pobreza alimentaria califica como pobre a todo hogar cuyo ingreso es inferior al valor de la canasta básica. El segundo umbral, línea de pobreza de capacidades, corresponde a cuando los recursos del hogar no alcanzan para adquirir el valor de la canasta alimentaria, más una estimación de los gastos necesarios en salud, vestido, calzado, vivienda, transporte y educación. Por último, el tercer umbral, línea de pobreza por patrimonio, se asocia a la imposibilidad de adquirir el valor de los bienes anteriores, más una estimación de los gastos no alimentarios considerados como necesarios en los patrones de gasto de la población.

Usando la tipología de la Comisión Nacional de Evaluación, ahora se examinan las relaciones entre el salario mínimo y el salario medio y la pobreza alimentaria, de capacidades y por patrimonio.

La evolución del salario mínimo respecto de la línea de pobreza alimentaria muestra que ambas se van acercando cada vez más como consecuencia de la pérdida del poder adquisitivo del salario.

La relación entre la línea de pobreza por capacidades y el nivel de salario mínimo muestra que entre 1996 y 2006 se observa una reducción en su diferencia, incluso en 2000 la línea de pobreza por capacidades estuvo por encima del salario mínimo (4.6 puntos porcentuales).

La conducta de la línea de pobreza por patrimonio respecto del salario mínimo ha sido del aumento en la distancia entre ambos indicadores, lo cual muestra que el nivel de salario mínimo no es suficiente para escapar a la pobreza por patrimonio; en 2000 se requerían aproximadamente un salario mínimo y tres cuartas partes.

Aunque no es tan dramática, la evolución del salario medio respecto de las tres líneas de pobreza, es semejante a la del salario mínimo.

Relación porcentual del salario mínimo respecto a los tipos de pobreza

	1996	2000	2002	2004	2005	2006
Alimentaria	49.4	85.3	70.0	77.0	74.8	70.9
Capacidades	88.1	104.6	85.8	94.4	91.8	87.0
Patrimonio	100.6	171.2	140.4	154.5	150.1	142.3

Relación porcentual del salario medio respecto a los tipos de pobreza

	1996	2000	2002	2004	2005	2006
Alimentaria	24.7	20.9	18.6	18.2	18.8	18.1
Capacidades	44.0	25.6	22.9	22.4	23.0	22.2
Patrimonio	50.2	41.9	37.4	36.6	37.6	36.3

A pesar de la recuperación de los ingresos laborales, la mejora en el Gini parece estar influenciada por tres fenómenos paralelos adicionales. En primer lugar, la caída en el tamaño medio de las familias, hecho que contribuye a disminuir el monto total de recursos necesarios por familia. En segundo lugar, el incremento en el número de perceptores por hogar, lo que hace que el ingreso total se incremente. Por último, el crecimiento del monto y proporción de las transferencias monetarias. El Cuadro 9 muestra la evolución de estas tres variables entre 1996 y 2006.

Cuadro 9
Transferencias, perceptores y tamaño medio del hogar. 1996 y 2006

	ENIGH 2006				ENIGH 1996		
Deciles	Porcentaje promedio de las transferencias por hogar	Promedio de perceptores por hogar	Tamaño promedio del hogar	Deciles	Porcentaje promedio de las transferencias por hogar	Promedio de perceptores por hogar	Tamaño promedio del hogar
Total	18.28	2.14	3.95	Total	13.71	1.77	4.52
1	9.22	1.63	2.80	1	6.98	1.34	3.80
2	10.86	1.90	3.42	2	9.35	1.39	4.10
3	11.31	1.91	3.70	3	9.55	1.57	4.56
4	11.86	2.01	3.94	4	10.14	1.57	4.56
5	14.26	2.11	3.99	5	10.39	1.70	4.57
6	16.03	2.11	4.15	6	12.05	1.82	4.64
7	16.08	2.33	4.39	7	13.47	2.01	4.81
8	20.48	2.44	4.50	8	16.84	2.05	4.88
9	27.68	2.54	4.48	9	23.04	2.19	4.75
10	45.60	2.37	4.13	10	25.52	2.08	4.56

Fuente: Tabulaciones especiales de la Encuesta Nacional de Ingreso Gasto de los Hogares, 1996 y 2006.

Destaca el incremento en la proporción de transferencias en el ingreso monetario. Esto proviene de los ingresos por jubilaciones (que inciden en el ingreso de los primeros deciles), de las transferencias gubernamentales, como los programas Oportunidades y otros, así como de las remesas que envían a México los trabajadores mexicanos que están en los Estados Unidos, las cuales alcanzan cifras del orden de los 15,000 millones de dólares.

Bibliografía

BULMER-THOMAS, Víctor. Introducción. En: BULMER-THOMAS, Víctor (compilador). *El nuevo modelo económico en América Latina. Su efecto en la distribución del ingreso y en la pobreza.* El trimestre económico. Lecturas. México: FCE, 1997.

CONEVAL. Aplicación de la metodología para la medición de la pobreza y pruebas de hipótesis 2006. *Nota Técnica n. 1/07*. México: Consejo Nacional de Evaluación del desarrollo de la Política Social, 2007.

GRUBEN, C. William. Was NAFTA behind Mexico's high maquiladora growth? *Economic & Financial Review*. Tercer trimestre 2001.

INEGI. *La dinámica laboral en México 2000-2004*. INEGI, 2006.

JUNCO, Juan Manuel. Trayectorias laborales discontinuas y rotación laboral en México: causas y consecuencias. *Tesis de Maestría*. México: Flacso, 2007.

MORENO-BRID, Carlos; ROS, Jaime. México: Las reformas del estado desde una perspectiva histórica. *Revista de la CEPAL*, n. 84, dec. 2004.

POLASKI, S. Jobs, wages, and household income. In: AUDLEY, J. J. *et al.* (ed.). *NAFTA's promise and reality*: lessons from Mexico for the hemisphere. Washington: Carnegie Endowment for International Peace, 2003.

SALAS, Carlos. Trayectorias laborales entre el empleo, el desempleo y las microunidades en México. *Papeles de Población*, año 9, n. 38, oct./dic. 2003.

SALAS, Carlos; ZEPEDA, Eduardo. Ocupación ingresos en México: 2002-2004. En: GARZA, Enrique de La; SALAS, Carlos (coords.). *La situación del trabajo en México*. México: UAM-Solidary Center-IET-Plaza y Valdés, 2006.

_____ . Empleo y salarios en el México contemporáneo. En: GARZA, Enrique de La; SALAS, Carlos (coords.). *La situación del trabajo en México*. México: Plaza y Valdéz, 2003.

_____ . Employment and wages: enduring the cost of liberalization and economic reform. En: MIDDLEBROOK, Kevin J.; ZEPEDA, Eduardo (eds.). *Confronting development:* asssessing mexico's economic and social policy challenges. Stanford: Stanford University Press y Center for US Mexican Studies, 2003.

WINN, P. *Americas*: the changing face of latin america and the caribbean. Los Angeles? University of California, 1992.

4

SALÁRIOS MÍNIMOS E INFLAÇÃO NO MÉXICO

Luis Quintana Romero[(*)]
Blanca Garza Acevedo[(**)]

INTRODUÇÃO

O estudo dos salários mínimos tem sido um tema central dentro da economia dos mercados de trabalho. Os enfoques pioneiros, embasados no marco teórico neoclássico, associam à existência de salários mínimos a deterioração nos níveis de emprego e têm advogado pela sua eliminação. No entanto, o surgimento de numerosos estudos acadêmicos ao longo dos últimos dez anos tem oferecido evidencia empírica que contradiz os preceitos ortodoxos anteriormente mencionados, e abre a possibilidade a uma perspectiva na qual o estabelecimento e a melhoria dos salários mínimos pode contribuir inclusive para melhorar os níveis de emprego.[(1)]

Apesar da evidencia empírica gerada nos últimos anos, os economistas que estudam os mercados de trabalho continuam muito influenciados pela ideia de que os salários mínimos têm um impacto negativo no emprego. No México, o enfoque ortodoxo dos salários mínimos tem sido dominante quanto à gestão da política salarial do país. O salário mínimo tem sido utilizado como uma "âncora" para o aumento da inflação e tem sido a sustentação de uma política salarial altamente restritiva, que ano após ano fixa os aumentos salariais abaixo da inflação. Situação que com o tempo vem deteriorando o poder aquisitivo da população do país, com tal gravidade que ocasionou a diminuição da própria capacidade de crescimento da economia através do mercado interno.

Por isso, o objetivo central desta pesquisa é oferecer evidência empírica sobre os efeitos dos salários mínimos na inflação e do sentido da causalidade entre ambas variáveis. Utilizamos o enfoque da economia regional porque consideramos que a dimensão espacial da relação entre os preços e os salários mínimos é de alta relevância, principalmente no

---

(*) Professores da Facultade de Estudos Superiores Acatlán, na Universidade Nacional Autônoma do México. Luis Quintana está adscrito ao Programa de Pesquisa e coordena o projeto PAPIIT IN302608 "Desenvolvimento regional e encadeamentos produtivos na zona industrial da cidade do México: 1988-2003".
(**) Mestranda sob a tutoría do professor Quintana e realiza o trabalho "Os efeitos dos salários mínimos nos preços; uma análise regional para o México".
(1) Fine (1998) (*Labour market theory a constructive reassessment*. Routledge, p. 231) cita os resultados de uma enquete feita em 1996 a 193 economistas do trabalho dos Estados Unidos, na qual 87% aceitavam a conclusão de que um incremento nos salários mínimos podia ter um impacto negativo no emprego entre os trabalhadores jovens e de baixa qualificação.

contexto do país onde a autoridade salarial estabeleceu ao longo do tempo diferentes zonas salariais. Tratamos de operacionalizar a dimensão espacial do problema através da análise dos salários mínimos e preços com um estudo dos estados do país e de seus principais centros urbanos, sem deixar de lado que a compreensão do espaço nos fenômenos econômicos é de uma maior complexidade.

As perguntas centrais que servem de guia para esta pesquisa são as seguintes:

— Os efeitos dos salários mínimos podem ser diferentes aos que a autoridade econômica percebe no México?

— Os benefícios potenciais do aumento do salário mínimo são maiores que suas repercussões negativas?

— É possível desenhar um marco de política salarial diferente, no qual se dispute a recuperação do poder aquisitivo dos trabalhadores do país?

A nossa hipótese de trabalho é que os salários mínimos no México não têm uma relação causal direta e bem definida no comportamento da inflação e que, por conseguinte, uma política centrada na recuperação dos mesmos não tem impactos inflacionários, pelo contrário, contribui para a recuperação da demanda interna e da poupança, elementos-chave para o crescimento econômico do país.

A pesquisa está estruturada da seguinte maneira: na parte 1 apresentamos uma discussão teórica dos efeitos do salário mínimo sobre o emprego e os preços e os diferentes modelos empíricos utilizados nos estudos sobre o tema.

Na parte 2 fazemos uma revisão dos principais fatos estilizados do salário mínimo no México.

Na parte 3 realizamos uma análise de causalidade entre salários mínimos e preços e, com base no Modelo de *Sara Lemos* (2004) elaborado para a economia brasileira, fazemos uma proposta para medir o impacto dos salários mínimos sobre os preços por estados e por cidades.

1. Marco conceitual para o estudo da relação entre salários mínimos e preços

1.1. Um marco geral de referência

O estudo do salário mínimo não é um tema que os economistas privilegiem e tem um papel secundário, sobretudo no México. As preocupações dos economistas dedicados à pesquisa teórica e à análise aplicada se concentram em outros temas e problemas.[2]

Os estudos que analisam os salários mínimos se concentram ao redor dos seus efeitos sobre o nível do emprego, onde parecia existir certo consenso quanto aos seus impactos negativos. No entanto, nos anos recentes e como resultado de pesquisas de atualidade sobre o tema, as conclusões sobre os efeitos salariais são menos contundentes. Este fato

---

(2) A atenção dos economistas estudiosos dos mercados de trabalho se concentra principalmente nos aspectos macroeconômicos, no estudo da flexibilidade laboral, nos mercados de trabalho segmentados e na relevância do denominado "capital humano", e tem-se dado pouca importância ao estudo dos salários mínimos.

tem motivado novas pesquisas que mostram a existência de uma grande variedade de situações quanto os efeitos do salário mínimo sobre o emprego, de acordo com os contextos estruturais e do desenvolvimento econômico e social específicos. À continuação exploraremos algumas das perspectivas mais relevantes sobre esta temática.

1.2. Efeitos do salário mínimo sobre o emprego

A maioria dos modelos ortodoxos básicos dos efeitos do salário mínimo sobre o emprego: *Kaitz* (1970), *Koestner* e *Welch* (1972), *Kelly* (1975), *Gramlish* (1976), *Mincer* (1970 e 1976), *Welsh* (1976), *Ragan* (1977), *Mattila* (1978), *Freeman* (1979), *Watcher* e *Kim* (1979), *Iden* (1980), *Ragan* (1981), entre outros, são modelos simples de oferta e demanda (ver Gráfico 1) centralizados na existência de somente um mercado laboral competitivo e homogêneo cujo salário é ajustado à alta pela introdução de uma lei ao nível de B (salário mínimo) por cima do salário de equilíbrio D. No Gráfico 1, o nível de emprego inicial (L) está determinado pelo nível da oferta e da demanda. Com a introdução do salário mínimo o emprego cai ao nível L, que será o novo nível de emprego demandado ao salário B. O modelo determina um excesso de oferta de trabalho ao novo nível do salário mínimo.

Este modelo pressupõe a existência da competição perfeita no mercado laboral; inumeráveis empresas competem pelos trabalhadores, ao mesmo tempo, um grande número de indivíduos também compete pelos postos de trabalho. O resultado desta competição é que nem as empresas nem os indivíduos têm a capacidade para afetar o equilíbrio do salário.

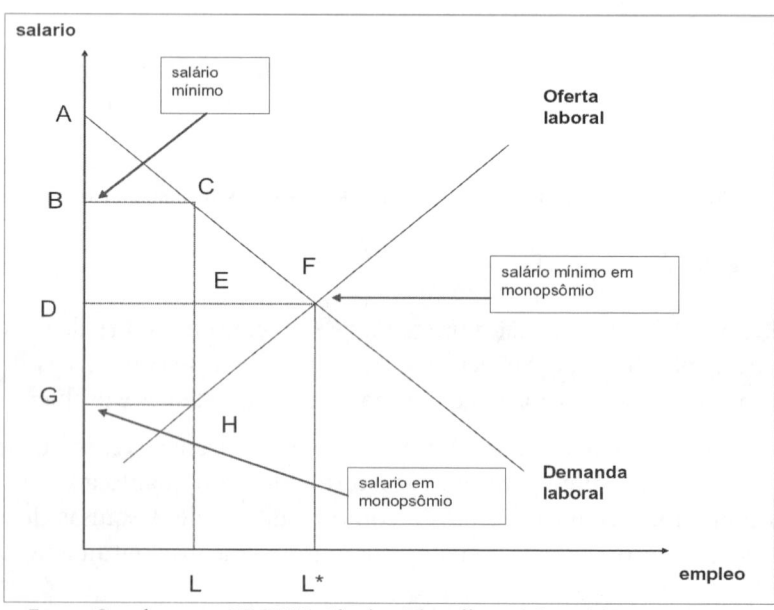

Gráfico 1
Salário de Equilíbrio de Mercado

Fonte: Com base em: BROWN, Charles. The effect of the minimum wage on employment and unemployment. *Journal of Economic Literature*, 1982. v. XX, p. 487-528.

A ideia tradicional derivada do modelo ortodoxo é que os salários mínimos são perniciosos porque causam desemprego; dito argumento se sustenta em uma estrutura de supostos excessivamente débeis, questionados amplamente pelos seguintes motivos:[3]

— Vê o mercado laboral como outro mercado qualquer, o que é inapropriado devido ao papel das instituições na determinação do conteúdo do que se compra e se vende no mercado laboral (habilidades, iniciativa, cooperação, etc.).

— Analisa-se o mercado laboral isolado dos outros mercados como se fosse um mercado único, o que não é correto, pois a legislação sobre salários mínimos tem efeitos em outros mercados não laborais.

— Analisa-se o efeito dos salários mínimos nos preços como um efeito indireto pelos impactos que tais salários teriam nos salários reais, sem perceber qual é o seu efeito específico.

— É um modelo de estática comparativa onde se observa o impacto dos salários mínimos de um equilíbrio a outro, sem tomar em conta a dinâmica do processo.

— Não considera os efeitos dos fatores associados às imperfeições do mercado.

— Somente considera os fatores econômicos e deixa de lado os aspectos sociopolíticos que influenciam no progresso e na estabilidade socioeconômica.

Uma perspectiva alternativa mais realista tem-se desenvolvido em um contexto de competição imperfeita supondo uma situação de monopsônio, onde os indivíduos competem pelos trabalhos e há somente uma empresa no mercado local de trabalho.[4] Por tanto, esta é a que tem o poder para determinar os salários; no Gráfico 1 mostra-se o seguinte cenário: a empresa tem a possibilidade de escolher o ponto da curva da oferta de trabalho onde se maximizem as suas ganâncias. Se a empresa fixa um salário por baixo do de equilíbrio (G), um salário maior produziria dois efeitos contrários nas ganâncias da empresa. Por um lado, as ganâncias aumentarão porque a empresa atrairá mais trabalhadores, estes produzirão mais do que se lhes paga. Por outro lado, as ganâncias diminuirão porque o salário pago a cada um dos trabalhadores se incrementa. Nestas circunstâncias, o nível de equilíbrio ótimo para a empresa se encontra em um nível salarial para o qual maximiza a sua ganância, dando lugar a um nível de emprego por baixo do de equilíbrio (L). Nestas condições, salários muito baixos darão lugar a uma baixa participação laboral no mercado; a incrementar o emprego informal; a limitar os incentivos para ganhar habilidades e, em consequência, a uma baixa produtividade. Neste contexto, a legislação a favor de fixar um salário mínimo acima do que fixa a empresa, por exemplo, no nível de equilíbrio, daria lugar a maiores ganâncias e a um maior nível de emprego; obrigaria as empresas a ser mais eficientes ou a levar os seus trabalhadores a propósitos mais produtivos.[5]

1.3. Evidência empírica dos efeitos do salário mínimo

Do marco teórico ortodoxo se desprenderia a ideia de que para os países com altos níveis de desemprego, a redução dos salários reais pareceria ser uma alternativa viável. Em

---
(3) Cf. *Fine, Ben* (1998), *Op. cit.*
(4) ADAMS, F.G. Increasing the minimum wage: the macroeconomics impacts. *Economics Policy Institute, Briefing Paper*, 15 de julho de 1987.
(5) *Fine, Ben* (1998), *Op. cit.*

inúmeros trabalhos empíricos tem-se tentado provar esta noção, fundamentalmente através de modelos de regressão que estimam o efeito do salário mínimo através do seu efeito no emprego e outras variáveis de controle, como, por exemplo, a produção, a evolução da oferta de trabalho e o nível de instrução. Também se têm utilizado resultados de estudos que reproduzem condições experimentais ao comparar um grupo de controle de trabalhadores de um setor específico sujeitos a mudanças no salário mínimo com um grupo do mesmo setor que não apresenta mudanças salariais.

Os resultados dos trabalhos pioneiros realizados para os Estados Unidos nos anos setenta mostram, de acordo com *Brown, Gilroy* e *Kohen* (1982), que um aumento de 10% nos salários mínimos dá lugar a uma redução de um a três por cento no emprego de adolescentes. Estudos posteriores realizados por *Solon* (1985), *Wellington* (1991) e *Klerman* (1992) mostraram que os efeitos do aumento de 10% nos salários mínimos não eram tão elevados e que, em média, ocasionavam uma redução de apenas 0.7% no emprego de adolescentes.

Conforme se realizavam trabalhos com nova evidência empírica, a tradição ortodoxa ficava cada vez mais questionada. Um dos trabalhos mais influentes foi o desenvolvido por *Card y Krueger*[6], eles analisaram a princípios da década de noventa o incremento do salário mínimo em Nova Jersey, focando sua pesquisa em um grupo de trabalhadores de restaurantes de *fast-food*, e utilizando como grupo de comparação a trabalhadores similares do estado vizinho da Pensilvânia, onde o salário mínimo não mudou. Basicamente, sua pesquisa consistiu em comparar as repercussões sobre o nível de emprego nestes dois estados devido ao incremento do salário mínimo em Nova Jersey. Os resultados que obtiveram demonstra que não existe um efeito negativo sobre o emprego como consequência do incremento do salário mínimo; ao contrário, os resultados indicam que a elasticidade do emprego com relação aos salários mínimos se encontra entre 0.61 e 0.69.

Os estudos posteriores mostraram que os efeitos do salário mínimo eram muito mais débeis que os originalmente encontrados.[7] Os modelos mais recentes, sem tantas restrições e com dados atualizados, colocam em dúvida se as estimativas dos primeiros pioneiros eram internamente consistentes ou se os resultados originais se deveram mais a fatores externos do que aos efeitos do salário mínimo, o qual tem dado lugar a um grande ceticismo sobre a validade da ortodoxia sobre os salários mínimos.

Isto se torna um assunto de primeira importância se consideramos que estes estudos empíricos pioneiros são os que se utilizam, inclusive hoje em dia, para tomar decisões de política econômica ou para guiar a teoria econômica.

Outro elemento que tem contribuído para gerar dúvidas sobre a validade da perspectiva ortodoxa é que em muitos países com altos níveis de desemprego, têm-se utilizado políticas de contenção salarial sem que isto tenha contribuído para incrementar o nível de emprego. Muito pelo contrário, o que encontraram *Di Nardo, Fortín* e *Lemieux* (1994) é que a queda do valor real do salário mínimo nos anos oitenta contribuiu em 20 a 30% para o incremento da desigualdade salarial da década.

---

(6) CARD, D. A.; KRUEGER. Minimum wage and employment: a case of study of the fast-food industry in new jersey and pennsylvania. *American Economics Review*, v. 84, 1994.
(7) *Wellington* (1991) encontrou efeitos menores, inclusive perto de zero, confrontando a teoria de estudos anteriores de que um incremento de 10% nos salários mínimos reduziria o emprego em 3%.

A relação entre salários mínimos e preços tem sido enquadrada em uma visão tradicional, na qual os incrementos no salário mínimo incidem nos salários reais e desde aí são transferidos aos preços. Conforme esta perspectiva, os incrementos ao salário mínimo terminam sendo inflacionários, uma vez que contribuem ao aumento dos custos salariais, o que faz com que as empresas com poder de mercado, com a regra de fixar os preços de acordo com o custo médio (teoria de *mark-up*), transfiram o incremento dos custos aos preços para manter suas margens de ganância.[8]

De acordo com a teoria econômica, o salário mínimo afeta nos preços por vários meios (ver *Charles Brown, Girloy Curtis* e *Andrew Kohen*, 1982):

a. Por meio da demanda de trabalho, fazendo subir os custos e os preços.

b. Por meio da oferta de trabalho, incrementando a produtividade do trabalho e baixando os preços ou incrementando a participação da força de trabalho e baixando os salários.

c. Por meio da oferta agregada, baixando o nível de emprego e produto e fazendo crescer os preços e os salários.

d. Por meio da demanda agregada, incrementando o gasto e fazendo subir o nível de preços ou fazendo decair a demanda da força de trabalho contratada ao novo e mais alto salário mínimo nas indústrias intensivas em força de trabalho.

1.4. Evidência empírica para o México

No México, há uma ausência generalizada de estudos sobre o salário mínimo. À continuação, fazemos referência a alguns trabalhos onde se realiza um esforço de modelação econométrica dos seus impactos.

a) Modelo Clavijo: É um modelo trimestral e, portanto, pela escassez de informação nesta frequência, é pequeno. Estimam-se 9 equações de comportamento e 22 identidades para o período de 1965 e 1975, seu enfoque teórico é monetarista. Em particular, este modelo incorpora equações para endogenizar preços e salários, onde destaca a incorporação dos salários mínimos na determinação dos salários médios.

b) Modelo Galileo: É de peridiocidade anual. Estima-se de 1960 a 1982, é um modelo grande ao contar com 1.726 equações, seu enfoque teórico é keynesiano com utilização de insumo-produto. Incorpora na determinação dos preços aos salários mínimos como fator de custo; no setor laboral se modela a oferta de trabalho como função de fatores demográficos e da demanda laboral.

c) Modelo Eudóxio: É um modelo de síntese neoclássica estimado para o período de 1970 a 1994. Está constituído por 31 equações de comportamento, conta com um bloco de salários e emprego onde o salário médio depende da aceleração do salário mínimo real; a elasticidade dos salários médios à aceleração dos salários mínimos é de 0.4%.

---

(8) Segundo a teoria do mark-up, o preço é igual ao custo médio (Cme) mais o benefício (expressado como porcentagem do custo médio e indicado por k) o: p=Cme(1+k).

d) Modelo MAPEA: É um modelo eclético com forte influencia keynesiana, está constituído por 55 equações de comportamento que se estimam trimestralmente para o período 1980-1999. O modelo incorpora um bloco de equações para emprego e salários, de maneira expressa o salário mínimo entra como determinante nos preços implícitos de consumo privado (elasticidade -1.07), na determinação dos salários médios (elasticidade 0.90), nos salários manufatureiros (0.85) e no emprego manufatureiro (0.016).

e) Modelo Conasami: O modelo está constituído por seis blocos de equações, mediante os quais se constrói um sistema de equações simultâneo. A estrutura do modelo se deriva de um conjunto de equações que explicam teoricamente o comportamento da economia nacional e em particular estabelecem sua relação com os salários mínimos. O modelo está composto por 47 identidades, 39 equações de longo prazo e 39 equações de curto prazo. Sua frequência é trimestral, com um período de estimação do primeiro trimestre de 1980 ao segundo trimestre de 2002. A metodologia geral usada na construção do modelo consiste na aplicação da análise de cointegração.

Ampliaremos brevemente a especificação do modelo Conasami, criado justamente por iniciativa da autoridade em matéria de salários mínimos do país, e onde um dos autores da presente análise foi responsável por dito modelo.

No modelo Conasami se consideraram duas hipóteses formuladas a partir dos informes do Banco do México e da trajetória no tempo dos salários mínimos:

• De acordo com o Banco do México, o efeito dos salários mínimos na inflação participa cada vez menos nas mudanças dos preços.

• De acordo com a trajetória dos salários, nos últimos anos os incrementos nos salários mínimos têm sido inclusive superiores à inflação.

Isto supõe que, a longo prazo, os salários mínimos tenderão a ter menos peso nos mecanismos de ajustes de preços, na medida em que cada vez uma menor proporção da força de trabalho se encontre regida por dito mecanismo salarial.

A especificação da equação de preços, que permite incorporar as hipóteses comentadas, é a seguinte:

$INPC_t = b_1 SALMT_t +_2 M1_t + b_3 PIB_t + u_t$ (1)

$DINPCt = a_1 D(PIB)_t + a_2 D(SALMIN)_t + a_3 D(M1)_t + a_4 D(TCN)_t + a_5 D(SALMT)_t + gmceinpc_{t-1} + n_t$ (2)

A equação estimada de correção de erro resultante foi:

DLOG(INPC) = 0.41*DLOG(INPC(-1)) + 0.16*DLOG(SALMIN) + 0.06*DLOG(SALMT) — 0.01*DLOG(PIB) + 0.09*DLOG(TCN) + 0.18*DLOG(TCN(-1)) — 0.01*(MCEINPC(-1))

A qual mostra que a elasticidade de preço-salário mínimo é de 0.16%.

Os testes realizados na nova equação são satisfatórios ao não encontrar evidência de autocorrelação, heteroscedasticidade, nem problemas de erro de especificação (ver Quadro 1).

Quadro 1
Testes para a especificação do modelo

Breusch-Godfrey Serial Correlation LM Test:

F-statistic	0.769460	Probability	0.517766
Obs*R-squared	2.483760	Probability	0.478233

White Heteroskedasticity Test:

F-statistic	1.377222	Probability	0.214149
Obs*R-squared	17.78793	Probability	0.216611

Ramsey RESET Test:

F-statistic	0.316956	Probability	0.864947
Log likelihood ratio	1.591385	Probability	0.810340

2. Alguns fatos estilizados dos salários mínimos no México

2.1. Quem são os que recebem salários mínimos no México?

Há 25 anos a economia mexicana tem-se submetido a processos de ajuste e reforma estrutural os mesmos que lesaram fortemente as percepções econômicas da população assalariada. Os programas anti-inflacionários aplicados desde 1982 alcançaram seus fins de maneira limitada ao conseguir deter o incremento no nível dos preços em diferentes momentos, mas foram insuficientes para resolver a fundo o problema que gera a acumulação do crescimento do índice nacional de preços ao consumidor, registrado neste período com grandes flutuações.

O salário mínimo tem sido a fonte de ingresso mais castigada a longo prazo pela instabilidade macroeconômica e as recorrentes medidas de ajuste. No contexto da contração que tem prevalecido, as reformas ao regime financeiro e comércio exterior criaram uma nova forma de funcionamento da economia na que se consolidou uma nova estrutura produtiva setorial, onde algumas atividades participam de maneira mais dinâmica na produção e nas exportações, e os benefícios empresariais — inclusive em um cenário de baixo gasto em inversão de capital — têm-se elevado incidindo sobre o padrão da distribuição de ingresso a uma maior desigualdade.

Esta situação tem provocado uma grave pauperização nos níveis salariais dos trabalhadores do país. No Quadro 2 pode-se ver este fenômeno na medida em que pouco mais de 20% da população ocupada no México recebe até um salário mínimo.

Quadro 2
População ocupada que recebe até um salário mínimo no México: 2000

Sector	Pessoal Ativo	Sem Remuneração	Até 50% um S.M.	Mais de 50% do S.M. e menos de um S.M.	Um S.M.	Até um S.M.
11 Agropecuário	5,338,299	33.96%	6.42%	18.20%	0.001%	58.58%
21 Mineiro	144,421	2.49%	1.43%	4.81%	0.001%	8.74%
22 Eletricidade e água	151,546	0.78%	0.66%	1.97%	0.001%	3.41%
23 Construção	2,669,751	2.53%	1.12%	4.94%	0.003%	8.59%
31-33 Indústrias Manufatureiras	6,418,391	2.75%	3.35%	5.92%	0.005%	12.02%
43 e 46 Comércio	5,597,992	7.61%	4.22%	9.15%	0.005%	20.99%
48 e 49 Transportes, correios e almoxarifado	1,410,193	1.40%	0.99%	4.17%	0.004%	6.57%
51 Informação em meios massivos	291,727	1.13%	0.82%	2.79%	0.003%	4.74%
52 Serviços financeiros e de seguros	283,604	0.83%	0.33%	1.20%	0.004%	2.37%
53 Serviços imobiliários e de aluguel	129,898	2.98%	2.28%	6.64%	0.005%	11.91%
54 Serviços profissionais	662,643	2.10%	0.72%	3.07%	0.004%	5.89%
55 e 56 Serviços de apoio às firmas	595,308	1.14%	1.89%	5.43%	0.009%	8.47%
61 Serviços educativos	1,855,182	0.90%	0.99%	2.78%	0.002%	4.67%
62 Serviços de saúde e de assistência social	1,016,859	1.43%	1.20%	3.08%	0.003%	5.72%
71 Serviços de lazer e culturais	262,821	2.50%	2.63%	7.73%	0.006%	12.86%
72 Serviços de hotéis e restaurantes	1,535,162	5.92%	3.78%	10.88%	0.012%	20.59%
81 Outros serviços, exceto governo	2,952,928	3.22%	7.19%	17.01%	0.003%	27.42%
93 Atividades de governo	1,400,906	0.92%	0.64%	2.22%	0.006%	3.79%
99 Não especificado	1,012,579	4.26%	0.82%	2.52%	0.003%	7.60%
Total	33,730,210	8.35%	3.52%	8.79%	0.004%	20.67%

A situação descrita no quadro dois é preocupante se consideramos o fato de que somente 0.004% desta população trabalhadora recebem o mínimo oficial, o restante recebe menos de dito salário, e mais de 8% não recebem nada pelo seu trabalho.

A estrutura setorial indica que são no agro, no comércio e nos serviços onde se manifesta com maior contundência a existência de condições salariais inferiores ao mínimo oficial.

O salário mínimo tem um efeito normativo sobre a parte última da escala de distribuição dos salários que é o segmento dos trabalhadores que recebem os salários mais baixos. Esta circunstância associa o salário mínimo e as negociações que se realizam para fixá-lo com a desigualdade salarial prevalecente na economia mexicana, o que confere um significado de tipo político que não deve perder-se de vista, principalmente em um entorno no qual esta retribuição vem perdendo valor real nas duas últimas décadas e meia.

2.2. O salário mínimo e a sua relação com outras atividades econômicas

Na dimensão macroeconômica existe uma série de preços que se estabelecem a partir de uma medida de múltiplos com relação ao salário mínimo (estes preços incluem multas, fianças, categorias de ingresso na tarifa do imposto de renda, benefícios salariais, abonos por produtividade e as cotas de uma serie de bens públicos como os créditos para moradia), e inclusive alguns salários podem pactuar-se medidos como um múltiplo ou fração do mínimo.

Estimativas prévias a partir de uma revisão do sistema federal de leis indicam que a ordem jurídica nacional contempla um total de 250 leis federais, incluindo 8 Códigos, 2 Estatutos e um Orçamento de Egressos da Federação para o Exercício Fiscal de 2007. Deste total, em 109 delas faz-se referência ao salário mínimo, isto é, em 43.60% a consideram como referência para multas, contratos, impostos, bolsas, créditos, remunerações e salários. Não existem estimativas do efeito que produz a mudança de um ponto percentual do salário mínimo em tal sistema institucional de referência, mas é claro que torna a elevar imediatamente esses contratos, podendo afetar o déficit público.

O Gráfico 2 apresenta um panorama sintético das variações anuais do salário mínimo e dos preços ao consumidor desde 1980. Como pode observar-se, durante este período somente a partir de 2000 se registra um lapso trianual, onde a evolução comparada de ambas variáveis acumula variações favoráveis ao ingresso real dos que recebem salário mínimo. Fora de episódios isolados (1993-1994 e 1998, por exemplo), nestes anos o incremento dos preços superou, de modo geral, ao dos salários.

Gráfico 2
México: Taxa de inflação e salários mínimos nominais, 1980-2007 (taxas de crescimento anual)

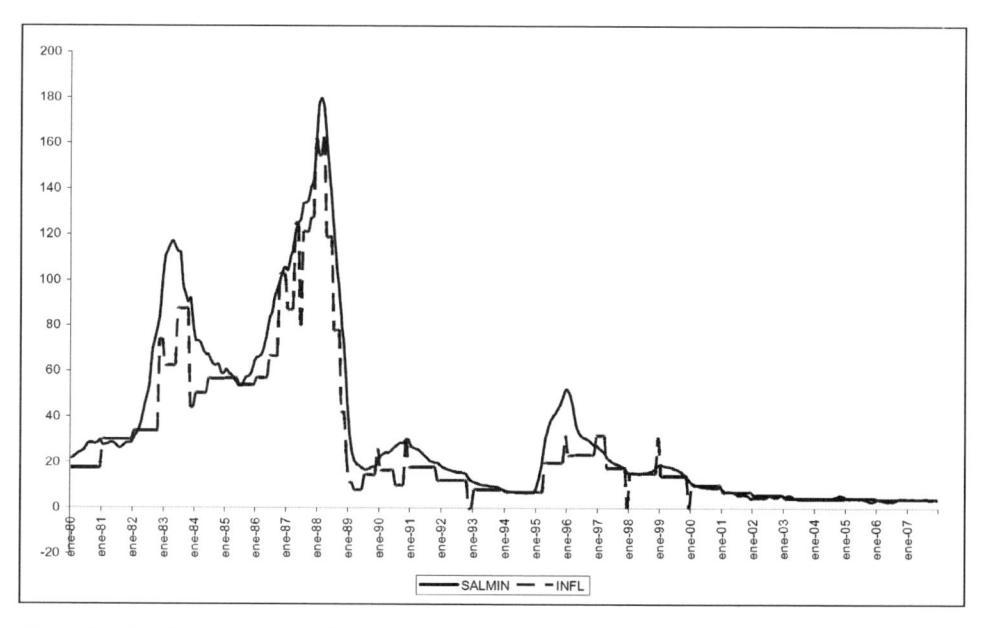

Fonte: Banxico, Estatísticas. <www.banxico.gob.mx>.

O salário mínimo não só viu perder seu poder aquisitivo ao longo dos anos, senão que viu perder também sua importância relativa com relação a outras formas de remuneração.

A comparação do salário mínimo com o ingresso per cápita diário, as remunerações médias diárias e a produtividade mostram claramente que no México se tem configurado um minissalário mínimo.

No quadro seguinte observa-se que a princípios da década de setenta o salário mínimo era similar a outras formas de ingresso; em 1970 um salário mínimo representava praticamente a mesma magnitude que o ingresso per cápita diário da economia, 76% de um salário médio e 32% da produtividade. Para o ano de 2004 esses mesmos percentuais são de 22.5%, 21.42% e 7.12%, respectivamente. Isso deixa ver claramente o atraso nos ajustes ao salário mínimo com relação a outras formas de ingresso e, em consequência, a menor importância relativa do salário mínimo na formação dos outros tipos de ingressos.

Quadro 3
Salários mínimos e outras formas de ingresso (pesos)
Salários diários em pesos mexicanos

	S. Mínimo	PIB Por habitante	Produtividade	S. Médio
1970	0.028	0.027	0.087	0.037
1980	0.141	0.185	0.558	0.245
1990	9.289	23.378	73.177	23.350
2000	35.120	143.745	437.771	149.238
2001	37.570	150.988	467.842	165.047
2002	39.740	162.073	512.336	179.520
2003	41.530	174.082	553.748	191.388
2004	43.297	191.843	607.911	202.164

Fonte: com base em informação salarial de Banxico, PIB nacional e remunerações medias do INEGI.

No Gráfico 3 observa-se claramente que até meados dos anos setenta os salários mínimos tenderam a ganhar certo peso relativo em comparação com outras fontes de ingresso, para depois iniciar uma queda de tal magnitude que fica insustentável o argumento oficial de que tais minissalários sejam um componente altamente inflacionário ao afetar a formação de outro tipo de remunerações. *Saget* (2008) define o minissalário como aquele salário mínimo que se situa tão por baixo na relação salarial que não impõe nenhuma obrigação extra aos empresários (quando a relação do salário mínimo e PIB por habitante é menor a 30%).

A aplicação do minissalário se explica porque, nos países onde se aplica, o salário mínimo se relaciona com os salários da administração pública, com as pensões de todo tipo, com as prestações sociais, com as multas, etc. *Saget* (2008) nos diz que os países que aplicam o minissalário utilizam a variável salário mínimo como instrumento de política econômica para conseguir vários e diversos objetivos; por exemplo: utilizam o salário mínimo como referência para fixar o nível dos salários e o dos ingressos; utilizam o salário mínimo como âncora anti-inflacionária e também como instrumento de negociação política.

Esta versatilidade no manejo da variável do salário mínimo complica sobremaneira o manejo da política salarial de uma economia, já que o recomendável, diz-nos *Saget*, seria contar com um número equivalente de instrumentos para defrontar os objetivos da política econômica e não utilizar somente um para vários objetivos.

Gráfico 3
Evolução dos salários mínimos como porcentagem de outras formas de ingresso: 1970-2004
(participações porcentuais)

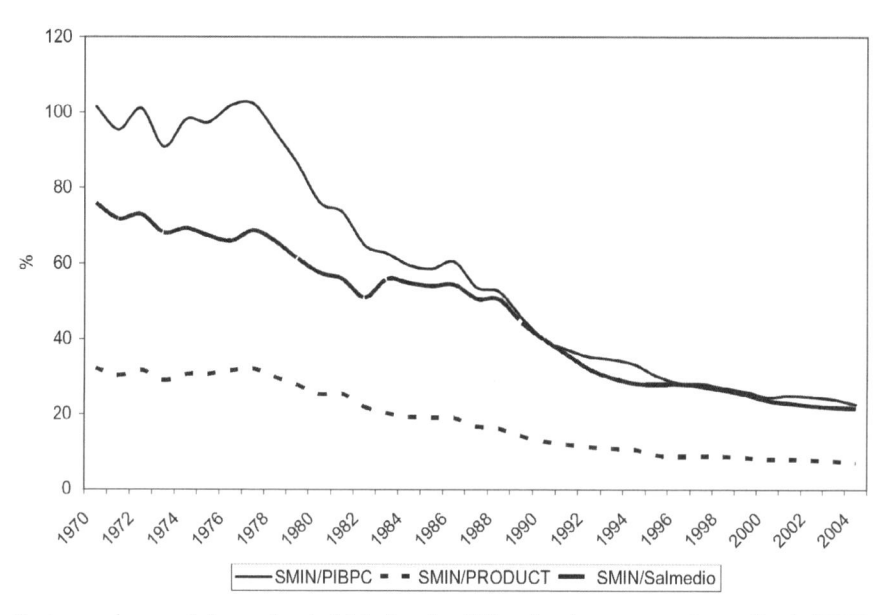

Fonte: com base em informação salarial do Banxico, PIB nacional e remunerações medias do INEGI.

2.3. O salário mínimo e as zonas salariais

Até antes de 1988, as divisões em áreas econômico-salariais eram: 111 zonas em 1964; 109 em 1967; 107 em 1972; 105 em 1974; 89 em 1976 e 67 zonas econômicas entre 1985 e fevereiro de 1988.

A partir de 1º de março de 1988, o país ficou dividido em 3 áreas geográficas para efeitos de aplicação dos salários mínimos, estas se identificam com as letras "A", "B" e "C", que correspondem aos três níveis de salários existentes atualmente. Nos últimos 20 anos tem-se mantido a mesma divisão da República em três áreas geográficas, e só se atualizam incluindo a criação de novos municípios.

A ideia da Comissão é fechar as diferenças salariais existentes para avançar no processo de convergência a uma só. As diferenças salariais existentes no início de dito zoneamento eram de 8% entre as áreas geográficas "A" e "B" e de 19.9% entre a "A" e a "C".

No Quadro 4 mostra-se o processo de convergência entre as áreas salariais do país. Destaca o fato de que ainda são significativas as diferenças zonais e que, como veremos mais adiante, não contam com nenhuma justificação.

Quadro 4
Convergência das Áreas Geográficas

	ZONA A	ZONA B	ZONA C	A/B	A/C
2000	37.9	35.1	32.7	7.4	13.7
2001	40.35	37.95	35.8	5.9	11.2
2002	42.15	40.1	38.3	4.9	9.1
2003	43.65	41.85	40.3	4.1	7.6
2004	45.24	42.73	42.11	5.5	6.9
2005	46.8	45.35	44.05	3.1	5.8
2006	48.67	47.16	45.81	3.1	5.8

Fonte: elaboração própria com base em informação de CONASAMI.

Para a análise das zonas salariais aplicou-se a análise ESDA de exploração de dados espaciais. Elaboraram-se mapas de quantis e de BOX para analisar a distribuição espacial dos salários e outras variáveis com a finalidade de distinguir padrões similares de distribuição.[9] No Gráfico 4 mostram-se os padrões encontrados nos mapas de quantis para três grupos conforme as três áreas geográficas determinadas pela Comissão Nacional de Salários Mínimos.

Gráfico 4
Padrões de distribuição de salários e inflação

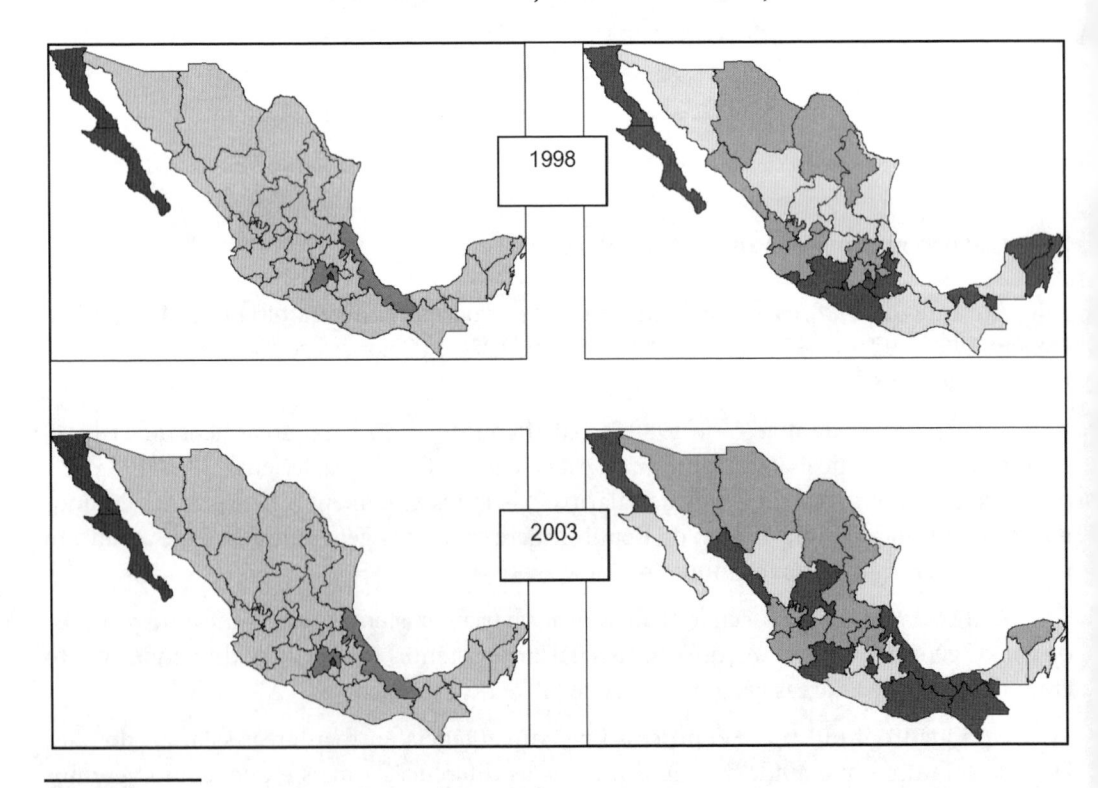

---

(9) Os mapas que se apresentam aqui foram realizados com o pacote computacional de análise espacial Geoba.

Pelos mapas constata-se que não existe plena correspondência entre as 3 áreas geográficas salariais determinadas pela Comissão Nacional de Salários Mínimos e o comportamento do processo inflacionário, isto é, as zonas de salários A, de maior ingresso, não se correspondem com as zonas de inflação mais altas no país nem as zonas salariais mais baixas, a zona C, com as zonas inflacionárias mais baixas, o que nos sugere que a dinâmica inflacionária se explica pelo comportamento de outras variáveis econômicas, além da salarial.

Como pode se observar no Gráfico 6, uma situação similar se demonstra na relação das zonas salariais e os níveis regionais de ingresso.

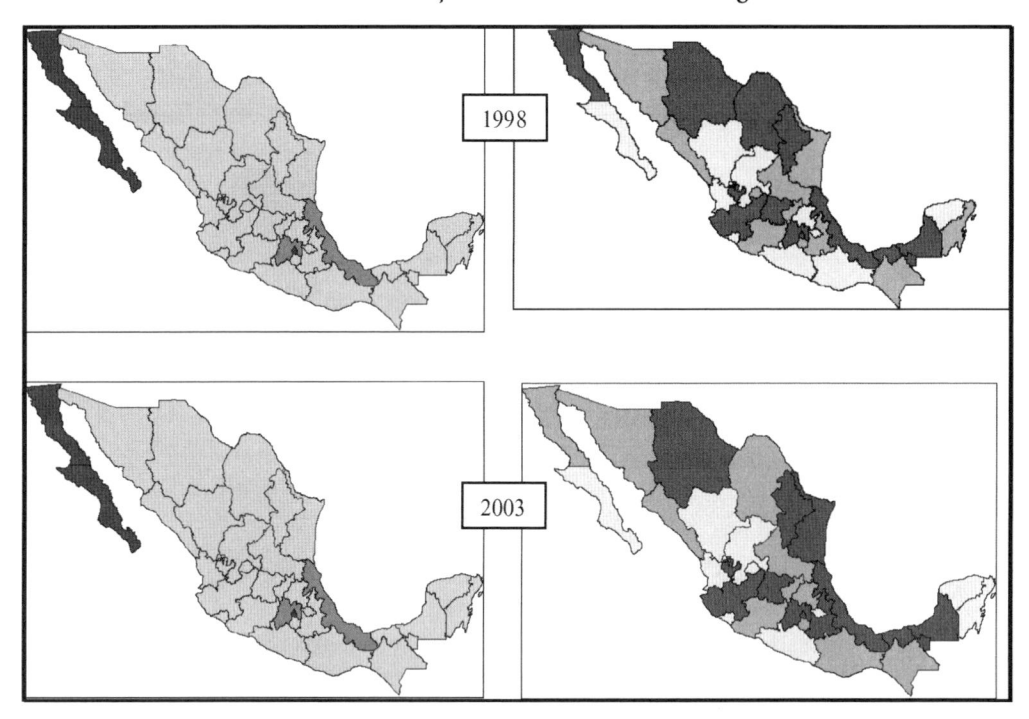

Gráfico 5
Padrões de distribuição de salários e níveis de ingresso

A estrutura espacial das zonas salariais não se corresponde em absoluto com os processos de distribuição de ingresso nos estados do país; as três cores dos mapas da esquerda se distribuem de forma muito diferente das dos mapas da direita, além do que, é claro que a estrutura de ingresso muda significativamente no período de 1998 a 2003, enquanto as zonas salariais são as mesmas.

No Gráfico 6 mostra-se a mesma relação, só que agora com os níveis de produtividade do país. Os resultados do gráfico são indicativos de que as regiões com maior produtividade do país se conformam territorialmente pelo centro, franja fronteiriça e alguns estados do sudoeste, o que tem pouca relação com a estrutura das três zonas salariais oficiais.

Gráfico 6
Padrões de distribuição salarial e produtividade

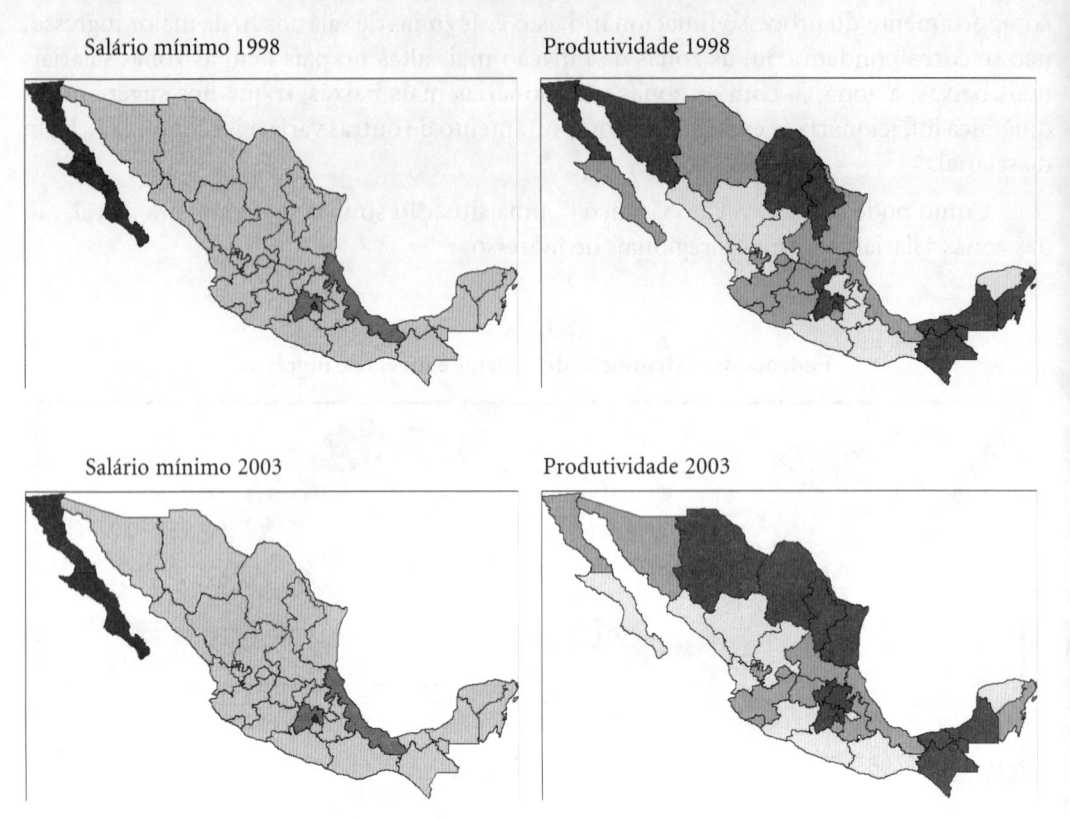

Salário mínimo 1998   Produtividade 1998

Salário mínimo 2003   Produtividade 2003

3. Salários mínimos e preços

3.1. Os salários mínimos e a inflação: uma análise de causalidade

A política de restrição salarial aplicada no México se sustenta nas relações de causalidade salários a preços que a autoridade governamental considera que se cumprem no país. O Banco do México, no seu documento de pesquisa n. 9604 titulado: "Um estudo econométrico sobre a inflação no México", de *Alejandro Pérez-López*, defende a hipótese de que a taxa de inflação é uma média ponderada da taxa de variação nos salários e da taxa de variação nos preços externos. Para verificar esta hipótese estabelecemos uma análise de causalidade utilizando o teste de Granger, usado amplamente na literatura econométrica para identificar se existe primazia estatística no tempo de uma variável sobre outra.

Nos Quadros 5, 6 e 7 aplicou-se o teste de Granger considerando o máximo de um efeito de três anos de uma variável em outra. Os dados mostram a relação entre a taxa de inflação, o salário mínimo e o salário médio da economia. Os resultados indicam que, com um atraso e um nível de significância de 5%, os salários mínimos não causam inflação, mas são causados por esta, na medida em que existem relações de causalidade bidirecional entre os dois tipos de salários considerados neste caso (ver Quadro 5).

Quando se consideram atrasos de dois anos, existe causalidade dos salários mínimos aos médios, mas não nas demais variáveis (ver Quadro 6). Finalmente, com três atrasos não existem relações de causalidade no nível de significância utilizado previamente (ver Quadro 7).

Quadro 5
Teste de causalidade de Granger com um atraso: 1970-2004

Hipótese nula	Obs.	F-estatística	Probabilidade
SALMIN não causa Granger a INFL	34	2.24645	0.14404
INFL não causa Granger a SALMIN		6.82400	0.01374
SALMED não causa Granger a INFL	34	1.72902	0.19818
INFL não causa Granger a SALMED		1.28900	0.26493
SALMED não causa Granger a SALMIN	34	22.4985	4.5E-05
SALMIN não causa Granger a SALMED		67.7591	2.7E-09

Quadro 6
Teste de causalidade de Granger com dois atrasos: 1970-2004

Hipótese nula	Obs.	F-estatística	Probabilidade
SALMIN não causa Granger a INFL	33	2.74071	0.08184
INFL não causa Granger a SALMIN		0.67376	0.51786
SALMED não causa Granger a INFL	33	1.67859	0.20488
INFL não causa Granger a SALMED		0.40373	0.67165
SALMED não causa Granger a SALMIN	33	0.97692	0.38894
SALMIN não causa Granger a SALMED		3.82257	0.03406

Quadro 7
Teste de causalidade de Granger com três atrasos: 1970-2004

Hipótese Nula:	Obs.	F-estatística	Probabilidade
SALMIN não causa Granger a INFL	32	2.12079	0.12294
INFL não causa Granger a SALMIN		0.67786	0.57380
SALMED não causa Granger a INFL	32	1.21047	0.32643
INFL não causa Grange a SALMED		0.52830	0.66695
SALMED não causa Granger a SALMIN	32	1.05451	0.38598
SALMIN não causa Granger a SALMED		2.39037	0.09262

Nos Quadros 8, 9 e 10 mostram-se as relações de causalidade entre a taxa de inflação e as variações salariais. Com um atraso se encontra evidência de causalidade dos salários médios à inflação, mas não dos mínimos à inflação nem aos médios. Com dois ou três atrasos não se adverte mais causalidade de nenhum tipo de salários à inflação e somente se detecta causalidade dos salários médios aos mínimos.

Quadro 8
Teste de causalidade de Granger com um atraso nas taxas de crescimento: 1970-2004

Hipótese Nula:	Obs	F-estatística	Probabilidade
D(LSALMED) não causa Granger a INFL	33	5.11227	0.03117
INFL não causa Granger a D(LSALMED)		0.00986	0.92158
D(LSALMIN) não causa Granger a INFL	33	2.03677	0.16386
INFL não causa Granger a D(LSALMIN)		0.02118	0.88526
D(LSALMIN) não causa Granger a D(LSALMED)	33	0.00396	0.95026
D(LSALMED) não causa Granger a D(LSALMIN)		1.23297	0.27565

Quadro 9
Teste de causalidade de Granger com dois atrasos nas taxas de crescimento: 1970-2004

Hipótese Nula:	Obs	F-estatística	Probabilidade
D(LSALMED) não causa Granger a INFL INFL não causa Granger a D(LSALMED)	32	3.60363 0.04619	0.04100 0.95494
D(LSALMIN) não causa Granger a INFL INFL não causa Granger a D(LSALMIN)	32	1.73535 2.25960	0.19543 0.12378
D(LSALMIN) não causa Granger a D(LSALMED) D(LSALMED) não causa Granger a D(LSALMIN)	32	1.43828 5.16989	0.25495 0.01256

Quadro 10
Teste de causalidade de Granger com três atrasos nas taxas de crescimento: 1970-2004

Hipótese Nula:	Obs	F-estatística	Probabilidade
D(LSALMED) não causa Granger a INFL INFL não causa Granger a D(LSALMED)	31	2.08641 0.19872	0.12862 0.89623
D(LSALMIN) não causa Granger a INFL INFL no causa Granger a D(LSALMIN)	31	1.35918 2.07285	0.27903 0.13046
D(LSALMIN) não causa Granger a D(LSALMED) D(LSALMED) não causa Granger a D(LSALMIN)	31	1.62301 3.89353	0.21029 0.02124

Em síntese, os resultados do teste de Granger não mostram nenhuma evidência de causalidade dos salários mínimos à inflação, mesmo quando se consideram diferentes estruturas temporais para isso. No curto prazo de um ano, o teste oferece certa evidência de bidirecionalidade na relação dos salários mínimos e médios, tanto em níveis como em taxas de crescimento, mas ao longo prazo (três anos), a bidirecionalidade se perde e parece haver causalidade somente dos salários médios aos mínimos.

3.2. Especificação de um modelo salarial

Para realizar uma análise confirmatória dos resultados da nossa análise exploratória, retomamos um modelo utilizado para uma economia em desenvolvimento, como é o caso do Brasil, elaborado pela *Sara Lemos* (2004). Na sua análise "The Effects of the Minimum Wage on Wages, Employment and Prices", utilizando o levantamento mensal de lares brasileiros de 1982 a 2000 encontra que, em concordância com o observado na literatura internacional anteriormente analisada, no Brasil, o incremento ao salário mínimo comprime a distribuição salarial e tem pequenos efeitos adversos sobre o emprego e sobre os preços.

O modelo de Lemos mencionado pode sintetizar-se nas seguintes equações:

(1) Equação salarial:

$$\Delta \log W_{rt} = \alpha^w + \beta^w \Delta \log MW_t + \gamma^w \inf_{rt-1} + \delta^w \Delta urate_{rt-1} + \lambda^w X_{rt} + f_r^w + f_t^w + u_{rt}^w$$

Onde W_{rt} é o salário nominal médio por hora na região r e o mês t, $r = 1,..., 6$ e $t = 1, ..., 214$; MW_{rt} é o salário mínimo nominal por hora; $\inf_{rt-1}$ é a inflação passada; $urate_{rt-1}$ é a taxa de desemprego passada; f_r^w e f^{wt} são regiões e efeitos temporais fixos modelados por região e dummies temporais; u_{rt}^w é o termo de erro; e X_{rt} são as mudanças na oferta de trabalho, por exemplo, em que proporção os trabalhadores são jovens, ou são mulheres, ou estudantes ou inativos; quais se situam nas zonas urbanas ou no setor público ou em que rama industrial, bem como, qual é o seu nível educativo.

(2) Equação do emprego:

$$\Delta \log N_{rt} = \alpha^e + \beta^e \Delta \log MW_t + \gamma^w \inf_{rt-1} + \lambda^e X_{rt} + \sum_{l=1}^{24} \rho_l^e \Delta \log N_{rt-1} + f_r^e + f_t^e + u_{rt}^e$$

Onde: N_{rt} é tomado alternadamente para representar horas média na população (T), horas média para os que trabalham (H) e taxa de emprego (E). A Equação (2) se estima por separado usando cada uma das três variáveis do emprego (T, H e E) como variáveis dependentes. Isto torna possível desagregar o efeito total de incremento do salário mínimo no emprego tanto no efeito de horas como no efeito de postos de trabalho. Os resultados mostram que o efeito total afeta mais ao número de horas e não ao número de postos de trabalho, isto sugere que o incremento do salário mínimo não causa desemprego. Um incremento de 10% no salário mínimo incrementa o emprego total em 0.0594%, desagregando-o em um incremento de 0.0598$ no número de horas trabalhadas e um decremento de 0.0004% no número de postos de trabalho.

(3) Equação dos preços:

$$\Delta \log P_{rt} =$$
$$\alpha^p + \beta^p \Delta \log MW_t + \sum_{t=1}^{6} \beta_T^P \Delta \log MW_{t-1} + \gamma^p \Delta W_{rt} + \delta^p \Delta r_{rt} + \varsigma^p \Delta C_{rt} +$$
$$\kappa^p \Delta K_{rt} + \lambda^p Zs_{rt} + f_r^p + f_t^p + u_{rt}^p$$

Onde P_{rt} é o logaritmo dos preços; r_{rt} é a taxa nominal de juro; C_{rt} são a média dos custos; K_{rt} é o capital; e Zs_{rt} são as mudanças na oferta de trabalho e as mudanças na demanda agregada, que incluem consumo, gastos de Governo, impostos, inversões em capital, importações e exportações. A contraparte empírica da equação de equilíbrio geral se obtém se $\alpha^p, \beta^p, \delta^p, \kappa^p, \lambda^p$, β_t^p ão diferentes de zero e a equação da competência imperfeita, se $\alpha^p, \beta^p, \gamma^p, \delta^p, \varsigma^p$ y β_t^p são diferentes de zero.

Com base neste modelo de três equações, *Lemos* mostra que um incremento no salário mínimo comprime fortemente a distribuição salarial, gera pequenos efeitos adversos sobre o nível de emprego e incrementa ligeiramente o nível geral de preços, em outras palavras, o salário mínimo incrementa o salário dos que ganham menos, não destrói postos de trabalho e causa um pouco de inflação; este é um tema a considerar nas nossas economias se há de discutir-se o uso do salário mínimo como instrumento de política econômica para ajudar aos mais empobrecidos, que conformam a maioria.

Tomando como base a Equação (3) dos Preços proposta por *Lemos*, especificamos uma equação para o caso dos estados mexicanos considerando que os processos de inflação regional estão explicados por fatores de custos ou por mudanças na demanda. Os fatores de custo que se consideram nesta equação foram os custos salariais e utilizou-se a taxa de crescimento do valor agregado para mostrar as mudanças na demanda, de tal forma que a equação proposta é a seguinte:

$$DLOG(PR_i) = B_1 + B_2*DLOG(SMIN_i) + B_3*D\,LOG(SMED_i) + B_4*D\,LOG(VA_i) + u_i$$

Onde:

$DLOG(PR_i)$ é a primeira diferença do logaritmo do defrator implícito do PIB estadual para os anos censitários 1998 e 2003.

$DLOG(SMIN_i)$ é a primeira diferença do logaritmo do salário mínimo nas três áreas geográficas para os anos censitários 1998 e 2003.

$DLOG(SMED_i)$ é a primeira diferença do logaritmo do salário médio por estados para 1998 e 2003.

$DLOG(VA_i)$ é a primeira diferença do logaritmo do valor agregado estadual para 1998 e 2003.

E importante assinalar que tivemos que optar por uma versão reduzida da equação de Lemos devida tanto a restrições de informação como a pouca significância estatística de algumas variáveis. Em primeiro lugar, no nosso caso, a utilização de informação censitária nos limitou ao uso dos dois últimos censos econômicos (1998 e 2003) que têm compatibilidade tanto metodológica como no sistema de classificação usado para a sua elaboração, por isso não foi possível utilizar um modelo de painel e sim um de corte transversal. Em segundo lugar, ao provar variáveis que utiliza *Lemos* como são as taxas de juros, não resultaram significativas para o modelo, por isso se decidiu eliminá-las.

Quadro 11
Resultados da equação estimada para os estados

RESUMO DE SAÍDA: ESTIMATIVA DE MÍNIMOS QUADRADOS ORDINÁRIOS			
Variável dependente:	TPR	Número de Observações:	32
R Quadrada:	0.167372	F-estatística:	1.87616
R-quadrada ajustada:	0.078162	Prob(F-estatística):	0.156541
Somas residuais ao quadrado:	0.0792749	Probabilidade log:	50.6031
Sigma-quadrada:	0.00283125	Critério Akaike:	-93.2062
S.E. da regressão:	0.0532095	Critério Schwarz:	-87.3432
Sigma-quadrada ML:	0.00247734		
S.E da regressão ML:	0.0497729		

Variável	Coeficiente	Erro padrão	t-Estatístico	Probabilidade
CONSTANTE	0.4835911	0.1653792	2.924134	0.0067711
TSALMIN - 0.17476	01 0.4410838	-0.3962062	0.6949570	
TSALMED	0.009095484	0.05380218	0.1690542	0.8669689
TVA	0.08605929	0.04052849	2.123427	0.042689

Como se pode ver na tabela de resultados, a única variável estatisticamente significativa é a taxa de crescimento do ingresso, enquanto os custos salariais não foram significativos para a explicação da formação dos preços regionais. Isso mostra que os fatores de demanda e outros elementos de custo diferentes dos salariais seriam os determinantes principais dos processos inflacionários nos estados do país. Os resultados da equação são consistentes com a análise exploratória que realizamos antes e é indicativo de que a concentração econômica das regiões e fatores associados à demanda têm um maior impacto na formação de preços regionais que os fatores de custo associados aos salários mínimos.

A especificação utilizada para o modelo é satisfatória na medida em que não mostra problemas de multicolinealidade, heteroscedasticidade e não normalidade, tal como se vê nos dados estatísticos que se mostram no seguinte quadro:

Quadro 12
Diagnóstico da regressão

CONDIÇÃO DE MULTICOLINEALIDADE	47.54078		
TESTE DE NORMALIDADE DE ERROS			
TESTE	DF	VALOR	PROB
Jarque-Bera	2	0.3744131	0.8292724
DIAGNÓSTICO DE HETEROCEDASTICIDADE			
TESTE	DF	VALOR	PROB
Breusch-Pagan	3	0.9506091	0.8132006
Koenker-Bassett	3	0.860998	0.8348282
TEST	DF	VALOR	PROB
White	9	10.83572	0.2871376

3.4. Evidência empírica para as cidades

A especificação do modelo que se utilizou para o caso das cidades foi a mesma que se utilizou para o caso dos estados, isto é, considera que os determinantes da inflação regional são fatores de custos associados aos salários e de demanda associados ao ingresso:

$LOG(PR03)-LOG(PR98)_i = â_1 + â_2*(LOG(SMIN03)_i - LOG(SMIN98)) + â_3*(LOG(SMED03)-LOG(SMED98))_i + â_4*(LOG(ING03)-LOG(INGR98))_i + u_i$

Onde:

PR03 é o índice de preços ao consumidor da cidade i para o ano 2003.

PR98 é o índice de preços ao consumidor da cidade i para o ano 1998.

SMIN03 é o salário mínimo para o ano 2003.

SMIN98 é o salário mínimo para 1998.

SMED03 é o salário médio para o ano 2003.

SMED98 é o salário médio para 1998.

ING03 é o ingresso para o ano 2003 e

ING98 é o ingresso para o ano 1998.

É a mesma especificação que utilizamos no caso dos Estados onde os efeitos sobre os preços regionais se medem através de variáveis de custos (salários mínimos e salários médios) e por um puxão da demanda (ingresso). A vantagem de utilizar as cidades é que existem índices de preços ao consumidor que, a diferença do defrator implícito do PIB, utilizado no modelo dos estados, considera tanto a inflação doméstica como a importada.

Os resultados do modelo se apresentam no Quadro 13 e mostram que na formação dos preços regionais os custos não são significativos e, assim como no modelo estadual, o crescimento do nível de ingresso da economia resulta significativo.

Quadro 13
Resultado do modelo estimado para as cidades

Variável dependente: LOG(PR03)-LOG(PR98)

Variável	Coeficiente	Erro padrão	t-Estatístico	Probabilidade
C	0.354908	0.061748	5.747661	0.0000
LOG(SMIN03)-LOG(SMIN98)	0.126007	0.177389	0.710343	0.4814
LOG(SMED03)-LOG(SMED98)	-0.009906	0.018587	-0.532970	0.5969
LOG(ING03)-LOG(INGR98)	0.018012	0.008409	2.142039	0.0380
R-quadrada	0.110045			
Jarque Bera (p-valor)	0.03			
White (p-valor)	0.990918			
Ramsey (2) (p-valor)	0.487220			
Durbin-Watson stat	2.074896			

O modelo não apresenta problemas de não normalidade, de erro de especificação, nem de heteroscedasticidade conforme aos valores das provas na tabela a 5% e a 1%.

Conclusões

1. Existe evidência empírica a nível internacional para tomar com muitas reservas a perspectiva teórica dominante dos efeitos dos salários mínimos no emprego e nos preços.

2. A estrutura dos salários mínimos no México tem-se tornado completamente arbitrária e não tem nenhuma correspondência em suas zonas salariais com os diferenciais regionais de preços, ingressos e produtividade.

3. A relação de causalidade salários a preços, postulada pela autoridade econômica mexicana para justificar uma política de contenção salarial, não tem sustentação empírica; os testes de causalidade não oferecem evidência de primazia temporal dos salários com relação aos preços.

4. A formação de preços nos estados do país e nas cidades não tem relação estatística significativa com os movimentos salariais e responde antes a outro tipo de enfrentamentos.

5. Os salários mínimos no México têm-se tornado minissalários, nesse sentido, dentro dos diferentes tipos de percepções salariais, têm-se tornado pouco relevantes.

6. Ao contrário, seu peso no sistema institucional de referência para multas, impostos e outro tipo de contratos tem sido crescente.

7. Apesar de que podemos constatar que os salários mínimos não têm causalidade sobre a inflação, a política salarial no nosso país continua sendo altamente restritiva. Uma das razões para aplicar um minissalário na nossa economia tem que ver com o tema das prestações sociais e o pagamento à burocracia nacional (*Saget*, 2008 e *Jusidman*, 2008).

Existem muitos países, entre os quais o nosso se inclui, nos que as prestações sociais são regulamentadas em função do salário mínimo; esta medida, que em sua origem tentaria proteger o nível de vida dos setores populacionais mais débeis economicamente, pressiona financeiramente a estrutura da segurança social e bate com os objetivos de equilíbrio macroeconômico do governo (é o caso das pensões por aposentadoria).

O caso do Uruguai é muito interessante (*Saget*, 2008) para ver como entenderam a origem do problema e o resolveram pela raiz: neste país o salário mínimo equivalia a 20% do salário médio e era uma referência obrigatória para um grande número de prestações sociais. A queda do salário mínimo uruguaio se acentuou a partir de 1990, justamente com a aplicação dos processos de ajuste estrutural nas que se viu submetida a maioria das economias latino-americanas, mas rapidamente, em 1994, o governo do Uruguai resolveu o problema do atraso do minissalário ao deslindá-lo totalmente de todo paquete de prestações sociais, e assim terminou com o inconveniente de ajustar para cima o salário mínimo, o qual se incrementou 70%, elevando sua relação com o salário médio a 35%. O México também encaixa neste perfil econômico. Por tanto, um arranjo institucional como o realizado no Uruguai onde se conseguiu desvincular os salários mínimos dos contratos institucionais, permitiria elevar os salários mínimos sem ter efeitos diretos e indiretos adversos na inflação.

Referências

ADAMS, F. Gerard. *Increasing the minimun wage:* the macroeconomis impacts. Briefing Paper. Washington: Economic Policy Institute, 1987.

AARONSON, Daniel. Price pass-through and the minimum wage. *Review of Economics and Statistics*, 83, 2001.

AARONSON, Daniel; FRENCH, Eric. Output prices and the minimum wage. *Employment Policies Institute*, 2006.

ARANA, Alejandro Rodriguez. Ajustes discontinuos de salario, inflación y fluctuaciones económicas. *Revista Estudios Económicos*, n. 1, COLMEX, 2002.

_____ . Dinámica macroeconómica y la vurva de Phillips bajo diversos supuestos sobre el mecanismo de ajuste salarial. *Revista Estudios Económicos*, n. 2, COLMEX, 2004.

ARMENTA, L.; CRUZ, J. L. de La; LAGUNAS, L. A. *Modelo de análisis y prospectiva económica aplicada MAPEA*. Trillas, 2001.

BIALOSTOSKY, Clara Jusidman de. La importancia social de recuperar el poder adquisitivo del salario mínimo legal. *Revista Internacional del Trabajo*, v. 127, Ginebra: Oficina Internacional del Trabajo, n. 1, p. 157-176, 2008.

BROWN, Charles. The effect of the minimum wage on employment and unemployment. En: *Journal of Economic Literature*, 1982 v. XX.

CARD, D.; KRUEGER, A. Minimum wages and employment: a case of study of the fast-food industry in new jersey and Pennsylvania. *American Economics Review*, 1994. v. 84.

_____ . *Myth and measurement. The new economics of the minimum wage.* Princeton: Princeton University, 1995.

CASTRO, C.; LORIA, E.; MENDOZA, M. A. *Eudoxio, modelo macroeconométrico de la economía mexicana.* FE: UNAM, 2000.

CONASAMI. Modelo macroeconométrico Conasami I. *Comisión Nacional de Salarios Mínimos.* México, dic. 2002.

CRUZ, Etelberto Ortiz. Nota sobre el comportamiento de los salarios mínimos en la economía mexicana, relaciones macroeconómicas básicas. *Revista Internacional del Trabajo*, Ginebra: Oficina Internacional del Trabajo, v. 127, n. 1, p. 133-156, 2008.

FRYE, J.; GORDON, R. J. Government intervention in the inflation process: the econometrics of self-inflicted wounds. *American Economic Review*, 71, 1981.

GONZAGA, G.; SCANDIUZZI, J. C. How does goverment wage policy affect wage bargaining in Brazil? <http://www.eco.puc-rio.br>, 1998.

HAUSSAMENT, Brock. Raising the minimum wage. North West Progressive Institute. *Policy Brief*, jan. 2007.

JUSELIUS, Catarina. Domestic and foreing effect on prices in an open economy: the case of denmark. *Journal of Policy Modeling*, n. 14, 1992.

KATZ, L.; KRUEGER, A. The effect of the minimum wage on the fast-food industry. *Industrial and Labor Relation Review*, oct. 1992.

LEE, C.; O'ROARK, B. The impact of minimum wage increases on food and kindred product price: an analysis of price pass-through. *US Department of Agriculture Technical Bulletin*, 877, 1999.

LAYARD, P. R. G.; NICKELL, S. J. Unemployment, real wage and aggregate demand in Europe, Japan and the United States. *Carnegie Rochester Conference Series on Public Policy*, 23, 1985.

_____ . Unemployment in Britain. London School of Economics. *Center for Labour Economics* Paper, n. 240, 1986.

LEMOS, Sara. The effect of minimum wage on prices. *University of Leicester Discussion Paper* n. 1072, 2004.

_____ . The effects of the minimum wage on wages, employment and prices. University of Leicester *Discussion Paper* n. 1135, 2004.

_____ . *A survey of the effects of the minimum wage on prices.* UK: University of Leicester, 2006.

_____ . *Minimum wage effects in a developing country.* UK: University of Leicester, 2006.

NARDO, John di et al. *Labor market institutions and the distribution of wages 1973-1992:* a semiparametric approach. University of Montreal, Department of Economics, 1994.

NEUMARK, D. The employment effects of recent minimum wage increases: evidence from a prespecified design. *NBER Working Paper* n. 7171, 1999.

NEUMARK, D.; WASHER, W. A cross-national analysis of the effects of minimum wages on youth employment. *NBER Working Paper*, n. 7299, 1999.

PEREZ-LOPEZ, Alejandro. Un estudio econométrico sobre la inflación en México. *Banco de México*, 1996.

PORRAS, Carolina Ortiz. Importancia de los salarios mínimos para efecto del pago de prestaciones e indemnizaciones en conflictos laborales. *Revista Internacional del Trabajo*, v. 127, Ginebra: Oficina Internacional del Trabajo, n. 1, p. 83-114, 2008.

PRELA, C. *Modelos de empleo y política económica, una década de experiencias del prelac.* Ginebra: OIT, 1987.

RAMA, Martín. The consequences of doubling the minimum wage. *Banco Mundial, Policy Research Working Paper*, n. 1643, 1996.

ROMERO, Luis Quintana. *Antología de textos especializados en econometría.* Facultad de Estudios Profesionales Acatlán. México: UNAM, 2007.

RUFFAT, Oscar. *Mexican econometric model.* WEFA, 1978.

SAGET, Catherine. Fijación del salario mínimo en los países en desarrollo. Deficiencias y soluciones. *Revista Internacional del Trabajo*, Ginebra: Oficina Internacional del Trabajo, v. 127, n. 1, p. 27-45, 2008.

SELLEKAERTS, B. Impactc of minimum wage legislation on wage and price inflation. *Reporto of the Minimum Wage Paper Comission*, n. 6, 1981.

SHESHINSKY; WEISS, Y. Optimum pricing policy under sthocastic inflation. *Review of Economic Studies*, n. 50, 1983.

WOLF, E.; NADIRI, M. A simulation model of the effects of and increase in the minimum wage on employment, output and price level. *Report of the Minimum Wage Paper Comission*, n. 6, 1981.

YACAMAN, Jesús M. Análisis de la inflación en México. En: *A Ize*, 1984.

PARTE IV

REGULAÇÃO DO TRABALHO

1

Tendências Recentes das Relações de Trabalho no Brasil

José Dari Krein[*]

Introdução

As modificações nas relações de trabalho a partir dos anos 90 no Brasil indicam uma tendência de ampliação da flexibilização do trabalho, em um mercado de trabalho que já apresenta índices históricos de informalidade, ocupações precárias, alta rotatividade, baixos salários e desigual distribuição dos rendimentos. A questão é que as mudanças na operacionalização da economia e no processo produtivo reforçam as características estruturais, do ponto de vista da regulação do trabalho, já presentes na trajetória brasileira. O debate da flexibilização é um componente da ordem econômica, produtiva e política construída como resposta à crise dos anos 70 nos países centrais e nos anos 90 no Brasil. É uma proposição recomendada e assumida pelos principais organismos multilaterais para "enfrentar" os problemas do mercado de trabalho (*Gimenez*, 2007)[1]. Nos momentos de baixo dinamismo econômico, ela aparece com maior força na agenda, apesar de sua proposição incluir um componente ideológico.

O Brasil incorpora, de forma tardia e singular, a agenda da flexibilização[2] das relações de trabalho. Tardia em relação aos países centrais[3], pois ela aparece com intensidade nos anos 90[4], no contexto de uma crise econômica, abertura comercial e financeira com valorização cambial, redefinição do papel do Estado, reestruturação produtiva e opção política pelo neoliberalismo. Singular, pois as especificidades nacionais do nosso capitalismo tardio mostram que o Brasil sempre teve um mercado de trabalho flexível, especialmente depois da ditadura militar, permitindo ao empregador ajustar o volume e o preço da força de trabalho às diferentes conjunturas econômicas. Portanto, diferentemente dos países centrais, aqui a regulação social do trabalho não alcançou o mesmo grau de proteção.

(*) Professor do Instituto de Economia da Universidade Estadual de Campinas (Unicamp) e pesquisador do Centro de Estudos Sindicais e Economia do Trabalho (Cesit) e presidente Abet (2007-2009).
(1) Conferir o debate propostos pelos organismos multilaterais no artigo de Gerardo Fujii, no presente livro.
(2) A preferência pelo conceito de flexibilidade justifica-se por ficar mais ajustado à realidade brasileira, que não conheceu, com exceção da previdência e dos servidores públicos, uma desregulamentação de direitos, mas assistiu à introdução de novas regulamentações que ampliaram a flexibilidade nos elementos centrais da relação de emprego.
(3) O tardio da agenda liberal, como lembra *Ricardo Antunes* (2006), precisa ser visto como algo positivo, pois expressa a existência de um movimento de resistência da sociedade.
(4) *Oliveira* (1994) chama a atenção para o fato de que os conservadores não defenderam, no processo Constituinte (entre 1986 e 1988), uma desregulamentação completa da legislação trabalhista no Brasil.

As transformações nas relações de trabalho são coerentes com a ordem econômica, política e social que se tornou hegemônica no capitalismo a partir do último quartel do século XX. Um capitalismo caracterizado pela financeirização, que reduz e redefine o papel do Estado no desenvolvimento socioeconômico na perspectiva de garantir as condições para o funcionamento do "mercado". Além disso, o sistema tem por base uma ideologia liberal que na sua essência, exprime a vingança das suas tendências centrais contra as tentativas de domesticação (*Belluzzo*, 2006). Em outros termos, a balança tende a pesar para o lado do atendimento das necessidades de acumulação de riqueza abstrata do capital em detrimento de um processo de desenvolvimento econômico voltado para o benefício da coletividade tanto no que diz respeito à produção quanto à distribuição.[5] Por conseguinte, o Estado nacional, na atual ordem globalizada, "está cada vez mais envolvido na sustentação das condições requeridas para o bom desempenho das *suas* empresas na arena da concorrência generalizada e universal" (*Belluzzo*, 2006:11).

Assim, a lógica foi a constituição de um sistema de relações de trabalho em que os direitos trabalhistas e a proteção social ficam cada vez mais subordinados à acumulação de capital. É uma contraposição à ordem forjada socialmente no pós-guerra, especialmente nos países centrais, que buscou combinar o desenvolvimento econômico com a ampliação dos direitos sociais. Na lógica anterior, construiu-se uma regulação social pública que avançou na perpspectiva de considerar o trabalho não como uma mercadoria como qualquer outra e reconhecia a existência de uma assimetria de poder, intrínseca ao sistema capitalista, na relação entre o trabalhador e empregador — processo que levou a uma "desmercantilização"[6] da força de trabalho, retirando esse fator da concorrência intercapitalista no âmbito do Estado nacional. A partir da crise dos anos 70, as iniciativas, sob a hegemonia dos "porta-vozes das forças impessoais do capitalismo", vão na perspectiva de viabilizar uma regulação com menor proteção social, por meio da desregulamentação de direitos ou políticas de proteção social e da flexibilização das relações de trabalho. Como bem lembra *Hyman*, "nas sociedades de mercado, a relação salário-trabalho é produto tanto de forças políticas e sociais, como de forças puramente econômicas; ou melhor, o próprio contexto econômico do emprego é social e politicamente estruturado". Indo além, pode-se dizer que os "mercados são artefatos sociais e mecanismos de poder social" (*Hyman*, 2005: 21/23). A reorganização econômica e política fortaleceu as alternativas que ampliavam a liberdade de o empregador ou o "mercado" ajustarem as formas de contratação, a remuneração e a utilização do tempo de trabalho. Em outros termos, prevaleceu, com tensões e contraposições, uma lógica de ampliar a "mercantilização" da força de trabalho. É necessário ressalvar que, a despeito dessa tendência geral explicitada pelos organismos multilaterais, cada nação reagiu, considerando a sua história e as forças sociais. Nem todos seguiram fielmente o receituário proposto tanto do ponto de vista da orientação econômica como da regulação do trabalho.

Essa concepção ideológica orientou a formulação de políticas econômicas que privilegiaram o ajuste fiscal, as políticas macroeconômicas restritivas como forma de combater a inflação e a abertura financeira e comercial, levando o mundo a presenciar um baixo e

---

(5) "A economia transfigura-se num mecanismo despótico que subordina a vida do cidadão comum a seus desígnios" (*Belluzzo*, 2006:12).
(6) Expressão emprestada de Esping-Andersen (*Hyman*, 2005).

instável crescimento econômico, uma elevação do desemprego e uma ampliação da desigualdade na distribuição da riqueza gerada.[7] A reorganização econômica veio acompanhada de profundas mudanças tecnológicas e organizacionais — denominadas de reestruturação produtiva[8] —, que também serviram como coerção no ajuste da força de trabalho à nova ordem e alteraram as bases sob as quais se estabelece o emprego. Dada a nova realidade, o processo de flexibilização contou, muitas vezes, com a anuência dos trabalhadores e de suas organizações, como estratégia defensiva para a manutenção do emprego. Esse movimento foi muito bem designado por *Burawoy* (1990) como a constituição de um regime de trabalho *hegemônico despótico*, pois muitos aspectos foram negociados ou aceitos pelos trabalhadores, mas em condições absolutamente adversas e num período em que os paradigmas de transformação social perderam espaço. A conformação desse cenário trouxe dificuldades adicionais para a regulação pública do trabalho e introduziu importantes mudanças na relação de emprego, especialmente com a diversificação nas formas de contratação, a flexibilização na jornada de trabalho e a tendência de, cada vez mais, a remuneração ser variável e individualizada. Observando as tendências internacionais, impressiona o fato de essa ser uma agenda comum de muitos países desenvolvidos e em desenvolvimento. Além desses aspectos centrais da relação de emprego, outro ponto de forte tensão é a descentralização das negociações, na perspectiva de fortalecer o lócus da empresa como espaço privilegiado de estabelecimento das normas e regras que devem reger a relação de emprego.

No Brasil, essa agenda prospera nos anos 90, especialmente após a introdução do Plano Real, quando o país consolida a opção de se inserir na globalização financeira e implementa uma política econômica baseada nos preceitos do *Consenso de Washington*, com a abertura da economia, privatização de empresas estatais, ortodoxia monetária, valorização cambial[9] e redução e redefinição do papel do Estado. Opções que tiveram como consequência principal o baixo e instável crescimento econômico e um brutal estreitamento do mercado de trabalho, especialmente com o desemprego se tornando um fenômeno de massa e as ocupações informais, inclusive as assalariadas, sendo incrementadas.

Nesse ambiente, é internalizada, de forma tardia, a agenda de flexibilização das relações de trabalho, com pequenas adaptações em relação àquela em discussão nos países centrais. Além disso, a flexibilização passa a ser justificada como forma de preparar o país para competir com outras nações em desenvolvimento que têm baixa proteção social. Então, no discurso conservador e hegemônico no Governo Federal depois de 1994, há uma responsabilização da legislação trabalhista e do sistema de proteção social consolidado na Constituição de 1988 pelos problemas no mercado de trabalho.

Dada a resistência natural da sociedade a um processo de retirada de direitos, a opção do governo FHC é trilhar o caminho da menor oposição por meio de medidas pontuais, como forma de ajustar as relações de trabalho à política de estabilização e ao crescente problema do desemprego. Parte expressiva das medidas legais, especialmente as referentes

---

(7) "La consecuencia involuntaria de la utopia neoliberal del libre mercado es la brasileñización de Occidente" (*Beck*, 2004:9).

(8) Conferir o conceito no capítulo de Introdução.

(9) Ela ocorre nos primeiros quatro anos do Plano Real (entre 1994 e 1998) e depois de 2004.

à remuneração, concentrou-se no início do Real e em 1998 (período eleitoral), quando foram introduzidas as que tinham a pretensão de enfrentar o desemprego.

A ampliação da flexibilização, ocorre nos três espaços de normatização das relações de trabalho:

1) No âmbito do Estado, com uma redefinição do seu papel na regulação do trabalho que pode ser percebida nas alterações na legislação, nas políticas do Poder Executivo (centrada na concepção de criar empreendedores e de estimular a empregabilidade) e numa inflexão na reinterpretação da legislação por parte da Justiça do Trabalho. Mas, como o Estado se constitui na relação que expressa os interesses e as concepções presentes na sociedade, verifica-se que alguns órgãos ou membros de suas instituições desenvolvem movimentos de resistência contra a fragilização da legislação e da regulação. A referência é a membros do Ministério Público do Trabalho, da Justiça do Trabalho e da burocracia estatal, seja por estarem articulados, muitas vezes, com movimentos sociais, seja pela convicção sobre o seu lugar e papel na sociedade de classe.

2) Nas negociações coletivas, que tiveram nos anos 80 o papel de ampliar a regulação ao introduzir direitos substantivos nos convênios coletivos. Nos anos 90, em um contexto desfavorável ao trabalho, os sindicatos tiveram dificuldade para ampliar os benefícios e as normas coletivas, tendo sua atuação caracterizada, por um lado, pela resistência no sentido de manter as conquistas sociais e a regulação anterior, apesar da forte pressão patronal. Por outro lado, buscaram negociar a nova pauta de flexibilização, especialmente em relação à remuneração direta e indireta (redução de custos fixos) e à jornada. Na mesma perspectiva, os sindicatos legitimaram, via negociação, temas com conteúdos flexibilizadores (ganham centralidade em várias negociações) e, ao mesmo tempo, procuraram manter, apesar da segmentação, alguma representatividade por meio da intervenção no processo das mudanças em curso. Ou seja, entre as opções de só resistir ou negociar, prevaleceu a segunda na maior parte do sindicalismo, que já perdera espaço na sociedade e apresentava menor poder do que nos anos 80. No interior desse mesmo movimento, há uma ampliação da descentralização das negociações, já historicamente pulverizadas entre os 16 ou 18 mil sindicatos existentes no país. Depois de 2004, os temas da flexibilização continuam muito presentes nas negociações, mas os sindicatos voltam a obter melhores resultados nas negociações coletivas, especialmente em relação ao reajuste salarial.

3) No âmbito da empresa, uma vez que o conjunto das mudanças na ordem econômica e política, facilitadas pelas inovações tecnológicas e organizacionais, contribuiu para aumentar o poder discricionário do empregador em estabelecer unilateralmente as condições de uso e remuneração do trabalho. Por conseguinte, tende a descentralizar o espaço de definição das regras da relação de emprego. Esse fortalecimento tem relação tanto com a fragilização da atuação estatal e sindical quanto com a realidade do mercado de trabalho, que se torna absolutamente desfavorável aos trabalhadores, reafirmando características históricas de excedente, de concorrência predatória e de baixos salários.

Também é importante ressaltar que as mudanças não ocorrem somente do ponto de vista da norma ou lei, mas por meio da interação entre os agentes sociais, dentro de um contexto político, social, econômico, tecnológico e de mercado de trabalho. Em outros termos, o contexto foi decisivo para o avanço da flexibilização e precarização do trabalho no Brasil a partir dos anos 90, pois se constituiu um ambiente absolutamente desfavorável aos trabalhadores. A partir da análise de três aspectos centrais da relação de emprego (contratação, remuneração e tempo de trabalho) pode-se chegar à conclusão de que houve ampliação da flexibilização, mesmo que tenham persistido tensões e contradições em um ou outro aspecto.

2. Pulverização das formas de contratação

2.1. A liberdade do empregador em despedir o empregado

A opção histórica do empregador no Brasil em romper de forma unilateral e injustificada o contrato de emprego possibilitou um alto fluxo de desligados e admitidos no Brasil. O problema é a prevalência de um enorme fluxo presente no mercado de trabalho, como evidência das facilidades que o empregador tem de ajustar o nível de ocupação às suas demandas de acordo com o ciclo econômico e, mesmo no decorrer do ano, quando a natureza da atividade tem características sazonais. Segundo a RAIS praticamente um terço do total dos assalariados trocam de emprego no ano. Os dados da CAGED são ainda mais contundentes. Entre 1996 e 2005, o percentual de desligados com menos de 3 meses no emprego pulou de 17% para 20%, e o total com menos de um ano passou de 53% para 58%, no mesmo período. Os dados mostram que quase 2/3 dos desligados ficaram menos de um ano no emprego. No ano de 2005, foram admitidos 12,2 milhões e desligados 10,9 milhões (CAGED/MTE), em um estoque de 26,4 milhões de assalariados, fazendo com que o fluxo chegasse a 44%. De fato, impressiona o expressivo fluxo de uma parte considerável da força de trabalho, especialmente a localizada em segmentos que exigem menor nível de qualificação profissional e têm remunerações e benefícios mais baixos.

Em relação à contratação, observou-se que o discurso da rigidez não encontra respaldo na dinâmica do mercado de trabalho, pois os empregadores têm "facilidades" para ajustar o volume de emprego às suas demandas de acordo com as conjunturas econômicas e mesmo com a sazonalidade de sua atividade. Em primeiro lugar, há a facilidade para o empregador romper de forma unilateral o contrato de trabalho, situação que se expressa na alta taxa de rotatividade da força de trabalho, especialmente nos segmentos caracterizados pela sazonalidade e pela variação de acordo com o desempenho do produto.

Em segundo lugar, além do contrato por prazo indeterminado, as empresas dispõem de uma grande diversidade de formas de contratação designadas como contratação atípica (contrato temporário, safra, obra certa, prazo e tempo determinado, contratação emergencial e outras formas flexíveis no setor público). Os dados evidenciam que as contratações em termos tradicionais apresentam maior incidência no mercado de trabalho, especialmente o contrato temporário, apesar de consideramos que há limites nas estatísticas disponíveis para dimensioná-las com precisão. As novidades introduzidas nos anos 90, como alternativa para combater o problema do desemprego, fracassaram, pois são absolutamente inexpressivas, como indicam os dados da RAIS. Portanto, a tese da flexibilização como alternativa para a geração de postos de trabalho ainda precisa ser provada por quem a defende. Não existem, no caso brasileiro, evidências empíricas para tal argumento, pois o desempenho do mercado de trabalho depende essencialmente da dinâmica da economia e das opções políticas e forma de atuação do Estado.

Em terceiro lugar, as principais novidades — que, às vezes, reafirmam práticas antigas — na flexibilização da contratação são o avanço da terceirização, da informalidade e da relação de emprego disfarçada, em um cenário de incremento do excedente estrutural de força de trabalho. Esses são os pontos sobre os quais há um avanço mais significativo das alterações nas formas de contratação. A sua viabilização aconteceu sem grandes reformas legais, mas por meio de medidas pontuais e essencialmente pela dinâmica do mercado de trabalho, ajustando as formas de contratação às mudanças estruturais em curso na década 90 e ao baixo e instável crescimento. As grandes empresas ajustarem-se por meio do desligamento de um contingente expressivo de trabalhadores e da subcontratação de serviços terceirizados. Parte das micro e pequenas recorreu à informalidade como estratégia de sobrevivência. É necessário ressalvar que a terceirização, do ponto de vista das relações de trabalho, não se expressa da mesma forma nos diferentes setores e até em relação a segmentos de profissionais contratados pela empresa. Em geral, dois objetivos são comuns: a redução de custos (trabalho, gestão e investimento) e o aumento da liberdade do empregador para ajustar o volume de trabalho de acordo com a sua demanda. Mas a definição da forma obedece a estratégias diferenciadas, dependendo das características do setor e da empresa. Por exemplo, no setor de confecção, com a utilização do trabalho em domicílio, a informalidade foi largamente utilizada. No setor de asseio e conservação, é a opção pela terceirização que reduz custos, mas o segmento apresenta alto grau de formalização dos subcontratados devido à possível responsabilização[10] da empresa principal pelos terceirizados. No setor de informática, a terceirização é a regra, combinada com relação de emprego disfarçada (autônomo, PJ, cooperativa e estágio). Esse tipo de relação contém características típicas de um emprego, mas o contrato se estabelece com a outra parte na condição de pessoa jurídica, cooperativa, autônomo ou estágio, prática que avançou nos anos 90 como forma de reduzir os custos de contratação por implicar uma tributação (incluindo as contribuições sociais) menor. Isso significa uma fragilização das fontes de financiamento da seguridade e de políticas sociais vinculadas à folha de pagamento.

2.2. O avanço das formas atípicas de contração

A regra básica dos contratos individuais de trabalho é o prazo indeterminado. As novas formas de contratação *atípicas* têm como finalidade modificar o postulado do padrão anterior ou escapar de sua regulação, na perspectiva de reduzir os custos e ampliar a liberdade de o empregador contratar e despedir o assalariado[11]. São tipos de contratos que permitem a adaptação das empresas às flutuações econômicas, dispensando compromissos

---

(10) É uma responsabilização reconhecida na Justiça do Trabalho, que pode ser subsidiária ou solidária.
(11) As características principais das relações de trabalho predominantes no pós-guerra são: centralização das negociações; reconhecimento dos sindicatos; restrições à dispensa de pessoal, subcontratação ou emprego de pessoal eventual; controle sindical sobre alocação das tarefas; formulação de políticas salariais de longo prazo com incorporação de parte dos ganhos de produtividade, jornada padrão de 8 horas; sistema de proteção em caso de doença, desemprego e velhice; e o desenvolvimento de políticas sociais que permitiam a elevação indireta dos salários (*Krein*, 2007).

permanentes e custos com os seus empregados. No Brasil há 11 modalidades de contratação atípicas, sendo que as principais são: funcionário público demissível, contrato temporário, contrato experiência, safra, obra certa, prazo determinado, aprendiz, primeiro emprego.

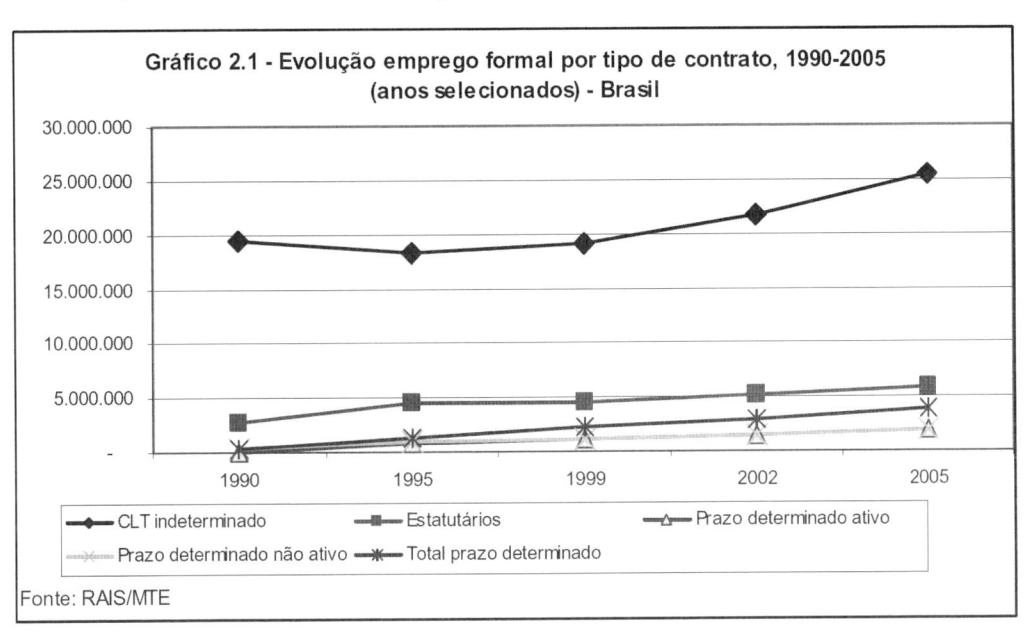

Gráfico 2.1 - Evolução emprego formal por tipo de contrato, 1990-2005 (anos selecionados) - Brasil

— CLT indeterminado — Estatutários — Prazo determinado ativo — Prazo determinado não ativo — Total prazo determinado

Fonte: RAIS/MTE

Os contratos a termo têm algumas particularidades do ponto de vista dos direitos trabalhistas e da proteção social: 1) os contratados a termo não têm o direito das estabilidades provisórias (gestante, acidente de trabalho, doença profissional, CIPA e dirigente sindical); 2) não é devido o aviso prévio e, nas rescisões, o empregador fica desobrigado de pagar o adicional de 50% incidente sobre os depósitos ao FGTS; 3) o trabalhador não tem direito ao seguro-desemprego, pois este é destinado aos despedidos sem justa causa; 4) os temporários em geral não têm os benefícios do contrato coletivo e não recebem PLR; 5), o direito ao gozo das férias fica limitado e complicado; 6) o trabalhador tem maior dificuldade de assegurar o direito à aposentadoria por tempo de contribuição, dada a volatilidade da relação. *A priori*, por ter uma tela menor de direitos e proteções, o contratado por qualquer uma dessas modalidades apresenta uma situação inferiorizada no mercado de trabalho, sendo, portanto, um emprego mais precário.

Em comparação com a experiência de outros países desenvolvidos[12], as modalidades de contratação atípicas ainda são pouco expressivas no Brasil, com exceção do setor público, correspondendo a 5,9% dos empregos formais ativos[13], em 2005. Em números absolutos, há praticamente 2 milhões de empregados e funcionários públicos contratados por alguma modalidade de contratação atípica. Além disso, há outros 2 milhões de contratados não ativos (dispensados durante o ano). Mas o dado mais expressivo é o crescimento da

---

(12) *Freyssinet* (2006) mostra que, em 2004, a média na União Europeia dos contratos por prazo determinado era de 13,6%. No seu cálculo está excluído o trabalho por tempo parcial. Conferir também em Pesquisa CESIT/MTE (2006).
(13) Ativo refere-se aos contratos em vigor no dia 31 de dezembro de cada ano. Inativos são os contratados e dispensados no decorrer do ano, captando o fluxo dos contratos.

contratação atípica, que foi de 158,6% entre 1995 e 2005, número bem superior ao do contrato por prazo indeterminado (38,8%). Na década de 90, o crescimento do número de contratos por prazo indeterminado tem um saldo negativo (-1,1%). A retomada do emprego por prazo indeterminado ocorre somente após 1999, quando apresenta um crescimento de 32,3%.

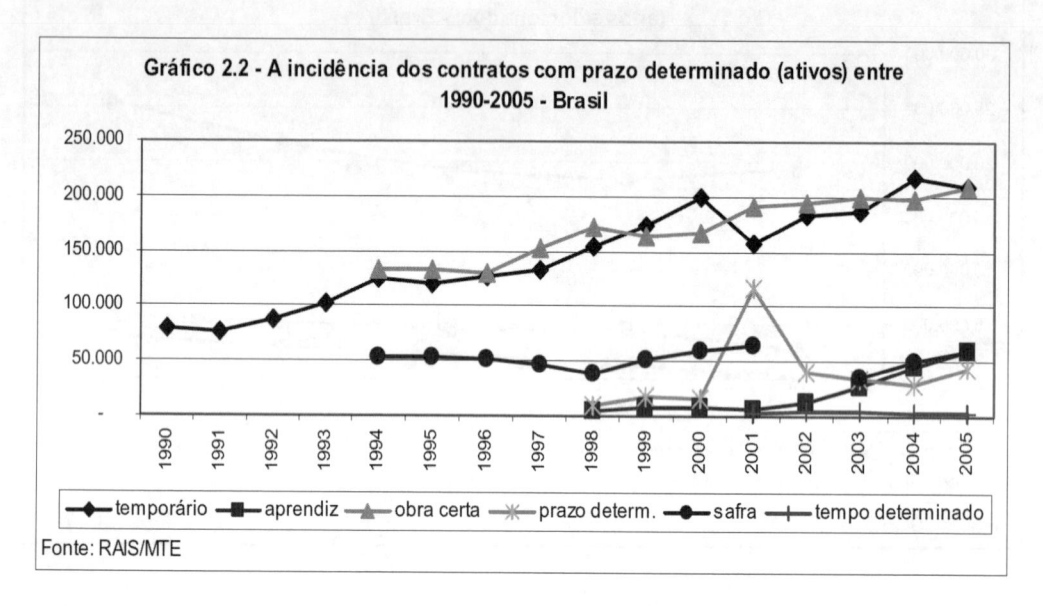

Gráfico 2.2 - A incidência dos contratos com prazo determinado (ativos) entre 1990-2005 - Brasil

Fonte: RAIS/MTE

Nesse período de melhor desempenho do emprego formal, a contratação por prazo determinado cresce 71,4%, de acordo com a RAIS. As modalidades atípicas mais expressivas são os servidores demissíveis para os ativos e o contrato temporário para os não ativos, já que o fluxo é quase cinco vezes maior do que o estoque no final do ano. O fenômeno faz parte da própria natureza dessa forma de contratação, já que a sua duração é de, no máximo, 3 (três) meses, prorrogáveis para mais 3, com autorização do Ministério do Trabalho e Emprego.

As principais mudanças, introduzidas a partir dos anos 90, foram o contrato por prazo determinado, o parcial[14] e o primeiro emprego, que objetivavam flexibilizar o processo de contratação como forma de enfrentar o crescente problema do desemprego, mas apresentou resultados pífios, como pode ser observado no Gráfico 2.

Os contratados de forma atípica, em geral, percebem salário e benefícios menores, vivem na insegurança e têm uma tela menor de proteção em relação aos demais trabalhadores. Elas estão mais presentes nas áreas mais ricas do país, nas grandes empresas e no setor de serviços. Ou seja, contribuem para acentuar a fragmentação e polarização social. Em algumas regiões e setores, a flexibilidade se expressa mais intensamente por meio da informalidade.

---

(14) O contrato a tempo parcial é muito expressivo na Europa. Nem sempre ele configura uma precarização do trabalho. A média de sua efetividade na União Europeia é de 19,4%. Cf. *Freyssinet*, 2006.

2.3. Terceirização e relações de trabalho

Apesar das dificuldades em mensurar a terceirização, com as pesquisas disponíveis, é possível afirmar que a ela é a principal forma de flexibilização da contratação, a partir dos anos 90, no Brasil. A terceirização se manifesta de forma bastante distinta em diversos segmentos econômicos: desde a subcontratação de uma rede de fornecedores com produção independente, passando pela contratação de empresas especializadas de prestação de serviços de apoio e pela alocação de trabalho temporário via agência de emprego, até a contratação de pessoa jurídica ou do autônomo nas áreas produtivas e essenciais da empresa, o trabalho domiciliar (que na maioria das vezes é informal), a organização de cooperativas de trabalho, o deslocamento de parte da produção ou setores para ex-empregados etc. O fenômeno tornou-se tão complexo que se estabelece a terceirização da terceirização: a terceirizada subcontrata parte do processo para outras empresas. Além disso, em alguns casos há o processo chamado de *quarteirização*.[15]

A terceirização, apesar de suas múltiplas formas de manifestação, tem como natureza a busca de redução de custos, a flexibilidade organizacional e a partilha dos riscos do negócio com outro agente econômico, como estratégia no enfrentamento de um cenário em que prevalece um capitalismo financeirizado e em que as empresas estão expostas a uma maior concorrência devido à desregulação da economia e ao baixo e instável crescimento do produto. Essas características, com algumas exceções, no caso brasileiro, permitem vincular a terceirização à flexibilização das relações de trabalho e à precarização. A Tabela 1 mostra o crescimento expressivo no número de trabalhadores envolvidos nas atividades "terceirizáveis" entre 1994 e 2004, em que a representação passou de 5,6% para 7,4% do total de empregos formais.[16] O número dos "terceirizados lícitos" é superior ao total dos contratados de forma atípica, tratados anteriormente, realizada por *Chahad* (2001), com 2002 empresas no país, mostra que 56% delas declararam terceirizar alguma atividade, sendo maior a incidência no setor industrial. A mesma pesquisa revela que a terceirização é responsável por 71% das formas de contratação flexível.

---

(15) A *quarteirização,* como bem define Sanches, "refere-se: ora à empresa intermediadora, aquela que se coloca entre a "empresa-mãe" e a empresa terceirizada, ou seja, aquela que gerencia os contratos com as prestadoras de serviços; ora trata de um desdobramento da terceirização, representado pelo momento em que a prestadora de serviços contratada pela "empresa-mãe" repassa para outra empresa, "cooperativa de trabalho" (trabalhadores "autônomos") ou prestador de serviços individual (Pessoa Jurídica- PJ), as atividades a serem realizadas" (*Sanches*, 2006:24).

(16) Partindo da relação de atividades tipicamente "terceirizáveis" (limpeza, vigilância, auditoria, contabilidade, propaganda e assessoria jurídica), a tabela a seguir é uma tentativa de dimensionar a terceirização em nível nacional.

Tabela 1 — Trabalhadores terceirizados, Brasil — 1994 e 2004

	1994	2004
Informática	110.208	191.768
Atividades jurídicas, contábeis etc.	242.673	287.092
Serv. arquitetura e engenharia etc.	43.164	117.836
Publicidade	25.510	50.107
Vigilância	210.712	354.498
Limpeza e conservação	315.812	472.850
Aluguel de transportes	11336	19.306
Outros (*)	339435	831523
Total	1.298.850	2.327.731

Elaboração: Projeto Pesquisa CESIT/MTE,2006. Fonte: RAIS/MTE.
(*) Serviços de cobrança, decoração de vitrines, fotocópia, fotografia, despachantes, entre outros.

Enfim, dada a lógica adquirida pela terceirização, apesar de suas múltiplas faces, esta constituiu-se em uma forma de flexibilização das relações de trabalho, ao permitir um rebaixamento nos salários, nas condições de trabalho e na segurança do trabalho, assim como ao promover a segmentação da representação sindical e ampliar a liberdade da empresa na alocação do trabalho.

2.4. Relação de emprego *disfarçada*

A relação de emprego disfarçada ocorre quando estão presentes as características do trabalho assalariado, mas a contratação da prestação do serviço é feita sem contemplar os direitos trabalhistas e previdenciários vinculados a ele. Ou seja, está contida uma relação de subordinação do trabalho, mas a forma de contratação não é dada por um contrato de trabalho regular. As transformações recentes no mercado de trabalho estão obscurecendo as características clássicas usadas para identificar a inserção do trabalhador no processo de produção de bens e serviços. No cenário atual, muitas das ocupações que poderiam ser consideradas como autoemprego e pequeno empresário constituíram-se, na realidade, em relação de emprego disfarçada. A relação é de subordinação a uma lógica mais geral de organização da produção (bens e serviços) e de acumulação de capital, sem que a parte contratada, independentemente do tipo de vínculo (PJ, autônomo ou terceirizado, estágio etc.), tenha autonomia na determinação de suas funções, ficando numa relação de dependência direta ou implícita a um empregador, tanto pela regularidade da atividade quanto pela definição das atividades no tempo e no espaço, assim como pela forma de remuneração.

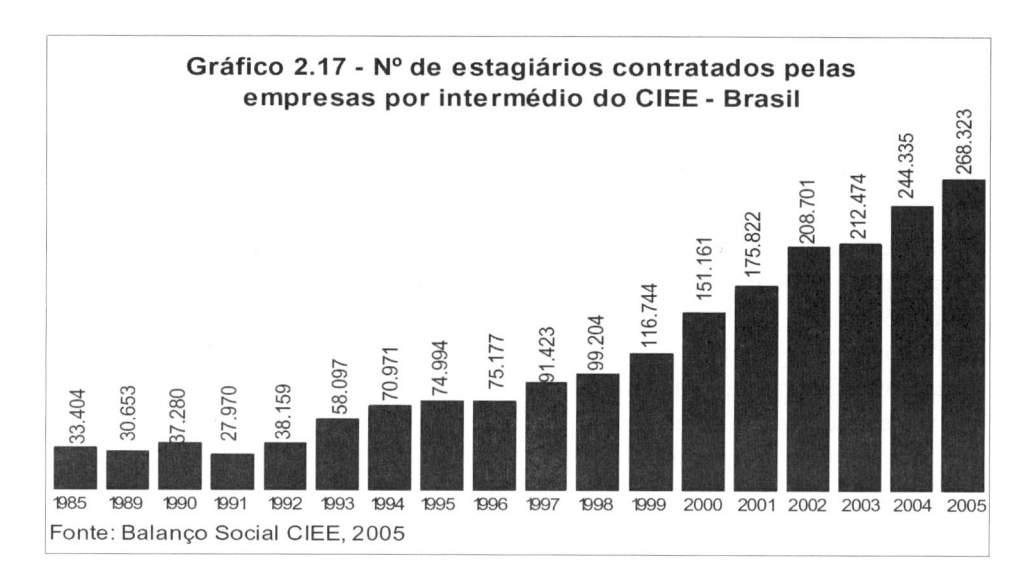

Gráfico 2.17 - Nº de estagiários contratados pelas empresas por intermédio do CIEE - Brasil

Ano	Nº
1985	33.404
1989	30.653
1990	37.280
1991	27.970
1992	38.159
1993	58.097
1994	70.971
1995	74.994
1996	75.177
1997	91.423
1998	99.204
1999	116.744
2000	151.161
2001	175.822
2002	208.701
2003	212.474
2004	244.335
2005	268.323

Fonte: Balanço Social CIEE, 2005

As transformações econômicas e tecnológicas permitiram a difusão da relação de emprego disfarçada nos dois polos extremos do mercado de trabalho. Ou seja, é uma realidade que se afirma tanto para setores extremamente qualificados como para setores que desenvolvem atividades gerais sem maiores necessidades de qualificação profissional. Por exemplo, o trabalho de um médico está subordinado à lógica dos planos de saúde privados, em que os pagamentos são extremamente baixos, o ritmo de trabalho absurdamente intenso e a sua remuneração é definida pela quantidade de procedimentos que realiza. A forma de contratação predominante é o trabalho autônomo ou o cooperativado. "O médico é remunerado por sua eficiência financeira, ao contratar ou recusar contratar determinados serviços, exames etc., e não por sua efetiva capacidade de melhorar a saúde do paciente" (*Dowbor*, 2002, p. 44). Um segundo exemplo: os jornalistas são, cada vez mais, contratados como *free lance* ou PJ, tendo contrato comercial inclusive os que têm a sua imagem veiculada publicamente. Ou seja, impera a insegurança na ocupação e sua remuneração depende das matérias que realiza. No outro extremo, assistiu-se à difusão de cooperativas como forma de burlar a legislação em segmentos com pequena necessidade de qualificação profissional, tais como a agricultura e a indústria têxtil e de confecção.

Pode-se dizer que as formas de contratação características da relação de emprego disfarçada apresentaram crescimento a partir dos anos 90, apesar da dificuldade de mensurar a sua real incidência no mercado de trabalho pelas estatísticas disponíveis. As que se destacaram foram: PJ, cooperativas, autônomos e trabalho estágio. Por exemplo, o estágio, considerando somente os dados da CIEE (Centro Integração Escola Empresa), cresceu 340% entre 1994 e 2005. De acordo com a RAIS, o número de empresas sem empregado cresceu 40% após 1995, representando um universo de 4,1 milhões de "patrões" de si mesmo, em 2005. A sua importância pode se observada também no embate, em 2007, entre as centrais sindicais, governo e segmentos empresariais em torno da chamada Emenda 3, que na prática estimularia a proliferação da contratação como empresa em substituição ao de empregado. Considerando o conjunto das possibilidades, pode-se observar o avanço do processo de flexibilização do trabalho. Como síntese, a evidência desse avanço fica cristalina na Tabela 2, contendo a evolução e a expressão da contratação flexibilizada (sem carteira, autônomo para uma empresa e terceirizados) em 6 importantes regiões metropolitanas pesquisadas pelo DIEESE. No conceito abordado na tabela, estão excluídos da definição os contratos atípicos, os funcionários públicos demissíveis (que são formais) e o trabalho estágio. O dado mais significativo é o crescimento da contratação flexibilizada em todas as regiões. O caso mais notório é São Paulo, que passa de 20,9%, em 1989, para 35,6%, em 2004; portanto, quase dobrando. O crescimento é menos intenso nas duas regiões metropolitanas do Nordeste, pois os dados de referência são mais recentes e, essencialmente, já apresentam um mercado de trabalho com índice altíssimo de contratação flexibilizada. Os dados indicam que as regiões metropolitanas das áreas tidas como mais desenvolvidas economicamente é que começam a se equiparar às do Nordeste. Ou seja, do ponto de vista da flexibilização na contratação, vai ocorrendo uma homogeneização perversa, onde a maioria das áreas pesquisadas apresenta em torno de um terço (30%) dos assalariados (diretos ou disfarçados) sob uma condição de contrato precário.

Tabela 2 — Distribuição dos postos de trabalho gerados por empresa, segundo formas de contratação. Regiões Metropolitanas, 1989, 1999 e 2004

Forma de contratação	São Paulo			Porto Alegre			Belo Horizonte		
	1989	1999	2004	1993	1999	2004	1996	1999	2004
Assalariados diretos									
Contratação padrão	**79,1**	**66,9**	**64,4**	**82,2**	**75,2**	**73,6**	**74,2**	**72,8**	**71,3**
com carteira - setor privado	67,4	56,0	54,1	62,6	59,5	58,4	55,5	55,3	56,2
com carteira - setor público	6,3	3,7	3,4	9,6	5,5	5,0	6,6	5,4	2,9
Estatutário	5,4	7,2	6,9	10,0	10,2	10,2	12,2	11,2	12,2
Contratação flexibilizada	**20,9**	**33,1**	**35,6**	**17,8**	**24,8**	**26,4**	**25,8**	**27,4**	**28,7**
Sem carteira - setor privado	11,6	17,9	19,0	9,7	12,3	13,4	14,6	14,5	14,5
Sem carteira - setor público	0,9	1,7	1,9	1,4	2,2	2,9	1,8	2,2	3,8
Assalariados terceirizados	2,4	4,0	4,9	1,6	4,4	5,0	4,4	5,2	5,1
Autônomos para uma empresa	6,0	9,5	9,7	5,1	5,9	5,1	5,0	5,6	5,4

Forma de contratação	Recife			Salvador			Distrito Federal		
	1998	1999	2004	1997	1999	2004	1992	1999	2004
Assalariados diretos									
Contratação padrão	**64,2**	**64,2**	**62,6**	**65,5**	**64,6**	**64,4**	**77,8**	**93,6**	**69,0**
com carteira - setor privado	44,1	45,0	45,9	42,9	43,8	45,7	33,8	34,4	37,1
com carteira - setor público	7,1	6,8	5,8	9,9	5,2	3,7	15,1	5,7	4,4
Estatutário	13,0	12,4	11,0	13,0	15,6	15,0	28,8	33,5	27,5
Contratação flexibilizada	**35,8**	**35,8**	**37,4**	**34,2**	**35,4**	**35,6**	**22,2**	**26,4**	**31,0**
Sem carteira - setor privado	17,3	17,7	17,2	17,0	17,0	17,2	10,6	11,2	10,9
Sem carteira - setor público	3,4	2,9	4,5	3,9	3,8	3,1	1,1	3,5	3,6
Assalariados terceirizados	5,7	5,0	6,4	7,0	8,2	9,8	6,0	8,1	11,3
Autônomos para uma empresa	9,4	10,2	9,3	6,4	6,3	5,5	4,5	3,5	5,2

Fonte: DIEESE/SEADE,MTE/FAT e convênios regionais. PED. Elaboração: Dieese.

O crescimento dessas modalidades, no entanto, não foi mais intenso porque houve uma contraposição das instituições públicas que atuam no mercado de trabalho denunciando a sua prática como forma de burlar a legislação em vigor. No caso das cooperativas de mão de obra, o crescimento perde fôlego a partir de 2002, devido às constantes denúncias das *coopergatos*, levando à aplicação de multas e à condenação da prática na Justiça do Trabalho. Mesmo assim, caminha-se para a legitimação desta modalidade, ao regulamentar a cobertura previdenciária e ao 'delimitar' o espaço de sua atuação. Outro exemplo é o trabalho estágio, que, apesar de sofrer inúmeros processos de contestação pelo MPT e pela fiscalização do MTE e de condenação pela Justiça do Trabalho continua em trajetória de crescimento. As instituições de ensino que têm preocupação com a formação dos alunos também colocaram limites para o exercício do estágio, mas não conseguem resolver o problema e alimentam conflitos com os alunos, denominados *escraviários*.

Enfim, a diversificação das formas de contratação é compatível com a "desordem econômica", em que há "pouca capacidade regulatória para resistir aos desafios crescentes dos mercados de produtos [bens e serviços], financeiros, de câmbio e de capitais" (*Pochmann*, 2003: 22). Com isso, as mudanças vão acentuando certas características históricas do mercado de trabalho brasileiro: a segmentação, a heterogeneidade, o excedente estrutural da força de trabalho e o estabelecimento de uma concorrência predatória entre as pessoas ocupadas ou que buscam ocupação.

Portanto, o que aparece claramente, com mais intensidade entre 1993 e 1999, é um crescimento das formas de contratação não formais de trabalho, com o incremento do assalariamento sem registro, autônomo ou por conta própria, dos empregadores, do trabalho estágio (*escraviário*) e das ocupações em micro e pequenos negócios. Nos primeiros anos desse século, o trabalho formal, especialmente depois de 2004, volta a apresentar um crescimento maior do que essas outras formas de contratação. Mesmo assim, segundo a PED de 6 regiões metropolitanas[17], o avanço das formas de contratação flexíveis, que são bastante expressivas no Brasil, representando em torno de 30% dos empregados, evidencia uma homogeneização perversa, em que as regiões metropolitanas do Centro Sul do país, com o mercado mais estruturado nos anos 80, aproximam-se da realidade das capitais do Nordeste. Por exemplo, em São Paulo, que sofreu uma relativa desindustrialização, a contratação flexível passou de 21%, em 1989, para 36%, em 2004 — número idêntico a Salvador e similar a Recife (37%). A diferença está no fato de que essas duas regiões metropolitanas sempre tiveram um grau bastante elevado de contratação flexibilizada. Esses dados excluem as formas de contratação atípicas, pois são consideradas formais e, apesar de ainda não serem muito expressivas, apresentaram crescimento desde os anos 90, com destaque para os contratos temporários via agência de emprego e os por período determinado (incluindo obra certa e safra). Portanto, a diversidade nas formas de contratação é bastante ampla, o que permite a conclusão de que há alta flexibilidade. Além disso, como o risco do descumprimento da legislação compensa, a flexibilidade ocorreu também pela fraude trabalhista, especialmente pelo trabalho sem registro e pelas formas de contratação disfarçada.

---

(17) São Paulo, Porto Alegre, Recife, Salvador, Belo Horizonte e Distrito Federal. Na pesquisa são consideradas formas de contratação flexíveis os contratados sem registro, os assalariados terceirizados e os autônomos para uma empresa (relação de emprego disfarçada).

3. Tempo de trabalho: ampliação da flexibilidade

O segundo aspecto demonstrativo do caráter flexível da relação de emprego no Brasil diz respeito à utilização do tempo de trabalho. Apesar da existência de um conjunto de regulamentações públicas sobre o tempo de trabalho, há diversos mecanismos que dão margem para as empresas ajustarem a jornada de acordo com as suas necessidades e a variação da demanda. No período recente, após o Plano Real, as iniciativas reafirmaram a lógica da flexibilização da jornada de trabalho, particularmente por meio da compensação ampliada da jornada (banco de horas e compensação individual), liberação do trabalho aos domingos e incremento dos turnos de revezamento — mecanismos que contribuem, conjuntamente com a invasão do tempo de trabalho sobre o tempo social e a sofisticação do controle da jornada, para intensificar o ritmo de trabalho e eliminar os tempos mortos.

Observando do ponto de vista formal, a ampliação da flexibilização na utilização do tempo de trabalho foi referendada pelas seguintes alterações: a) banco de horas ou modulação anual da jornada[18]; b) trabalho aos domingos; c) jornada parcial[19]; d) desconsideração das variações de horário no registro de ponto não excedentes a cinco minutos, observado o limite máximo de dez minutos diários[20]; e) tempo de transporte[21] (o tempo despendido pelo empregado até o local de trabalho e para o seu retorno, por qualquer meio de transporte, passa a não ser mais computado na jornada de trabalho, salvo quando, tratando-se de local de difícil acesso ou não servido por transporte público, o empregador fornecer a condução). Além das medidas legais, houve a consolidação de uma jurisprudência que reconheceu tanto a possibilidade de o empregador efetuar a compensação individual de trabalho quanto o fato de que as partes têm autonomia para estabelecer formas alternativas de organização das jornadas, tais como a "12 por 36" e os turnos ininterruptos de revezamento. Assim, a ampliação da flexibilização efetiva-se por meio de uma combinação entre alterações legais, com importante papel do Estado nesse sentido, negociação coletiva e dinâmica do mercado de trabalho.

3.1. Banco de horas

Das iniciativas legais acima citadas, destacam-se: a modulação da jornada e a liberação do trabalho aos domingos. A modulação da jornada aparece com a introdução do banco de horas nas grandes e médias empresas mais estruturadas e da compensação individual nas pequenas empresas.

Em relação ao banco de horas, a única exigência na regulamentação é de que seja objeto de negociação coletiva, sendo de um ano o período de compensação das horas em crédito ou débito. Dada a frágil regulamentação, a existência de um sindicato atuante faz muita diferença na perspectiva de assegurar algumas condições para o cômputo das horas a serem creditadas ou debitadas no banco.

---

(18) Lei n. 9.061/98.
(19) A sua possibilidade já foi analisada no capítulo sobre as formas de contratação flexível.
(20) Lei n. 10.243/01.
(21) Lei n. 10.243/01.

Na forma como foi regulamentado no Brasil, o banco de horas é sinônimo de racionalização da utilização do tempo de trabalho, ao proporcionar maior liberdade para a empresa organizar a produção, considerando as oscilações do nível de atividade econômica e a sazonalidade da demanda, sem que haja, a princípio, qualquer pré-condição para a sua utilização, a não ser a anuência do sindicato, como já mencionado.

Depois de sua regulamentação, o tema adquiriu centralidade nas negociações coletivas e expandiu-se consistentemente, apesar de as bases de dados existentes não permitirem mensurar a utilização do banco de horas pelas empresas brasileiras. Alguns estudos, contudo, apontam ser significativa sua ocorrência. O Dieese (2005), em uma pesquisa sobre jornada de trabalho, mostra que o banco de horas está presente em mais da metade das unidades de negociação analisadas no setor industrial e em mais de 40% no setor de serviços. Aponta também o fato de que, em algumas unidades, o tema sofreu um revés no período mais recente (após 2001). Uma pesquisa realizada em convênio entre o CESIT e o DIEESE evidencia que, em 6 de 8 segmentos do setor terciário, há banco de horas. Os segmentos com banco de horas são: vigilantes, sistema financeiro não bancário, telecomunicação[22], condutores, bancários (limitado ao Banco do Brasil) e comércio. Os dois em que não há são serviços domésticos, que não tem negociação, e *telemarketing*, onde não há a necessidade de banco de horas, pois, pelo sistema de trabalho, tudo é absolutamente e absurdamente cronometrado, não existindo porosidade na jornada de trabalho. Em dois outros setores a sua utilização é limitada. No caso dos bancários, restringe-se ao Banco do Brasil, pois as empresas financeiras implementaram a flexibilização pela larga utilização do trabalho comissionado[23] — que tem uma jornada de 8 e não de 6 horas — e pelo estabelecimento de metas, sendo, inclusive, em alguns bancos, base de remuneração variável. Outro foi o dos vigilantes, em que, apesar da existência formal do banco de horas, ele é pouco utilizado, predominando a jornada de 12 x 36, conforme será analisado posteriormente. O grande problema evidenciado no estudo é a não previsão de qualquer contrapartida.

Na mesma direção, *Zylbertajn* (2002) mostrou, a partir de dados primários coletados por meio de entrevistas realizadas em 2.002 estabelecimentos, que 27% das empresas utilizavam o banco de horas, sendo que este uso cresce com o tamanho das empresas (presente em 45% daquelas com mais de 200 empregados).[24] A presente pesquisa revela

---

(22) No sistema de telecomunicação, há uma especificidade que é o sobreaviso (período em que o trabalhador fica à disposição da empresa caso ocorra algum problema técnico). Depois de 1998, houve uma mudança: as horas pagas, como extraordinárias, seriam as efetivamente trabalhadas. Como exemplo, se um trabalhador estiver em regime de sobreaviso de 8 horas, ele receberá 1/3 dessas horas. Caso venha efetivamente a ser chamado para trabalhar nesse período, ele receberá essas horas extras normalmente, sendo que a remuneração de 1/3 das 8 horas vira 1/3 do total menos o número de horas efetivamente trabalhadas. No caso da Telefônica, aboliu-se o cartão de ponto em favorecimento das horas marcadas diretamente pelo trabalhador, com a supervisão de seu chefe imediato. O que poderia ser um instrumento de fraude do trabalhador passou a funcionar justamente de forma contrária, com os chefes pressionando os trabalhadores a não marcarem suas horas extraordinárias trabalhadas (*Uchima*, 2005).
(23) Em diversos bancos, ele representa quase 50% do total dos empregados.
(24) Entre os pequenos estabelecimentos (os que têm de 50 a 100 empregados), apenas 18% usam o banco de horas. Essa proporção cresce até atingir 45% entre os grandes estabelecimentos (os que têm mais de 200 empregados). O ramo de atividade que mais o utiliza é a Educação (48% dos estabelecimentos), seguida de Alojamento/Alimentação (47%), Transporte/Armazenagem/Comunicações (32%) e Saúde/Serviços Sociais (31%). Na Indústria, a proporção de estabelecimentos que usam o banco de horas é menor (28%, tanto na Indústria Extrativa quanto na Indústria de Transformação). Agricultura e Construção são setores onde a utilização do banco de horas apresenta menor incidência (19% e 14%, respectivamente). Finalmente, o banco de horas não é utilizado por qualquer estabelecimento na Pesca e na Administração Pública (*Zylbertajn*, 2002: 28).

que a incidência é maior no setor de serviços e não na indústria, como indica o Dieese. Em geral, o instrumento utilizado para implantar o banco de horas é o Acordo Coletivo (67% do total dos estabelecimentos), ou seja, são negociações descentralizadas por empresa.[25] A mesma pesquisa aponta dois outros aspectos que ajudam a desvendar a dinâmica da flexibilização, cujo ponto em comum é o desrespeito à legislação vigente: 1) 12% das empresas que têm banco de horas o implantaram antes da promulgação da Lei; 2) o banco de horas foi introduzido sem qualquer negociação com os sindicatos em 14% dos casos[26], sendo adotado por decisão unilateral da empresa.

A partir das diversas pesquisas, pode-se verificar que o banco de horas está presente, predominante, nas empresas grandes e/ou estruturadas. A sua adoção exige um complexo sistema de gestão e negociação com o sindicato.

Essa é uma das medidas que encontra maior oposição dos trabalhadores, por desorganizar sua vida pessoal e por eliminar o pagamento das horas extras. A compensação individual é comum nas pequenas empresas, em que o empregador acerta diretamente com o trabalhador o tempo de trabalho (dias de extensão da jornada e dias de folga ou redução da jornada), sem controle sindical nem contrapartidas.

3.2. Trabalho aos domingos

A proibição do trabalho aos domingos no comércio varejista foi introduzida no Brasil em 1949. Apesar de a CLT abrir uma série bastante grande de exceções — voltadas para as atividades que necessitam funcionar de forma ininterrupta ou são centrais para garantir o funcionamento da sociedade (vida) —, a lógica da construção dos direitos sociais foi estabelecer uma separação entre o tempo econômico (limitando-o) e da reprodução social, buscando assegurar que, preferencialmente, o descanso coincidisse com o domingo, pois além da proibição de funcionamento em certos setores, houve uma preocupação de sobre taxar a hora extraordinária realizada no domingo como forma de garantir a condição de não trabalho para esse dia.[27]

A adoção da liberação do trabalho aos domingos provocou três ordens de polêmicas: no campo econômico, social e religioso/cultural. Do ponto de vista econômico, as duas principais discussões são: 1) há geração de novos postos de trabalho com a realização do trabalho aos domingos? 2) Houve uma elevação das vendas e do faturamento do segmento? De um lado estão os que acreditam em medidas flexibilizadoras como essas contribuindo para elevar tanto as vendas como os empregos (*Pastore*, 1997 e 2003; *Fecomercio*, 2004). De outro, estão os defensores da posição de que há uma redistribuição das vendas entre os dias de funcionamento do comércio, mas como a renda é dada na economia, não deve ocorrer substantiva melhoria nas vendas. Ao mesmo tempo, do ponto de vista do emprego, tende a prevalecer uma redistribuição dos empregados, com rodízio do dia de folga, otimizando

---

(25) Outras pesquisas também evidenciam que o banco de horas é um tema bastante constante nas categorias mais dinâmicas do ponto de vista econômico, com exceção dos bancários (*Krein*, 2001; *Krein, Teixeira*, 2004; e *Manzano*, 2004).
(26) O Tribunal Superior do Trabalho, pronunciando-se sobre casos de implementação do banco de horas sem a concordância do sindicato, decidiu em favor dos sindicatos.
(27) O valor da hora extraordinária no domingo é o dobro do que nos demais dias da semana, ou seja, 100% sobre a hora normal.

o uso do volume de trabalho disponível para os momentos em que há maior demanda, o que racionaliza e não expande o nível geral de emprego.

Segundo *Ângelo* e *Siqueira*, não há dados disponíveis para comprovar a tese de que a abertura do comércio aos domingos aumenta as vendas, o faturamento e gera mais empregos, pois seus defensores partem de pressuposições e não de dados empíricos. Mesmo não havendo dados específicos e com série histórica, pode-se verificar na pesquisa Provar[28], realizada com 400 consumidores na cidade de São Paulo, que somente 4,8% dos consumidores deixariam de comprar se o comércio não funcionasse aos domingos. Em segundo lugar, há evidências empíricas de um deslocamento das vendas para grandes redes de varejo, *shopping centers* e hipermercados em detrimento dos pequenos comerciantes. Segundo o Sincovaga (Sindicato do Comércio Varejista de Gêneros Alimentícios de SP), com a abertura do comércio aos domingos e o acirramento da concorrência, em torno de 9 mil supermercados (especialmente pequenos) fecharam entre 1994 e 1998 no Estado São Paulo. A mesma entidade diz que, a partir da liberação do trabalho aos domingos, somente na cidade de São Paulo, houve o encerramento das atividades em 3 mil pequenos estabelecimentos (mercearias e pequenos supermercados), o que significa a eliminação de 15 mil postos de trabalho (*Krein* e *Teixeira*, 2001). O que parece visível e factível é que o funcionamento do comércio aos domingos tenha provocado um deslocamento das vendas e das ocupações, favorecendo os grandes empreendimentos (*shoppings,* rede de lojas e hipermercados).[29] Trata-se, portanto, de uma medida que eleva o potencial de concorrência predatória entre grandes e pequenos estabelecimentos, em favor dos primeiros, ajudando a acentuar o processo em curso de concentração do setor em grandes redes.

3.3. A jornada extensiva e as horas extras[30]

A flexibilidade da jornada pode ser observada no volume expressivo de horas extraordinárias, fazendo com que a jornada efetiva seja muito maior do que a formal para grande parcela dos ocupados. Utilizando como referência a PED para a Região Metropolitana de São Paulo, verifica-se um salto significativo na média dos assalariados que trabalharam acima da jornada legal permitida, pulando de 27%, em 1986, para 42,6%, em 1989.[31] Nos anos 90, essa média foi mantida, elevando-se para próximo de 45% entre 2000 e 2004. Em 2005, houve um pequeno recuo, para 42,6%. Os setores industrial[32] e de serviços ficaram

---

(28) Programa de Administração de Varejo (Provar), da Fundação Instituto de Administração (FIA), entidade conveniada à Faculdade de Economia, Administração e Contabilidade (FEA) da USP.
(29) Nos primeiros 24 meses em que a autorização funcionou (1998-99), as lojas da Capital de São Paulo que abriram aos domingos tiveram vendas 20% superiores em relação às que permaneceram fechadas (Loja que abre aos domingos fatura 20% mais. In: *O Estado de S. Paulo*, 8.11.99).
(30) A extensão da jornada normal de trabalho, bem como a prática de utilização de horas extras variam significativamente de país para país. Muitos são os fatores que interferem nessa determinação, sendo mais significativos: o grau de organização sindical, o nível de consciência social, o grau de intervenção estatal, o estágio da composição orgânica do capital, o nível salarial, a distribuição de renda e a complexidade e grau de intervenção do arcabouço legal regulamentador (*Calvete*, 2006:97).
(31) Apesar de a Constituição Federal ter aumentado os adicionais incidentes sobre as horas extras e sobre os depósitos ao FGTS pago nas despedidas em justas causa e, ao mesmo tempo, ter reduzido a jornada semanal, na prática a extensão da jornada para além da legal cresceu no decorrer da década de 90, tanto entre o total de ocupados como entre os assalariados.
(32) No setor industrial, a média subiu de 21,4% para 42% entre 1988 e 2004. No de serviços, o salto foi de 25,5% para 40,9% no mesmo período. A média é mais baixa no setor de serviços, pois inclui o setor público.

um pouco abaixo da média. Enquanto isso, no comércio a proporção de trabalhadores que realizam horas extras é bem mais expressiva, passando de 43,1%, em 1988, para 63,1%, em 2004. A jornada média trabalhada nesse setor, em 2004, ficou acima da jornada legal até 1988, ou seja, 48,2 horas por semana.

Os dados mostram que as empresas, apesar de a Constituição Federal elevar o valor da hora-extra para 50%, utilizaram esse expediente como forma de compensar a redução legal da jornada em 1988.[33]

3.4. Tempo social x tempo de trabalho

Diversos autores[34] discutem o fato de que é cada vez mais tênue a linha que separa o tempo de trabalho do tempo da reprodução social ou do não trabalho. A flexibilidade da jornada, combinada com as inovações tecnológicas (telecomunicação + informática) e os novos métodos organizacionais, num contexto em que as características imanentes do capitalismo se expressam (concorrência, individualismo, consumismo, valores mercantis), tende a subordinar o tempo social à lógica do tempo econômico. Um exemplo é o próprio debate sobre a questão do trabalho, que está, na visão de *Dedecca* (2004), centrado nos seus aspectos econômicos (emprego, renda, produtividade e competitividade), sem considerar as consequências sobre o tempo social das pessoas e o tipo de sociedade que está sendo produzido. Ou, nos termos de *Rosiska Oliveira* (2003:15), vive-se em função do trabalho. "Hoje é o trabalho que ganha a nossa vida".

Os trabalhadores, em parte do horário destinado ao descanso, ficam ligados à empresa, especialmente de duas formas: em primeiro lugar, levando atividades profissionais para a sua residência. Como exemplo, podem ser citadas as atividades desenvolvidas com o computador (textos, dados, criação, projetos etc.) e as vendas de produtos e serviços (bancários). Em segundo lugar, mesmo não exercendo atividades físicas em casa, o trabalhador fica à disposição da empresa ou leva os problemas para estudar e encontrar soluções fora do expediente de trabalho. Ele fica procurando alternativas para resolver determinados problemas que enfrenta no local de trabalho, pois permanentemente é desafiado a encontrar novas "soluções" para aumentar a produtividade e melhorar o produto e/ou o processo de trabalho. Os próprios mecanismos modernos de comunicação permitem que a empresa acione o trabalhador para qualquer eventualidade, mesmo não o remunerando para tal disponibilidade. Ele fica de plantão, em estado de alerta, para o caso de a empresa ligar para o seu celular, computador pessoal ou *pager*. A remuneração, muitas vezes, fica condicionada não à disponibilidade, mas à realização do trabalho.[35] A questão é que essa disponibilidade traz consequências pessoais e familiares.

---

(33) A Constituição promulgada em 1988 reduziu a jornada de trabalho de quarenta e oito horas semanais para quarenta e quatro de forma generalizada, ao mesmo tempo em que encareceu o custo fixo do trabalho, aumentando o percentual de "multa" para demissão sem justa causa de 10% para 40% do Fundo de Garantia por Tempo de Serviço (FGTS) e aumentando o valor do adicional de hora extra de 20% para 50%.
(34) Cf. *Sennett*, 2000; *Harvey*, 1992; *Virilio*, 1987; *Oliveira*, 2003; e *Dedecca*, 2004.
(35) Por exemplo, a mudança do sobreaviso no setor telefônico do Estado de São Paulo (*Uchima*, 2005).

A sofisticação do controle do tempo = intensificação

Uma outra dimensão da flexibilização do tempo de trabalho que adquiriu suma importância no período recente está relacionada com as alterações na organização da produção e do trabalho em um ambiente econômico restritivo e globalizado, levando a um aumento da concorrência entre os trabalhadores participantes do mercado de trabalho. Nesse sentido, é possível verificar, pela própria dinâmica do mercado de trabalho, apoiando-se nas novas tecnologias de informação e comunicação, uma sofisticação nas formas de controle da jornada de trabalho.

Mecanismos aperfeiçoados de controle da atividade profissional permitem eliminar as porosidades existentes no interior da jornada e fazem com que o ritmo de trabalho possa ser intensificado. Por exemplo, no Estado de São Paulo, diferentemente de outros Estados, a jornada dos operadores de *telemarketing* é de 6 horas, mas tudo é cronometrado em detalhes, inclusive a ida no banheiro, fazendo com que não haja tempo morto e o ritmo seja controlado por um sistema de luzes em cada terminal. Essa é a realidade em praticamente todas as atividades que são computadorizadas. A sofisticação no sistema de controle do trabalho permite, inclusive, a diminuição do número de chefias, pois o próprio programa do computador, ao apresentar as estatísticas, está vigiando o/a trabalhador/a, assim como os novos métodos de organização da produção e do trabalho fazem com que um trabalhador controle o outro, pois parte da remuneração depende do funcionamento do coletivo. A célula ou o grupo de trabalho de que o trabalhador faz parte tende a pressionar para uma maior dedicação de seus membros na perspectiva de atingir as metas estabelecidas pela empresa. É um ambiente que exige cooperação na competição. São técnicas que estimulam e impõem um autocontrole individual e coletivo. Tal desenvolvimento de instrumentos sofisticados de avaliação individual e coletiva é facilitado pelo alto desemprego e pela exigência de manutenção de um determinado padrão de vida e de consumo. Todos esses aspectos reforçam a tendência de intensificação do ritmo de trabalho.

Não houve importantes reduções de jornada, e a flexibilidade ocorre por meio da larga utilização das horas extraordinárias. Quanto à gestão da jornada, ocorreu um aumento do poder de o empregador, de forma discricionária e descentralizada, determinar ou controlar o tempo de trabalho. Trata-se de uma lógica onde "o tempo de trabalho flexibilizado é o tempo das necessidades produtivas, em que o *slogan* dominante torna-se ação imperativa para enxugar custos, cortar gorduras e reduzir níveis hierárquicos" (*Barreto*: 99).

Nesse sentido, a política de flexibilização constitui uma busca incessante por transformar tudo em tempo produtivo, desconsiderando as suas implicações na vida pessoal e na estruturação da sociedade contemporânea. Os seus efeitos são prejudiciais à sociedade nos seguintes sentidos: 1) o processo de racionalização, embutido na política de flexibilização, tende, ao contrário do que propagam os seus defensores, a agravar o problema do desemprego ao promover uma distribuição desigual do trabalho; 2) há uma sobreposição, cada vez maior, do tempo econômico sobre o tempo social, o que gera uma série de desequilíbrios; e 3) em ritmo intenso, as múltiplas exigências, combinadas com a cobrança de um novo tipo de comportamento e atitude emocional, provocam a emergência de novas doenças do trabalho (estresse, *burn-out*, pânico, depressão, angústia, hipertensão arterial etc.). A intensificação do ritmo de trabalho é apontada como o maior problema por 67,3% dos trabalhadores participantes da pesquisa da CUT (2006).

A política de flexibilização da jornada está gerando, assim, disfunções em outras dimensões além da ordem econômica e social. Combinada com políticas sociais de caráter restritivo, representa um dos principais retrocessos tanto no sistema de proteção social como nos direitos trabalhistas, ao possibilitar que os desígnios da acumulação da riqueza submetam as demais esferas da vida em sociedade.

4. Avanço da remuneração variável

Uma terceira dimensão da flexibilização da relação emprego ocorre com a mudança do padrão de remuneração do trabalho. As mudanças legais, nesse aspecto, foram decisivas, pois possibilitaram uma redefinição na determinação da remuneração, abrindo espaço para que parte dela seja variável e mais individualizada. A tendência de uma remuneração variável foi impulsionada pela regulamentação do programa de Participação nos Lucros e Resultados e pelo fim da política salarial e introdução da "livre negociação" como elemento da estratégia de combate à inflação (Plano Real). Como a preocupação central era garantir uma subordinação dos salários à política de estabilização dos preços, a "livre negociação" salarial ficou de certa forma amarrada, pois proibiu a introdução de qualquer mecanismo de indexação dos salários, limitou reajustes em termos de produtividade por emprego e depois de aferir os resultados alcançados e ampliou o poder do presidente do TST para conceder o efeito suspensivo de dissídios julgados pelos Tribunais Regionais, como forma de impedir o Judiciário Trabalhista de conceder majoração salarial acima da inflação.

O resultado foi que parte significativa das categorias acumulou perdas salariais pós--Plano Real até 2003, e os reajustes variaram conforme a conjuntura econômica do período da negociação. Os dados evidenciam algo absolutamente lógico: nos anos de pior desempenho do produto e de elevação da inflação, as categorias tiveram maiores dificuldades para conseguir recuperar o poder de compra dos salários, o que contribuiu para explicar a queda do salário médio e da massa salarial entre 1997 e 2003.

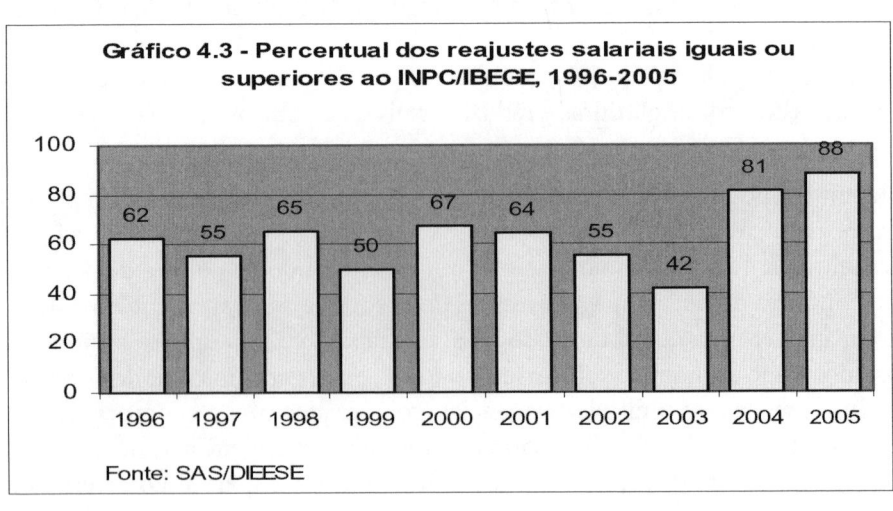

Gráfico 4.3 - Percentual dos reajustes salariais iguais ou superiores ao INPC/IBEGE, 1996-2005

Ano	%
1996	62
1997	55
1998	65
1999	50
2000	67
2001	64
2002	55
2003	42
2004	81
2005	88

Fonte: SAS/DIEESE

A maior dificuldade de negociação salarial veio acompanhada da progressiva ampliação do programa de PLR, que, por definição, é uma remuneração variável. PLR adquiriu grande centralidade nas negociações coletivas depois de sua regulamentação, a partir de 1995. Essa centralidade tem razões muito objetivas, pois houve um certo consenso sobre a sua implantação entre os trabalhadores (e suas entidades) e os empregadores, especialmente aqueles das categorias compostas por grandes empresas. Para os empregadores, a regulamentação da PLR — além de vincular o valor ao desempenho individual, da unidade e/ou da firma e de ser um fator de estímulo aos trabalhadores na busca de melhorias nas condições de competitividade e lucratividade, por meio do estabelecimento de metas — proporcionou uma forma mais barata de pagar o fator trabalho, por ser considerada uma verba não salarial e sobre ela não incidir as contribuições sociais, além de esse tipo de bônus não ser incorporado no salário para cálculo de reajustes futuros. O avanço da remuneração variável tem relação direta com a renúncia fiscal de uma importante fonte de financiamento da seguridade social. Para os trabalhadores, diferentemente de todas as outras medidas aqui analisadas, a PLR é recebida com um certo alívio e entusiasmo, pois possibilita o acesso, mesmo que não constante e variável de um ano para outro, de um bônus anual extra, cujo valor é significativo nas grandes empresas. Como vimos nas empresas selecionadas na pesquisa CESIT/MTE, a média foi de 4 (quatro) salários no ano de 2004.

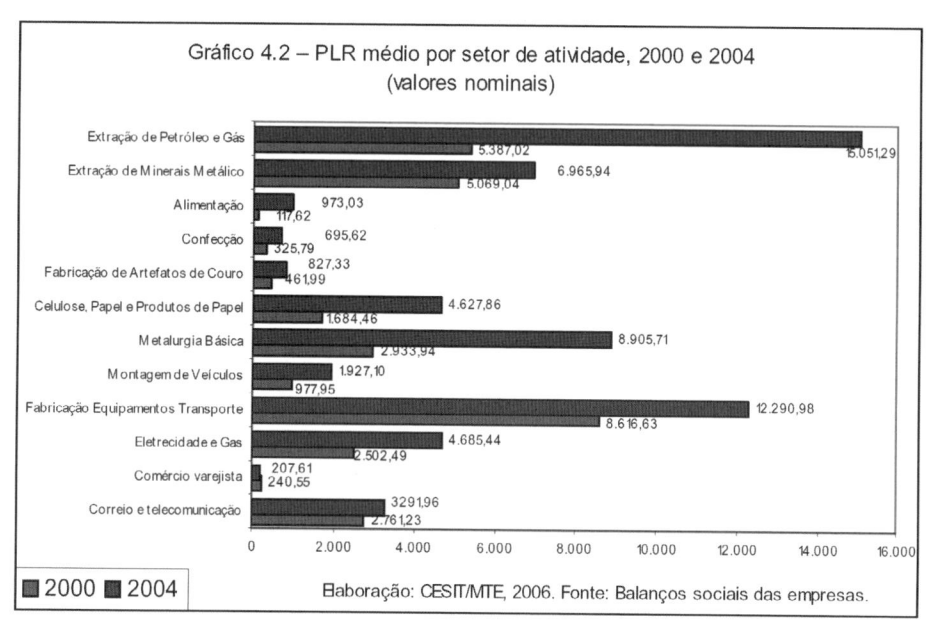

Gráfico 4.2 – PLR médio por setor de atividade, 2000 e 2004 (valores nominais)

Setor	2000	2004
Extração de Petróleo e Gás	5.387,02	15.051,29
Extração de Minerais Metálico	5.069,04	6.965,94
Alimentação	117,62	973,03
Confecção	325,79	695,62
Fabricação de Artefatos de Couro	461,99	827,33
Celulose, Papel e Produtos de Papel	1.684,46	4.627,86
Metalurgia Básica	2.933,94	8.905,71
Montagem de Veículos	977,95	1.927,10
Fabricação Equipamentos Transporte	8.616,63	12.290,98
Eletrecidade e Gas	2.502,49	4.685,44
Comércio varejista	240,55	207,61
Correio e telecomunicação	2.761,23	3291,96

Elaboração: CESIT/MTE, 2006. Fonte: Balanços sociais das empresas.

Mas essa não é a realidade da maioria dos acordos de PLR, que, em geral, preveem um bônus bem mais baixo. No levantamento feito pelo Dieese (2006c), verifica-se que, em 36% dos acordos, em 2005, o valor é definido em termos monetários e não proporcional ao salário, estabelecendo-se um bônus mínimo inferior a R$ 500,00 (quinhentos reais). E, dos que preveem uma distribuição do valor proporcional ao salário, em 58% dos casos o valor é de até 1 salário. Já os acordos em que o valor do bônus é superior a 3 salários correspondem a somente 7% do total. Essa é exatamente uma característica do programa de PLR: a forte diferenciação do bônus pago entre empresas e categorias profissionais, contribuindo para a abertura do leque de rendimentos dos trabalhadores numa mesma unidade, caso ela seja puramente proporcional ao salário e entre empresas e setores econômicos.

A PLR consolidou-se nos setores em que a negociação coletiva tem importância e os acordos são cada vez mais complexos, pois tendem crescentemente a condicionar o valor pago ao cumprimento de metas. O avanço vai revelando as disputas entre capital e trabalho na sua regulamentação; disputas que, além do valor do bônus, concentram-se, especialmente, (1) na forma de distribuição equânime ou proporcional ao salário, com a tendência de crescimento de um bônus desigual; (2) no estabelecimento das metas e das condições para cumpri-las; (3) na não substituição de parcelas fixas do salário por PLR; (4) na partilha dos ganhos de produtividade, de forma a não ser somente um indicador de PLR, mas incorporando-se aos salários; (5) na forma de acompanhamento das metas, o que implica o acesso às informações da empresa; e (6) na garantia de estabilidade aos membros da comissão de negociação. Os dois últimos aspectos estão praticamente excluídos dos acordos.

O avanço da remuneração variável é uma realidade mais frequente nas grandes empresas, setor em que aumenta gradativamente o valor pago em forma de PLR no conjunto da remuneração total anual dos trabalhadores. Mas sua crescente importância, apesar da adesão dos trabalhadores, pode aprofundar a segmentação da negociação, com a descentralização e pulverização dos acordos coletivos. Além disso, pode contribuir para a quebra da solidariedade de classe, pois a remuneração depende do desempenho do trabalhador ou da empresa, deslocando-se a regulação para o local de trabalho.

Apesar da tendência da remuneração variável, houve, nos últimos anos um contra-movimento ao processo de flexibilização, com a política de valorização do salário mínimo e o aumento no número de categorias que conseguiram elevar o reajuste salarial, inclusive obtendo, em vários casos, um pouco mais do que a inflação medida pelo INPC/IBGE. A recomposição do valor do mínimo e a definição de uma política que prevê a sua valorização nos próximos anos tende a contribuir para a elevação dos salários de base e redução do leque salarial nos segmentos com menor qualificação profissional e localizados nos setores com menor nível de produtividade. A introdução de uma regra pública de valorização do mínimo é uma clara iniciativa de contraposição à lógica da flexibilização, apesar de seu valor continuar sendo baixo, tendo o mesmo poder de compra do salário vigente em 1980. A definição dessa regra pública, fruto de negociação entre o governo e as centrais sindicais, tem incidência no valor dos pisos salariais, que tendem a ser majorados acima da inflação, assim como na recomposição dos salários negociados pelos sindicatos. Além disso, há estudos[36] que mostram a influência positiva do salário mínimo na diminuição da desigualdade social, na estruturação do mercado de trabalho e na diminuição da pobreza.

Portanto, do ponto de vista da remuneração do trabalho, tem-se dois movimentos contraditórios, mas que conseguem conviver num mercado marcado pelos baixos salários e pela grande dispersão salarial. Por um lado, há indicadores que comprovam a tese do avanço da remuneração variável, com a introdução da PLR e de inúmeras outras formas flexíveis de pagamento do fator trabalho, ajustada à realidade de cada segmento ou à estratégia da empresa. Em algumas empresas, a filosofia do "você é que faz o seu salário"

---

(36) Conferir *Baltar, Dedecca* e *Krein* (2005).

avançou enormemente, especialmente para segmentos mais qualificados da força de trabalho. Por outro lado, a existência de uma política de valorização do salário mínimo contribui para melhorar o rendimento dos segmentos com menores salários, localizados nas micro e pequenas empresas, no serviço doméstico, no setor público municipal e nos segmentos econômicos com menor produtividade. Ou seja, por enquanto, vive-se uma situação dual. É interessante observar que a principal argumentação contrária à valorização do salário mínimo diz respeito mais ao seu impacto nas contas públicas do que à capacidade de pagamento das empresas, apesar de o país continuar tendo um baixo crescimento do produto.

Enfim, são movimentos contraditórios, presentes na sociedade e nas instâncias de definição das políticas. Pode-se perceber, em síntese, a tendência mais geral de um movimento no sentido de fortalecer a remuneração variável, em que o rendimento do trabalho esteja, de certa forma, vinculado ao desempenho do trabalhador, de sua unidade de trabalho ou da empresa. Uma lógica que está presente, também, no setor público, quando o administrador adota a política de gratificação por desempenho ou cumprimento de meta.[37] Essa é uma tendência que cresce nos setores mais dinâmicos da economia, mas já foi algo comum em setores bastante tradicionais, como a agricultura e o comércio, com o pagamento por produção e a comissão de vendas, respectivamente.

Ao lado dessa tendência geral e de forma contraditória, refletindo as tensões sociais presentes na sociedade, entretanto, há a política de valorização do salário mínimo e um certo fortalecimento das negociações salariais no período recente. Esses indicadores ainda não se constituíram em uma nova tendência, pois o mercado de trabalho continua muito desfavorável e a dinâmica econômica atual funciona como um freio para o avanço da regulação pública do trabalho.

Considerações finais

A compreensão da flexibilização também incluiu, além dos espaços de criação de normas e do conteúdo presente na relação de emprego, uma análise sobre as instituições públicas que atuam na elaboração ou implementação das normas e regras públicas do trabalho, que são: os sindicatos, o sistema de fiscalização (Ministério do Trabalho e Ministério Público do Trabalho) e a Justiça do Trabalho. Sem entrar na análise de cada uma dessas instituições, percebe-se que elas podem, ao mesmo tempo e contraditoriamente, ser tanto agentes de legitimação da flexibilização quanto ponto de resistência ao processo de derrogação das normas públicas pelo descumprimento do que está inscrito na legislação e nos contratos coletivos, pois são instituições que, embora tenham uma finalidade própria, são influen-ciadas pelo contexto político e econômico e vivem as contradições e diferentes concepções presentes na sociedade. Apesar da resistência de alguns segmentos ou órgãos, a tendência geral foi de acompanhar o movimento de flexibilização nos anos 90. Um exemplo,

---

(37) Entre inúmeros exemplos, vamos citar dois: os professores da rede pública do Estado de São Paulo recebem uma bonificação que varia dependendo do número de faltas e cumprimentos das atividades estipuladas pela Secretaria da Educação. Os auditores fiscais do trabalho recebem gratificação pelo cumprimento de metas de arrecadação de FGTS e formalização.

para ilustrar a reflexão: o debate, presente no meio jurídico e econômico conservador, colocava em contraposição, nos anos 90, o "direito **do** trabalho" e o "direito **ao** trabalho". Nesse sentido, *Lessa* (2006) chama a atenção, com propriedade, para o fato de dificilmente haver um dia em que algum importante veículo da mídia deixa de abordar o tema da necessidade de flexibilização do trabalho, buscando, pela repetição, sem contestação, criar um lugar-comum, acrítico: "Água mole em pedra dura tanto bate até que fura. Desde o início dos anos 1990, repetem-se afirmativas do tipo: é necessário flexibilizar os direitos trabalhistas, pois os custos decorrentes oneram o preço do trabalho e, em consequência, o custo-Brasil, retirando competitividade à economia". Segundo Lessa, nesse discurso, há uma variante que "busca desconstruir o padrão de vida de quem se aposenta: neste caso, o discurso denuncia o déficit da Previdência e fala de benefícios excessivos. Em sua versão mais cruel, pretende desvincular as pensões e aposentadorias do salário mínimo real" (*Lessa*, 2006:01). A repetição, no contexto de crise do mercado de trabalho, foi tornando o discurso da flexibilização hegemônico e influenciando a atuação das instituições.

Mas alguns segmentos dessas instituições vão percebendo o limite desse discurso e seu caráter de profissão de fé, o que tem aberto espaço, nos anos recentes, para contestação e contraposição. A flexibilização continua sendo hegemônica, como mostra *Lessa* (2006), mas há sinais de resistência e contraposição, como pode ser observado na melhoria dos indicadores sindicais nos anos recentes, no debate sobre a política de valorização do salário mínimo e no trabalho de vigilância dos direitos trabalhistas existentes por parte de alguns órgãos e segmentos do Ministério Público do Trabalho, do sistema de fiscalização e da Justiça do Trabalho.

Aliás, a própria condução da política ortodoxa pode levar a contradições com impactos distintos no mercado de trabalho. Por exemplo, a pressão da crescente dívida sobre as contas públicas, com uma política de buscar superávit fiscal, levou a um aprimoramento da máquina arrecadatória e, inclusive, ainda que de forma precária do ponto de vista das condições de trabalho, a um incentivo à formalização dos contratos e à fiscalização do depósito do FGTS, o que, ao mesmo tempo, pode melhorar as contas públicas e também favorecer, em algum grau, o avanço no registro do contrato em carteira, ajudando na estruturação do mercado de trabalho. Mas, em geral, as políticas apresentam coerência na perspectiva de fragilizar a regulação pública.

A questão é que a flexibilização pode ocorrer também pelo não cumprimento da legislação trabalhista. Observando os dados, pode-se concluir que o cumprimento varia conforme a conjuntura econômica, ou seja, nos momentos de grande retração, de maior exposição das empresas à concorrência e de estreitamento do mercado de trabalho, as fraudes acontecem com maior incidência, especialmente pelo não registro em carteira, pela adoção de formas disfarçadas de emprego, pela não arrecadação das contribuições sociais e do FGTS e pela negação dos direitos vinculados ao contrato de trabalho. Uma discussão recente no país aborda o grande número de processos trabalhistas, em torno de 2 milhões por ano[38], como algo explicável pela excessiva legislação, o que é uma absoluta bobagem. Três são as razões principais desse montante. Em primeiro lugar, o risco de descumprimento da legislação compensa, pois, no máximo, o empregador paga a verba devida acrescida dos

---

(38) A explosão dos processos trabalhistas ocorreu nos anos 90. Nos anos recentes, tem ocorrido uma pequena retração.

custos jurídicos (advogados e processuais), mas tem a possibilidade de negociar um acordo com valores menores (o que é bastante comum) e pode abater o valor pago do lucro operacional para cálculo do imposto de renda. Além disso, nem todos os trabalhadores lesados entram com reclamatória. O número de processos é baixo, se considerados somente os assalariados sem registro em carteira, o que constitui uma fraude nítida. E ainda, com pequenas exceções, não há um histórico de criminalização pela prática do delito trabalhista. Em segundo lugar, a procura da Justiça ocorre basicamente por parte dos desempregados, pois o ajuizamento de uma reclamatória por um assalariado, com raras exceções, significa perda do emprego. O crescimento do desemprego também ajuda indiretamente, pois os sindicatos ficam fragilizados no seu poder de resolver os problemas pela pressão direta sobre a empresa. Por último, a instituição Justiça do Trabalho é considerada uma instituição que, em geral, tende a reparar erros de descumprimento da legislação.

No cenário dos anos recentes, as instituições que atuam na área do trabalho passam por questionamentos e ataques. Parte de seus membros aderiu ao discurso hegemônico e outra procura resistir.[39] Essa última parte continua atuando, mas dadas às circunstâncias desfavoráveis, muitas vezes, suas ações apresentam pouca eficácia. Outras vezes conseguem contribuir para garantir o cumprimento da legislação. Nesse sentido, sem poder dimensionar o seu peso, tal atuação ajuda, em um movimento combinado com a dinâmica da economia e do mercado de trabalho, na atual tendência de pequena elevação da formalização dos contratos.

O movimento de resistência pode ser observado pela melhoria dos indicadores sindicais, nos últimos 2 anos, com o crescimento da taxa de sindicalização[40], o aumento do nível e duração das greves e a melhora nos resultados das negociações coletivas. Por exemplo, o crescimento da taxa de sindicalização, nos últimos três anos, pode ainda não indicar uma tendência, mas significa um respaldo maior dos trabalhadores à instituição sindical. Assim, por um lado, os sinais de fragilização continuam presentes, especialmente com (1) a ampliação da pulverização sindical dentro de um movimento de segmentação do próprio mercado de trabalho, (2) a pequena capacidade de intervenção nos rumos do debate nacional e (3) a própria compreensão por parte da sociedade do papel da instituição sindical no contexto atual, colocando-a em questionamento. Mas, por outro lado, é uma instituição que não foi destruída e continua procurando o seu espaço de ação para manter a representatividade e importância na sociedade, particularmente na classe trabalhadora. Num quadro de reencaminhamento da questão do desenvolvimento e de melhora do mercado de trabalho, pode ocorrer um revigoramento do sindicalismo, como há alguma indicação no período recente; assim como o sindicalismo está desafiado a repensar permanentemente as suas estratégias para fazer frente às transformações estruturais em curso na sociedade.

Do ponto de vista da regulação do trabalho, caso continue persistindo o avanço da formalização, a pressão pela flexibilização deve visar à introdução de uma legislação

---

(39) Pois compreende-se que a regulação social do trabalho implica a existência de regras, normas, instituições que abrangem "uma teia complexa de processos sociais e um terreno de resistência e luta real ou potencial" (*Hyman*, 2005:22).
(40) Hoje, ela está na casa dos 30% dos assalariados formais, o que não é um indicador baixo em comparação com a situação internacional.

diferenciada para as micros e pequenas empresas, que está na pauta do Congresso Nacional, à regulamentação da terceirização e à fragilização e descrédito das instituições públicas responsáveis pelo zelo e/ou ampliação das normas de proteção social do trabalho.

Enfim, apesar de o país ter uma legislação social e instituições públicas na área do trabalho, avançou-se na perspectiva da flexibilização, ainda que tenham ocorrido movimentos contraditórios em relação a essa tendência, nos anos recentes, com melhorias nos indicadores sindicais, especialmente em termos de negociação salarial, de valorização do salário mínimo e de um pequeno incremento na participação do emprego formal na estrutura ocupacional, pois o mercado de trabalho continua apresentando características históricas que o tornam desfavorável aos trabalhadores, tais como o excedente estrutural de força de trabalho, baixos salários, alta rotatividade e número elevado de ocupações precárias e informais.

A tendência de flexibilização, como afirmado anteriormente, é um elemento constitutivo da atual ordem econômica — por isso trata-se mais de flexibilização do que de desregulamentação, pois as mudanças ocorreram não tanto pela derrogação da legislação, mas pela dinâmica do mercado de trabalho e pela introdução de novas regulamentações, inclusive estatais. Nessa ordem, a regulação pública é fragilizada e o trabalho tende a ficar mais exposto a uma determinação via mercado, transformando-se numa mercadoria como qualquer outra. Apesar do novo discurso de gestão de pessoal, os trabalhadores estão submetidos à lógica do capitalismo flexível, em que impera a incerteza, a insegurança e a segmentação (*Sennett*, 1999). A flexibilização, no atual contexto do mercado de trabalho, traz, entre outros, os seguintes impactos no mundo do trabalho: 1) os trabalhadores são submetidos a uma permanente tensão, em que as suas competências e capacidade de trabalho são permanentemente colocadas em xeque, fazendo com que as novas doenças do trabalho estejam vinculadas, especialmente nos setores mais dinâmicos, ao estresse, à angústia e à ansiedade[41]; 2) há uma segmentação cada vez mais nítida entre os que alcançam postos de trabalho mais bem remunerados e os que estão disponíveis no mercado para exercer qualquer atividade[42]; 3) busca-se fragilizar os sindicatos e reduzir o seu papel, assim como o das instituições do Estado, na regulação pública e geral do mercado de trabalho; e 4) as negociações tendem a descentralizar-se para o local de trabalho.

Enfim, o enfraquecimento da regulação de proteção social tende a favorecer uma distribuição desigual da riqueza na sociedade capitalista atual e um avanço em direção a uma maior "mercantilização" da força de trabalho, em que o mercado tenha maior peso na determinação das condições de uso e contratação do trabalho. A tendência de flexibilização corrobora e é estimulada pelas transformações mais gerais no mundo do trabalho e na sociedade. Portanto, o padrão de regulação, real e não formal, está estreitamente associado ao modelo de desenvolvimento em curso na sociedade.

---

(41) Em pesquisa realizada pela CUT e DIESSE (2006) junto a três mil trabalhadores de 5 categorias profissionais, verificou-se que 43,3% afirmaram sentir algum distúrbio, nos dois últimos anos, em função do trabalho. Destes 43,3%, 61% destacaram as dores musculares, 53,7% o estresse, 29,5% os distúrbios do sono, 17,1% as lesões e 16.0% a depressão.

(42) *Estanque* (2005) elabora a noção de que há uma sobreclasse, integrada aos circuitos econômicos mais modernos e globalizados e uma subclasse, que tem um padrão de benefícios inferior ao que era considerado historicamente como patamar civilizado de venda da força de trabalho.

REFERÊNCIAS BIBLIOGRÁFICAS

ANTUNES, R. (org.). *Riqueza e miséria do trabalho no Brasil*. São Paulo: Boitempo, 2006.

BALTAR, P. E.; DEDECCA, C. S.; KREIN. J. D. (orgs.). *Salário mínimo e desenvolvimento*. Campinas: Instituto de Economia, 2005.

BALTAR, P.; MORETTO, A.; KREIN, J. D. O emprego formal no Brasil: início do século XXI. In: KREIN et al. *As mudanças no mundo do trabalho e os direitos dos trabalhadores*. São Paulo: LTr; Campinas: CESIT e EMATRA, 2006.

BARRETO. M. Pressão e opressão nas relações de trabalho: uma avaliação necessária para prevenir adoecimentos. In: *Hora extra*: o que a CUT tem a dizer sobre isto. São Paulo: CUT, 2006.

BECK, U. *Un nuevo mundo feliz*: la precariedad del trabajo en la era de la globalización. Barcelona: Paidós, 2000.

BELLUZZO, L. G. de M. Prefácio. In. KREIN, J. D. et al. *As transformações no mundo do trabalho e os direitos dos trabalhadores*. São Paulo: LTr, Campinas: Cesit e Ematra XV, 2006.

BURAWOY, M. A. Transformação dos regimes fabris no capitalismo avançado. *Revista Brasileira de Ciências Sociais*, Rio de Janeiro, a. 5, n. 13, 1990.

CALVETE, C. *Redução da jornada de trabalho:* uma análise econômica para o Brasil. Tese (Doutorado em Economia) — Instituto de Economia — Universidade Estadual de Campinas, 2006.

CUT; DIEESE. *Hora extra:* o que a CUT tem a dizer sobre isto. São Paulo: CUT, 2006.

CESIT/MTE. *Relações de trabalho*: Brasil e experiências internacionais. Relatório de Pesquisa apresentado pelo CESIT como produto do convênio CESIT/MTE. Campinas/Brasília, 2006. Mimeografado.

CHAHAD, J. P. Z. (coord.). *Trabalho flexível e modalidades especiais de contrato de trabalho*: evidências empíricas no caso brasileiro. São Paulo: FIPE/MTE, 2001.

DEDECCA, C. Tempo, trabalho e gênero. In: COSTA, A. A. et al. *Reconfiguração das relações de gênero no trabalho*. São Paulo: CUT, 2004.

DIEESE. A jornada de trabalho nas negociações coletivas entre 1996 e 2004. *Estudos e Pesquisas*, São Paulo, a. II, n. 16, dez. 2005.

DOWBOR, L. *O que acontece com o trabalho?* São Paulo: Senac, 2002.

GALLON, A. V. et. al. *Análise de conteúdo dos sistemas de remuneração variável de empregados nos relatórios de administração de companhias abertas*. São Carlos (mimeo), 2005.

GIMENEZ, D. M. *A questão social e os limites do projeto liberal no Brasil*. Tese (Doutorado em Economia) — Instituto de Economia — Universidade Estadual de Campinas, 2007.

HARVEY, D. *Condição pós-moderna, uma pesquisa sobre as origens da mudança cultural*. 5. ed. São Paulo: Loyola, 1992.

HYMAN, R. Europeização ou erosão das relações laborais? In: ESTANQUE, E. et al. *Mudanças no trabalho e ação sindical:* Brasil e Portugal no contexto da transnacionalização. São Paulo: Cortez, 2005.

KREIN, J. D. *As tendências recentes na relação de emprego no Brasil*: 1990 a 2005. Tese (Doutoramento). Campinas: Unicamp, Instituto de Economia, 2007.

KREIN, J. D.; SANCHES, A. T. PLR: um balanço das experiências cutistas. In: Escola sindical. As mudanças no mundo do trabalho e seus impactos no sindicalismo. *Debate & Reflexões*, n. 12, São Paulo: Escola Sindical São Paulo — CUT e Friedrich Ebert Stiftung, 2004.

KREIN, J. D.; TEIXEIRA, M. A materialização da flexibilização: as experiências de CCPs. *Debate & reflexão*, São Paulo, n. 12, 2003.

MANZANO, S. P. *Diagnóstico das condições de trabalho nas montadoras de veículos do ABC e do Paraná:* um estudo sobre a modulação da jornada de trabalho e da PLR. Dissertação (Mestrado em Economia) — Instituto de Economia — Universidade Estadual de Campinas, 2004.

OLIVEIRA, C. A. Contrato coletivo e relações de trabalho no Brasil. In: OLIVEIRA, C. A. *et.al.* (org.). *O mundo do trabalho:* crise e mudanças no final do século. São Paulo: Scritta, 1994.

OLIVEIRA, R. D. *Reengenharia do tempo*. Rio de Janeiro: Rocco, 2003.

PADILHA, V. Shopping center — *a catedral das mercadorias*. São Paulo: Boitempo, 2005.

PASTORE, J. *A flexibilidade do trabalho*. São Paulo: LTr, 1994.

_____. Empregos e comércio aos domingos. *Jornal da Tarde*, São Paulo, 19 mar. 2003.

PIZZUTI, S. T. L. *Os efeitos econômico-financeiros dos planos de participação dos empregados nas organizações*. Dissertação (Mestrado em economia). Faculdade de Economia — Universidade Federal do Rio Grande do Sul, 2000.

POCHMANN, M. *Emprego industrial:* o que há de novo no Brasil? Campinas, 2003. Mimeografado.

SENNETT, R. *A corrosão do caráter:* conseqüências pessoais do trabalho no novo capitalismo. Rio de Janeiro: Record, 1999.

UCHIMA, R. Flexibilização das relações de trabalho na Telefonica SP. *Relatório de pesquisa Cesist/ Dieese/CNPq*. Campinas: Instituto de Economia/Unicamp, 2005.

URIARTE, O. E. *A flexibilidade*. São Paulo: LTr, 2002.

VIANNA, L. J. Werneck. *Liberalismo e sindicato no Brasil*. 4. ed. rev. Belo Horizonte: UFMG, 1999.

WEFFORT, F. C. Origens do sindicalismo populista no Brasil: a conjuntura do pós-guerra. *Estudos CEBRAP*, São Paulo, n. 4, abr./maio/jun. 1973.

WELLER, J. *Destruição e generalização do emprego em um período de mudanças estruturais*. Dieese (prelo), 1999.

ZYLBERRSTAJN, H. A participação dos trabalhadores nos lucros ou nos resultados das empresas — um balanço da negociação: 1995-2002. In: CHAHAD, J. P. Z.; PICCHETTI, P. *Mercado de trabalho no Brasil:* padrões de comportamento e transformações institucionais. São Paulo: FIP/MTE/LTr, 2002.

NOVOS ASPECTOS DA REGULAÇÃO DO TRABALHO NO BRASIL
QUAL O PAPEL DO ESTADO?

André Gambier Campos[*]

1. APRESENTAÇÃO

Uma inserção civilizada dos trabalhadores na economia, na sociedade e na política passa, ainda nos dias de hoje, pela constituição de relações assalariadas, com todos os direitos assegurados. Apesar disso, do início da década de 1990 ao início da atual, essas relações tenderam a perder algo de sua primazia histórica na estrutura ocupacional brasileira. Boa parte das ocupações geradas no período correspondeu a empregos sem direitos trabalhistas/ previdenciários ou, paralelamente, a ocupações por conta própria sem direitos previdenciários.

A dinâmica econômica dos anos 1990, caracterizada pela desregulamentação de mercados de bens e serviços, privatização de empresas estatais, desnacionalização de empresas nacionais, introdução de novas tecnologias, deslocamento de atividades produtivas no território, dominância de capitais financeiros e pela estabilização monetária delineou o contexto dessa perda de primazia das relações assalariadas (em particular, das relações assalariadas formais).

Apesar da importância dessa dinâmica econômica, a proliferação de empregos sem direitos trabalhistas/previdenciários e ocupações por conta própria sem direitos previdenciários (movimento aqui denominado "desassalariamento") também teve atrás de si a ação do próprio Estado brasileiro, por meio da introdução de novos mecanismos de regulação da contratação, da utilização, da remuneração e da tributação do trabalho.

Ressalte-se, entretanto, que esses novos mecanismos de regulação, que possuíram um caráter "legislado" (no sentido que procederam basicamente do aparelho estatal — tal como tratado por *Noronha*, 1998 e 2000), caracterizaram-se por uma série de ambivalências e contradições. Primeiramente, originaram-se de diversos poderes do Estado (Executivo, Legislativo e Judiciário) — e, dentro de um mesmo poder, de distintos órgãos (no caso do

---

(*) Técnico de Planejamento e Pesquisa da Diretoria de Políticas e Estudos Sociais (Disoc) do Instituto de Pesquisa Econômica Aplicada (Ipea). E-mail: andre.campos@ipea.gov.br. O autor gostaria de agradecer a colaboração de José Celso Cardoso, Roberto Gonzalez, Helder Ferreira, Luseni Aquino e Natália Fontoura — Técnicos de Planejamento e Pesquisa das Coordenações de Trabalho e Renda, bem como de Justiça e Segurança Pública da Disoc/Ipea.

Executivo, originaram-se ora da Casa Civil, ora do Ministério do Trabalho e Emprego etc.). Adicionalmente, esses mecanismos apontaram para sentidos diferentes — alguns induziram o desassalariamento das ocupações, já outros incentivaram o movimento exatamente contrário.

Ou seja, a ação do Estado na regulação do trabalho no Brasil dos anos 1990 e atuais esteve marcada por ambiguidades e incongruências — que, na verdade, refletiram as tentativas de desestruturação das relações assalariadas com direitos assegurados e, de outro lado, as resistências que surgiram a essas tentativas no próprio aparelho estatal (compreendido de forma ampla, pelos diversos poderes e órgãos dentro desses poderes).

A ideia neste artigo é discutir alguns pontos dessa ação do Estado, iniciando com considerações sobre a importância do assalariamento com direitos laborais e previdenciários para a inserção dos trabalhadores na economia, na sociedade e na política. Apesar dessa importância, evidencia-se que o assalariamento teve sua primazia ameaçada desde o início da década de 1990, dentro do contexto de uma dinâmica econômica liberalizante, desregulamentadora, privatizante, desnacionalizadora etc.

Na sequência, verifica-se que, em alguma medida, essa primazia também foi ameaçada pelo tipo de regulação do trabalho que se procurou instaurar a partir do Estado, que pode ser examinada com mais detalhe em alguns episódios específicos: i) o incentivo à terceirização do trabalho *stricto sensu*; ii) à terceirização do trabalho mediante cooperativas de mão de obra; iii) a promoção do trabalho não assalariado sob a forma de pessoas jurídicas nas atividades intelectuais; iv) do trabalho não assalariado nas atividades de transporte rodoviário; v) a tentativa de anulação das ações do sistema de fiscalização laboral.

2. O Estado e a regulação do trabalho

Para compreender o papel desempenhado pelo Estado brasileiro na regulação do trabalho, talvez seja interessante centrar o foco em Noronha (1998 e 2000), que declara que o mercado de trabalho é composto por um conjunto de instituições. Neste conjunto, destacam-se os organismos e as normas que regulam aspectos como o acesso dos indivíduos às ocupações, o desenvolvimento de suas atividades profissionais, a remuneração por essas atividades, o afastamento de tais ocupações, a organização dos indivíduos em coletivos de representação e assim por diante.

De acordo com o autor, esses aspectos do mercado laboral são regulados de maneiras distintas. Primeiramente, alguns deles são pouco regulamentados (como o acesso dos indivíduos às ocupações), ao passo que outros são muito (como o desenvolvimento das atividades profissionais e a sua remuneração). Paralelamente, esses aspectos são regulados por espécies distintas de normas, com a prevalência daquelas de natureza legislada. Desde a década de 1930, o trabalho foi alvo de inúmeras leis, que especificaram sua forma e seu conteúdo. Mais que as normas oriundas da contratação coletiva (acordos e convenções coletivas) e as provenientes do poder unilateral das empresas (regulamentos empresariais), as normas que regularam o trabalho foram aquelas de origem legal (com destaque para as que integraram a Consolidação das Leis do Trabalho — Decreto Lei n. 5.452/43 — CLT).

Noronha afirma que o mercado laboral brasileiro é fundamentalmente legislado, pois as leis especificaram, de modo abrangente e ao mesmo tempo detalhado, a forma e o conteúdo do trabalho no Brasil. E atribuíram poucos graus de liberdade para os acordos/convenções coletivas e os regulamentos empresariais fazerem o mesmo. Até hoje, os acordos/convenções dispõem sobre aspectos gerais do trabalho, mas restringem-se àquilo que as leis já abordam (reafirmam e complementam-nas, mas raramente inovam ou avançam para além). Paralelamente, os regulamentos versam apenas sobre aspectos específicos do trabalho, não alcançados de forma direta e imediata pelas leis.

Ressalte-se que, ligados a cada fonte de normatização, há organismos distintos. Segundo o autor, as leis são objeto de preocupação dos Poderes Executivo e Legislativo (e, dentro deste último, dos partidos situados ao centro ou à esquerda do espectro político). Os acordos/convenções coletivas são alvo de atenção dos órgãos de representação do capital e do trabalho (em particular, de sindicatos — que concentram o poder de contratação coletiva no Brasil). Já os regulamentos empresariais são objeto da vontade unilateral (e muitas vezes discricionária) das próprias empresas. De maneira que, por trás de cada tipo de norma reguladora do trabalho, constatam-se distintas espécies de organismos econômicos, sociais e políticos — representando interesses variados por meio de processos também diversos.

Enfim, o mercado laboral é constituído por um conjunto de instituições, em meio às quais se destacam organismos e normas de regulação do trabalho. No que se refere a estas últimas, *Noronha* aponta para a prevalência de normas legais — o que o leva a caracterizar o mercado como legislado, desde a década de 1930 até hoje. Praticamente todo o ciclo de trabalho — o acesso à ocupação, a realização das tarefas, a remuneração, o desligamento da ocupação, a representação dos trabalhadores etc. — é alvo de leis regulamentadoras, que deixam pouca margem para a atuação da contratação coletiva e do poder unilateral das empresas.

Ao assumir que o mercado laboral é essencialmente legislado, com as normas legais desempenhando os papéis-chave na regulação do trabalho, o autor dá ênfase acentuada às iniciativas dos Poderes Executivo e Legislativo, como medidas provisórias e leis. E, em alguma medida, devido à ênfase nesses instrumentos, atribui um sentido quase que unívoco à ação do Estado na regulação do trabalho — quando, na verdade, a ação estatal denota-se por ser ambígua, ao menos no período mais recente da história brasileira.

Conforme se examinará neste texto, nas décadas de 1990 e 2000, as modificações introduzidas na regulação do trabalho tiveram origem em diversos poderes estatais: Executivo, Legislativo, Judiciário ou Ministério Público (e, dentro de um mesmo poder, em distintos órgãos — no caso do Executivo, tiveram origem ora na Casa Civil, ora no Ministério do Trabalho e Emprego e assim por diante).

Até como consequência disso, as modificações inseridas pelo Estado na regulação do trabalho apontaram para direções opostas. A título de exemplo, ora se inclinaram pelo assalariamento, ora pelo desassalariamento dos trabalhadores brasileiros (ou seja, em alguns casos, incentivaram a inserção assalariada desses trabalhadores — com todos os direitos e garantias associados —, já em outros casos fomentaram ocupações não assalariadas — sem tais direitos e garantias).

Neste texto, não se procura negar a natureza eminentemente legislada da regulação do trabalho no país — já descrita e analisada por Noronha. Mas procura-se evidenciar que, ao longo dos anos 1990 e 2000, a atuação do Estado na regulação do trabalho, mesmo quando legislada, esteve marcada por caracteres ambíguos, contraditórios e ambivalentes — e não por um caráter linear, unidirecional e singular. Afinal, essa atuação envolveu diversos poderes estatais (que não só o Executivo e o Legislativo), por meio de diferentes mecanismos (além das medidas provisórias e das leis), resultando em distintas manifestações de "vontade" (por vezes, até mesmo incongruentes).

3. Direitos garantidos pelo assalariamento formal

Um maior acesso dos trabalhadores aos benefícios gerados pelas estruturas econômica, social e política brasileiras depende, em boa medida, de sua condição de empregados com Carteira de Trabalho e Previdência Social (CTPS). Afinal, ao menos no plano do "dever ser", essa carteira faz com que os empregados tenham garantias de acesso a um rol de benefícios que, em outras posições ocupacionais, lhes são inteiramente negados. Entre os exemplos que podem ser citados, destacam-se:

i) *Maiores perspectivas de permanência no trabalho* — A regra do emprego é a indeterminação prévia do lapso temporal de duração do vínculo, que tende a fazer com que benefícios econômicos se agreguem ao contrato de trabalho pelo mero decorrer do tempo;

ii) *Limitações para o tempo despendido no trabalho* — Há limitação para o tempo diário/semanal de trabalho, bem como desincentivo ao sobretrabalho (limitação/onerosidade de horas extraordinárias, exigência de autorização de autoridades em segurança e saúde em certos casos etc.);

iii) *Possibilidades de descanso e recuperação do trabalho* — Há previsão de intervalos dentro/entre as jornadas, de férias/feriados, bem como desincentivos ao trabalho noturno (adicional noturno e hora reduzida, entre outros);

iv) *Proteções à segurança e à saúde no trabalho* — Há exigência de autorização de autoridades em segurança e saúde para o funcionamento dos estabelecimentos, de organização de serviços especializados de segurança e saúde laboral, de disponibilização de equipamentos individuais e coletivos de proteção, de pagamento de adicionais de insalubridade e periculosidade etc.;

v) *Garantias de remuneração pelo trabalho realizado* — Há determinação para pagamento dos empregados em ciclo temporal reduzido (mensal no máximo), de parcela principal (salário-base) fixa e independente do sucesso/insucesso dos empreendimentos e de 13ª parcela anual, bem como há disposição sobre a fixação da remuneração por unidade de tempo (recebe-se por labor efetivamente realizado ou por mero tempo à disposição), sobre a sua irredutibilidade (mesmo nos casos de fixação por produto ou tarefa) exceto em caso de negociação coletiva e sobre a observância do salário mínimo nacional (ou de pisos da profissão ou categoria), assim como há restrição a pagamento *in natura*, a descontos efetuados pelo estabelecimento e a discriminações no valor pago pelo mesmo trabalho;

vi) *Compensações pelo tempo despendido no trabalho* — Há previsão de pagamento de uma indenização pelo tempo despendido no trabalho (o Fundo de Garantia do Tempo de Serviço — FGTS), que é uma espécie de compensação pelo período em que os assalariados contribuíram para o desenvolvimento de seus empreendimentos;

vii) *Garantias de manutenção do trabalho* — Em certas circunstâncias e durante certo período, há estabilidade de vínculo para os empregados — como é o caso das gestantes, dos que cumprem serviço militar obrigatório ou outro encargo público, dos que sofrem acidente de trabalho, dos que se candidatam a cargo de representação sindical ou de outro ente coletivo;

viii) *Proteções contra a perda repentina do trabalho* — Em caso de rescisão dos vínculos dos assalariados, há obrigação de comunicação prévia por parte dos empregadores, com antecedência mínima de 30 dias — período em que há redução no n. horas trabalhadas sem redução de remuneração, para que consigam procurar uma nova colocação;

ix) *Recursos para sobreviver à perda do trabalho* — Após a rescisão de seus vínculos, os empregados contam com alguns recursos que ajudam em sua sobrevivência durante o período de busca de uma nova colocação — parte desses recursos advém do pagamento do FGTS, outra parte vem de benefícios de seguro-desemprego e outra parte advém do pagamento das verbas rescisórias pelos empreendimentos (saldo de salários, multa de 40% do saldo do FGTS, indenização por férias vencidas/proporcionais com adicional, indenização por rescisão próxima à data-base e 13º salário proporcional);

x) *As possibilidades de organização e negociação coletivas* — Os assalariados têm a possibilidade de se organizarem em sindicatos profissionais, que reúnem indivíduos com situações de labor e condições de vida semelhantes — além de disponibilizarem serviços, tais sindicatos atuam na fiscalização e na garantia dos benefícios citados, por meio de mobilizações, paralisações e negociações coletivas, mediante representações administrativas ou por meio de reclamações judiciais;

xi) *As proteções a grupos específicos* — As normas que regulam a atividade laboral dos empregados estabelecem uma série de proteções a grupos específicos da população — como as crianças, os jovens e as mulheres (proibição de emprego ou de trabalho noturno/em condições insalubres ou perigosas para crianças/jovens, previsão de intervalos para mulheres gestantes etc.);

xii) *Outros tipos de benefícios relacionados ao trabalho* — Há uma série de outros benefícios que são assegurados aos assalariados, entre os quais se destacam os previdenciários — por conta de sua contribuição obrigatória ao Regime Geral de Previdência Social (RGPS), os assalariados contam com proteções contra a perda de rendimentos devido a gravidez, reclusão, velhice, doença, acidente e morte, bem como têm à disposição serviços de perícia médica e reabilitação profissional.

Em resumo, os empregados com CTPS possuem garantias de acesso a todas essas espécies de benefícios — coisa que não se verifica com os empregados sem carteira e os trabalhadores por conta-própria sem contribuição ao RGPS[1]. É verdade que, do modo

---

[1] É verdade que, a alguns destes trabalhadores, certos tipos de benefícios também são assegurados, indiretamente ao menos. Exemplos aí são aqueles concernentes à segurança e à saúde no trabalho, que beneficiam todos os que laboram

como foi até agora enunciada, essa análise está restrita ao âmbito do "dever ser", elencando os benefícios que são "por direito" atribuídos aos assalariados formais (e, paralelamente, negados aos demais trabalhadores). Mas, mesmo quando a análise se desloca para o "ser", propriamente dito, é possível verificar que há uma série de benefícios que são "de fato" assegurados aos empregados com carteira.

De acordo com informações da Pnad/IBGE, já analisadas em diversas publicações (por exemplo, Ipea, 2006 e 2007), os assalariados formais apresentam perspectivas mais amplas de permanência no trabalho, especialmente quando comparados com os assalariados sem carteira. Paralelamente, trabalham em estabelecimentos minimamente estruturados e com condições de segurança e saúde. Contam com maiores remunerações e com benefícios indiretos. Dispõem de melhores possibilidades de organização e negociação coletivas — o que incide, por sua vez, nos próprios direitos já expostos. E, finalmente, têm a proteção de benefícios previdenciários como as aposentadorias, as pensões e os auxílios.

Dessa maneira, não só no plano do "dever ser", mas também no do "ser", constata-se que a CTPS assegura um amplo conjunto de benefícios para os trabalhadores brasileiros. Apesar disso, entre o início dos anos 1990 e o início dos anos 2000, o emprego com carteira perdeu algo de sua relevância na estrutura ocupacional brasileira.

Segundo os dados da Pnad/IBGE, expostos na tabela e no gráfico abaixo, a participação do assalariamento com carteira no conjunto das posições na ocupação decresceu de 44,2% em 1990 para 33,6% em 1999 (um decréscimo de 10,6 pontos percentuais). Paralelamente, a participação do assalariamento sem carteira cresceu de 15,0% para 17,9% no período (um acréscimo de 2,9 pontos percentuais), ao passo que a participação da ocupação por conta própria sem contribuição à previdência social cresceu de 14,4% para 18,6% no mesmo período (um acréscimo de 4,2 pontos percentuais).

Tabela 1 — Evolução da distribuição da ocupação no Brasil urbano — 1990 a 2007 (em %)

	1990	1999	2007
Empreg. C. C.	44,2	33,6	38,9
Empreg. S. C.	15,0	17,9	17,6
Empreg. Domést. C. C.	1,4	2,3	2,4
Empreg. Domést. S. C.	5,1	6,5	6,1
Conta própria - Com previd.	5,9	4,4	3,7
Conta própria - Sem previd.	14,4	18,6	17,0
Empregador	5,2	4,9	4,3
Outros	8,8	11,8	10,0
Total	100,0	100,0	100,0

Fonte: Elaboração Disoc/Ipea a partir de microdados da Pnad/IBGE. (séries pré e pós-1992 compatibilizadas metodologicamente)

---

junto aos empregados com carteira, não importando a posição na ocupação. Entretanto, isso é a exceção e não a regra, pois a CTPS é condição *sine qua non* para que os trabalhadores tenham garantias de limitação do tempo despendido no trabalho, de descanso e recuperação do trabalho, de manutenção e proteção contra a perda repentina do trabalho, de obtenção de recursos para sobreviver à perda do trabalho e assim por diante.

Gráfico 1 — Evolução de determinadas posições na distribuição da ocupação no Brasil urbano
— 1990 a 2007 (em % do total)

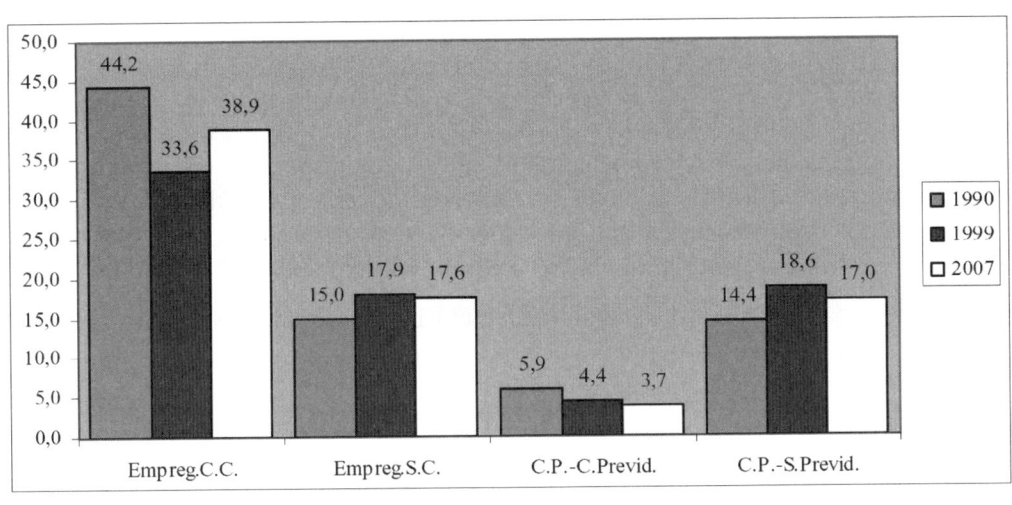

Posição	1990	1999	2007
Empreg.C.C.	44,2	33,6	38,9
Empreg.S.C.	15,0	17,9	17,6
C.P.-C.Previd.	5,9	4,4	3,7
C.P.-S.Previd.	14,4	18,6	17,0

Fonte: Elaboração Disoc/Ipea a partir de microdados da Pnad/IBGE (séries pré e pós-1992 compatibilizadas metodologicamente).

É verdade que a perda de primazia do assalariamento com carteira da estrutura ocupacional foi parcialmente (apenas parcialmente) revertida após 2000. Isso se deu no contexto de uma dinamização da economia brasileira, que mostrou vários sinais positivos desde então (com índices superiores de crescimento do PIB — que passaram de 1,6% médio ao ano entre 1990 e 1999 para 3,5% médios ao ano entre 2000 e 2007, de acordo com dados do Ipeadata).

Não obstante, é preciso ressaltar que, mesmo após o início da década de 2000, tiveram seguimento diversas iniciativas do Estado no sentido de disseminar outros tipos de relações laborais, para além do emprego com carteira. Na sequência, verificar-se-á algo nesse sentido: os incentivos à terceirização do trabalho, às cooperativas de trabalho, ao trabalho não assalariado sob a forma de pessoas jurídicas em atividades intelectuais, ao trabalho não assalariado em atividades rodoviárias e, mais recentemente, as tentativas de anulação do sistema de fiscalização laboral.

4. Iniciativas de (des)estruturação do assalariamento formal

4.1. Terceirização do trabalho, *stricto sensu*

Segundo Barros (2006) e Delgado (2006), há várias definições que se podem adotar para a terceirização. Escolhe-se aqui a que ressalta a dissociação estabelecida entre a relação econômica e a relação jurídica de trabalho. Apesar de laborar cotidianamente em determinado empreendimento, o trabalhador tem seus direitos e suas garantias vinculados a outro — que é um empreendimento intermediador de mão de obra. Ao contrário da relação bilateral prevista para o assalariamento (que conecta um empregado e seu empregador), surge com a terceirização uma relação trilateral (pois, entre ambos, coloca-se uma pessoa interveniente — denominada locadora de serviços).

A terceirização não implica, por si só, a negação da relação assalariada de trabalho. Muitas vezes, o trabalhador nela se insere como empregado. Mas como empregado de um empreendimento distinto daquele em que efetivamente labora. E isso possui consequências, que apontam para o enfraquecimento das garantias e dos direitos historicamente assegurados pela CTPS. Afinal, mesmo que sua situação esteja de acordo com a normatização existente, o empregado terceirizado conta não raro com menores remunerações e piores condições de trabalho que seu semelhante — que labora no mesmo empreendimento a que se vincula juridicamente[2]. Além disso, o empregado terceirizado deixa de contar com as proteções das organizações e das negociações coletivas deste último — o que também possui reflexos sobre as suas remunerações e condições de trabalho.

A Consolidação das Leis do Trabalho (Decreto-Lei n. 5.452/43 — CLT) trouxe poucas referências sobre a terceirização, pois a sua relação de trabalho essencial sempre foi a relação bilateral entre empregado e empregador, prevista em seus arts. 2º e 3º[3]. De acordo com *Barros* (2006), essas referências acerca da terceirização só ganharam força no Brasil com a edição do Decreto-Lei n. 200/67 e da Lei n. 5.645/70, que regulam as relações laborais no âmbito estritamente estatal. De acordo com ambas as normas, sempre que possível, o Estado deve contratar serviços instrumentais (que se caracterizem como atividade-meio) junto a empreendimentos do âmbito privado (estabelecendo-se então uma relação de trabalho trilateral — e não bilateral). Exemplos desses serviços são os de limpeza de instalações, conservação de equipamentos, transporte de funcionários e custódia de materiais. De maneira que, inicialmente, a terceirização ganhou fôlego no país a partir de uma indução do próprio Estado (ainda que uma indução restrita a atividades que não correspondiam propriamente às suas finalidades).

Outras referências sobre a terceirização vieram com as Leis ns. 6.019/74, 7.102/83 e 8.863/94, que regulam as relações de trabalho no âmbito privado. A primeira norma refere-se ao trabalho temporário, contratado por empreendimento interposto (especializado em locação de trabalhadores temporários), para atuar em empreendimento demandante por um período de até 3 meses (renováveis com autorização do Ministério do Trabalho e Emprego), em situações de acréscimo extraordinário de serviços ou em caso de substituição transitória de funcionários regulares e permanentes. Já a segunda e a terceira normas referem-se ao trabalho permanente de vigilância, que pode ser contratado por empreendimento interposto — para atuar em empreendimento demandante do setor bancário (no caso da primeira norma) e para atuar em qualquer setor econômico (no caso da segunda). Todas essas normas estabelecem uma relação de trabalho trilateral — em que o empregado labora em um empreendimento que não é seu empreendimento empregador.

Delgado (2006) destaca que, enquanto diversas leis incentivaram, desde o final dos anos 1960, a terceirização no âmbito público e no âmbito privado, os seus aplicadores

---

(2) Curiosamente, somente quando sua situação *não* está de acordo com a legislação existente é que o empregado terceirizado pode contar com as mesmas remunerações e condições de trabalho que seu semelhante. Isso porque, nessa situação, ele tem reconhecido seu vínculo jurídico laboral com o empreendimento em que concretamente presta seus serviços. E, consequentemente, com o reconhecimento de vínculo, cabe (em princípio) a equiparação salarial entre ele e seu semelhante. Acerca disso, verificar *Delgado*, 2006.

(3) As referências à terceirização na Consolidação estavam restritas ao art. 455, que se referia ao trabalho em empreitada e sub-empreitada, bem como ao art. 652, "a", III, que se referia ao processamento de ações envolvendo o trabalho em pequena empreitada (quando o empreiteiro é operário ou artífice) na Justiça Especializada do Trabalho.

seguiram um caminho inverso, restringindo-a a partir dos anos 1980. O Tribunal Superior do Trabalho, órgão máximo da Justiça laboral, editou a Súmula n. 256/86, em que considerava ilegal a relação trilateral de trabalho, exceto nas hipóteses de contratação de trabalho temporário da Lei n. 6.019/74 e de contratação de trabalho permanente de vigilância da Lei n. 7.102/83. Afora essas hipóteses, caso se constatasse a relação trilateral, o trabalhador terceirizado contava com o reconhecimento de seu vínculo jurídico direto com o empreendimento em que efetivamente prestava seus serviços.

Posteriormente, o mesmo tribunal editou a Súmula n. 331/93, que substituiu a de n. 256/86. De acordo com esse novo dispositivo jurisprudencial, haveria tal reconhecimento de vínculo direto *sempre* que se configurasse a relação trilateral de trabalho, com exceção dos seguintes casos: i) contratação de trabalho temporário (no molde da Lei n. 6.019/74; ii) contratação de trabalho permanente de vigilância (no figurino da Lei n. 7.102/83); iii) contratação permanente de trabalho de conservação, limpeza e de realização de serviços especializados (que não estivessem relacionados a atividades finalísticas do empreendimento receptor do trabalho e que, também, não configurassem pessoalidade e subordinação direta); iv) contratação temporária ou permanente de qualquer trabalho por órgão da administração pública direta ou entidade da administração pública indireta (autárquica ou fundacional).

O Tribunal Superior do Trabalho restringiu as possibilidades de terceirização do trabalho no Brasil a apenas esses casos. E, mesmo aí, ele determinou que haveria responsabilidade subsidiária do empreendimento receptor do trabalho, sempre que o interposto não pagasse quaisquer parcelas devidas aos trabalhadores. Mesmo no caso da administração pública, em que não pode ocorrer reconhecimento de vínculo laboral direto (dada a exigência de concurso público para nela trabalhar, como determinam o inciso II e o § 2º do art. 37 da Constituição Federal), o tribunal determina o pagamento de todas as parcelas devidas aos trabalhadores (tomando como referência as que são pagas àqueles que executam as mesmas funções no aparelho estatal). E, na eventualidade de o empreendimento interposto não arcar com essas parcelas, há responsabilidade subsidiária da própria administração pública (ao contrário do que afirma a Lei n. 8.666/93 — a Lei de Licitações).

Ou seja, desde o final dos anos 1960, o Estado brasileiro assumiu posições contraditórias diante do fenômeno da terceirização. Inicialmente, os Poderes Executivo e Legislativo estimularam a contratação interposta de trabalhadores, seja na administração pública, seja nos empreendimentos privados. Em boa medida, o Decreto-Lei n. 200/67 e as Leis ns. 5.645/70, 6.019/74, 7.102/83 e 8.863/94 foram exemplos disso. Posteriormente, o Poder Judiciário limitou as possibilidades de contratação terceirizada. Exemplos aí foram as Súmulas ns. 256/83 e 331/93. Acrescente-se que essa postura ambivalente do Estado não se restringiu à terceirização *stricto sensu*, como já analisada, mas prosseguiu na terceirização via cooperativas de trabalho, examinada a seguir.

4.2. Terceirização do trabalho, por meio de cooperativas

Segundo *Delgado* (2006) e *Nascimento* (2005), as definições de cooperativas variam segundo os períodos em que se situam, os tipos de pessoas que as compõem, as atividades econômicas que desenvolvem e assim por diante. Apesar dessa variabilidade, há alguns traços recorrentes na caracterização de cooperativas no Brasil (especialmente daquelas de mão de obra, que interessam mais de perto aqui). Antes de mais nada, as cooperativas consistem em reunião de um conjunto de pessoas (trabalhadores autônomos, no caso das de mão de obra), que procuram alcançar finalidades comuns a todas elas. Entretanto, trata-se de um conjunto de pessoas que respeita ao menos dois princípios: o da dupla qualidade e o da retribuição diferenciada.

Pelo princípio da dupla qualidade, as cooperativas têm sua existência justificada, ao menos inicialmente, pela prestação de serviços aos seus próprios associados. Apenas posteriormente é que a prestação de serviços a terceiros as justificam, conforme dispõe a Lei n. 5.764/70 — norma que regula as atividades das cooperativas no país. Em alguma medida, a oferta de serviços a terceiros representa somente um meio de viabilizar essa mesma oferta aos seus associados, apresentando então um caráter meramente instrumental. Isso significa que os associados possuem um duplo *status* perante as cooperativas: de um lado, surgem como "cooperados", que moldam a estrutura fundamental das cooperativas; de outro, despontam como "clientes" principais destas últimas, beneficiando-se dos serviços por elas disponibilizados.

Já pelo princípio da retribuição diferenciada, as cooperativas têm sua razão de ser na exponenciação da capacidade de trabalho de seus associados. O caso das cooperativas de mão de obra é um exemplo claro disso: se estes últimos (como trabalhadores autônomos) atuassem isoladamente no mercado de trabalho, provavelmente não iriam auferir os mesmos benefícios que obtêm quando atuam em conjunto (como cooperativa). Afinal, a sua atuação conjunta lhes permite alcançar uma maior clientela, angariar recursos para transitar por períodos de fraca demanda, acessar instrumentos de trabalho antes inacessíveis etc. Em outros termos, há aí uma verdadeira ampliação da capacidade laboral dos trabalhadores autônomos associados.

Nascimento (2005) menciona que, historicamente, as cooperativas foram reguladas por legislação oriunda do início dos anos 1970. Em seus diversos tipos de estruturas, em seus diferentes tipos de atividades, as cooperativas foram regradas pela Lei n. 5.764/70. Inclusive as cooperativas de mão de obra, que reuniam trabalhadores autônomos. Aliás, por serem constituídas por este tipo de trabalhadores, elas nunca foram objeto de maior atenção por parte da CLT (que expressamente se dedicava aos trabalhadores assalariados com carteira).

Mas, na metade dos anos 1990, a Lei n. 8.949/94 introduziu um parágrafo único ao art. 442 da Consolidação, dispondo que, qualquer que fosse a atividade econômica desenvolvida, não haveria vínculo de salariato entre as cooperativas e seus associados, bem como entre estes e terceiros — tomadores de serviços cooperados. Ou seja, a título de incentivar o cooperativismo no Brasil, essa lei instituiu a presunção legal de que, sempre que esse se fizesse presente, não haveria que cogitar o assalariamento dos trabalhadores envolvidos.

Ocorre que a Lei n. 8.949/94 instigou o surgimento de inúmeras cooperativas de mão de obra em que não se evidenciavam os princípios da dupla qualidade e da retribuição diferenciada. Tais cooperativas não surgiam para prestar serviços aos seus associados, mas tão somente para terceiros. Além de que elas não serviam aos trabalhadores autônomos, para que pudessem exponenciar as capacidades e qualidades de seu trabalho em conjunto. Pelo contrário, essas cooperativas apenas reuniam trabalhadores caracterizados pela pessoalidade e pela subordinação — elementos caracterizadores de trabalhadores empregados.

Ilustrando uma vez mais a ambivalência do Estado brasileiro, *Delgado* (2006) menciona que, desde a década de 1990, o Poder Judiciário vem julgando ações em que justamente se discute a natureza cooperativa desses arranjos econômicos. Em várias ações individuais, plúrimas ou coletivas *lato sensu* (movidas pelo Ministério Público), os juízes, desembargadores e ministros têm reconhecido o contrário da presunção estabelecida pela Lei n. 8.949/94: os trabalhadores que prestam serviços a empreendimentos por meio de cooperativas de mão de obra são, na verdade, empregados (sem carteira) desses empreendimentos.

Isso porque, tirando o estrito pagamento pelos serviços prestados, não há nada nesses arranjos que indique que os trabalhadores são os destinatários (nem principais nem secundários) dos esforços das cooperativas. Em paralelo, nada há nesses arranjos que mostre que os trabalhadores obtêm benefícios que não conseguiriam se não estivessem associados (pelo contrário, os benefícios obtidos são os mesmos de qualquer trabalhador meramente empregado).

Enfim, desde a década de 1970, o Estado assumiu posições ambivalentes diante do fenômeno do trabalho em cooperativas (ou, de modo mais específico, perante o fenômeno da terceirização mediante cooperativas). De um lado, os Poderes Executivo e Legislativo incentivaram a contratação de trabalhadores terceirizados por via do cooperativismo — como atesta principalmente a Lei n. 8.949/94. De outro lado, o Poder Judiciário e o Ministério Público tenderam, com frequência, a restringir as possibilidades dessa contratação. Ressaltando os princípios que caracterizam o trabalho cooperativado (especialmente a dupla qualidade e a retribuição diferenciada), esses poderes procuraram diferenciá-lo do trabalho assalariado. E, em inúmeras ações judiciais, restringiram as possibilidades de terceirização de assalariados por meio de trabalhadores cooperativados.

4.3. Trabalho mediante pessoas jurídicas prestadoras de serviços

A Lei n. 11.196/05, que resultou da conversão legal da denominada "MP do Bem", instituiu uma nova regulação para o trabalho em atividades de cunho intelectual — em especial, aquelas de natureza artística, científica e de comunicação. Segundo *Benhame* (2006), essa regulação estabeleceu que, mesmo apresentando todos os elementos que delineiam um assalariado, a pessoa física que presta serviços intelectuais pode ser materialmente concebida como uma pessoa jurídica (desde que esteja formalmente constituída como tal). E isso pode fazer com que o trabalho intelectual por ela realizado submeta-se às regras civis e comerciais, mas não às regras trabalhistas — com todas as consequências que derivam daí.

De acordo com os arts. 2º e 3º da CLT, o trabalho é assalariado quando cumula cinco elementos: i) é realizado por um trabalhador (ou seja, uma *pessoa física*); ii) com *pessoalidade* (o trabalhador não se pode fazer substituir sem prejuízo para o andamento dos serviços —

exceto esporadicamente e, mesmo assim, com prévia autorização da empresa); iii) com *habitualidade* (a atividade profissional desempenhada pelo trabalhador é essencial para — ou integra de maneira fundamental — o desenvolvimento da atividade econômica da empresa); iv) com *onerosidade* (a atividade profissional é desempenhada pelo trabalhador com a perspectiva de obter, como contraprestação da empresa, um determinado valor — em dinheiro ou em combinação com outros bens/serviços); v) com *subordinação* (o trabalhador submete-se ao poder de direção da empresa ao longo do desenvolvimento de sua atividade profissional).

Entretanto, conforme dispõe a Lei n. 11.196/05, o trabalho em atividades intelectuais, mesmo quando cumule esses elementos, pode deixar de ser encarado como assalariado. Isso se o trabalhador — que em termos "substantivos" é pessoa física — assumir a forma de sociedade prestadora de serviços — que em termos "adjetivos" é pessoa jurídica. Ou seja, mesmo que esse trabalhador desempenhe suas atividades com pessoalidade, habitualidade, onerosidade e subordinação, tais atividades não serão consideradas assalariadas, se ele as realizar sob a figura de um empreendimento que oferta serviços.

É verdade que um dos princípios em que se baseia a CLT é o da *primazia da realidade*, segundo o qual pouco importa a "aparência" com que se revestem as relações laborais: se elas apresentarem os cinco elementos já citados, serão assalariadas. Não obstante, a Lei n. 11.196/05 pretende afastar a aplicação desse princípio no caso do trabalho em atividades intelectuais: quando essas relações envolverem um empreendimento tomador e outro prestador de serviços, elas não serão assalariadas (ainda que, por trás do prestador formalmente constituído como pessoa jurídica, esteja materialmente um trabalhador — pessoa física, laborando com pessoalidade, habitualidade, onerosidade e subordinação).

Como sublinham *Cunha* (2007) e *Harada* (2005), tanto para o empreendimento tomador quanto para o prestador de serviços, a Lei n. 11.196/05 viabiliza uma ampla redução no montante devido como tributos. Os cálculos realizados por técnicos da Secretaria da Receita Federal logo após a aprovação da lei mostram que essa redução era de 47,2% na média da economia brasileira, quando se levava em conta apenas um conjunto específico de tributos federais (podendo chegar a percentual superior quando outros tributos — federais, estaduais e municipais — eram considerados)[4][5].

Mas, por outro lado, para o prestador de serviços, a lei resulta em diversos problemas, pois o trabalhador (que está por trás do empreendimento prestador) deixa de contar com os direitos laborais já expostos antes. E, mesmo quando passa a contar com outros direitos, estes não contam com a proteção dispensada pela CLT. Apenas a título de exemplo, o trabalhador que atua por meio de uma sociedade prestadora de serviços deixa de receber

---

(4) Os tributos levados em conta nesse cálculo são: i) Imposto de Renda da Pessoa Física (IRPF); ii) Imposto de Renda da Pessoa Jurídica (IRPJ); iii) Adicional de Imposto de Renda da Pessoa Jurídica (IRPJ-Adicional); iv) Contribuição para o Financiamento da Seguridade Social (Cofins); v) Programa de Integração Social (PIS); vi) Contribuição Social sobre o Lucro Líquido (CSLL). Ressalte-se que não foram levadas em conta nesse cálculo a Contribuição sobre a Folha de Salários (CFS), devida tanto pelos empregadores quanto pelos empregados — de maneira que a redução no montante devido como tributos provavelmente é ainda maior que os 47,2% mencionados. Sobre isso, verificar *Cunha*, 2007.
(5) É preciso mencionar que a Lei n. 11.196/05 vai inteiramente na contramão dos princípios da Constituição Federal de 1988 que regem a tributação e a seguridade/previdência social no Brasil (principalmente o princípio da isonomia contributiva — cada qual deve contribuir segundo sua capacidade econômica). Acerca disso, ver *Cunha*, 2007, e *Monteiro*, 2005.

salário, para auferir *pro labore* (que não conta com as proteções dispensadas por essa Consolidação: pagamento em ciclo temporal reduzido, valor fixo e previamente conhecido, impossibilidade de redução — salvo negociação coletiva —, valor mínimo assegurado no pagamento e assim por diante).

Monteiro (2005) ressalta que, para além de todos os direitos laborais antes mencionados, a Lei n. 11.196/05 faz com que os riscos das empresas tomadoras de serviços sejam compartilhados com seus trabalhadores, que passam a laborar sob a figura de sociedades prestadoras de serviços. Ou seja, essa lei pretende afastar outro princípio em que se baseia a CLT, que é o da *alteridade* — o qual dispõe que os empregadores respondem pelos riscos próprios de suas atividades econômicas, não podendo de maneira alguma imputá-los aos seus empregados.

Acrescente-se, por fim, que a Lei n. 11.196/05 faz com que os conflitos envolvendo as empresas tomadoras de serviços e seus trabalhadores deixem de ser julgados pela Justiça Especializada do Trabalho, passando tais conflitos aos cuidados da Justiça Comum. Afinal, se se trata de relações estabelecidas entre dois empreendimentos (tomador e prestador de serviços), tais relações se situam fora da incidência da competência material da justiça laboral, tal como definido no art. 114 da Constituição Federal. De maneira que, não apenas do ponto de vista substantivo, mas também adjetivo (processual), a nova lei faz com que os trabalhadores percam as proteções do âmbito trabalhista, atribuindo-lhes as precariedades do âmbito cível e comercial.

Em alguma medida, com a Lei n. 11.196/05, o Estado brasileiro incentivou o *desassalariamento* do trabalho. Nas atividades de natureza intelectual (incluindo as de caráter artístico, científico e de comunicação), os Poderes Executivo e Legislativo abriram a possibilidade de as empresas, ao invés de contratarem seus empregados diretamente, o fazerem por meio de outras empresas. Não mediante a terceirização, nos moldes acima colocados, mas sim mediante a criação, pelos próprios trabalhadores, de sociedades prestadoras de serviços. De acordo com a nova lei, mesmo que configurados os elementos próprios de relações assalariadas, as empresas e os trabalhadores (travestidos de sociedades prestadoras de serviços) mantêm somente relações civis e comerciais.

Entretanto, como destacado por *Cunha* (2007), o Poder Judiciário e o Ministério Público (bem como parcela específica do Poder Executivo — localizada nas auditorias fiscais da receita, da previdência e do trabalho) vêm restringindo o alcance da Lei n. 11.196/05. Com alguma frequência, ao julgar conflitos envolvendo empresas prestadoras de serviços, constituídas sob a forma das chamadas "sociedades simples"[6], a Justiça Especializada Trabalhista tem verificado se os trabalhadores por trás destas sociedades não mantêm, na verdade, vínculos diretos com as empresas tomadoras de serviços. Em outros termos, se esses trabalhadores não são, de fato, empregados (sem carteira) das empresas tomadoras de serviços — dado que a estas se vinculam como pessoas físicas, com pessoalidade, habitualidade, onerosidade e subordinação.

---

(6) Em linhas gerais, a sociedade simples tem como seu objetivo a prestação de serviços, com a pessoalidade dos sócios, sob a forma de uma sociedade por cotas de responsabilidade limitada. Ela se diferencia assim da sociedade empresarial, que tem como seu objetivo o desenvolvimento de atividades industriais, comerciais ou mesmo a prestação de serviços, mas sem a pessoalidade dos sócios e sob a forma de uma sociedade limitada ou uma sociedade anônima. Sobre isso, ver *Gontijo*, 2004.

4.4. Trabalho em atividades de transporte rodoviário

Recentemente, o trabalho em atividades de transporte rodoviário de cargas submeteu-se a uma nova regulação, instituída pela Lei n. 11.442/07. *Ribeiro* (2007) afirma que, com esta nova regulação, essas atividades têm natureza estritamente comercial, podendo ser realizadas por determinadas espécies de pessoas (físicas ou jurídicas), atuando em livre concorrência. Essas pessoas podem ser trabalhadores autônomos, que têm como atividade profissional o transporte de cargas, ou então empresas, que contam com esse transporte como sua atividade econômica principal.

Conforme a Lei n. 11.442/07, os trabalhadores autônomos podem ser classificados em dois tipos. Em primeiro lugar, como transportadores *independentes*, que possuem seus próprios veículos automotores, contam com experiência ou qualificação, prestam seus serviços de forma esporádica e sem exclusividade a empresas de transporte rodoviário ou até diretamente aos consumidores, mediante remuneração definida a cada viagem. Em segundo lugar, os trabalhadores podem classificar-se como transportadores *agregados*, que possuem seus próprios veículos automotores, contam com experiência ou qualificação, mas que (ao contrário dos anteriores) prestam seus serviços com exclusividade, a certas empresas de transporte rodoviário ou diretamente a determinados consumidores, mediante remuneração certa.

Freitas (2007) sublinha que, no que diz respeito às relações que se formam entre os transportadores independentes e as empresas de transporte (ou os consumidores), a Lei n. 11.442/07 não traz novidades. A regulação anterior do transporte rodoviário de cargas já estabelecia que tais relações apresentavam natureza comercial (e a CLT não obstaculizava essa definição, pois não se verificavam nessas relações os elementos característicos de vínculos empregatícios). Contudo, no que se refere às relações formadas entre os transportadores agregados e as empresas de transporte, há novidades, pois sua evidente natureza trabalhista (e assalariada — conforme dispõe essa Consolidação) passa a ser desconsiderada pela nova regulação.

Em princípio, não haveria motivo para que isso ocorresse. Afinal, como ressalta *Vieira* (2007), nas relações entre os transportadores agregados e as empresas de transporte parecem estar presentes todos os elementos que configuram relações de emprego, definidos pelos arts. 2º e 3º da CLT. De início, há pessoas físicas prestando seus serviços com pessoalidade (segundo a Lei n. 11.442/07, os veículos automotores, de propriedade dos transportadores agregados, devem ser por eles conduzidos — ou, no máximo, por prepostos seus). Em paralelo, essas pessoas prestam seus serviços com habitualidade (de acordo com a nova regulação, os transportadores agregados têm como sua atividade profissional o transporte de cargas, ao passo que as empresas têm esse mesmo transporte como sua atividade econômica). Ademais, esses serviços são prestados de modo oneroso pelas pessoas físicas (a nova regulação afirma que os transportadores agregados desempenham sua atividade profissional mediante remuneração certa por parte das empresas). E, por fim, tais serviços são prestados de forma subordinada (segundo a nova regulação, os transportadores agregados vinculam-se de forma exclusiva às empresas de transporte — sendo pouco crível que estas, para desenvolver sua atividade econômica, não tenham de expedir determinações imperativas e unilaterais sobre a maneira como os serviços de transporte devam ser prestados

— determinações sobre as cargas a serem transportadas, os percursos a serem realizados, os prazos a serem respeitados etc.).

Assim, no caso das relações estabelecidas entre os transportadores agregados e as empresas de transporte, constatados os elementos característicos de vínculos empregatícios, não deveria prevalecer a abordagem da Lei n. 11.442/07, que atribui a tais relações uma natureza comercial. Antes, deveria prevalecer o enfoque da CLT, que as concebe como relações de natureza trabalhista. *Vieira* (2007) assinala que, para além de todos os direitos laborais a serem atribuídos aos transportadores agregados, já mencionados anteriormente, estão em jogo nesse confronto de perspectivas três garantias essenciais.

Em primeiro lugar, a garantia de que os riscos das empresas de transporte, relacionados ao desenvolvimento de suas atividades econômicas, sejam assumidos por elas mesmas e não pelos seus trabalhadores. De acordo com a Lei n. 11.442/07, quaisquer prejuízos decorrentes de extravio ou lesão às cargas sob sua responsabilidade, bem como os derivados de atraso em sua entrega no destino, são imputados aos transportadores independentes ou agregados. Isso significa a transferência de riscos inerentes às atividades empresariais àqueles que somente desenvolvem atividades profissionais. Se tal coisa até é concebível no caso dos transportadores independentes (dada a natureza comercial de suas relações com as empresas de transporte), é inconcebível no caso dos transportadores agregados (que têm relações de natureza trabalhista com essas empresas).

Em paralelo, nesse confronto de perspectivas, está em jogo a garantia de que os conflitos entre trabalhadores e empresas transportadoras sejam julgados pela Justiça Especializada do Trabalho (e não pela Justiça Comum). Segundo a Lei n. 11.442/07, como a natureza das relações entre transportadores (independentes e agregados) e empresas transportadoras é estritamente comercial, a competência para julgar tais conflitos é da Justiça Comum. Desse modo, os trabalhadores deixam de contar com a proteção da Constituição Federal, que dispõe em seu art. 114 que é da competência da Justiça Especializada o julgamento de conflitos derivados de relações de natureza trabalhista. Se esse deslocamento de competências até é admissível no caso dos transportadores independentes (se estes não forem entendidos como trabalhadores eventuais, é bom dizer), no caso dos transportadores agregados é claramente inadmissível (pois estes são empregados).

Em terceiro lugar, está em jogo nesse confronto de perspectivas a garantia de os trabalhadores acionarem a Justiça para conseguirem reparações pelo desrespeito aos seus direitos por parte das empresas transportadoras. A Lei n. 11.442/07 afirma que é de um ano o prazo (contado da ciência do desrespeito) para os transportadores independentes e agregados acionarem as empresas, em caso de violações de seus direitos durante a prestação de seus serviços. Dessa maneira, os trabalhadores perdem novamente a proteção da Constituição Federal, que no inciso XXIX do art. 7º fixa esse prazo em dois anos (contados apenas a partir do encerramento do contrato de prestação de serviços). Se o prazo prescricional reduzido é concebível no caso dos transportadores independentes (dada a natureza comercial de suas relações com as empresas de transporte), evidentemente não o é no caso dos transportadores agregados (que, com suas relações de natureza trabalhista, têm direito ao prazo expandido da Constituição).

Ou seja, com a Lei n. 11.442/07, o Estado brasileiro assumiu mais uma posição de incentivo ao *desassalariamento* do trabalho, com tudo o que isso implica em termos de acesso a direitos no país. Os Poderes Executivo e Legislativo abriram a possibilidade de que, nas atividades de transporte rodoviário de cargas, as empresas não contratem empregados para desenvolverem seus negócios, mas tão somente transportadores autônomos, que servem às empresas por meio de relações estritamente comerciais. E note-se que, dado o caráter recente da regulação do transporte rodoviário, não há manifestações reiteradas do Poder Judiciário e do Ministério Público (nem das auditorias fiscais da receita, da previdência e do trabalho) acerca do assunto. Ainda não há jurisprudência sistematizada sobre os conflitos que surgem em torno da tentativa de afastar a natureza trabalhista (e, mais especificamente, assalariada) das relações entre transportadores agregados e empresas transportadoras.

4.5. A auditoria fiscal e a Emenda n. 3

Segundo *Caixeta* (2007) e *Conceição* (2007), uma das iniciativas mais recentes do Estado brasileiro no sentido de incentivar o desassalariamento do trabalho foi a aprovação da Lei n. 11.457/07, que teve inserida em seu texto a denominada Emenda n. 3. Ainda que essa lei versasse sobre a reestruturação administrativa da Secretaria da Receita Federal, tal emenda concernia na verdade à Lei n. 10.593/02 — que atualmente regula as atividades dos auditores fiscais da Receita Federal, da Previdência Social e do Trabalho no Brasil. Não obstante essa confusão, o texto da Emenda n. 3 dizia:

> Art. 6º, § 4º: "No exercício das atribuições da autoridade fiscal de que trata esta lei, a desconsideração da pessoa, ato ou negócio jurídico que implique reconhecimento de relação de trabalho, com ou sem vínculo empregatício, deverá sempre ser precedida de decisão judicial".

Ao que parece, entre outras coisas, a Emenda n. 3 afirmava que os auditores regidos pela Lei n. 10.593/02, ao se defrontar com irregularidades laborais em suas atividades cotidianas de fiscalização, não poderiam solicitar a sua regularização (e tampouco impor qualquer sanção, caso a solicitação não fosse atendida). Antes, teriam de contar com a permissão da Justiça Especializada do Trabalho, que seria então a única autorizada a verificar se, por trás de uma pessoa jurídica, estaria um assalariado laborando irregularmente.

De acordo com *Gonçalves* (2007) e *Sady* (2007), para compreender o propósito da Emenda n. 3, talvez seja o caso de fazer referência a um dispositivo anterior, que era o parágrafo único do art. 129 da Lei n. 11.196/05. Esse dispositivo apontava que:

> Art. 129: "Para fins fiscais e previdenciários, a prestação de serviços intelectuais, inclusive os de natureza científica, artística ou cultural, em caráter personalíssimo ou não, com ou sem a designação de quaisquer obrigações a sócios ou empregados da sociedade prestadora de serviços, quando por esta realizada, se sujeita tão somente à legislação aplicável às pessoas jurídicas, sem prejuízo da observância do disposto no art. 50 da Lei n. 10.406, de 10 de janeiro de 2002 — Código Civil".

> Parágrafo único: "O disposto neste artigo não se aplica quando configurada a relação de emprego entre o prestador de serviço e a pessoa jurídica contratante, em virtude de sentença judicial definitiva decorrente de reclamação trabalhista".

O art. 129 da Lei n. 11.196/05 já foi examinado acima, mas seu parágrafo único não. Isso porque este último foi aprovado pelo Poder Legislativo, mas vetado posteriormente pelo Poder Executivo. No limite, esse parágrafo trazia uma redundância: se a Justiça Especializada do Trabalho verificasse que a relação entre uma empresa e um trabalhador era trabalhista (e, especificamente, assalariada), não haveria como essa relação ser considerada civil ou comercial.

Como aponta *Erdelyi* (2005, 2005a), apesar da aparente redundância, esse parágrafo único já indicava a intenção do Poder Legislativo, de tornar obrigatória a prévia intervenção do Poder Judiciário, sempre que se quisesse reconhecer a verdadeira natureza de uma relação entre empresa e trabalhador. Afinal, de acordo com o art. 129 da Lei n. 11.196/05, para que este último conseguisse se fazer ver como pessoa física assalariada (e não como pessoa jurídica), teria de acionar previamente a Justiça Especializada do Trabalho.

Seja como for, a Emenda n. 3 acabou juridicamente vetada pelo Poder Executivo. Entre outros argumentos, devido a ela desrespeitar o princípio da separação dos poderes estatais — princípio previsto logo no início da Constituição Federal. Segundo o veto, não seria possível condicionar (*ex ante*) a realização de uma atividade administrativa típica do Poder Executivo (como a fiscalização laboral) a uma atividade jurisdicional própria do Poder Judiciário.

Mas, para além das razões do Poder Executivo, parcela da sociedade civil já havia elencado diversos motivos pelos quais a Emenda n. 3 deveria ser vetada. Entre eles, o que interessa mais de perto é o que afirma que, com tal emenda, o desassalariamento do trabalho avançaria a passos ainda mais céleres no país. Isso porque as atividades de fiscalização laboral passariam à dependência das atividades da Justiça Especializada Trabalhista. E esta, por mais que se esforçasse, não conseguiria dar conta da imensa demanda judicial que se seguiria.

Ao fim, como sublinharam as próprias entidades representativas de magistrados e promotores[7], estaria em questão a própria sobrevivência das relações assalariadas de trabalho, com tudo o que elas ainda significam para a realidade brasileira. Mesmo sem iniciativas legislativas, diretamente alterando ou revogando os direitos e garantias associados a tais relações, elas perderiam indiretamente sua capacidade de tornar mais civilizada a realidade econômica, social e política do país.

5. Considerações finais

De fato, uma inserção civilizada dos trabalhadores nos diferentes âmbitos da vida brasileira depende, de várias maneiras, da existência de relações assalariadas com direitos trabalhistas e previdenciários assegurados. Não obstante, ao longo dos anos 1990 e em parte dos atuais, os trabalhadores tenderam a assumir outras posições na estrutura de ocupações — posições quase sempre distintas da de assalariados formalmente registrados.

---

(7) Entre as entidades de magistrados e promotores que se manifestaram nesse sentido, estiveram a Associação Nacional dos Procuradores do Trabalho (ANPT), a Associação Nacional dos Magistrados da Justiça do Trabalho (Anamatra), a Associação Juízes para a Democracia (AJD) e a Associação dos Juízes Federais do Brasil (Ajufe).

Em grande medida, a dinâmica econômica do período respondeu por esse movimento de desassalariamento, que resultou em um número crescente de empregos sem direitos laborais/previdenciários e de ocupações por conta-própria sem direitos previdenciários. Entretanto, em alguma medida, a atuação do Estado brasileiro também estimulou esse movimento, ao introduzir novos mecanismos de regulação da contratação, da utilização, da remuneração e da tributação do trabalho.

Os exemplos a serem citados são múltiplos, destacando-se os incentivos à terceirização do trabalho, às cooperativas de trabalho, ao trabalho não assalariado sob a forma de pessoas jurídicas nas atividades intelectuais, ao trabalho não assalariado nas atividades de transporte rodoviário de carga e, mais recentemente, as tentativas de anulação do sistema de fiscalização laboral.

Ressalte-se que a atuação estatal, indutora do movimento de desassalariamento do trabalho, não se mostrou isenta de ambivalências e contradições, revelando as tensões que permeiam a estrutura do Estado brasileiro — tensões que não permitem apreendê-lo como uma estrutura unifacetada.

De um lado, os Poderes Executivo e Legislativo promoveram mudanças na regulação laboral, de maneira a permitir que os trabalhadores se incorporassem à estrutura ocupacional de inúmeras formas — exceto como assalariados com carteira devidamente registrada.

De outro lado, o Poder Judiciário, o Ministério Público e as auditorias fiscais (que são parte integrante do próprio Poder Executivo) resistiram a tais mudanças (inclusive atribuindo-lhes novos sentidos, contrários aos originalmente previstos), de modo que se amplisse (ou ao menos manter) a inserção assalariada formal dos trabalhadores brasileiros.

Ou seja, os mecanismos de regulação do trabalho que surgiram na década de 1990 mantiveram, em um aspecto amplo e geral, o caráter "legislado" já constatado na história da normatização laboral brasileira. Todavia, a ideia de "legislado" ganhou novos e diferenciados contornos, pois essa regulação dependeu não só das medidas provisórias editadas pelo Poder Executivo ou das leis aprovadas pelo Poder Legislativo, mas também das ações em tramitação na Justiça Trabalho (que contam, por vezes, com a participação do Ministério Público do Trabalho), bem como das atuações do sistema de fiscalização (laboral, previdenciário e tributário, *stricto sensu*).

Na década de 1990, a regulação do trabalho originou-se de distintos poderes do Estado (Executivo, Legislativo e Judiciário) — e, dentro de um mesmo poder, de diferentes órgãos (no caso do Executivo, ora da Casa Civil, ora do Ministério do Trabalho e Emprego e assim por diante). E, até como consequência disso, essa regulação apontou em direções muitas vezes opostas — algumas iniciativas de normatização laboral (especialmente do Executivo e do Legislativo) incentivaram o desassalariamento, ao passo que outras (principalmente do Poder Judiciário, do Ministério Público e das auditorias fiscais) restringiram-no.

Para encerrar, mencione-se algo a respeito de um aspecto que tangencia a discussão acima realizada. Trata-se da alteração de natureza da regulação do trabalho no Brasil, fazendo-a transitar do campo jurídico trabalhista para os campos civil e comercial. Em uma espécie de retrocesso histórico (pois a normatização laboral originou-se e posteriormente destacou-se da normatização civilista no século XIX), algumas iniciativas dos Poderes Executivo e Legislativo transformaram direitos trabalhistas em direitos civis e comerciais.

Isso implicou um enfraquecimento não só dos *direitos*, em si mesmo considerados, como também de suas *garantias* (que, aliás, deixam de poder ser acionadas na Justiça Especializada do Trabalho — que lida com diversos princípios de proteção ao trabalhador —, para serem acionadas na Justiça Comum — que lida, não raro, com princípios inversos). As leis que estimulam o trabalho não assalariado nas atividades intelectuais e de transporte rodoviário (Leis ns. 11.196/05 e 11.442/07 respectivamente) podem ser citadas como exemplos mais evidentes.

De toda maneira, essa alteração da natureza da regulação do trabalho, que se traveste de uma normatização civil e comercial, parece consistir em uma abertura de caminhos oblíquos para o desmantelamento de direitos vinculados às relações assalariadas no Brasil. Ao seguir por esses caminhos indiretos, os Poderes Executivo e Legislativo parecem encontrar menor resistência por parte da sociedade civil e de segmentos do próprio Estado — que se oporiam, clara e incisivamente, à pura e simples retirada de direitos trabalhistas dos empregados formalizados.

6. Referências

BARROS, Alice Monteiro de. *Curso de direito do trabalho*. São Paulo: LTr, 2006.

BENHAME, Maria Lucia. *O mundo "sem empregos"*. São Paulo: Última Instância, 2006. Disponível em: <http://ultimainstancia.uol.com.br/artigos/ ler_noticia.php?idNoticia=28255> Acesso em: 15 de dezembro de 2007.

CAIXETA, Sebastião Vieira. *O engodo da Emenda n. 3*: mais uma tentativa de legalizar a fraude. São Paulo: Repórter Brasil, 2007. Disponível em: <http://www.reporterbrasil.org.br/conteudo.php?id=97> Acesso em: 10 de outubro de 2007.

CONCEIÇÃO, Maria da Consolação Vegi da. A Emenda n. 3 do projeto de lei da super-receita e as tentativas de legitimação do "trabalhador-PJ". Teresina: *Jus Navegandi*, 2007. Disponível em: <http://jus2.uol.com.br/doutrina/texto.asp?id=9517> Acesso em: 23 de novembro de 2007.

CUNHA, Albino Joaquim Pimenta da. A inconstitucionalidade do art. 129 da Lei n. 11.196/05. Teresina: *Jus Navegandi*, 2007. Disponível em: <http://jus2.uol.com.br/doutrina/texto.asp?id=7890> Acesso em: 11 de novembro de 2007.

DELGADO, Mauricio Godinho. *Curso de direito do trabalho*. São Paulo: LTr, 2006.

ERDELYI, Maria Fernanda. *Emprego e trabalho:* novas relações de trabalho desafiam leis trabalhistas. São Paulo: Consultor Jurídico, 2005. Disponível em: <http://conjur.estadao.com.br/static/text/38430,1> Acesso em: 16 de outubro de 2007.

_____ . *Trabalho e emprego:* quem paga imposto como empresa não pode ser empregado. São Paulo: Consultor Jurídico, 2005a. Disponível em: <http://conjur.estadao.com.br/static/text/38361,1> Acesso em: 22 de outubro de 2007.

FREITAS, Márcia Adriana. A nova disciplina do transporte rodoviário de cargas, prestado por terceiro, mediante remuneração, na perspectiva trabalhista. Teresina: *Jus Navegandi*, 2007. Disponível em: <http://jus2.uol.com.br/doutrina/texto.asp?id=9692> Acesso em: 14 de dezembro de 2007.

GONÇALVES, Antonio Baptista. A Emenda n. 3 da super-receita. São Paulo: *Revista Juristas*, 2007. Disponível em: <http://www.juristas.com.br/a_2700~p_7~A-Emenda-3-da-Super-Receita> Acesso em: 17 de novembro de 2007.

GONTIJO, Vinícius José. O empresário no código civil brasileiro. In: TAMG. *Revista de Julgados do Tribunal de Alçada de Minas Gerais*. Belo Horizonte: TAMG, v. 94, p. 17-36, jan./mar. 2004.

HARADA, Kiyoshi. MP do bem e do mal. Teresina: *Jus Navegandi*, 2005. Disponível em: <http://jus2.uol.com.br/doutrina/texto.asp?id=6938> Acesso em: 5 de dezembro de 2007.

_____ . Super-receita: veto à Emenda n. 3: uma tremenda confusão *mental*. Teresina: *Jus Navegandi*, 2007. Disponível em: <http://jus2.uol.com.br/doutrina/texto.asp?id=9793> Acesso em: 16 de outubro de 2007.

_____ . Emenda n. 3: confusão deliberada entre despersonalização de pessoa jurídica e norma antielisiva geral. Teresina: *Jus Navegandi*, 2007. Disponível em: <http://jus2.uol.com.br/doutrina/texto.asp?id=10089> Acesso em: 22 de outubro de 2007.

IPEA. *Radar social:* condições de vida no Brasil. Brasília: Ipea/Disoc, 2006.

_____ . *Políticas sociais* — acompanhamento e análise (Edição Especial). Brasília: Ipea/Disoc, n. 13, p. 193-227, jan./mar. 2007.

MONTEIRO, Rozilei. A esperada "MP do bem": aspectos controvertidos. Teresina: *Jus Navegandi*, 2005. Disponível em: <http://jus2.uol.com.br/doutrina/texto.asp?id=6918> Acesso em: 16 de novembro de 2007.

NASCIMENTO, Amauri Mascaro. *Curso de direito do trabalho*. São Paulo: Saraiva, 2005.

NORONHA, Eduardo. *O modelo legislado de relações de trabalho e seus espaços normativos*. Tese de Doutorado apresentada ao Departamento de Ciência Política da Faculdade de Filosofia, Letras e Ciências Humanas da Universidade de São Paulo, 1998.

_____ . *Entre a lei e a arbitrariedade:* mercados e relações de trabalho no Brasil. São Paulo: LTr, 2000.

RIBEIRO, Marco Aurélio. *Lei afasta vínculo de emprego do autônomo*. Curitiba: Fepasc, 2007. Disponível em: <http://www.fepasc.org.br/?system=news&action=read&id=2333&eid=142> Acesso em: 12 de dezembro de 2007.

SADY, João José. *Reforma trabalhista*: Emenda n. 3 é conversa fiada vestida de paramentos de jurídicos. São Paulo: Consultor Jurídico, 2007. Disponível em: <http://conjur.estadao.com.br/static/text/53756,1> Acesso em: 10 de novembro de 2007.

VIEIRA, Alcio Antonio. A nova Lei n. 11.442/07 e a legislação trabalhista. Teresina: *Jus Navegandi*, 2007. Disponível em: <http://jus2.uol.com.br/doutrina/texto.asp?id=9396> Acesso em: 16 de novembro de 2007.

3

Rigidez e Flexibilidade nas Relações Trabalhistas Mexicanas[*]

Gerardo Fujii[**]

Introdução

A reforma trabalhista é um dos pontos do programa de reformas estruturais que América Latina empreendeu na década de 1990. Seu objetivo é eliminar a rigidez das relações trabalhistas e, desta maneira, contribuir à geração de empregos formais. O Banco Interamericano de Desenvolvimento, a respeito da América Latina, escreve que "(...) a legislação trabalhista na maioria dos países apresenta grandes deficiências que dificultam a contratação e a mobilidade trabalhista e que gravam o emprego, em vez de estimulá-lo. (...) As excessivas, pouco transparentes e, frequentemente, contraditórias leis que têm como objetivo proteger o trabalhador, deixam pouco espaço para as empresas e trabalhadores negociar contratos que poderiam favorecer a ambas as partes. Por outra parte, o viés da legislação trabalhista para cláusulas que garantem a estabilidade do emprego e dificultam a mobilidade trabalhista geram sobrecustos que podem limitar a geração de emprego e induzir uma excessiva rotação da mão de obra. (...) Em matéria de previdência social, as altas taxas de contribuições e sua escassa vinculação com os benefícios oferecidos podem gerar importantes distorções nos preços relativos, diminuir a demanda de trabalho e fomentar a informalidade" (BID, 1996: 193). Vários anos depois, esta mesma instituição insiste na rigidez do marco legal das relações trabalhistas que caracterizam a região: "em comparação com o resto do mundo, os países latino americanos têm normas muito protetoras nos códigos trabalhistas" (BID, 2003: 225-226).

Esta apreciação é compartilhada pelo Banco Mundial: "as distorções mais sérias do mercado de trabalho em América Latina se derivam da intervenção governamental na fixação de salários; do elevado custo de demissão, o que reduz a flexibilidade e dificulta e faz lenta a reestruturação das empresas; os elevados impostos sobre a folha de pagamento, que reduzem o emprego formal e inibem a competitividade internacional das empresas locais;

(*) Trabalho apresentado no Workshop Economia e Mercado de Trabalho. Brasil e México, Universidade Estadual de Campinas, 29 e 30 de outubro de 2008. Este trabalho foi apoiado pela *Dirección General de Asuntos del Personal Académico* da *Universidad Nacional Autónoma de México* através do projeto PAPIIT IN 302908.
(**) Professor titular, *Facultad de Economía, Universidad Nacional Autónoma de México.* E-mail: fujii@servidor.unam.mx. Agradeço a Martha Alatriste Contreras e Rosa Gómez Tovar, estudantes bolsistas da UNAM, seu apoio na elaboração do material estatístico incluído no trabalho.

e a natureza da gestão das relações trabalhistas, que favoreçam a confrontação e encareçam os procedimentos para chegar a acordos" (World Bank, 1995: 16).

Segundo o BID, a meados da década de 1990, o campo de reformas em que América Latina registrava os menores avanços era no plano trabalhista (BID, 1997: 53). Seis anos mais tarde, esta mesma instituição apresentava o mesmo diagnóstico: "Em contraste com as quatro áreas anteriores de reforma (liberalização comercial e financeira, privatização e tributária — GF), em matéria trabalhista os câmbios foram poucos e de menor alcance. Somente seis países implementaram as reformas trabalhistas de importância entre meados dos anos oitenta e 1999. (...) Estas reformas se concentraram em reduzir os custos de demissão e facilitar as contratações temporais, introduzindo assim certa mobilidade na margem do emprego formal" (BID, 2003: 154).

Ainda que o tema da reforma trabalhista não estivesse explicitamente incluído no decálogo do Consenso de Washington, é evidente que seu espírito se orienta à desregulação trabalhista. O problema aparece explícito ao definir a nova agenda do Consenso, cujo primeiro ponto é completar as reformas de primeira geração: "ainda que seja muito o que se fez na década e meia passada para colocar em prática o que agora se conhece como as reformas de primeira geração (...) o processo é ainda incompleto em vários planos. Talvez o exemplo mais destacado foi o fracasso em fazer mais flexíveis os mercados de trabalho" (*Williamson*, 2003: 8).

México se encontra entre os países da região que não introduziu reformas trabalhistas, de forma que a avaliação de seu marco legal, que na atualidade faria o BID, seria a mesma da de meados da década de 1990: a legislação trabalhista do país é rígida no que se refere às fórmulas de contratação, custos de demissão depois de um ano, jornada de trabalho e encargos por horas extras, enquanto no que se refere aos custos de demissão depois de dez anos e às contribuições a previdência social têm um nível intermediário de flexibilidade (BID, 1996: 194).

Nesta perspectiva, um documento programático do Banco Mundial que se refere a México define os aspectos que devem incluir a reforma trabalhista mexicana, na qual se incluem, entre outros, os seguintes pontos: continuar as reformas da previdência social, desmantelar a legislação sobre previdência social e o emprego e substituir a compensação por demissão por um sistema de seguro desemprego, eliminar a promoção, o incremento salarial e a capacitação baseadas no tempo de serviço, reformar o sistema de distribuição de lucros, reestruturar o sistema de salário mínimo, eliminar as restrições ao emprego temporário ou aos contratos por tempo determinado, mudar a negociação salarial para a cada dois anos, reduzir a brecha entre o custo implícito do trabalho no setor formal e o salário de equilíbrio e reduzir os elevados custos que tem o emprego formal (World Bank, 2001: 511-528).

No entanto, ainda aceitando que a legislação trabalhista do país seja rígida, na prática, segmentos importantes do mercado de trabalho podem estar funcionando fora do marco legal, o que pode conceder ao mercado de trabalho alguma ou muita flexibilidade *de facto*. Esta é a hipótese que guia o presente trabalho. Seu objetivo é, em primeiro lugar, detectar o grau de cumprimento do marco legal que regula as relações trabalhistas (seção I) e, em segundo lugar, apresentar alguns fatores relevantes que contribuem a explicar a flexibilidade que na prática tem o mercado de trabalho do país (seção II). O trabalho termina com a apresentação condensada de suas conclusões.

I. Rigidez legal e flexibilidade prática

Em grande parte desta seção se contratará o que estabelece o marco legal que regula as relações trabalhistas com diversos indicadores orientados a detectar o grau de cumprimento da legislação nesta matéria. Esta comparação se efetuará com respeito aos seguintes pontos: salários, contratação e demissão de trabalhadores, previdência social, benefícios sociais regulação da jornada de trabalho.

1. Salários

Sabe-se que a teoria econômica convencional é contrária a regulação salarial por parte do governo, pois considera que se estes salários estão acima do salário de equilíbrio, são geradores de desemprego.

No caso mexicano, a regulação salarial foi parte da política de controle da inflação, de modo que a discussão em torno de seu nível se centrou no tema de seus possíveis efeitos sobre os preços, o que, no largo prazo, conduziu a sua caída pronunciada em termos reais.

A regulação salarial em México se dá por meio de dois mecanismos: por um lado, existe um nível de salário mínimo fixado anualmente pela Comissão Nacional de Salários Mínimos, na qual estão representados os sindicatos, os empresários e o governo e, por outro lado, o governo procura que os incrementos salariais de cada ano se fixem segundo a inflação esperada para o ano seguinte.

No Quadro 1 se mostra a distribuição dos assalariados por estratos de salário mínimo[1]. Entre 2005 e 2007, a proporção deles que recebia ingressos de até dois salários mínimos caiu de 37 a 32%. No entanto, em termos absolutos, os ingressos recebidos pelos assalariados são, para uma abrumadora maioria dos casos, muito modestos. Quase 90% deles recebem remunerações que chegam até cinco salários mínimos, equivalentes a ao redor de 7500 pesos mensais (uns 700 dólares ao mês).

---

(1) Uma das posições trabalhistas que distingue a *Pesquisa Nacional de Ocupação e Emprego* é a de trabalhadores subordinados e remunerados, uma parte dos quais, 6,8 %, não são assalariados. Ainda que parte da subsequente informação se refere ao total de trabalhadores subordinados e remunerados, para referirmos a eles se usará a expressão "assalariados".

Quadro 1. Trabalhadores subordinados e remunerados pelo nível de ingressos
(milhares e porcentagens; terceiro trimestre 2005, 2007)

	2005						2007					
	Total	%	Áreas mais urbanizadas[2]	%	Áreas menos urbanizadas	%	Total	%	Áreas mais urbanizadas	%	Áreas menos urbanizadas	%
Total	26.393	100,0	15.630	100,0	10.763	100,00	28.062	100,0	16.708	100,0	11.354	100,0
Até um salário mínimo[1]	2.779	10,5	963	6,2	1.815	16,9	2.351	8,4	846	5,1	1.506	13,3
1 - 2 salários mínimos	6.973	26,4	3.378	21,6	3.595	33,4	6.574	23,4	3.197	19,1	3.377	29,7
2 - 3 salários mínimos	6.658	25,2	4.174	26,7	2.484	23,1	7.667	27,3	4.670	28,0	2.997	26,4
3 - 5 salários mínimos	5.674	21,5	3.864	24,7	1.810	16,8	6.279	22,4	4.090	24,5	2.189	19,3
Mais de 5 salários mínimos	3.008	11,4	2.323	14,9	684	6,4	3.564	12,7	2.699	16,2	865	7,6
Não especificado	1.303	4,9	928	5,9	374	3,5	1.627	5,8	1.206	7,2	420	3,7

Fonte: INEGI, Encuesta nacional de ocupación y empleo 2007
1 Salário mínimo: 50 pesos diários (4,5 dólares)
2 Áreas mais urbanizadas: localidades com mais de 100 mil habitantes e capitais de estados.

Os dados apresentados anteriormente não permitem conhecer com precisão a proporção de trabalhadores assalariados que recebem ingressos inferiores ao salário mínimo, que são estritamente os casos de descumprimento da lei. Para 2001, o BID (2004: 249) sinala que apenas 0,52% dos assalariados das zonas urbanas do país recebem ingressos inferiores ao mínimo legal.

No entanto, ainda que o nível de cumprimento da legislação sobre o salário mínimo seja elevado e esteja aumentando a proporção de assalariados que recebem ingressos que estão nos estratos superiores da tabulação, isso se deu em um contexto de caída muito profunda no nível do salário mínimo que ocorreu nas décadas de 1980 e 1990. Portanto, ainda que haja descendida a proporção de trabalhadores que recebem ingressos de até um salário mínimo, isso não sempre significou o melhoramento dos salários.

No Gráfico 1, mostra-se a evolução experimentada por três indicadores de salário: o salário mínimo, o manufatureiro e o de cotação. Desde o ponto de vista deste trabalho, o que interessa destacar é a flexibilidade salarial à baixa que mostrou o país, a que é particularmente notável no caso dos salários mínimos, cuja caída foi contínua até 2001. Em 1995, seu nível equivalia a 67% do de 1990, situação que se manteve até o ano de 2008. Os salários manufatureiros, que cresceram nos primeiros anos da década de 1990, caíram marcadamente nos restantes anos noventa, para depois recuperar-se. No entanto, em 2007, em termos reais apenas eram 2,7% mais elevados que os de 1990. Foi o salário médio base de cotação o que mostrou o melhor comportamento: entre 1990 e 1994 se incrementaram em forma muito marcada, e ainda que caíram também muito a meados da década de 1990, posteriormente se recuperaram de forma estável.

Gráfico 1. Salários reais (1990=100)*

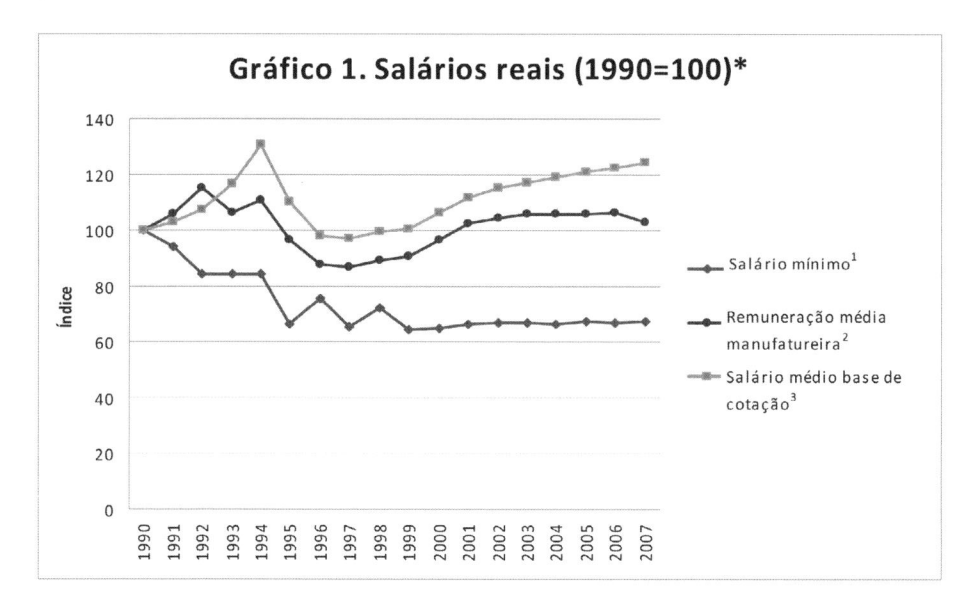

[Gráfico de linhas mostrando a evolução de três indicadores entre 1990 e 2007:
- Salário mínimo[1]
- Remuneração média manufatureira[2]
- Salário médio base de cotação[3]]

2. Contratação e demissão de trabalhadores

A legislação trabalhista está orientada para a busca de estabilidade no emprego, o que se expressa não tanto nas especificações que devem cumprir os contratos trabalhistas, mas nos custos envolvidos na demissão dos trabalhadores.

a. Pela disponibilidade de contrato escrito

Ainda que a lei trabalhista não restrinja a aplicação da legislação apenas aos assalariados que dispõem de contrato de trabalho escrito, parece evidente que sua existência fortalece a posição do trabalhador. Neste aspecto, destaca-se o fato de que, em 2007, 46% dos assalariados não dispunha de contrato de trabalho escrito, proporção que nas áreas menos urbanizadas sobe a 61%. Dado que seguramente uma proporção muito elevada dos assalariados que não conta com contrato escrito pode ser despedida facilmente, é razoável afirmar que a proporção de assalariados que conta com contratos muito instáveis é muito elevada. Adicionalmente, 17% dos assalariados com contrato escrito estava contratado de forma temporária (ver Quadro 2).

b. Contratos permanentes e temporários

A legislação trabalhista favorece os contratos de trabalho permanentes, podendo recorrer-se a contratos temporários (por obra ou tempo determinado) quando a natureza da atividade não seja permanente ou em caso de necessidade de substituir um trabalhador por outro. Os contratos de trabalho temporários devem ser especificados por escrito (*Bensusán*, 2006: 322). Ademais, a lei não estabelece a possibilidade de contratos temporários durante um período de experiência. Não obstante estas restrições, em 2007 apenas 45% dos assalariados eram de base, planta ou estavam contratados por tempo indefinido, proporção que nas áreas menos urbanizadas era de 31% (ver Quadro 2).

Quadro 2. Trabalhadores remunerados e subordinados por disponibilidade de contrato escrito
(milhares e porcentagens; terceiro trimestre 2007)

	Total						Não agropecuário				
	Total	%	Áreas mais urbanizadas	%	Áreas menos urbanizadas	%	Total	Micro negócios[1]	Pequenos[2]	Medianos[3]	Grandes[4]
Total	28.062	100,0	16.708	100,0	11.354	100,0	100,0	100,0	100,0	100,0	100,0
Com contrato escrito	15.026	53,5	10.652	63,8	4.374	38,5	58,5	12,1	68,8	87,0	95,0
Temporário	2.477	8,8	1.613	9,7	864	7,6	9,4	2,1	11,0	15,1	14,1
De base, planta ou tempo indefinido	12.486	44,5	9.001	53,9	3.485	30,7	48,8	9,9	57,4	71,6	80,7
Sem contrato escrito	12.800	45,6	5.915	35,4	6.885	60,6	40,8	87,3	30,1	12,2	0,9

Fonte: INEGI, *Encuesta nacional de ocupación y empleo 2007*

[1] Indústria: 1 a 15 trabalhadores; comércio: 1 a 5; serviços: 1 a 5 (exclui setor público e serviços financeiros)

[2] Indústria: 16 a 50 trabalhadores; comércio: 6 a 15; serviços: 6 a 50

[3] Indústria: 51 a 250 trabalhadores; comércio: 16 a 250; serviços: 51 a 250

[4] Mais de 250 trabalhadores

Por outra parte, entre os trabalhadores afiliados ao Instituto Mexicano de Previdência Social, em 2007, 20% eram trabalhadores eventuais. Cabe destacar, ademais, que esta proporção se ampliou rapidamente nos últimos anos: se em 1998 11%, dos afiliados estavam na categoria de eventuais, em 2005 essa proporção se elevou a 15%, e apenas dois anos mais tarde, como já se indicou, nesta categoria já se encontrava a quinta parte dos trabalhadores (ver Quadro 3).

Quadro 3. Trabalhadores permanentes e eventuais afiliados ao Instituto Mexicano de Previdência Social (milhares)

Ano	Total	Permanentes		Eventuais	
		Número	%	Número	%
1998	11.261	10.048	89,2	1.213	10,8
1999	11.906	10.395	87,3	1.511	12,7
2000	12.607	10.913	86,6	1.694	13,4
2001	12.541	10.857	86,6	1.684	13,4
2002	12.436	10.725	86,2	1.710	13,8
2003	12.380	10.655	86,1	1.725	13,9
2004	12.539	10.779	86,0	1.761	14,0
2005	12.927	10.965	84,8	1.962	15,2
2006	13.751	11.291	82,1	2.460	17,9
2007	14.598	11.681	80,0	2.917	20,0

Fonte: Instituto Mexicano de Previdência Social, Estatísticas de informação trabalhista e da dinâmica do mercado de trabalho formal

c. Subcontratação

Ainda que a legislação trabalhista não regule os processos de subcontratação, parece evidente que a difusão desta prática debilita a posição dos trabalhadores. No setor manufatureiro, a subcontratação de trabalhadores está mais difundida na manufatura *maquiladora* (montadoras) que na não *maquiladora*: enquanto em 2001 8% dos estabelecimentos *maquiladores* subcontratava pessoal, entre as não *maquiladoras* esta proporção era apenas de algo mais que 1% (*Inegi*, 2006a).

d. Demissão de trabalhadores

Uma das características da legislação trabalhista do país é que favorece a estabilidade trabalhista por meio de custos de demissão que são qualificados como elevados. As normas mais relevantes que regulam a demissão são as seguintes:

- A demissão requer justa causa e o trabalhador pode optar entre uma indenização ou a reinstalação;

- Os trabalhadores com mais de 20 anos de serviço somente podem ser despedidos por causas particularmente graves;

- Apenas em casos excepcionais é possível a demissão por causas econômicas, o que requer autorização da autoridade trabalhista;

- O custo de demissão para os trabalhadores com direito a reinstalação, quando não se exerce este direito, é de três meses de salário mais 12 dias por ano de serviço mais a parte proporcional dos serviços que lhe correspondem mais os salários correspondentes ao período que transcorre entre a demissão e a resolução da Junta de Conciliação e Arbitragem (*Bensusán*: 324).

No entanto, o grau de cumprimento desta obrigação parece ser, em geral, baixo. Entre os estabelecimentos manufatureiros não *maquiladores*, apenas a quinta parte paga indenizações por demissão (*Inegi*, 2006a).

Não obstante as restrições legais à demissão, isso não impediu que exista um fluxo importante de trabalhadores que é contratado e demitido. Neste sentido, *Kaplan et al.* assinalam que "(...) 31% dos trabalhadores assalariados inscritos no Instituto Mexicano de Previdência Social foram separados de seu emprego em 1989 enquanto ingressava a um posto de trabalho outro 38,3%, porcentagens que se incrementaram a 44,8 e a 40,4%, respectivamente, em 2001. (...) A criação e a supressão de empregos, assim como o ingresso e a saída de trabalhadores são muito mais altos nas empresas de menor tamanho, onde os trabalhadores não superam em geral dois anos de serviço." (*Kaplan et al, Worker and job flows in Mexico*, ITAM, México, 2004, citado por *Graciela Bensusán*, 2006: 325).

Isso também se estende à manufatura. Considerando todo o pessoal dispensado, seja porque faz de forma voluntária o por demissão, na manufatura não *maquiladora* 14% do pessoal que trabalhava a princípios de 2001 foi dispensado no transcurso do mesmo ano. Entre os trabalhadores da manufatura *maquiladora* de exportação a proporção do pessoal dispensado é significativamente mais elevada. Em 2001, se retirou 33% dos assalariados que trabalhava neste setor. Por nível ocupacional, são os trabalhadores gerais os que ocasionam as maiores baixas (*Inegi*, 2006a).

A elevada proporção de trabalhadores da indústria *maquiladora* que ocasiona baixas determina que uma parte importante de seus trabalhadores não tenha muito tempo de serviço. Afirma-se que este é um dos resultados negativos da atual legislação trabalhista. Dado que a compensação por demissão é proporcional ao tempo de serviço, com o fim de reduzir os custos por demissão as empresas são animadas a desfazer-se de seus trabalhadores, o que reduz o estímulo para investir na qualificação do trabalhador.

3. Previdência social

Este tema está dividido em duas partes: seguro saúde e sistema de pensões.

a. Acesso às instituições de saúde

A legislação trabalhista estabelece que os trabalhadores assalariados devem estar registrados ante as instituições de previdência social encarregadas de velar pela saúde. Na prática, uma proporção muito elevada, que ascende a 44% dos assalariados, não tem acesso às instituições de saúde, proporção que nas áreas menos urbanizadas sobe a quase 60% (dados para 2007; ver Quadro 4).

Quadro 4. Trabalhadores remunerados e subordinados por condição de acesso às instituições de saúde e por direitos trabalhistas (milhares e porcentagens; terceiro trimestre 2007)

	Total	%	Áreas mais urbanizadas	%	Áreas menos urbanizadas	%
Total	28.062	100,0	16.708	100,0	11.354	100,0
Por acesso a instituições de saúde						
Com acesso	15.620	55,7	11.003	65,9	4.616	40,7
Sem acesso	12.200	43,5	5.525	33,1	6.675	58,8
Por direitos trabalhistas *						
Com direitos	17202	61,3	11954	71,5	5247	46,2
Sem direitos	10656	38,0	4634	27,7	6022	53,0

Fonte: INEGI, *Encuesta nacional de ocupación y empleo 2007*

* Sem considerar o acesso às instituições de saúde

Os estabelecimentos manufatureiros não *maquiladores*, que são entendidos como empresas que proporcionam um emprego que é de relativa qualidade, estão muito distantes de cumprir com as normas legais de registrar seus trabalhadores para que tenham acesso às instituições públicas de saúde. Em 2001, apenas 30% das empresas deste setor cumpriam com a obrigação de registrar seus trabalhadores ante o Instituto Mexicano de Previdência Social ou o Instituto de Previdência Social dos Trabalhadores do Estado. Com relação aos estabelecimentos manufatureiros *maquiladores*, praticamente a totalidade deles cumpre com esta disposição, independentemente do tamanho do estabelecimento (*Inegi*, 2006a).

b. Sistema de pensões

A reforma do sistema de pensões de 1997 introduziu o sistema de contas individuais para os trabalhadores do setor privado. Ainda que o número de contas às quais se estão introduzindo contribuições quase se duplicou entre 1998 e 2005, passando de 11,4 a 21,4 milhões, a proporção das contas ativas com respeito aos afiliados registrados caiu de forma drástica, de 82% no primeiro ano a 61% no último (ver Quadro 5). No entanto, se se estima que o número de assalariados que trabalha no setor privado era em 2005, 21,8 milhões (ver Quadro 13), poderia ser que a quase-totalidade dos assalariados deste setor dispunha de uma conta ativa no sistema de aposentadoria, e que a enorme diferença entre as contas registradas e as ativas se explique pelo fato que os trabalhadores autônomos que se registraram não estão contribuindo a suas contas. Seguramente que o anterior é altamente provável, mas há outros antecedentes que permitem duvidar da primeira afirmação. Em 2001, entre as empresas manufatureiras não *maquiladoras*, apenas 28% cumpre com a obrigação de contribuir ao Sistema de Poupança para a Aposentadoria, mas esta porcentagem é superior a 90% entre as empresas grandes, medianas e pequenas (*Inegi*, 2006a). Por último, é razoável supor que em muitos outros setores da economia, nos que dominam as pequenas empresas, o grau de cumprimento com a obrigação de contribuir com as pensões dos assalariados é consideravelmente menor que na manufatura.

Quadro 5. Contas abertas e ativas do Sistema de Poupança para a Aposentadoria (milhares)

Ano	Contas abertas	Contas ativas	% contas ativas
1998	13.828	11.383	82%
1999	15.595	13.547	87%
2000	17.845	15.891	89%
2001	26.519	24.033	91%
2002	29.421	25.817	88%
2003	31.398	20.495	65%
2004	33.316	20.959	63%
2005	35.276	21.410	61%

Fonte: Muñoz Palminio, Syrley Jeannette. *El sistema de ahorros para el retiro y las posibilidades de crecimiento ecónomico para México*. Tesis de maestría, UNAM, 2006: 49

4. Por direitos trabalhistas

A Lei Federal do Trabalho estabelece alguns benefícios para os assalariados que são de cumprimento obrigatório por parte das empresas. Entre elas estão o gozo de um dia de descanso por cada seis meses de trabalho, férias pagas de seis dias por ano depois do primeiro ano de trabalho, que vão incrementando com o tempo de trabalho, um prêmio equivalente a 25% dos salários correspondentes ao período de férias, 13º de fim de ano igual a 15 dias de salário, e participar nos lucros das empresas. Adicionalmente, os trabalhadores podem receber benefícios adicionais que são resultado da negociação coletiva.

Com respeito ao conjunto dos direitos trabalhistas, sem distinguir entre as obrigatórias e as não obrigatórias, em 2007, 38% dos assalariados não as recebiam, proporção que nas áreas menos urbanizadas subia a 53% (ver Quadro 4).

No que se refere a dois benefícios que têm caráter obrigatório segundo a lei — o 13º salário e as férias — em 2004, ao redor de 75% dos assalariados do setor formal as recebia, enquanto que entre os assalariados do setor informal, essa proporção era significativamente inferior, e com tendência a cair (*Bensusán*, 2006: 328).

Finalmente, com relação ao cumprimento com dois direitos adicionais obrigatórios no setor manufatureiro não *maquilador* — os depósitos ao Instituto do Fundo Habitacional para os Trabalhadores e a distribuições de lucros — em 2001, apenas 28 e 22% das empresas, respectivamente, as respeitava (*Inegi*, 2006a).

5. Jornada de trabalho

Não obstante as disposições legais que estimulam as jornadas completas existe uma proporção significativa dos trabalhadores assalariados que desempenham jornadas muito inferiores (em 2007, 15% dos assalariados trabalhava menos de 34 horas semanais), enquanto no outro extremo, quase 30 deles têm jornadas de trabalho que superavam as 48 horas por semana (ver Quadro 6).

Quadro 6. Trabalhadores remunerados e subordinados por duração da jornada de trabalho (milhares, terceiro trimestre 2007)

	Total	%	Mais urbanizadas	%	Menos urbanizadas	%
Total	28.062	100,0	16.708	100,0	11.354	100,0
Ausentes temporários com vínculo trabalhista	1.210	4,3	679	4,1	531	4,7
Menos de 15 horas	894	3,2	421	2,5	473	4,2
15 - 34 horas	3.428	12,2	1.730	10,4	1.698	15,0
35 - 48 horas	14.318	51,0	9.105	54,5	5.213	45,9
Mais de 48 horas	8.017	28,6	4.622	27,7	3.395	29,9
Não especificado	195	0,7	151	0,9	43	0,4

Fonte: INEGI, *Encuesta nacional de ocupación y empleo 2007*

II. Alguns fatores relevantes que contribuem a explicar a flexibilidade de facto

Nesta seção se apresentará um conjunto de fatores que podem ser relevantes para explicar a lassidão com que se aplica a legislação trabalhista. No entanto, nesta fase da pesquisa não se apresentará nenhuma estimação sobre o peso que cada um dos fatores mencionadas pode ter para explicar este fenômeno. Os fatores que explicam a flexibilidade que na prática tem o mercado de trabalho mexicano serão classificados em quatro categorias: os referidos à segmentação do mercado de trabalho; ao desemprego; outros concernentes a fragilidade institucional para fazer efetiva a lei; e, em quarto lugar, os referidos às organizações dos trabalhadores.

1. Segmentação do mercado de trabalho

Talvez a característica mais decisiva da economia mexicana é sua profunda heterogeneidade estrutural, que se reflexa na coexistência de setores, empresas e regiões modernas e dinâmicas com outras atividades e zonas atrasadas. Isso se manifesta no plano trabalhista na presença de bons empregos junto com ocupações de baixa qualidade. Esta característica se abordará desde dois pontos de vista: por setores e por tamanho da empresa.

a. Diferenciais intersetoriais de produtividade e de remunerações

No Gráfico 2 se mostram as diferenciais intersetoriais de produtividade no ano de 2004. A produtividade se calculou como o quociente entre o valor agregado do setor da economia com respeito à população ocupada e os dados se referem à produtividade de cada setor com respeito à produtividade média da economia. No mesmo gráfico se indica a dispersão setorial em termos de remunerações médias.

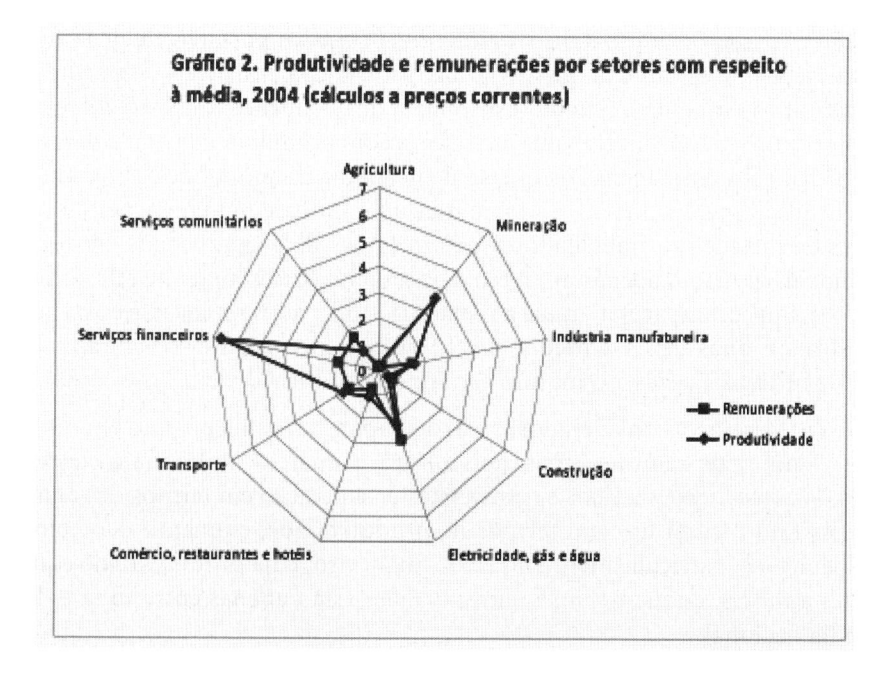

Gráfico 2. Produtividade e remunerações por setores com respeito à média, 2004 (cálculos a preços correntes)

As principais conclusões que se desprendem do gráfico são as seguintes:

• A dispersão setorial em termos de produtividade é muito ampla, movendo-se entre o setor agrícola, com uma produtividade significativamente inferior à média até o setor de serviços financeiros, a qual equivale a quase sete vezes a produtividade média da economia;

• Outros setores os quais a produtividade média é significativamente superior à média são o de mineração e a eletricidade e água;

• No outro extremo, entre os setores de baixa produtividade relativa, ademais da agricultura, está a construção;

• Finalmente, na indústria manufatureira, nos serviços comunitários e pessoais, transporte e comunicações e no comércio, restaurantes e hotéis, o nível de produtividade equivale a entre uma e duas vezes o nível de produtividade média;

• A dispersão em matéria de remunerações é significativamente menor que em matéria de produtividade, ocupando as posições extremas a agricultura, na qual são significativamente menores que as remunerações médias, e os setores elétrico, no qual as remunerações se quadruplicam, e o mineiro, no qual se duplicam;

• Outros setores nos quais as remunerações são inferiores à média da economia são a construção e o comércio, enquanto nos setores de serviços comunitários, sociais e pessoais, financeiros, transporte, armazenamento e comunicações e indústria manufatureira, a remuneração média por ocupado equivale a entre uma e duas vezes a remuneração média;

• Ainda que a ampla disparidade em termos de produtividade constitui uma base para a dispersão das remunerações médias entre setores, o diferencial intersetorial desta variável é notavelmente mais fechado. No Quadro 7 se mostra a distribuição da população ocupada em diferentes estratos de produtividades e remunerações. Se se observa no seu conjunto a distribuição dos ocupados por nível de produtividade e de remunerações, se observa que o viés da distribuição por níveis de produtividade está mais para a esquerda que o da distribuição dos ocupados por nível de remunerações. Um terço dos ocupados trabalha em setores com produtividade marcadamente inferior à média, enquanto apenas os que se dedicam à agricultura, que constituem a quinta parte dos ocupados do país, estão no mesmo estrato de remunerações. Por outro lado, mais da metade dos trabalhadores têm um nível de produtividade em torno à média nacional, enquanto apenas um terço deles está no correspondente estrato por remunerações. Em contrapartida, quase a metade dos ocupados recebe ingressos que estão entre uma e duas vezes a média geral, enquanto somente 11%, os trabalhadores manufatureiros, estão no mesmo estrato de produtividade;

• Dos nove setores considerados, quatro ocupam a mesma posição em termos de produtividade e de remunerações: agricultura, comércio, indústria e eletricidade. Em três — construção, serviços e transportes — a posição em termos de remunerações é um estrato melhor que em termos de produtividade, enquanto ocorre o oposto na mineração e, particularmente no setor financeiro, cuja produtividade equivale a sete vezes a média, enquanto suas remunerações estão apenas entre uma e duas vezes a média nacional.

Quadro 7. Distribuição da ocupação por estratos de produtividade e de remunerações (porcentagens)

Produtividade			Remunerações		
Estratos*	Setor	Ocupação	Estratos*	Setor	Ocupação
Muito Baixa	Agricultura	20,3	Muito Baixa	Agricultura	20,3
Baixa	Construção	12,6	Baixa		
≈ 1	Comércio, serviços e transporte	53,2	≈ 1	Construção e comércio	32,0
1 a 2	Indústria	10,9	1 a 2	Indústria, transporte, finanças e serviços	46,6
2 a 3	Eletricidade	0,6	2 a 3	Mineração e eletricidade	1,0
3 a 4	Mineração	0,4			
7 a 8	Finanças	1,9			

Fonte: INEGI, *Sistema de Cuentas Nacionales de México*

*Os estratos foram calculados como proporção de cada uma das variáveis com respeito à produtividade e às remunerações médias.

b. Diferenciais de produtividade e de remunerações pelo tamanho da empresa

Outro plano no qual a economia nacional mostra uma heterogeneidade notável é o que se dá se diversas variáveis são ordenadas por tamanho da empresa. Empregando a classificação do INEGI (*Instituto Nacional de Estadística y Geografía*) para os estabelecimentos manufatureiros, comerciais e de serviços privados de caráter fixo e semifixo, no Gráfico 3 se mostra sua distribuição em quatro estratos por número de estabelecimentos e por sua relevância em termos ocupacionais. Pode-se ver que em número de estabelecimentos, são dominantes os microestabelecimentos (95,5% do total em 2003). No entanto, em termos de número de ocupados, a distribuição é radicalmente diferente: 42% dos ocupados estão localizados neste estrato, enquanto 43% deles trabalham em estabelecimentos medianos ou grandes. A distribuição por tamanho de estabelecimento das mesmas duas variáveis para os setores da manufatura, do comércio e dos serviços privados é da mesma ordem de magnitude. Em relação ao peso do número de estabelecimentos por tamanho, em cada um deles as microempresas constituem sempre mais de 90% do total, e que no setor comercial esta porcentagem cresce para 97. Em relação à distribuição dos ocupados por tamanho de estabelecimento e setor, a manufatura se destaca pelo fato de que as microempresas têm uma participação muito inferior em comparação com o conjunto do país (18,2% dos ocupados *versus* 42,1%). Em contrapartida, os microestabelecimentos comerciais pesam notavelmente mais em termos da ocupação: 62% do total do emprego do setor. Outro contraste notável é que na manufatura o peso das pequenas, medianas e grandes empresas é superior ao que ocorre no conjunto do país tanto em relação ao número de estabelecimentos como, particularmente, em sua participação na ocupação. Nas empresas manufatureiras grandes se concentra quase 1% do número de estabelecimentos e mais da metade dos ocupados neste setor. O mesmo ocorre, ainda que em menor proporção, nos serviços privados proporcionados pelas grandes empresas, as que constituem 0,5% dos estabelecimentos do setor, os que ocupam 33,4% dos que trabalham nele, enquanto para o conjunto dos três setores, estes dados são de 0,2 e 27%, respectivamente. A diferente distribuição do número de estabelecimentos e dos ocupados por tamanho de empresa entre os três setores determina que a média de ocupados por estabelecimento seja marcadamente deferente segundo o setor de que se trata, diferença que se amplia na medida em que se vai passando aos estratos maiores. Entre as grandes empresas, a ocupação média por estabelecimento manufatureiro é de 732; no comércio é de 207, enquanto entre os serviços privados chega a 351. Para os três setores considerados em conjunto, a ocupação média por empresa manufatureira é de 13; por estabelecimento comercial é de 3 enquanto nos serviços privados chega a 5.

Gráfico 3. Número de estabelecimentos e ocupação por tamanho da empresa (2003)

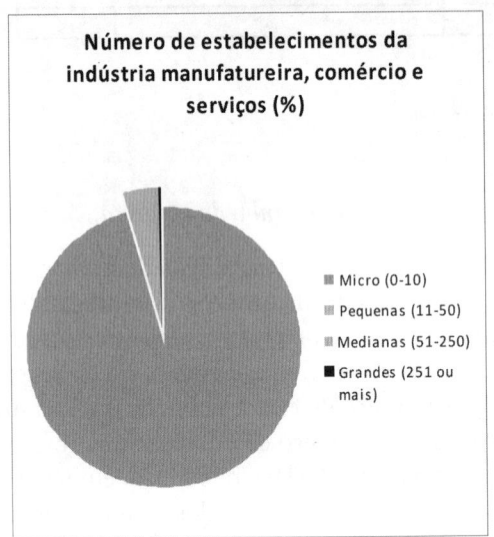

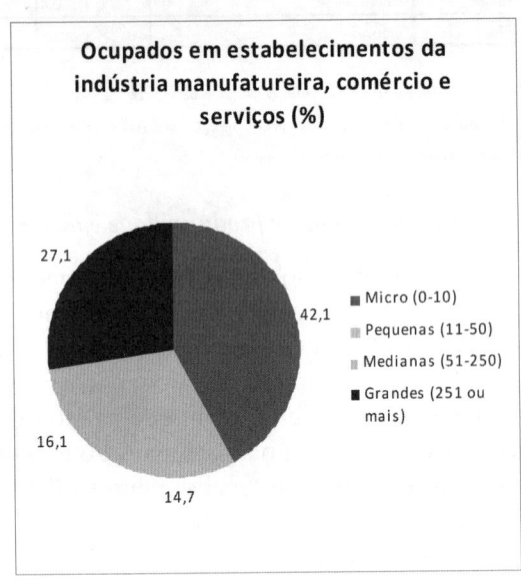

A média de remunerações cresce sistematicamente na medida em que o tamanho da empresa é maior nos três setores considerados. Na manufatura, passa de 37,4 a 103,9 mil pesos anuais ao transitar das empresas que ocupam até 10 trabalhadores às que empregam mais de 251 pessoas. Para o comércio estes dados são de 38 e 69,5 mil pesos e nos serviços, de 37 e 133,7 mil pesos, respectivamente. Entre os estabelecimentos que ocupam de 51 a 250 trabalhadores, não existem diferenças significativas na remuneração média anual por empregado entre os diferentes setores, mas nas empresas que superam esta dimensão, as brechas se vão ampliando: a remuneração média anual nas empresas de serviços é de 133,7 mil pesos anuais, enquanto no mesmo estrato da manufatura e do comércio é de 103,9 e 69,5 mil pesos, respectivamente (ver Gráfico 4).

Gráfico 4. Remunerações por trabalhador por tamanho do estabelecimento, 2003 (milhares de pesos anuais)

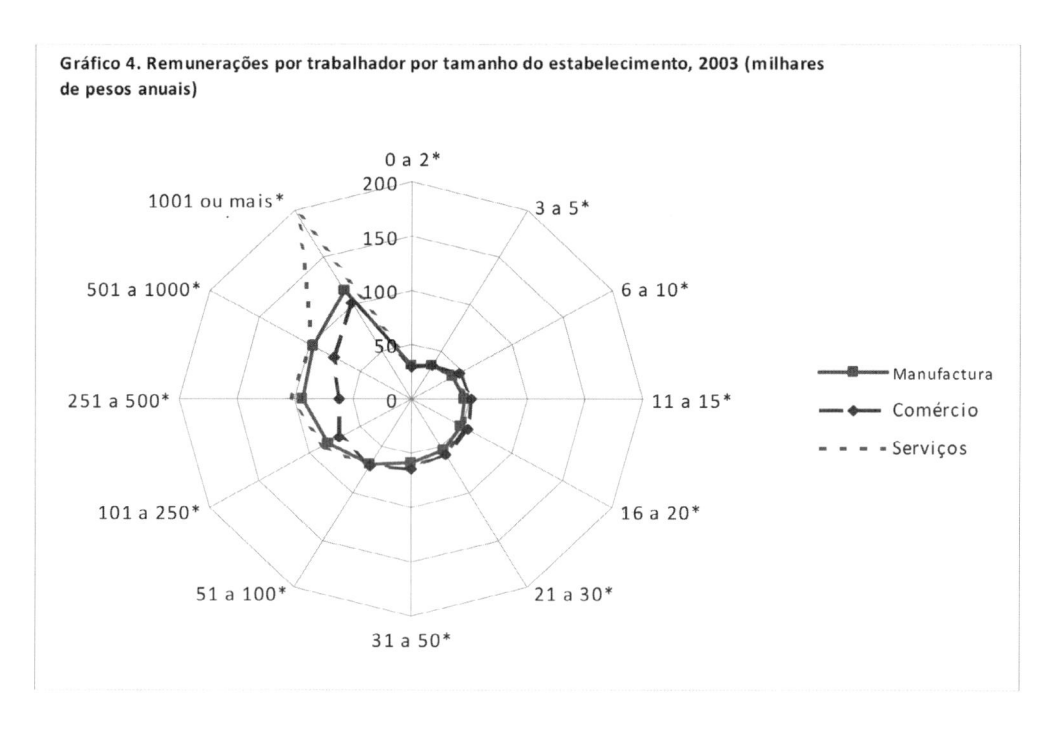

[Gráfico radar com categorias: 0 a 2*, 3 a 5*, 6 a 10*, 11 a 15*, 16 a 20*, 21 a 30*, 31 a 50*, 51 a 100*, 101 a 250*, 251 a 500*, 501 a 1000*, 1001 ou mais*. Séries: Manufactura, Comércio, Serviços.]

As diferenças nas remunerações por tamanho da empresa devem ter seu fundamento nas brechas de produtividade, as quais, em parte, serão explicadas pelas diferenças na disponibilidade de ativos por trabalhador segundo o tamanho do estabelecimento. No Gráfico 5 se mostra o comportamento destas variáveis nas micro, pequenas, medianas e grandes empresas do setor manufatureiro. O valor agregado por empregado, o qual em média é de 221 mil pesos anuais, cresce na medida em que se passa das microempresas (47,4 mil pesos) às grandes (312,7 mil pesos). Em parte isto se explica pelo fato de que os ativos fixos por trabalhador e por estabelecimento são marcadamente diferentes nas distintas empresas: nos microestabelecimentos os ativos fixos por trabalhador são de 60,4 mil pesos e por estabelecimento, 154,1 mil pesos, enquanto nos grandes os dados respectivos são 422,2 e 304 milhões de pesos. Em relação à variável produtividade, a dispersão por tamanho da empresa no setor de serviços privados é similar à da manufatura, mas em relação a ativos por trabalhador ocupado e por estabelecimento, a variabilidade é significativamente menor. Por último, o comércio mostra as menores diferenças entre empresas por tamanho nas duas variáveis consideradas: os níveis de produtividade e os ativos fixos por ocupado nos grandes estabelecimentos comerciais equivalem a ao redor de três vezes os dos de microcomércio.

Gráfico 5. Indústria manufatureira (milhares de pesos, 2003)

Valor agregado e ativos fixos por trabalhador ocupado e tamanho da empresa

- Micro (0-10)
- Pequenas (11-50)
- Medianas (51-250)
- Grandes (251 ou mais)

Ativos fixos por estabelecimento e tamanho da empresa

- Micro (0-10)
- Pequenas (11-50)
- Medianas (51-250)
- Grandes (251 ou mais)

c. Cumprimento das normas trabalhistas por tamanho da empresa

Ademais do diferencial de remunerações por tamanho da empresa, no setor manufatureiro existe uma elevada correlação entre o tamanho da empresa e o cumprimento da normatividade legal no âmbito trabalhista. Em geral, as empresas de maior tamanho cumprem em maior grau que as pequenas, o que se pode observar com respeito à extensão dos contratos escritos, à contratação de pessoal eventual e aos benefícios outorgados aos trabalhadores.

i. Contrato escrito

Se 41% dos trabalhadores assalariados não contavam com contrato trabalhista escrito, esta proporção entre os micronegócios sobe a 87%, enquanto que entre as grandes empresas praticamente a totalidade dos empregados conta com contrato escrito. No entanto, a relação oposta se dá com respeito à contratação temporária, que está menos difundida entre os micronegócios que entre as empresas de tamanho mediano e grande (ver Quadro 2).

ii. Contratação de pessoal eventual

Neste aspecto, o comportamento do setor manufatureiro não *maquilador* é bastante diferente do *maquilador*. Enquanto no primeiro a proporção de empresas que recorre à contratação de pessoal eventual sobe na medida em que a empresa é de maior tamanho, no setor *maquilador* ocorre o oposto. Se 63% das grandes empresas não *maquiladoras* contrata pessoal eventual, em contraste com o 29% das pequenas, no setor *maquilador* estas porcentagens vão de 30 a 50, respectivamente (ver Quadro 8).

Quadro 8. Número de estabelecimentos manufatureiros por condição de contratação de pessoal eventual segundo tamanho (2001, milhares e porcentagens)

Condição de contratação de pessoal eventual	Total	%	Grande[1]	%	Mediano[2]	%	Pequeno[3]	%	Micro[4]	%
Não *maquiladoras*	333.649	100,0	1.906	100,0	2.847	100,0	17.603	100,0	311.293	100,0
Sim	57.659	17,3	1.201	63,0	1.462	51,4	5.097	29,0	49.899	16,0
Não	275.990	82,7	705	37,0	1.385	48,6	12.506	71,0	261.394	84,0
Maquiladoras										
Total	3.046	100,0	1.103	100,0	977	100,0	966	100,0		
Sim	1.005	33,0	327	29,6	194	19,9	484	50,1		
Não	2.041	67,0	776	70,4	783	80,1	482	49,9		

Fonte: INEGI, *Encuesta nacional de empleo, salarios, tecnología y capacitación 2001*

1 Mais de 250 trabalhadores
2 101 a 250 trabalhadores
3 16 a 100 trabalhadores
4 Até 15 trabalhadores

iii. Benefícios trabalhistas

Entre as empresas manufatureiras *maquiladoras*, praticamente a totalidade outorga diversos benefícios trabalhistas, independentemente de seu tamanho, o que também ocorre entre as grandes, medianas e pequenas não *maquiladoras*, mas não entre as microempresas deste setor, entre as quais aproximadamente apenas a quinta parte delas as outorga (ver Quadro 9).

Quadro 9. Número de estabelecimentos manufatureiros por tipo de benefícios outorgados, segundo tamanho (2001)

Benefício outorgado	Total	%	Grande	%	Mediana	%	Pequena	%	Micro	%
Não *maquiladores*	333.649		1.906		2.847		17.603		311.293	
SAR[1]	93.119	27,9	1.831	96,1	2.737	96,1	16.139	91,7	72.412	23,3
INFONAVIT[2]	92.365	27,7	1.813	95,1	2.733	96,0	16.262	92,4	71.557	23,0
IMSS[3]/ISSSTE[4]	99.043	29,7	1.816	95,3	2.747	96,5	16.403	93,2	78.077	25,1
Indenização por demissão	68.544	20,5	1.795	94,2	2.636	92,6	14.521	82,5	49.592	15,9
	71.599	21,5	1.803	94,6	2.669	93,7	15.445	87,7	51.682	16,6
Maquiladores	3.046		1.103		977		966			
SAR[1]	3.030	99,5	1.087	98,5	977	100,0	966	100,0		
INFONAVIT[2]	3.040	99,8	1.097	99,5	977	100,0	966	100,0		
IMSS[3]/ISSSTE[4]	3.039	99,8	1.096	99,4	977	100,0	966	100,0		
Indenização por demissão	2.519	82,7	1.024	92,8	833	85,3	662	68,5		
Distribuição de lucros	3.011	98,9	1.090	98,8	955	97,7	966	100,0		

Fonte: INEGI, *Encuesta nacional de empleo, salarios, tecnología y capacitación 2001*

1 Sistema de Poupança para Aposentadoria
2 Instituto do Fundo Nacional de Habitação dos Trabalhadores
3 Instituto Mexicano de Previdência Social
4 Instituto de Previdência e Serviços Sociais dos Trabalhadores do Estado

d. Emprego público e privado

Ainda que a legislação trabalhista estabeleça que os direitos coletivos dos trabalhadores do Estado são mais restringidos que os dos assalariados do setor privado, contam com a vantagem de que os demais aspectos da legislação trabalhista são cumpridos com maior rigorosidade que entre as empresas privadas, particularmente se a comparação se faz com os assalariados ocupados no setor das empresas pequenas. O número de trabalhadores no setor público, que inclui tanto os que trabalham em qualquer nível do governo, em instituições da previdência social, em organismos descentralizados e nas empresas públicas, era, em 2004, de 4,7 milhões, equivalente a 18% da população assalariada (ver Quadro 10).

Quadro 10. Emprego nos setores público e privado (milhares)[1]

Ano	Assalariados				
	Total	Setor público	%	Setor privado[2]	%
2000	24.937	4.813	19,3	20.124	80,7
2001	24.747	4.812	19,4	19.935	80,6
2002	25.110	4.790	19,1	20.319	80,9
2003	25.359	4.780	18,9	20.579	81,1
2004	26.453	4.689	17,7	21.764	82,3

Fonte: INEGI, *Sistema de cuentas nacionales y Encuesta nacional de empleo 2004*

[1] Inclui governo (Federal, Distrito Federal, organismos descentralizados, estatal, municipal e previdência social) e empresas públicas.

[2] Total assalariados menos setor público

e. Trabalho assalariado e autônomo

Dado que a legislação trabalhista se estende apenas aos trabalhadores assalariados, com o propósito de conhecer sua cobertura sobre o total de trabalhadores, em primeiro lugar deve-se destacar sua participação no emprego total. No terceiro trimestre de 2007, a população economicamente ativa de México era de 44,7 milhões de pessoas, dos quais 42,9 milhões estavam ocupados. Destes, 61% eram trabalhadores assalariados, porcentagem que nas áreas mais urbanizadas chegava a 69%. Isso significa que 16,8 milhões de trabalhadores não estavam protegidos pela lei trabalhista. Por outra parte, 23% dos ocupados eram trabalhadores independentes, uma proporção importante dos quais seguramente são por falta de trabalhos assalariados com algum mínimo de qualidade, de forma que podem entrar na categoria de trabalhadores do setor informal (ver Quadro 11).

Quadro 11. Ocupados por posição no trabalho (milhares e porcentagens; terceiro trimestre 2007)

	Total	%	Áreas mais urbanizadas	%	Áreas menos urbanizadas	%
Ocupados	42.917	100,0	22.637	100,0	20.280	100,0
Trabalhadores subordinados e	28.062	65,4	16.708	73,8	11.354	56,0
Assalariados	26.142	60,9	15.538	68,6	10.604	52,3
Não assalariados	1.920	4,5	1.170	5,2	750	3,7
Empregadores	2.145	5,0	1.225	5,4	920	4,5
Trabalhadores por conta propia	9.680	22,6	3.941	17,4	5.739	28,3
Trabalhadores não remunerados	3.030	7,1	762	3,4	2.268	11,2

Fonte: INEGI, *Encuesta nacional de ocupación y empleo 2007*

f. Emprego no setor não estruturado, informal e em setores de baixa produtividade

Existem diversas definições e, por tanto, estimações, do emprego informal em México. O Instituto Nacional de Estatística e Geografia (INEGI) mexicano, defendendo o setor informal como as unidades econômicas que, não estando constituídas como empresas, operam com base nos recursos dos domicílios, estimava que em 2007, 27% dos ocupados a nível nacional e 24% nas áreas mais urbanizadas trabalhavam no setor informal (INEGI, *Encuesta nacional de ocupación y empleo 2007*).

Outro conceito empregado pelo INEGI para referir-se a este âmbito da ocupação é o setor não estruturado, definido como "a população ocupada que trabalha em micronegócios não agropecuários associados aos domicílios, exceto em serviços domésticos, que não têm registro ante as autoridades, e ocupados que ainda que trabalhem em micronegócios registrados carecem de contrato de trabalho e cobertura da previdência social" (INEGI, 2004: 23). De acordo com esta definição, a ocupação no setor não estruturado compreende as seguintes categorias de trabalhadores:

Trabalhadores por conta. Na manufatura, em empresas de até 15 trabalhadores, em atividades não manufatureiras, em empresas de até 5 trabalhadores.

Empregadores. Na manufatura, empresas que ocupam até 15 trabalhadores e nas não manufatureiras, que ocupam até 5 pessoas e que não têm nome ou registro e, no caso que tenham este atributo, que não contem com local ou que o local seja pequeno.

Trabalhadores sem salário. Que trabalham em empresas com as mesmas características dos empregadores que integram o setor não estruturado.

Trabalhadores assalariados. Que trabalham em empresas com as mesmas características dos empregadores que integram o setor não estruturado e que estão contratados de forma temporária por até seis meses ou que não contam com contrato escrito ou com benefícios sociais.

Os dados com respeito a este indicador mostram que entre 1998 e 2003 a ocupação no setor não estruturado se manteve ao redor de 25% da população ocupada.

Nos últimos anos, a Comissão Econômica Para a América Latina e o Caribe, no informe anual *Panorama Social de América Latina* deixou de empregar o termo economia ou emprego informal e há apresentado a informação para referir-se aos empregos de baixa qualidade com o termo de ocupação nos setores de baixa produtividade, no qual se inclui o emprego em microempresas (estabelecimentos nos que trabalham até cinco pessoas), o emprego doméstico e os trabalhadores por conta não qualificados. Entre 1996 e 2006, a população urbana ocupada nas atividades de baixa produtividade passou de 44 a 46% (ver Quadro 12).

Quadro 12. Ocupação nos setores não estruturado e de baixa produtividade

| Anos | Setor não estruturado | | Ocupação urbana de baixa produtividade (% ocupação urbana) | | | | |
| | Milhões | Porcentagem | Total | Microempresas[1] | | Emprego doméstico | Trabalhadores independentes não qualificados |
				Empregadores	Assalariados		
1995	8,6	25,7					
1996	8,9	25,3	43,6	3,8	15,8	3,6	20,4
1997	9,3	25,0					
1998	10,0	25,9	44,3	3,9	15,9	4,1	20,4
1999	9,9	25,4					
2000	9,9	25,2	42,5	3,9	16,0	3,0	19,6
2001	10,0	25,6					
2002	10,5	26,3	47,2	3,4	18,3	4,6	20,9
2003	10,8	26,7					
2004			45,7	2,3	19,5	4,9	19,0
2005			42,9	2,4	17,1	4,5	18,9
2006			45,7	2,8	18,8	3,9	20,2

Fonte: CEPAL, *Panorama social de América Latina 2007*; INEGI, *La ocupación en el setor no estructurado en México, 1995-2003*, México, 2004.

[1] Estabelecimentos que empregam até cinco pessoas

2. Desemprego e alguns indicadores complementares da qualidade do emprego

O INEGI (*Instituto Nacional de Estadística y Geografía*), ademais da taxa de desemprego aberto, reporta outros indicadores que permitem desenhar um quadro mais completo dos problemas que enfrenta o emprego no país. Se aos desocupados abertos se lhes acrescentam os que trabalham menos de 15 horas semanais, o que define a taxa de ocupação parcial e de desocupação, em 2007 ela chegava a quase 10% da população economicamente ativa. Por outro lado, a taxa de pressão geral, que compreende os desocupados abertos mais os ocupados que buscam outro emprego, equivalia a 8% da PEA nas áreas mais urbanizadas, enquanto as taxas de subocupação — ocupados que desejam trabalhar mais horas — e a de condições críticas de ocupação — ocupados não agropecuários que trabalham menos de 35 horas semanais por razões de mercado ou que trabalham mais de 35 horas e recebem menos de um salário mínimo, mais aqueles que trabalham mais de 48 horas semanais com ingressos de até dois salários mínimos, chegava a 7 e 11%, respectivamente (ver Quadro 13).

Quadro 13. Indicadores de ocupação, desemprego e subocupação (terceiro trimestre 2007)

Taxas	Total	Áreas mais urbanizadas	Áreas menos urbanizadas
Taxa de desocupação[1,3]	3,9	4,9	2,8
Taxa de ocupação parcial e desocupação[1,4]	9,7	9,3	10,2
Taxa de pressão geral[1,5]	7,2	8,4	5,8
Taxa de subocupação[2,6]	6,9	6,1	7,8
Taxa de condições críticas de ocupação[2,7]	11,2	7,6	15,3

Fonte: INEGI, *Encuesta nacional de ocupación y empleo 2007*

[1] Com respeito à PEA

[2] Com respeito à população ocupada

[3] Taxa de desocupação: porcentagem da população economicamente ativa que se encontra desocupada

[4] Taxa de ocupação parcial e desocupação: porcentagem da população economicamente ativa que se encontra desocupada, mais a ocupada que trabalhou menos de 15 horas na semana de referência

[5] Taxa de pressão geral: porcentagem que representa a população desocupada mais a ocupada que busca outro trabalho, respeito à população economicamente ativa

[6] Taxa de subocupação: porcentagem da população ocupada disposta a oferecer mais horas de trabalho das que sua ocupação atual lhes permite

[7] Taxa de condições críticas de ocupação: porcentagem da população ocupada não agropecuária que se encontra trabalhando menos que 35 horas por semana por razões de mercado, mais a que trabalha mais que 35 horas semanais com ingressos mensuais inferiores ao salário mínimo, e que trabalha máis que 48 horas semanais ganhando até dois salários mínimos

3. Instituições encarregadas de fazer cumprir a lei trabalhista

O fato de existir um amplo número de contratos trabalhistas que não cumprem com as especificações da lei se explica, empregando a expressão de *Graciela Bensusán* (2006: 314), porque os custos do descumprimento da lei são baixos, enquanto o cumprimento da lei tem um custo elevado. Isso se explica tanto pelas características da lei trabalhista, pela fragilidade da inspeção do trabalho e pela operação da justiça trabalhista.

a. Desenho legal

Existe uma ampla discricionariedade na magnitude das sanções tanto com respeito a cada tipo de violação à lei como entre diferentes tipos de violações. Como exemplo do primeiro tipo de situação, o não cumprimento de obrigações patronais tais como as referidas à jornada de trabalho, aos dias de descanso e às férias, pode ser sancionado com multas que vão desde três até 155 vezes o salário mínimo. Por outra parte, a variabilidade da sanção segundo o tipo de violação vai de três à 315 salários mínimos. Dado que as sanções estão expressas em salários mínimos, sua magnitude em termos absolutos depende de seu nível. Já se expôs a evolução que experimentou este conceito nos últimos anos, o que determinou que a multa caísse no transcurso do tempo (*Bensusán*, 2006: 340-342).

b. Inspeção do trabalho

A efetividade do cumprimento da lei depende do poder da inspeção do trabalho. Ainda que nos últimos anos caiu o número de inspetores de trabalho, se incrementou o número de empresas inspecionadas, ainda que em termos relativos a porcentagem de empresas inspecionadas sobre o total diminuiu. Por outro lado, caiu tanto o número de sanções como o monto arrecadado por este conceito (*Bensusán*, 2006: 354-361).

c. Justiça do trabalho

Graciela Bensusán (2006: 364-387) pesquisou de forma exaustiva o sistema de justiça do trabalho de México, tanto desde a perspectiva do seu desenho como de sua operação. De forma sintética, suas conclusões são as seguintes:

• As juntas de conciliação e arbitragem estão integradas por representantes do governo, dos trabalhadores e dos empresários. A representação dos trabalhadores correspondeu fundamentalmente à Confederação de Trabalhadores de México, que até o ano de 2000 desempenhava o papel de correia de transmissão da política governamental com respeito aos assuntos trabalhistas.

• Uma das funções das juntas de conciliação é a resolução dos conflitos individuais, os que se concentram no tema das demissões. A eficácia das juntas neste aspecto é muito limitada: "são muito poucos os casos nos quais os trabalhadores separados de seu emprego chegam a demandar aos empregadores e ainda que é relativamente alta a porcentagem dos que logram obter um laudo favorável e mantê-lo depois do amparo interposto pelo demandado, são muito poucos os que logram executá-lo (...) e quando tudo isso ocorre bem, sucederá normalmente entre um e três anos mais tarde da demissão (...)" (*Bensusán*, 2006: 375).

• Com relação aos conflitos coletivos, a mesma autora escreve que "(...) o tratamento deste tipo de conflito gera fortes impugnações, principalmente pela falta de imparcialidade, o que se expressa em travas para a emergência de novas organizações sindicais, ganhar um juízo por perda de titularidade ou lograr o reconhecimento da existência e legalidade de uma greve" (*Bensusán*, 2006: 377). Como dado ilustrativo disso, expõe que os pilotos da companhia aérea AVIACSA demandaram a titularidade de sua organização, em substituição do sindicato respaldado pela empresa, em 2000 e que cinco anos mais tarde esta demanda ainda não se havia resolvido (*Bensusán*, 2006: 379).

4. Sindicalização e sindicatos

Outro fator que explica a flexibilidade *de facto* que têm o mercado de trabalho mexicano é a particularidade das organizações de trabalhadores. Primeiro, é pertinente apresentar alguns dados sobre a importância da filiação sindical. Em 2002, com respeito à população economicamente ativa, 10% de esta estava sindicalizada. Com respeito à população assalariada, a porcentagem, em 2007, era de 16,7%.

Estes dados podem ser mais bem avaliados em termos comparativos: em 2003, em proporção da população assalariada, a porcentagem de sindicalizados na União Europeia (15 países) era de 36; na Suécia, 91% dos assalariados eram membros de um sindicato; na Alemanha, 30%; na Espanha, 17%; nos Estados Unidos, 12% (2006); e no Brasil, 36% (2001) (*Beneyto, Pere*, 2006; Us *Census Bureau*, 2008; Instituto Brasileiro de Geografia e Estatística, 2001). Portanto, a filiação no México, com respeito à dos países assinalados, resulta relativamente baixa.

A dispersão deste dado pelos setores e tamanho de empresas no México é muito significativa: em um estremo, 53% dos trabalhadores da mineração, eletricidade e água formava parte de um sindicato, enquanto que nos setores tais como agricultura, construção e comércio a proporção de trabalhadores sindicalizados é insignificante (*Esquinca & Melgoza*, 2006: 469). No setor manufatureiro, 55% dos ocupados estão filiados a algum sindicato. Estranhamente, na manufatura não *maquiladora* cresce a proporção de trabalhadores sindicalizados na medida que as empresas são de menor tamanho: se nas grandes empresas a terceira parte dos ocupados está filiada a um sindicato, nas pequenas a porcentagem é de 59 e nas microempresas, de 91% (dados para 2001). Entre as empresas manufatureiras *maquiladoras*, a dispersão do dado de sindicalização é muito menor: entre as grandes empresas, a proporção de ocupados membros de um sindicato é de 57% e nas pequenas, de 65% (ver Quadro 14).

Quadro 14. Trabalhadores sindicalizados por tamanho da empresa nos estabelecimentos manufatureiros, 2001 (porcentagens)

	Total	Grande	Mediano	Pequeno	Micro
Não *maquila*					
Trabalhadores	44,5	65,6	56,2	40,8	9,5
Sindicalizados	55,5	34,4	43,8	59,2	90,5
Maquila					
Trabalhadores	44,6	43,2	54,5	35,5	
Sindicalizados	55,5	56,7	45,5	64,5	

Fonte: INEGI, *Encuesta nacional de empleo, salarios, tecnología y capacitación 2001*

Alguns dos dados expostos podem dar a impressão de que, pela proporção de assalariados sindicalizados, o nível de força dos sindicatos em México é elevado. No entanto, existem particularidades na organização sindical do país que indicam precisamente o oposto.

Se por um lado o ordenamento trabalhista buscou fortalecer o movimento sindical, na prática se buscou subordinar os sindicatos aos interesses empresariais e dos governos. Isso se concretizou por meio de vários instrumentos. Um deles são os contratos de proteção ao empregador", que segundo *Bensusán* (2006), constituem o "principal vício do sistema de relações trabalhistas mexicano" (*Ibidem*: 330). Segundo este sistema, o empresário possui um amplo poder para selecionar o sindicato que considerará como contraparte para negociar as condições de trabalho, as que se manifestam nos denominados "contratos de proteção".

Em segundo lugar, a autonomia dos sindicatos se vê reduzida pelo fato de que o registro do sindicato, que é necessário para que adquira personalidade jurídica, se faz ante a autoridade governamental encarregada dos assuntos trabalhistas, a qual revisa a documentação apresentada, tendo o poder para negá-la.

Em terceiro lugar, a organização dos sindicatos há procurado concentrar o poder na direção das organizações trabalhistas.

Em conclusão, "o resultado é uma estrutura sindical (...) que não serve para representar aos trabalhadores senão para assegurar o controle Estatal do exercício dos direitos coletivos a partir do controle de suas cúpulas" (*Bensusán*, 2006: 334).

III. Conclusões

1. A posição dominante em matéria de política trabalhista sustentada por grande parte dos governos do mundo sustenta que a causa fundamental dos problemas da falta de emprego e da amplitude do emprego informal radica na rigidez das relações trabalhistas. Esta ideia é compartilhada por instituições econômicas tão relevantes como o Banco Mundial, o Banco Interamericano de Desenvolvimento e a Organização para a Cooperação e o Desenvolvimento Econômico e está solidamente fundamentada no enfoque neoclássico da teoria econômica.

2. Se este enfoque sobre os problemas trabalhistas fosse válido, sua validez depende de que, na prática, as relações trabalhistas sejam inflexíveis.

3. Este trabalho está fundado na hipótese de que em certos países, entre os quais está México, há uma ampla diferença no que estipula a normatividade e a institucionalidade do trabalho e a forma em que *de facto* se comportam estes elementos.

4. Se mostrou que segundo diversos critérios, o mercado de trabalho mexicano é notavelmente flexível: os salários, em situações de crises econômica, sempre mostraram uma grande flexibilidade para a sua redução, mas não para a alta; que uma grande proporção dos contratos não estão estipulados por escrito; que se difunde a contratação de trabalhadores eventuais; que porcentagens significativas dos assalariados não contam com acesso à previdência social em matéria de assistência sanitária e diversos benefícios sociais; que existe uma elevada e crescente proporção de trabalhadores que não está contribuindo ao sistema de pensão; e que uma parte significativa dos assalariados trabalha jornadas extremamente curtas ou superiores às 48 horas semanais estipuladas pela lei.

5. Entre os fatores que contribuem a explicar a enorme flexibilidade *de facto* que, em geral, tem o mercado de trabalho mexicano destacaram-se os seguintes: em primeiro lugar, a enorme heterogeneidade da economia mexicana. No trabalho isso se destacou em dois planos: que por setores e por tamanho de empresas os níveis de produtividade e remunerações são radicalmente diferentes. Em segundo lugar, o enorme peso dos maus empregos, sejam definidos como os do setor não estruturado ou como os localizados em setores de baixa produtividade. Em terceiro lugar, a relativamente reduzida filiação sindical e as particularidades das organizações sindicais do país.

BIBLIOGRAFIA E ESTATÍSTICAS

BENEYTO, Pere. *Trade union membership in Europe. European Trade Union Confederation.* Disponível em: <www. etuc.org>, 2006.

BENSUSÁN, Graciela. Diseño legal y desempeño real: México. In: BENSUSÁN, Graciela (org.). *Diseño legal y desempeño real*: instituciones laborales en América Latina. México: Universidad Autónoma Metropolitana y Miguel Ángel Porrúa, 2006.

BID. *Progreso económico y social en América Latina. Informe 1996.* Washington, 1996.

_____ . *América Latina tras una década de reformas.* Washington, 1997.

_____ . *Se buscan buenos empleos*: los mercados laborales en América Latina. Washington, 2003.

CEPAL. *Panorama social de América Latina.* 2007.

ESQUINCA, Marco Tulio; MELGOZA, Javier. La afiliación sindical y premio salarial en México. In: GARZA, Enrique de La; SALAS, Carlos (orgs.). *La situación del trabajo en México.* México: Plaza y Valdés, 2006.

INEGI. *La ocupación en el sector no estructurado en México 1995 — 2003.* México, 2004.

_____ . *Encuesta nacional de empleo, salarios, tecnología y capacitación 2001.* 2006a.

_____ . *Micro, pequeña, mediana y gran empresa.* Estratificación de los establecimientos. 2006b.

_____ . *Encuesta nacional de ocupación y empleo 2007.* 2007.

INSTITUTO BRASILEIRO DE GEOGRAFIA E ESTATÍSTICA. *Pesquisa sindical.* Rio de Janeiro: Departamento de População e Indicadores Sociais, 2001.

PALMINIO, Syrley Muñoz. *El sistema de ahorro para el retiro y las posibilidades de crecimiento económico para México.* México: UNAM (Tesis de maestría), 2006.

US CENSUS BUREAU. *Statistical Abstract 2008.* 2008.

WILIAMSON, John. An agenda for restarting growth and reform. In: KUCZINSKI, Pedro-Pablo; WILLAMSON, John (eds.). *After the Washington consensus.* Restarting Growth and Reform in Latin America. Washington: Institute for International Economics, 2003.

WORLD BANK. *Labor and economic reforms in Latin America and the Caribbean.* Washington, 1995.

_____ . *Mexico.* A comprehensive development agenda for the new era. Edited by Marcelo M. Giugale, Olivier Lafourcade. Washington: Vinh H. Nguyen, 2001.